国会運営の理論

国会運営の理論

鈴木隆夫

学術選書プラス
16
議事法

信山社

〈目　次〉

国会運営の理論

衆議院事務次長 鈴木隆夫著

國會運營の理論

株式会社 聯合出版社発行

序

法は書かれたる文字ではなくて社会の軌範であり人の心の中に抽象的な存在をもつているものである。それゆえこのような抽象的な軌範はもとより制定せられたる法の文字と密接なつながりをもつのであるけれども、事物の本体についての深い認識がなければ真実に之を発見することの出来るものではない。いままで国会の制度を法的に解説せんと試みたものは絶無とは言えない、が委曲を尽して制度の神髄に触れたもの、文字なきところまで押し進んで客観的な正確な法秩序を打ち出したものはないであろう。著者鈴木君は若い頃から寧ろ純粋の法学者であり物事について微を穿ち細を分析して解体する能力に長じている。これに加えて国会事務の運用については類例の乏しい実際家である。この面において日常起る大小の法律問題は君の判断を経て現実の場面に流れている。言わば卓越な能力を保有しつゝ形勝の地位にあつて経験を積まれたのであり、その基礎において心血を尽して労作されたのである。だから記述的な部分においては国会諸活動の全貌が実に明瞭にわかる、理論的な部分においては民主主義の原理が個々の規定の中に解けこんで居る筋道がよくわかる。加うるに理論と実際との面においてともすれば背中あわせになり易い現実問題の諸研究について全く類例を許さゞる穏健な判断を加えている。この書が完璧であるか否かを論定するのは専門外の私には無理だが、未開拓に残された部分の多いこの分野において初めて見る系統的の書であるとともに同時に現在の決定版であることを確信し、かゝる労作が世に現われたことに深い喜を感ずる。

昭和二十八年五月

国立国会図書館長　金森徳次郎

序

日本国憲法の公布から早くも八年の歳月を経過した。新憲法によつて国会は国権の最高機関たる地位と国の唯一の立法機関たる権限とを与えられ、すべての政治は国民の代表者たる議員を通して国会中心に行われている。このことは著者鈴木君が言つておるように名は国民主権であつても、実は国会主権に外ならないのである。このような国会を中心とする民主主義政治に対する国民の関心も日々に深められて来たことは否めないが、新国会の性格と運営に正しい認識を有つものの少いこともまた著者とともに憂いを分かつものである。

鈴木君は、また欧米の議会先進国に比べて議会に関する著書の国内に極めて少いことを慨嘆され、国会運営の中心たる委員会における審議のルールを体系的に解明しようとして異常な熱意をもつて本稿の筆を執られたのである。

鈴木君は、衆議院に就任以来既に二十余年に及び、其の間、公私共に親交を願つている私は、其の為人を最もよく知るものの一人であるが、常に読書に傾倒し、真理を求めてやまぬ君の情熱には、いつもながら敬服せざるを得ない。殊に身近かな議会制度の研究には多年心血を注いで今日に至つた篤学者であると断言して憚らない。しかも君は整然たる理論家であつて正しいと信じたことについては一歩も譲らない硬骨の士であるが、その人柄が本書の随所ににじみ出ている。過去二十余年に亘る著者の貴重な体験を経とし、該博精緻な学識を緯として遂に本書の刊行をみるに至つたことは心から敬意を表するとともに慶賀に堪えない。

本書が国会法並びに議院規則の条文に即して懇切周到な用意をもつて解説し、ありとあらゆる場合を例示しておる点は、いかに実際的且つ学者的良心の労作であるかは驚くべきものがある。

著者が意図する、この種研究の学者に対するまたと得がたき資料たるは勿論、地方議会の運営当事者のこの上もなき参考書ともなり、私共国会職員の唯一の執務指針たることは固く信じて疑わない。

国会に対する正しい認識を深めるために多大の寄与をなすべきことを確信して世の大方に敢えて推賞してやまない所である。

昭和二十八年五月

衆議院事務総長　大　池　　真

まえがき

新しい日本国憲法は、昭和二十一年の菊花の薫る十一月三日に、われら国民の総意に基いて、わが国を民主的、平和的、文化的国家たらしむべく、祖国再建の礎として公布された。

顧みれば、終戦以来、われわれは、敗戦という冷厳な事実に直面して、堪え難きを忍びつつ、幾多の貴い犠牲を払つた。而してそれらの苦難の経験を通して、はじめてわれわれは、人類普遍の原理に対する真正の知識をつかみとることができたのである。

即ち、すべての人が人間に還つて、その自覚から行動すべきことが、人類社会の鉄則であり、万人が真理の探求者であり、その具現者であるときに、個人尊重と各人平等の原理と、自由保障の要求が生まれてくることを知つたのである。

さればこそ、日本国憲法は、その前文において、「そもそも国政は、国民の厳粛なる信託によるものであつて、その権威は国民に由来し、その権力は国民の代表者がこれを行使し、その福利は国民がこれを享受する。これは人類普遍の原理であり、この憲法はかかる原理に基くものである。」と、おごそかに宣言しているのである。この宣言は、煎じつめれば、国政は国民がコントロールすべきものであり、それは正当に選挙された国会における代表者を通じてのみなされねばならず、それ以外の直接行動に訴えることは、断じて憲法の容認するところではなく、すべては国会を通して、国民の心を国政に反映させることにある。いわば国会中心主義の政治を行うべきことを宣言したものに過ぎない。国会を中心とする思想は、決して今日に始つたものではなく、明治初年における議事院設置の意見書にもそのことが述べられている。明治憲法は、その起草にあたつて論議の結果、民意上達のチャネルとして、議院の上奏権なるものを認めたのであるから、これを活用して、民意の上達に万全をつくしてこそ、民の好む政治が行われ、わが国独特の憲法政治が行われたであろうのに、国の大事にあたつて明治憲法の真髄ともいうべき上奏権を行使せず議会の運営を過つたことはまことに遺憾に堪えない。機構よりも運営の大切なることは言うまでもなく、運営は常にその筋道によるべきこともまた当然である。

いかに新憲法が普遍の原理に基いて定められた立派なものであつても、国民一人一人が国会は国権の最高機関であることをよく認識して、それがわれわれ国民及びその子孫の血となり、肉となつて、あらゆる思想の根源とならぬ限りは、画餅にひとしく、国家、国民の繁栄と、幸福の増進をもたらすものではない。

新憲法によつて、国会は国権の最高機関となり、国の唯一の立法機関となつた。その地位、権限は、往時の内閣でさえ到底及ぶところではなく、今や、名は国民主権であつても実は国会主権である。それにも拘らず、いまだに国会を内閣の協力機関の如く考え、内閣優位の官尊主義の論議が交わされていることは、驚くと言うよりもむしろ悲しい位である。あまりにも時代の推移に無頓着であり国会に対する知識がなさ過ぎると言わねばならぬ。

国会に対する正しい知識を缺くがために、国会の運営を正しく批判できずに、国会無視の風潮が、もし擡頭するが如きことあつて、再び国家の進運や国民の幸福を阻害することがあつてはそれこそ一大事である。

誰やらが言つた。思想は風、知識は帆、人間は船と。国会は既に回を重ねること十五回、その運営も漸く軌道に乗つて、法規の解釈適用に先例を生みつつあるこの際、わが国が新民主国家として国際社会に復帰した首途を祝う意味から言つても、われわれは、今日ほど国会に関する十分にして完全なる知識を必要とすることはない。その知識を帆として、それに国会中心の民主主義思想の風を満々と孕ませて、民主的国際社会と言う洋々たる大海に向つて今こそその選ばれたものとして名誉ある地位を占めるために、正々堂々と船出すべき秋である。これを措いて日本人の進むべき道は断じてない。

思うてここに到れば、わが国における国会に関する著書が余りにも尠いことを歎かざるをえない。議会先進国たる英・米その他の国々には、議会制度、議事手続、その他、議会に関する著書が極めて多いのに比べると、わが国の国会に関する専門的学術書は少く、まことに寥々たるさびしさである。従つて、今日の国会の地位に鑑みて国会に対する学術的著書、殊に国会法及び議院規則に関する権威ある学者の立派なる註釈書の存在しないことは、わが法学界の一のくぼみであるばかりでなく、又わが国の議会制度の民主化の程度と、国会に対する国民の情熱の度合を示唆しているように思われてならない。

そこで、第一には、国会といつても、委員会が中心であるから、先ず、委員会の審議のルールを、国会法及び規則を基に体系的に説明して今後におけるこの種の研究の一の資料たらしめたいこと、第二には、それが延いては地方議会の運営に少しでも役立たしめたいこと、第三には、国会の運営事務を担当している職員の執務上の参考たらしめたいという三つの意図をもつて、浅学をも顧みず勇を鼓して解散から解散までの匆々の間にかいたものが本書であるから、その用語において未熟なものもあれば、またその理論において精緻を欠くものもあり、或は考えの及ばない点も多かろうかと思われる。それらの点については、他日御批判なり御教示をまつてこれを補正したい考えである。

もとより私としては、決してこれに満足するものではなく、これはいわば委員会を中心とした国会運営の基礎的理論ともいうべきものであつて、政治的論議は一切これをさけて法律的論議に終始しているので、書法で言えばあたかも楷法に相当するものであるから、余りに理屈に局蹐するが如きかたぐるしい面があるかもしれぬが、それはむしろ次に行、草の論議に移る一つの過程であると御寛恕願いたい。

おそらくは人間は永遠に真理を追求してやむことを知らないであろうし、また、人間はそれを具現する潜在的可能性を固有しているものであると信じている。而してその可能性が私をして再び次の仕事に向わせる原動力であることは言うまでもない。

最後に一言したいことは、本書は著者ひとりの労作では決してなく、故美濃部先生や、恩師石田文次郎先生始め今日まで私と心のつながりのあつた人々全部の所産であることである。それはここに改めて言うまでもなくその人々の薫陶によつて今日の私があるからである。心友岡本格治兄や笹生俊男兄の長い間の友情、齋藤次郎学兄の本書出版までの絶えざる激励については謝すべき言葉もないほどである。

なお、同僚の知野虎雄君は絶えず討論の相手方として、本書の完成に骨身を惜しまずに協力されたのでむしろ二人の共同著述であるといつた方が適切であるかもしれない。

殊に本書に対して、金森徳次郎先生から題字ならびに身に余る序文をいただいたことは私としてはまことに幸わせであり、今後何事によらず御指導をいただいて心をゆたかにできることが大きな喜びであり、楽しみである。

また、大池事務総長から序文をいただいたことは、過去二十幾年の間、職を衆議院事務局に奉じた者としては実に感慨無量のものがある。その間、絶えず先輩として私を指導誘掖されたからである。こゝに改めて多年の御指導に対して厚く感謝の意を表する次第である。終りに本書の出版については外川社長及び品田君の厚意ある御取計いに対して深く謝意を表するとともに、中村泰男、三樹秀夫、弥富啓之助の三君に対しては並々ならぬ助力にあづかつたので、その労を忘れないためにここに記して感謝のしるしとする。

昭和二十八年五月

亡き父母を偲びつゝ

著者

凡例

一、本書に用いた左記の法令名略語はそれぞれ括弧内の法令を示す。

憲　（日本国憲法）
旧憲（旧大日本帝国憲法）
国　（国会法）
旧議（旧議院法）
旧貴令（旧貴族院令）
衆規（衆議院規則）
旧衆規（旧衆議院規則）
参規（参議院規則）
旧貴規（旧貴族院規則）

二、本書に用いた事例は特に断りのないものは衆議院における事例を示す。

17

目次

第四章 委員会の審査案件

第七章　委員会の会議

第十章 審査の特別形態

引用和書

淺井清	憲法精義	昭和二十三年
同	国会概説	昭和二十三年
入江俊郎	日本国憲法読本	昭和二十三年
同	国会と地方議会	昭和二十七年
大池真	国会早わかり	昭和二十一年
同	新国会解説	昭和二十二年
大石義雄	日本国憲法要論	昭和二十四年
岡田亥之三郎	日本国憲法審議要録	昭和二十二年
勝本正晃	日本著作権法	昭和二十一年
金丸三郎	地方自治法精義上巻	昭和二十四年
金森徳次郎	国会法	昭和二十二年
清宮四郎	憲法要論	昭和二十七年
同	新憲法と財政	昭和二十三年
37 小峰保栄	財政法会計法要綱（増補版）	昭和二十四年

齊藤秀夫　国会と司法権の独立　昭和二十六年
佐々木惣一　日本国憲法論　昭和二十四年
清水澄　国法学第一編憲法論　明治四十一年
田口弼一　委員会制度の研究　昭和十四年
同　地方議会運営論　昭和二十六年
同　帝国議会の話　昭和六年
寺本忠　国会の運営　昭和二十二年
平井平治　予算決算制度要論　昭和二十三年
美濃部達吉　行政法判例　大正十四年
同　議会制度論　昭和二十三年
同　改訂憲法撮要　昭和二十一年
同　日本国憲法原論　昭和二十三年
同　逐条憲法精義　昭和八年
宮沢俊義　新憲法と国会　昭和二十三年
同　憲法大意　昭和二十四年
渡辺宗太郎　日本国憲法　昭和二十三年

法学協会	註解日本国憲法	上巻 昭和二十三年 中巻 昭和二十四年 下巻 昭和二十五年
伊藤修	国政調査権と司法権の独立について	法曹時報 第一巻第五号
鵜飼信成	国会法	国家学会雑誌 第六一巻第四号
奥野健一	国会の国政調査権と司法権の独立	法律タイムズ 第三巻第六号
同	参議院緊急集会の法的性格	ジュリスト 一九五二年十月一日号
清宮四郎	国会の決算審査権	法学 第一四巻第五号
最高裁判所事務総局編	司法に関する国政調査	一般裁判資料 第三号
高柳賢三	国政調査権問題	法律タイムズ 第三巻第五号
田中二郎	首班指名をめぐる法律問題	朝日新聞 昭和二三年一〇月二四日
団藤重光	国会の国政調査権	法曹時報 第一巻第五号
寺尾正二	司法に関する国会の国政調査権の範囲及び限界	司法研究報告書 第二輯第一号
福原忠男	国会における証人喚問の諸問題	法律タイムズ 第三巻第七号
宮沢俊義	議院の国政調査権と司法権の独立	法律時報 第二一巻第三号
渡辺佳英	皇室典範及び皇室経済法	法律時報 第一九巻第三号
拙稿	国会法解説	法律時報 第一九巻第五号

引用和書　四

拙稿　内閣総理大臣の指名手続について　法律時報　第二〇巻第九号
拙稿　わが国の委員会制度と特別委員会の性格　法律時報　第二二巻第九号

引用洋書

Campion, G., An Introduction to the Procedure of the House of Commons, 1947
Congressional Directory, 81st Congress
Dimock, M. E., Congressional Investigating Committees, 1929
Hall and Sturgis, Text-book on Parliamentary Law, 1929
House Manual, 81st Congress
May, T. E., Parliamentary Practice, 1950
McConachie, L. G., Congressional Committees. 1898
Munro, The Government of the United States, 1949
Nevis, A., The Development of the Committee System in the American Congress, Special American Issue, v.1. III no.1 Parliamentary Affairs, 1949
Redlich, J., The Procedure of the House of Commons (vol. II), 1908
Riddick, F. M., The U. S. Congress Organization and Procedure, 1949

Sturgis, A. F., Standard Code of Parliamentary Procedure

Tilson, Parliamentary Law and Procedure

Walker, The Legislative Process, 1948

Willoughby, W. F., Principles of Legislative Organization and Administration, 1934

〃 , The Government of Modern States, 1936

第一章　委員会制度の概観

第一節　委員会制度の発生

「人々が、政治的代表を用い始める場合には、いつでも、かかる代表制度を民主政治に推挙したと同様の利益が、やがて又この集つた代表者達をして、更に『委託』へと、論理的な一歩を進ませる。」とは、McConachie がその著 Congressional Committees の中で、委員会制度の発生を顧みて述べているところである（註一）。

古代の原始的社会において、小さい一部落が、それぞれ独立の政治団体をなしているに過ぎなかつた時代には、その部落に属する総ての人達が、一つの場所に集合して、直接すべての事を評議し決定することができたし、又それが最も自然の状態であつたであろう。然るに、社会の進化は、やがて厖大な人員を包含する大国家を形成させ、その中に生起する諸々の事件を複雑且つ困難なものとする。そして、総ての人々が集つて評議し決定するという直接的な民主政治は、やがて事実上不可能となり、代表によつてすべてを処理するという代議制度へと移行する。もとより近代の議会制度が古代のかかる集会から継続的に発展したものでないことは、歴史の示すところではあるが、人々が賢明にも議会制度を発達せしめた理由とその利益は、そこにあつたと思われる。

而して、Willoughby が、その著 Principles of Legislative Organization and Administration の中で記している如く（註二）、議会が始めて召集されたとき、一般の感情としては、立法はまさに一全体としての両院の熟慮の直接的な結果であるべきであるというのであり、且つ、議会が比較的に小規模であつたこと、及びその措置を求めて提出される事件が比較的僅少であつたことによつて、このような手続方法も完全に実行可能であつたのである。しかし、間もなくもし問題が何らか複雑なものであつた場合には、それを先ずそれに最も通暁した、若しくは、それを取扱う資格のあるより少数の人々によつて審議させることが好都合であり、そして又、議院自身としても、かかる少数の一つの機関の意見を徴した後に、且つ、その議案そのものが多少とも修正改善された後において、より有効に議院としての機能を遂行することができるということが判つて来たのである。かくて McConachie がいつたように、代議制度がとり入れられたと同様の理由から議会自身、その処置すべき一切の問題を少数の委員に委託して、一つの予備的審議を行うことが好都合であるという確信が生れてくるのは、正に一歩の差に過ぎなかつたのであつて、議会における委員会の制度は、かかる理由に基いてその発生を見たのであつた。

かくて、近代議会制度の母国といわれるイギリスにおいては、その最も初期の記録に、既に委員指名の初めての試が見られ、一三四〇年には、法令作成のための貴族院と庶民院との合同委員会が存在した。そして委員会の仕事が些細な書記的の仕事に始つて、漸次高い任務に進むとともに、その規模も大となり、エリザベス女王時代の議会においては、早くも最初の常任委員会として一会期を通じて存続する「特権及び選挙委員会」"A Committee of Privileges and Elections" にまで見事な発達を遂げたのである（註三）。委員会制度を最も発達させ、わが国の新しい委員会制度の模範となつたアメリカにおいても、既に第三議会のとき、下院において三五〇を下らない特別委員会が設けられていたといわれる（註四）。

（註一）　L. G. McConachie, Congressional Committees, 1898, p. 6

(註二) W. F. Willoughby, Principles of Legislative Organization and Administration, 1934, p. 331
(註三) McConachie, op. cit., p. 7
(註四) Willoughby, op. cit., p. 332

第二節　委員会制度の進化

前節に述べたように、議会がその措置を求めて提出されてくる一切の問題について、少数の、且つその問題に通暁する委員に委託して一つの予備的審査をさせる方法を採り始める場合において、先ず最初に考えられるのは、問題の提起される都度、その問題に通暁する委員にその予備的審査を付託する方法であろう。委員会制度の最も発達したアメリカにおいても、議会召集と殆んど接続的に、先ず、特別委員会制度（Special Committee System）が生れたが、この制度のもとにおいては、提出された一切の議案は、その議案の審議のために特別に組織された一つの特別の委員会に付託されるものであつたのである（註一）。そして斯様な方法の下では、原則的にいえば、提出される議案の数と同じ数の委員会の存在が当然に想像されるのであつて、アメリカの議会の初期において、前に述べたように第三回議会のときに三五〇を下らない特別委員会が設けられていたというのも宜なるかなである。然るに、極めて短かい経験によつても、直ちに判るであろうことは、第一に、提出される諸議案の多くは、同一の一般的題目に関連しているものであり、そして又、それ等の議案の多くは、多少とも相互の間に直接的な関係をもつており、相似的な内容によつていくつかの一定の範ちゆうに類別し得るものであること、第二には、特別委員会は付託された一事件の審査を終れば消滅する性質のものである点から、一定の範ちゆうに属する諸議案は、それ等について専門的な知識経験と特別の関心をもつ少数の人達によつて、しかも常に変ることのない同じ人達によつて綜合的且つ継続的に、審議するようにすることが一層有利であろうということである。かくして、諸議案について判然たるいくつかのカテゴリーに分つて、それに属する諸議案を審議するためにそれぞれのカテゴリーに対応して、会期を通じて存続する常任委員会を設置するという方法が採用されるようになることは当然のことであつて、委員会の制度が特別委員会から常任委員会制度(Standing Committee System)へと進化して行くのは、委員会の本来の目的に一層副う所以であるのである。もとより、アメリカにおいても、特別委員会から常任委員会への進化は、簡単に成し遂げられたものではなく、この制度に対しては、立法権が実質において分裂して多数の分離された同格の諸機関の間に分散され、議院全体としての立法上の有効な指導の可能性を弱め、且つ、議院の直接的な作用力の幾分かを喪う虞があるという非難(註二)のために、徐々にしか進捗しなかつたものの如く、下院には一八〇〇年において、僅か六つしかこの種の委員会が存在せず、一八一〇年に至つてもその数は十に増しただけであつた。上院においては一層この非難が強く、一八一六年に至るまでは、上院は常任委員会についての規定も設けていなかつた状況であつた。しかし、かかる非難にも拘らず、この制度は漸次進展し、下院においては一八一六年にはその数二十に達し、この時に至つて常任委員会の制度は確乎として確立されるに至り、上院も亦現在では下院同様、この制度は確実に確立されるに至つた(註三)。

もとより、アメリカにおいても、特殊な諸議案の審議乃至特殊事件の調査のために、その時々に、特別委員会を設けるという慣行は依然として採られて来ているが、立法の中心としての委員会が特別委員会から常任委員会へと進化し発達したものであり、且つ、それが委員会制度本来の目的を最もよく実現し得る方法であることが委員会制度の進化を顧みて顕著な事実であるといわねばならぬ。

旧憲法下の帝国議会においては、衆議院では常任委員会として予算、決算、請願、懲罰の四種を規定するに止り（旧衆規四四条）、法律案その他の審議については特別委員会主義を採つており、従つてその初期においては、法律案、建議案等の審議のため、一会期一四〇以上の特別委員会が存在したことがあるが、やがて、第六十三回議会以来建議案の審査のために、毎会期、院議によつて常任委員会たる建議委員会が設置されることになるとともに、他方、同種又は関連する事件については、同一委員会に併託する方法を採ることによつて、事件数の増加に拘らず、特別委員会の数は漸次減少していたことから見れば、旧制度の下においても、特別委員会から常任委員会へという一般的な進化の方向だけはたどつていたものといい得よう。新しい国会法は、各議院、それぞれ二十二の常任委員会を設け、各々の所管を定めるとともに、その部門に属する一切の議案、請願、陳情書等を審査せしめ（国四二条）、ただ常任委員会の所管に属しない特定事件の為に特別委員会を設けることとして（国四五条）、玆に新しい国会においては、完全に常任委員会中心制度を確立することになつたのである（註四）。

（註一）　Willoughby, op. cit., p. 332

（註二）　Willoughby, op. cit., p. 331

（註三）　Willoughby, op. cit., p. 332
　A. Nevis, The Development of the Committee System in the American Congress, Special American Issue v. 1. 111 no. 1 Parliamentary Affairs 1949, p. 142

（註四）　拙稿・「国会法解説」法律時報一九巻五号六一頁

第三節　委員会制度の目的

議会における委員会発生の起源を尋ねることによつて、われわれは委員会制度の生れた基本的な目的乃至理由を知ることができたと思われるが、更に委員会制度は、その制度に内在する幾多の利益と特質に基いて、一層その制度を発展せしめ、委員会制度の現代的意義を確立するに至つた。従つて、委員会の歴史的起源を離れて、その現行法的意義における委員会制度の目的を考察しなければならない。

第一に、国会を構成する両院のうち、衆議院は四六六名の、参議院は二五〇名の議員によつてそれぞれ組織され、更に一方国会が国権の最高機関であり唯一の立法機関であることから（憲四一条）、国会又は各議院の審議を要する案件は極めて数多く、しかも一定の会期中に、これ等の多数の案件を数百名の議員からなる議院の会議において、直接処理することは不可能に近い。従つて、幾多の委員会に審査を分担させ、その報告をまつて議院の会議に移すことによつてのみ、議院の審議を迅速且つ能率的に可能ならしめることができる。McConachie もこの点について、「議員が増大し、案件が増加すれば、議院は新しいそしてより細かい分業を余儀なくされる。」といつている（註一）。

第二に、審議すべき案件がその数において極めて多いのみならず、社会の進展とともに、その内容も亦、極めて複雑多岐且つ困難となり、国会の任務とも相俟つて、その審議に当り専門的な、そして、時には技術的な知識経験を必要とする。しかも、総ての議員に総ての問題についての専門的知識を要求することはできない。従つて、予め専門的知識を有する少数の委員の審査を経させることによつて、審議の能率を上げ得るのみでなく、議院の審議をして始めて精密にし粗漏なからしめることができるのであつて、この点は、常任委員会制度への進化にも見られるように、現代委員会制度を支持する極めて重要な理由となつている。そしてそれがためにこそ、常任委員は、その任期中その任にあるものとされているのである（国四一条）。

第三に、議会に対して往々なされる非難の一つである議院の会議における「討論の形式化」の弊を補い、自由な討議によつて問題を遺憾なく検討し、熟議と妥協とによつて妥当な結論に達するためには、少数の委員によつて構成され、且つ討議形式のより自由な委員会による外はないといわなければならない。このことは、前述した委員会発生の理由の外に、イギリス、アメリカにおける委員会発生の今一つの歴史的事実として、イギリスにおいては、専制的国王に対抗するため、束縛されない熟議のために、自ら選んだ委員長の下に略式な会議をもち始め（註二）、又アメリカにおいても、植民地議会と本国王（乃至その代表又は植民地統治者）との摩擦の増大とともに、議員達が本国の権威との争を処理するために、略式の打解けた委員会―性格的には屢々寡頭政治的な、少数の法外団体―を発達させようとした事実（註三）に鑑みても明らかである。旧来の議会が、単なる天皇の協賛機関として、政府の提出する議案に対して賛否を決することの多かつたのに反し、唯一の立法機関となつた新国会が、その根本の在り方として自ら法律の立案に当ることのためには、上述の第二の理由とともに、特にこの点において、委員会のもつ特質を認識しなければならない。

委員会制度の目的とするところは、なお多く挙げられるであろうが（註四）、その基本的な目的と意義は、概ね以上の諸点に要約することができようと思われるのであつて、現行の委員会制度は、その構成においても、その権限においても、更にその補助機関についても、これ等委員会制度の根本の目的に副つて、その本来の目的と意義を遺憾なく達成せしめようとして、所謂委員会中心主義を確立しているものということができる。

（註一）　McConachie, op. cit., p.7
（註二）　McConachie, op. cit., p.8
Willoughby, op. cit., pp. 409—10
（註三）　Nevis, op. cit., p.137
Willoughby, op. cit., p.410
（註四）　田口弼一・委員会制度の研究　二八頁

第四節　從來の委員会制度

—本会議中心主義—

旧憲法下の各議院の委員会には、全院委員会、常任委員会及び特別委員会の三種が認められ（旧議二〇条）、そして貴族院においては、資格審査、予算、懲罰、請願及び決算の各常任委員会（旧貴規三三条）、衆議院においては、予算、決算、請願、懲罰の各常任委員会（旧衆規四四条）と、毎会期院議によつて設置せられた建議委員会の外は、すべての事件が、特別委員会において審議せられたものであることは前述した通りであるが、ここでは委員会制度自体における常任委員会と特別委員会との地位についてではなく、委員会が各議院の一つの機関として、各議院における議案審議の過程において、いかなる地位を占めていたか、言い換えれば、主として本会議との関係においていかなる地位に置かれていたかという点を中心として、委員会制度を考察するならば、従来の制度においては、各議院における審議の中心は本会議に置かれ、委員会はたゞ単なる本会議の下準備のための純然たる予備的機関に過ぎない存在であつて、議案の審議の過程において委員会の占める地位は極めて低いものであつたという外なく、従つて、議案審議に関する従来の制度はこれを本会議中心主義ということができる。

即ち、先ず一般の議案審議の過程について見れば、所謂三読会の制度があつて、議案が提出されれば、先ず本会議においてその趣旨説明を聞き、質疑の後、始めて委員会に付託されるものであつたが、しかも、委員付託を必要とするのは政府又は貴族院提出議案であり、議員提出案については、委員付託は法規上の要件とはされていなかつたのであつて、更に法律の議案については、必ず三読会を経なければならなかつたことも併せて考えれば、議案審議に当つてあくまで本会議中心であつたことがわかる(旧議二七条、二八条、旧衆規九三条、九四条)。

次に、委員会は、本会議より付託がなければ、自発的に活動する余地が全然なく、委員会の審査は議院の付託した事件の外に渉ることができなかつた(旧衆規二七条)。のみならず、一度び本会議から付託された事件の審議についても、委員会の自主的な活動は殆んど認められず、常に本会議がその審議権を保留して、常に委員会に指示するの形をとつていたのであつて、例えば委員会の会議日の指定さえ本会議の決するところであり、本会議が委員会の期日を指定しないときにのみ委員長がこれを定めることができた(旧衆規五二条)。又、本会議は、付託の時に委員会の審査に期限をつけることもできたし、委員会審査の途中に期限を定めて、委員会に審査の報告をなさしめることも自由であつただけでなく、委員会が正当の理由がなくてその報告を遅延するときには、本会議は改めて他の委員を選任する権限をもつていたのであつて(旧衆規五七条、五八条)、本会議の指示に従わない委員会があれば、直ちにその存在さえ否定されることになつていた。予算は提出されると直ちに予算委員会に付託されることになつていたが、その予算委員の審査期間が、予算を受取つた日から二十一日以内と限定されていたのも（旧議四〇条）、その一の理由は同様な趣旨に基くものに外ならない。このように、委員会の活動の範囲も期間もすべて本会議の意のままであつて、委員会活動の自主性は全然認められていなかつた。

第五節　新しい委員会制度

――委員会中心主義――

新憲法下の国会においては、全院委員会は廃止され、各議院は、各々、二十二の常任委員会を設けてそれぞれの部門に属する議案（決議案を含む）、請願、陳情書等を審査させるとともに、なお、常任委員会の所管に属しない特定事件は、特別委員会を設けてこれを審査させることとし、常任委員会中心主義を確立したことは前にも述べたところであるが、各議院における議案審議の過程において、委員会の占める地位乃至は本会議に対する委員会の地位という観点からこれを見るならば、前節に述べた従前の本会議中心主義とは全く反対に、正に議案審議並びに国会運営の中心をなすものとして、本会議でさえ委員会をまたならぬものとしているのであつて、従前の本会議中心主義に対して、新しい国会はその運営について正に委員会中心主義を採用したものということができる。

即ち、第一に、議案審議の経路について見れば、読会制度の廃止とともに、議員より発議された議案、内閣又は他院から提出された議案は、従来のように先ず本会議にかかることなく、議長において直ちにこれを適当の委員会に付託することとし、委員会の審査をまつて後、始めて本会議の審議に移されることになり(国五六条)、議案の付託については原則として本会議とは何等の関係をももたなくなつた。

第二に、従前の委員会の審査は、付託事件の外には一切渉ることができないものとされていたが、新しい制度の下では、常任委員会は付託事件の外に、定められた所管に属する事項について、会期中に限り議長の承認を得て自主的に国政に関する調査をすることができることとなつており(衆規九四条、参規三四条)、しかもこの点については本会議は何等の承認権もなく、本会議とは全く無関係に単に議長の承認のみによつてこれをなし得るのみならず、本会議に対してその国政調査についての報告義務すらないことを併せ考えれば、委員会に対し極めて自主的な活動を認めたものといわねばならぬ。このことは、委員会に法律案の提出権を与えたこと(衆規四二条)と相俟つて、今後の国会の立法活動を委員会中心に行わしめるものであるとともに、委員会の審議権を一層充実させるものであつて、本会議の審議を更に形式的なものとしているのである。この点について、「委員ノ審査ハ議院ノ付託シタル事件ノ外ニ渉ルコトヲ得ス」と明記していた旧規則の規定(旧衆規二七条)がなくなつても、国会法第四十七条によつて、委員会の観念は旧制度の場合と何等変らないとする説があるが(註一)、これは新制度の下における委員会の観念の変改に強いて目を覆わんとするものといわねばならない。

第三に、議案の付託に当つて、原則として本会議に関係がないから、従前のように付託に際して本会議が予め期限を付するが如きことは全然あり得ず、一度び委員会に付託して審査中のものについて、本会議でこれを取り上げて直接審議するためには、先ず委員会の中間報告を求める手続をとり、然る後でなければ審議できないことになつている(国五六条の三)。この点については、新制度採用の当初は、委員会の審査中の事件については単に中間報告を求め、期限を附し得るだけでいかなる場合でも委員会からこれを取り上げて審議できない建前をとつていたので、更に一歩を進めて委員会中心の精神を貫いていたのであつたが、それでは余りに本会議が無力であるとともに、旧制度の慣習になれて新制度になじみ難かつたことから、第二回国会昭和二十二年七月現行のように改正されたものである。又従前の如く、本会議において自由に委員を改選するが如きことができなくなつたことはいうまでもない。

第四に、他院送付の議案を除いては、委員会において本会議に付するを要しないと決定した議案は原則として本会議に付さないことになつており、この委員会の決定の日から休会中の期間を除いて七日以内に議員二十人以上から要求のないときは、その議案は委員会の決定限りで廃案とされることになつているから（国五六条）、第一次的には議案の運命はその付託された委員会において決せられることになつたわけである。

更に、委員会の開会は全く自主的に委員長が決定するものであり（衆規六七条、参規三八条）、委員会の開会について本会議が何等の指示もなし得ないのみならず、逆に委員会でその審査した事件を緊急と認めたときは、委員会の方から本会議開会の要求ができることになつており（衆規五九条）、又、委員会が本会議の討論者を指名できることになつていて、議長がその討論者を承認したときはその指名討論者は他の討論者に優先して発言できるのである（衆規一三六条、参規九二条）。

以上の如く、議案の審議に当つて、本会議に対する委員会の地位権限は極めて重く、従前の本会議中心主義に対する根本的な大変革であるといわねばならない（註二）。

（註一）　田口　弼一・地方議会運営論　三七一頁
（註二）　大池　　真・新国会解説　　　五九頁

拙稿・前掲　六一頁

第六節　委員会の性格

新しい制度の下における委員会の重要な性質は、前節において概説したのであるが、国会法及び衆議院規則の規定するところから委員会の性格を考えると、大体の概念としては、委員会は、少数の議員によつて構成される議院の機関であつて、議院の議決を必要とする事件について、付託を受けて、その予備的審査をなすとともに、定められた所管事項につき、或は付託された事件につき、議院の有する国政調査の権能を行使する機関であるが、従来の如き純然たる予備的審査の機関ではなく、実質的には寧ろ議院における第一次的審査機関に近い性格をもつものということができる。以下これについて考察して見よう。

（一）委員会は、少数の議員をその委員として構成される議院の機関である。

このことは、委員会が全議員中の少数の議員によつて構成されるとともに、委員会を構成する委員だけが委員会における審議調査の権限及び表決の権限をもつことを意味し、一般の議員又はその他の者が委員会に出席発言することがあつても、委員でない以上表決の権をもたないことを意味する（註一）。

（二）委員会は、議院の議決を要する事件について、議長又は議院の付託をうけて、その予備的審査をなす機関である。

「予備的審査」ということが、委員会発生の歴史並びに理由から見て、委員会の本来の性質であつたことは、前に述

55

べたところであるが、ここで予備的審査の機関であるということは、法律的に次のことを意味する。

第一に、議院の議決を要する事件についての委員会の審査が、議院の議決前に行われなければならぬとともに、それが、議院の議決に際しての判断の資料となるものであることを意味する。議院の議決前でなければならないから、委員会が審査中の付託事件について本会議がその中間報告を求めた後、直接それを本会議の審議に移し本会議で議決した場合には、最早委員会においてそれについて審査する余地がない（国五六条の三）。而して、議院の議決を要する事件については、委員会の審査を省略する場合もあり得るし（国五六条二項但書）、又必ずしも委員会の審査に拘束されるものとは限らないが、委員会に付託した事件に関する限り、その審査の結果は、議院の議決のための重要な判断の資料となるものである。この故に、付託事件の審査が終了したときには、委員会の報告が義務づけられ（国五三条、衆規八六条、参規七二条）、又、委員会審査中の事件を本会議が取上げて審議する場合でも必ず中間報告を聴かねばならぬこととなつている（国五六条の三）。而して、ここに判断の資料となるとは、本会議において、それが第一次の議題換言すれば原案とはならないことを意味するのである。而して、本会議においてつねに原案となるのは発議又は提出された案件そのものである。これに反して、一院で議決されて他院に送付された場合における第一次の議題即ち原案は、つねに他院の議決案件そのものであつて、さきに発議又は提出された案件でないことに注意せねばならぬ。

第二に、予備的審査の機関であるということは、委員会の審査が、議院の議決を法律的に拘束するものでないことを意味する。

多くの場合、専門的な知識経験をもつ委員会の審査の結果は、議院の意志決定の重要な基礎をなし、且つ、委員会が議院を構成する各派の所属議員数の比率に基いて構成され、議院全体の縮図であるにおいては（国四六条）、議院の議決が委員会の審査の結果の通りになることが普通であろうけれども、法律的には、委員会の審査の結果は何等議院を拘束する力をもつものでなく、議院が委員会の審査の結果と異る議決をなすことはもとより自由である。実際においても、委員会において否決すべきものとされたものが、議院において可決されたことなしとしない(註二)。

第三に、予備的審査の機関であるということは、委員会の審査がその付託事件について、それ自体最終の決定を意味せず、従つてそれ自体外部に対する拘束力を有し得ないことを意味する。委員会の実際においても、付託事件に関する委員会の審査報告書において、つねに、付託事件について議院において可決、修正又は否決すべきものと議決したという表現を用いているのは、このことを示している。

(三) さて、委員会が予備機関であるという意味については、以上のようではあるが、現行法の委員会は、法律的に見ても純然たる予備的審査の機関とはいい難く、一面議院の有する権限の代行機関たる性質をもつているとともに、実質的には寧ろ第一次的な審査機関ともいうべき性質をもつようになつてきている(註三)。

第一に考えられる点は、従来の委員会はその審査が議院の付託した事件の外に渉ることができなかつたことから(旧衆規二七条)、委員会の審査は、常に本会議の議決を前提としてなされ、予備機関たる以外の何等の権限ももつていなかつたのに対して、新しい委員会は、本会議の議決とは関係のない、換言すれば本会議の予備機関でない一面をもつている。即ち、(一)には、議院の有する国政調査権能を行使する権限が与えられている点であつて、この点に関する限りは、委員会は既に従来の如き単なる本会議の予備的機関とはいい得ない。後に述べるように、本来調査ということは、事実発見に関する行為であるが、常任委員会が議長の承認を得てその所管事項について自主的に調査する場合はそれは本会議に代つて国政に関する調査に当るものであり、本会議の議決の前提をなすものではないのであつて、常任委員会の国政調査に関する限り委員会が本会議の予備機関ということはできない。(二)には、特定の委員会にあつては、議院の議決とは何等の関係のない権限が別に法律によつて与えられている場合がある。例えば、議院運営委員会が(1)国会職員の任免に関する承認権(国二七条二項、一三一条三項・五項・七項、裁判官弾劾法七条六項、一八条七項)(2)議院の予備金支出の承認権(国会予備金に関する法律二条)(3)議院に出頭する証人の車馬賃及び日当を決定する権(議院に出頭する証人等の旅費及び日当に関する法律五条)等を、又、図書館運営委員会が国立国会図書館の管理規程に対する承認権(国立国会図書館法五条)をもち、更には、各議院の委員会又は両議院の合同審査会が、宣誓した証人が虚偽の陳述をなし、或は、正当な理由がなくて、証人が出頭せず、若しくは要求された書類を提出せず又は出頭した証人が宣誓若しくは証言を拒んだものと認めたときは、これを告発しなければならないが(議院における証人の宣誓及び証言等に関する法律六条、七条、八条)、これ等については委員会単独の権限であつて、議院の予備審査をなすものでないことは、明瞭であつて、議院の権限代行と見るのが妥当である。

第二に考えられる点は、先に述べたように、委員会が予備的機関たる性質を有するのは、議院の議決を要する事件について、付託をうけて審査をする場合のみについてであるが、この点についても国会法が、議案について委員会において廃案とする権限を与えたことは、議案が発議されると本会議を経ないで先ず委員会の審査に付される点と相俟つて、実質的に見て、委員会をして議院における第一次的な審査機関に近いものたらしめているといわなければならぬ。

即ち、議案が発議されると本会議には関係なく先ず委員会に付託され、しかも委員会において他院送付案を除いて、議院の会議に付するを要しないと決定した議案は、この委員会決定の日から休会中の期間を除き、七日以内に議員二十人以上の要求がないときには、廃案となることとなつており(国五六条二項・三項・四項)、又、請願について会議に付するを要しないと決定した場合、同様の要求がないときは、委員会の決定が確定することになつているのである(衆規一七九条、参規一七二条)。

もとより、他院送付案についてはかかる決定をなし得ず、又、二十人以上の要求のあるときは、本会議に付さねばならないから、形式論的には本会議が最終的決定権を保留している如く見られるけれども、若し、二十人以上から会議に付すべしとの要求がない場合には、すべての議員提出の議案は勿論、内閣提出議案でも先議の議案は、本会議の議決をまつことなくして、委員会の決定だけで最終的に廃案となり、この場合の委員会の決定は、議院における最終的な決定となり、外部に対しても拘束力をもつことになるのであつて、かかる権限が委員会に与えられていることは、国会が唯一の立法機関として将来益々議員発議案が立法の中心となり、その数も厖大に上るべきことに思いを致せば、実際の運営においては、委員会が先ずすべての議案について最初の審議をなし、委員会の取捨選択に基いて本会議が最終的審議をする結果となるべく、実質的には、委員会が単なる予備的機関というよりは、寧ろ議院における第一次的審議機関に近い性格をもつに至るであろうと考えられるのである。Willoughby が、アメリカの委員会について「この常任委員会の機能は、措置を求めて立法部に提出されてくる一切の立法提案に対して、最初の審議を与えることにあるのであるが、これについては尙、それ等の提案が、これらの委員会において審議されないうちは、そしてこれらの議案に関する委員会の推挙が、議院に正式に伝達されないうちは、その議院にとつてその議案を審議する権限がないという規定が附随している結果として、これ等の委員会は立法の過程の上に一つの大きな影響力を有するものとなつているのであつて、合衆国が屢々一つの『委員会政治』(committee government)であるといわれるのは真実である。」といい（註四）、且つ又、「現在の上院及び下院の確立された慣行に従えば、報告される議案は、専らそれを付託された委員会が、原案の通りにか、或は修正してか、更には再作成の形においてか、のいずれかの形において、賛成的措置をとるべきであるという確信をもつた議案だけなのである。この結果、国会に提出されてくる幾千件の議案及び決議案のうちで両院は、その付託をうけた委員会の気に入つた比較的少数のものを除いては、審議すべき一つの機会をもたないことになつている。かくて委員会は単に第一審として立法提案を審議するのみでなく、どの議案が両議院によつて審議さるべきかの決定が、それぞれ比較的少数の委員で構成され且つ各自独立に行為するところの幾つかの委員会によつてなされることに考え及ぶとき、益々委員会の重要性を増してくるかに見えるのである。」と述べている点は（註五）、わが国の委員会の実質的な性格を考察する上に多大の参考となるものと思われる。

（四）　次に委員会は、或は定められた所管に属する事項について、或は特に付託をうけた事件について、各議院に与えられた国政調査の権限を行使する機関である。

即ち、委員会の国政調査については章を改めて詳述するが、常任委員会はその所管に属する事項について議長の承認を得て自主的に国政に関する調査を行い、又特別委員会も常任委員会の所管に属しない事件について、議院の付託をうけて国政に関する調査をなすことがあるが、常任委員会の自主的国政調査については、その調査の結果について議院に対する報告の義務はなく、特別委員会については、付託案件についての報告義務の規定の適用があるとしても、常任委員会の国政調査については委員会は予備的機関の性質を有せず、その所管又は付託の範囲において、議院の有する国政調査の権能を代行する機関たる性質をもつものであるといわねばならぬ。

（註一）　田口　弼一・委員会制度の研究　一六頁

（註二）第一回国会以降衆議院において委員会で否決されたものが本会議で可決された事例としては次の如きものがあるが、委員会において可決されたものが本会議で否決された例はない。

(1) 第一回国会臨時石炭鉱業管理法案

鉱工業委員会否決

本会議　　可決

(2) 第二回国会昭和二十三年度一般会計予算

予算委員会　否決

本会議　　可決

（註三）拙稿・「わが国の委員会制度と特別委員会の性格」法律時報二二巻九号三頁、四頁、一四頁

（註四）Willoughby, op. cit., p. 330

（註五）Willoughby, op. cit., pp. 378–379

第二章　委員会の種類

第一節　概　説

各議院の機関としての委員会は、常任委員会及び特別委員会の二種類である（国四〇条）。旧帝国議会の時代には、この外に更に全院委員会が認められていたが（旧議二〇条）、これは過去の実績に照して、新国会においては廃止せられた。国会法、衆議院規則には、公聴会、合同審査会、連合審査会（参議院では連合委員会）、又は両院協議会、両院法規委員会、訴追委員会等、或は委員会の名称を用い、或は又これに類似の名称を用いたものが規定されているが、後述するが如く公聴会、合同審査会及び連合審査会は、何れも各院の委員会の審査の特別形態の一に過ぎないもので、委員会以外の別箇の機関として存在するものでも亦、委員会に附属する機関でもない。又、両院協議会は、特定の場合に両院の意思の合致を図るために設けられ、両院法規委員会は、法規その他に関し両議院に勧告するために常置される両院の機関たる委員会であつて、所謂各議院の委員会ではない。

なお、訴追委員会は、憲法で定められた裁判官の弾劾裁判について、衆議院において、その議員の中から選挙された訴追委員で組織され、裁判官罷免の訴追をなす独立の機関であつて（憲六四条、国一二六条、裁判官弾劾法八条）、ここにいう委員会ではない。

第二節　常任委員会

一、常任委員会の性格

常任委員会は、会期の始めに選任される委員で構成され、議員の任期中を通じて存続し、各々その定められた所管に属する議案（決議案を含む）、請願、陳情書等を審査するとともに、議長の承認を得てその所管に属する事項について国政に関する調査をなすものであつて、各委員会には、少くとも二人の専門員、調査員及び調査主事が常置されている。従つて、常任委員会の性格として考えられる点は、

（一）　常任委員は、会期の始めに選任せられて、議員の任期中を通じて存続するものであることである（国四一条一項）。

常任委員会は議員の任期中引続いて存在するものであるから、会期の始めといつても、毎会期の始めということではなくて、任期満了によるか或は衆議院の解散によるかを問わず、総選挙後（参議院では通常選挙後）始めて召集された国会の始めに選任され、一度選任されると、単に選任されたその会期中だけでなく、議員の任期中、言い換えると、任期満了か解散によつて、議員の身分が失われるまでの間、毎会期通じて存続するのである。そしてこの特質は、議員が必ず一箇の常任委員とならなければならないことになつている点（国四一条二項）と相俟つて、すべての議員が、その常任委員たる部門々々に応じて、深い専門的知識をもつことにより、審査の能率を高める結果となり、常任委員会をして各議院における審議の中心たらしめているのである。

（二）常任委員会は、各々その定められた所管に属する議案（決議案を含む）、請願、陳情書その他を審査するものである（国四二条一項）。

即ち、常任委員会は、具体的な議案の審査のためにその都度設けられるものではなくて、予め各々の常任委員会の所管事項が規則で定められており、その定められている所管に属する議案はもとより、請願も陳情書もすべてそれぞれの所管に応じて常任委員会で審査する。その審査権は付託によつて付与されるものではなく、法律上固有するものであることは後に述べる通りである。議案等の有無に拘らず、予め常任委員会が存在していて、議案が提出され、請願、陳情書等が受理されると、定められた所管に応じてそれぞれの常任委員会に付託されて、審査されるのである。但し、所管に属する議案といつても、予算及び決算は、別に予算委員会及び決算委員会で審査されるから、他の委員会の権限には属しない。

（三）常任委員会は、議長の承認を得て、所管に属する事項について国政に関する調査をするものである（衆規九四条、参規三四条）。

即ち、常任委員会は、単にその所管に属する議案、請願、陳情書等を議長又は議院から付託されて審査するのみでなく、更に自主的にその所管に属する事項について、議長の承認を得て、国政に関する調査をなすものであつて、所管の範囲内において自主的に国政調査をなし得ることが、特別委員会と異る常任委員会の特質の一つである。なお、委員会の国政調査については後述する。

（四）なお、常任委員会には、特別委員会と異り、少くとも二人の国会議員でない専門の知識を有する職員、即ち専門員（Qualified specialists）、調査員及び調査主事が常置されることになつており（国四三条一項本文）、現在では、各委員会ともに専門員、調査員、調査主事各々二人合計六人宛常置せられて、常任委員会の調査研究の仕事に従事している。

但し、議院において不必要と認めたものについては、必ずしもこれ等の職員を常置する必要がなく（国四三条一項但書）、現在議院運営委員会、図書館運営委員会及び懲罰委員会の三常任委員会にはこれ等の職員が置かれず、必要な調査研究は、委員会の運営を掌理する事務局職員が兼ねて行つている。

なお、専門員は、その道の深い知識をもつている人々であるから、特に相当額の報酬を受けるものとされ（国四三条二項）、現に各省次官と同等の俸給をうけている。

二、常任委員会の種類

各議院の常任委員会は、国会法によつて次の二十二種と定められているが（国四二条一項）、それは、大体において各省別に設けられ、それ以外に必要なものを置いていて、ただ内閣関係は所管事項が非常に多い関係から、四つの委員会に分けられている。最初は常任委員会は事項別であつたが、事項別にすると、その事項がいくつもの委員会に関係があつて、議案の付託等に種々面倒な事例を生じた経験から改めて各省別に分けられることになつたのである（註一）。

常任委員会の種類が、わが国においては法律で規定され、両院とも一様であるのは、新しい常任委員会制度を規定するに当り両院の常任委員会の種類が異ならないことが、常任委員会の制度上宜しいと考えられたからであるが（註二）、このことは、わが国現行の常任委員会制度が、国会法において始めて規定されたものであつて、その制度としての成長の歴史をもたないことを意味するものともいえるのであつて、この常任委員会の制度が、長い歴史の消長を経て来た国では、両院各々その特色ある常任委員会を有していて、必ずしも両院一様でないもののようである（註三）。

一、内閣委員会
二、人事委員会
三、地方行政委員会
四、法務委員会
五、外務委員会
六、大蔵委員会
七、文部委員会
八、厚生委員会
九、農林委員会
十、水産委員会
十一、通商産業委員会
十二、運輸委員会
十三、郵政委員会
十四、電気通信委員会
十五、労働委員会
十六、建設委員会
十七、経済安定委員会

十八、予算委員会
十九、決算委員会
二十、議院運営委員会
二十一、懲罰委員会
二十二、図書館運営委員会

かくの如く、各院の常任委員会の種類は国会法の定めるところであるけれども、なお、（イ）国の行政機関が設置若しくは廃止されたとき、（ロ）両院法規委員会の勧告があつたとき、（ハ）特に必要があると認めたときは、両議院は法律で定められた常任委員会以外に、各院の議決をもつて、新に常任委員会を増設し又定められた各常任委員会を併合することができることになつている（国四二条二項前段）。

もとより行政機関の設置又は廃止等の場合には、それに応じて国会法改正の手続がとられることが普通であろうから、この規定の適用されることは尠いと思われるが、一つの会期に審議を予想される主要議案が二省以上の共管のものであつて、そのためにその会期中常任委員会を併合することが、議院における審査上望ましいような場合には本条の適用されることが考えられないこともない。いずれにしても、議決によつて常任委員会を増設し、併合する場合においては、その委員会は両院ともに同じでなければならないのであつて（国四二条二項後段）、各院が各々別々に常任委員会を設けたり併合したりすることはできない。それは、前述した常任委員会の種類を法律で定めた趣旨と同様である。

（註一）(1) 昭二三・二・二五第二回国会衆議院議院運営委員会議録一五号二頁
(2) なお、常任委員会の種類は当初以来次の如き変遷を経た。

常任委員会の種類の変遷一覧表

国会法（昭二二法七九号）制定当初における委員会の種類（施行期間　第一、二回国会）	国会法改正（昭二三法八七号）による委員会の種類（第三回国会より施行の予定であったが召集当日下段のように改正）	国会法改正（昭二三法二一四号）による委員会の種類（施行期間　第三－五回国会）	国会法改正（昭二四法二二一号）による委員会の種類（施行期間　第六－十四回国会）
一、外務	一、行政調査及び人事	一、内閣	一、内閣
二、治安及び地方制度	二、地方行政	二、人事	二、人事
三、国土計画	三、経済安定	三、地方行政	三、地方行政
四、司法	四、法務	四、経済安定	四、法務
五、文教	五、外務	五、法務	五、外務
六、文化	六、大蔵	六、外務	六、大蔵
七、厚生	七、文部	七、大蔵	七、文部
八、労働	八、厚生	八、文部	八、厚生
九、農林	九、商工	九、厚生	九、農林
十、水産	十、農林	十、商工	十、水産
十一、商業	十一、水産	十一、農林	十一、通商産業
十二、鉱工業	十二、運輸	十二、水産	十二、運輸
十三、電気	十三、通信	十三、運輸	十三、郵政
十四、運輸及び交通	十四、労働	十四、通信	十四、電気通信
十五、通信	十五、建設	十五、労働	十五、労働
十六、財政及び金融	十六、予算	十六、建設	十六、建設
十七、予算	十七、決算	十七、予算	十七、経済安定
十八、決算	十八、議院運営	十八、決算	十八、予算
十九、議院運営	十九、懲罰	十九、議院運営	十九、決算

二十、図書館運営	二十、図書館運営	二十、懲罰	二十、議院運営
二十一、懲罰		二十一、図書館運営	二十一、懲罰
			二十二、図書館運営

（註二）　昭二一・一二・一九第九十一回帝国議会衆議院国会法案委員会議録一回四頁

（註三）　(1)　アメリカの両院における常任委員会の数は歴史的に見ると時代々々によつて異つていることは、前章の委員会制度の進化の節においても述べたが、Theodore Roosevelt の最初の大統領時代（一九〇四年）においては、下院では六〇、上院では五五であり、Herbert Hoover 時代（一九三〇年）には下院の委員会の数は四四、上院では三三に減じ、更に Truman の最初の議会では再び百に近い委員会を数えるに至つた。常任委員会の数を増加させようという強い推進力は、委員長が特権的地位のみならず書記及び書記補助を選任する詮衡登傭権（Patronage Power）をもつためにできるだけ多くの議員が委員長の特典に与ろうという下心からでたものといわれる。（Nevis, op. cit., p. 139, Willoughby, op. cit., p. 333)。

(2)　アメリカにおいては、かかる委員会の種類の増大は立法権の不当な分散を伴うとの非難の結果大巾に整備され、現在においては、常任委員会の数は次の如く下院において一九、上院において一五である。即ち、下院においては、

1. Agriculture　農業委員会
2. Appropriations　歳出予算委員会
3. Armed Services　軍事委員会
4. Banking and Currency 銀行及び通貨委員会
5. Post Office and Civil Service　郵便局及び文官委員会

6. the District of Columbia　コロンビア区委員会
7. Education and Labor　教育及び労働委員会
8. Expenditures in the Executive Departments　行政各庁経費委員会
9. Foreign Affairs　外交委員会
10. House Administration　議院運営委員会
11. Interstate and Foreign Commerce　州際及び対外通商委員会
12. Judiciary　法務委員会
13. Merchant Marine and Fisheries　海運及び漁業委員会
14. Public Lands　公有地委員会
15. Public Works　公共事業委員会
16. Rules　議院規則委員会
17. Un-American Activities　非米活動調査委員会
18. Veterans' Affairs　在郷軍人委員会
19: Ways and Means　歳入委員会

の一九種類であり、

上院においては、

1. Agricultures and Forestry　農林委員会
2. Appropriations　歳出予算委員会
3. Armed Services　軍事委員会

71

4. Banking and Currency　銀行及び通貨委員会

5. the District of Columbia　コロンビア区委員会

6. Expenditures in the Executive Departments　行政各庁経費委員会

7. Finance　財政委員会

8. Foreign Relations　外交委員会

9. Interior and Insular Affairs　内務及び島嶼委員会

10. Interstate and Foreign Commerce 州際及び対外通商委員会

11. the Judiciary　法務委員会

12. Labor and Public Welfare　労働及び厚生委員会

13. Post office and Civil Service　郵便局及び文官委員会

14. Public Works　公共事業委員会

15. Rules and Administration　議院規則及び運営委員会

の一五種類であつて、以上のうち両院同一名称のものは九種類である。

(House Manual, 81st Congress, p. 322; F. M. Riddick, The U. S. Congress Organization and Procedure, 1949, p. 161)

(3) アメリカにおいては、各院の常任委員会は、わが国の場合のように法律で定められず、上院及び下院の各々の規則によつて設置せられている。(Riddick, op. cit., p. 152)

第三節　特別委員会

一、特別委員会の性格

特別委員会は常任委員会の所管に属しない特定の事件を審査するために議院の議決で設けられ、その委員会に付託された事件が、その院で議決されるまで存続するものである(国四五条)。以下特別委員会の特質について述べよう。

(一)　特別委員会は、常任委員会の所管に属しない事件を審査するものである。

国会法は、両院各々二十二種の常任委員会を設け、且つ、各委員会は、概ね各省の所管に応ずるように、その所管事項が決められているから、大抵の事件は、いずれかの常任委員会で審査されるのであるが、なお、いずれの常任委員会の所管にも属しない事件も考えられる(註一)。そこで国会法は、常任委員会中心主義を採用しつつ、なお常任委員会の所管以外の事件の審査のために特別委員会を設けうることにしたのである。委員会の中心が特別委員会から常任委員会に移行したことは、前述した通りであるけれども、最近、議院の国政調査権の行使と関連して、特殊な調査特別委員会が設置されたために、特別委員会は新な注目を浴びたが、この種の調査特別委員会は、その設置の決議によつて委員会の構成、権限、性格等が規定せられ、これに基いて活動をなすものであつて、各々の決議について検討すべきものであるから(註二)、ここでは国会法上の一般の特別委員会の性質を述べるに止めたい(註三)。

(二)　特別委員会は、特定の一事件を審査するものである。

特別委員会は、常任委員会の所管に属しない事件の審査のために設けられるのであるが、その事件は、単に常任委員会の所管外の事件というだけではなくて、更に特定の一事件でなければならない。即ち、常任委員会の所管外のことをすべて包括的に審査するのではなくて、特定の一事件毎に、その事件を審査するものである。ここで特定の一事件というのは、法律上議院の意思その他の事実によつて、具体的に審査すべき内容が定つておれば足りる。なお、ここで審査といううちには調査も含まれているものと解して、調査のために特別委員会が設けられることも差支えない(註四)。ただ常任委員会が議長の承認を得れば、所管事項について自主的に国政調査ができるのと異り、特別委員会は議院から付託をうけてのみ調査ができることは、その性質上当然であろう。

(三)　特別委員会は、議院の議決で設けられるものである。

常任委員会が、その審査すべき事件の有無に拘らず、会期の始めに設けられ、議員の任期中存続し、時によつては一会期を通じて審査すべき事件を一度ももたないことがあり得るのと異り、特別委員会は特定の一事件の審査又は調査のために、特に議院の議決を以つて設けられるものであるから、従つて、常任委員会と異り、特定の事件のない場合には、一会期中一の特別委員会も設けられないこともあり得るし、又特に審査する事件が多いときには、それに応じて幾つでも設けられ、予めその数を限定し得ない。設置の議決は特定事件の審査又は調査の必要の生じた時であつて、会期中いつでも設置することができる。特別委員会は特定事件のある都度設けられるものであるが、必ずしも一件毎に設置しなければならないものではなく、付託の章で述べるように同一の特別委員会に同種又は関連ある二以上の事件が併託され得ることになつている(衆規三四条、参規三二条)。但し、この場合でも必ず議院の議決で、換言すれば議院に諮つて併託されるものであつて、既存の特別委員会への付託であるからといつて、議長限りでは付託できないのが建前である(註五)。特別委員会設置の議院の議決は、普通には議員の動議又は議長発議の形で行われるが、最近決議案の形でなされることもある。そのいずれの方法によつても要するに議院の議決で設けられれば差支えない(註六)。

(四)　特別委員会は、その委員会に付託された事件が、その院で議決されることによつて消滅する。

常任委員会は付託事件が本会議で議決されても、議員の任期中存続しているが、特別委員会は特定事件の審査又は調査を目的として特に議院の議決で設けられるものであるから、その事件がその院の本会議で議決されればそれで自然に消滅するのである。而して、付託事件がその院で議決されるのは、次の二つの場合である。

第一は、特別委員会に付託された事件について、その委員会が審査を終了し、委員会の報告が本会議でなされた後、本会議でその付託事件が議決された場合である。

第二は、国会法第五十六条の三の規定によつて、特別委員会で審査中の事件について、本会議が特に必要と認めて中間報告を求めた後、委員会の審査に期限を附しその期限内に審査を終らない場合、及び時によつては中間報告後直ちに委員会から付託事件をとり上げて議院の会議でこれを審議し、而してこれを議決した場合である。このいずれの場合でも本会議の議決によつて特別委員会は当然に消滅する。但し、既存の委員会に同種又は関連ある事件が併託された場合には、その全部が本会議で議決されなければ消滅しない。又、一つの事件が国会法第五十六条の三によつて本会議で議決されても併託された事件が議決されないときは、委員会は消滅しない。

かく特別委員会は、常任委員会と異り、付託事件がその院で議決されることによつて消滅することをその基本的な特質とするものであるが、付託事件が議決されないでもそれ以外の事由によつて特別委員会は消滅する。

(イ)　会議に付するを要しないと決定した場合の消滅

他院送付の議案以外の議案について、その付託をうけた特別委員会が、議院の会議に付するを要しないと決定しその決定の日から休会中の期間を除いて七日以内に議員二十人以上の要求がなかつた場合においては、付託事件の議院における議決はないけれども、その議案は廃案となり(国五六条)、その特別委員会は国会法上の七日を経過した時に当然に消滅する。

(ロ) 再付託による消滅

特別委員会が審査終了の報告をなした場合、本会議がその審査を不充分として他の特別委員会を設けて再付託した場合には(衆規一一九条)、その時において前の特別委員会は消滅する。

(ハ) 会期の終了による消滅

特別委員会は、毎会期議院の議決で設置されるもので、常任委員会のように次の会期にまたがつて存続しない。従つて、会期不継続の原則によつて、付託事件の審査が終了していなくても、会期の終了によつて消滅する。閉会中審査を付託されたときでも、次の会期の始まる前日には消滅する。

(ニ) 付託事件の消滅による消滅

議案が撤回された場合、付託事件の内容が実現した場合、或は議員の行動調査の特別委員会において、その議員が死亡した場合等、審査の対象が消滅したときは委員会も消滅する。

(ホ) 特別委員会の合併による場合

これについては説明するまでもないことと思うから省略する。

(ヘ) 廃止決議による消滅

既存の特別委員会の権限を全部的に包含するような新な特別委員会を設けて前の委員会を廃止する場合で、第二回国会衆議院において不当財産取引調査特別委員会が設置された結果、隠退蔵物資特別委員会が廃止された場合の如きであるが、かかる発展的解消の意味で廃止される外は、一度設けた委員会を理由なく廃止することはできないものといわねばならぬ（註七）。

以上の消滅事由は、いずれも常任委員会にはあり得ないものであつて、特定の事件の審査のために特に議院の議決をもつて設けられる特別委員会の特質に基くものである。

二、特別委員会の種類

特別委員会は、前述したように特定の一事件の審査又は調査のために議院の議決で設けられるものであるから、常任委員会のように、法規上定められた種類というものはない。ただ委員会に付託された事件が審査事件であるか調査事件であるか等によつて、審査委員会、調査委員会乃至起草委員会等にこれを分類したり、その設置が動議の形によるか決議案の形によるかによつてこれを区分することも可能であるが（註八）、かかる分類乃至区分は、先に述べた常任委員会の種類とは異るもので、法規上の種類ではない。従つて、特別委員会の数は毎会期一定することなく、理論的には幾つでも設けられる。旧議院法の下においては、前述した如く、予算案、決算、請願、懲罰事犯、建議案を除き、法律案を始めすべて特別委員会において審査される建前であつたため、毎会期設けられる特別委員会の数は、非常に多かつたが、新国会となつて常任委員会が中心となつてからは、毎会期特別委員会は、数箇を数えるに過ぎない（註九）。ただ、わが国の委員会制度を研究するに当つて注意すべき点は、同じ常任委員会中心主義を採つているにしても、アメリカの場合においては、両院それぞれ歴史的な発展の下に、各々特色ある異つた常任委員会をもつており、常任委員会自体に各院の特色を存しているのに反し（註一〇）わが国においては、前述の如く常任委員会の種類は法定されていて、両院全く同一であり、議決をもつて常任委員会を増加又は併合する場合においても、両院同一でなければならぬこととなつていて（国四二条）、常任委員会には各院独自の特色は比較的に尠く、委員会の制度上各院の特殊性格的なものは、往々その特別委員会に現われる結果となるのであつて、この点において、国会法が常任委員会中心制度を採用したに拘らず、わが国の委員会制度においては、特別委員会の特異性とその重要性を見逃すことはできないのであるが、この点は充分に今後注意して常任委員会中心制度を採用するに至つた経緯に鑑みて各院とも特殊な場合の外は常任委員会の遺憾なき運用によつて、それぞれの特色を発揮することが最も望ましいことではなかろうか（註一一）。

（註一）　昭二一・一二・一九第九十一回帝国議会国会法案委員会議録一回四頁

（註二）　アメリカにおける非米活動調査特別委員会（一九三八年―四六年）、わが国における不当財産取引調査特別委員会（第二回国会より第四回国会まで毎会期設置）、考査特別委員会（第五回国会より第九回国会まで毎会期設置）及び行政監察特別委員会（第十回国会より第十四回国会まで毎会期設置）の設置とその活動は、政治的には勿論、法律的にも特別委員会制度に幾多の問題を投じた。

（註三）　特殊な調査特別委員会の問題については、拙稿「わが国の委員会制度と特別委員会の性格」法律時報二二巻九号に詳論している。

（註四、六、七）　拙　稿・前　掲　七頁・六頁・一七頁

（註五）　旧帝国議会の時代においては併託もすべて院議によつたが、国会になつてから、院の議決によらないで議院運営委員会に諮問して、議長において特別委員会に対し、議案を併託しているが、これは異例の一つである。

（註八）　田口　弼一・委員会制度の研究　七九頁

拙稿・前掲　八頁

（註九）　(1)　帝国議会の当初建議案が特別委員会に付託されたため、多いときは一四二を数えた。その後建議委員会ができ、又一方事件の併託が行われるようになつてからでも、通常議会における特別委員会の数は少くとも三十程度を下らなかつた。

(2)　第一回国会以来設置された特別委員会は次の通りである。

第一回国会

隠退蔵物資等に関する特別委員会	議員動議
海外同胞引揚に関する特別委員会	同右
政党法及び選挙法に関する特別委員会	同右
皇室経済法施行法案特別委員会	同右
水害地対策特別委員会	同右

第二回国会

隠退蔵物資等に関する特別委員会	議員動議
政党法及び選挙法に関する特別委員会	同右
海外同胞引揚に関する特別委員会	同右
水害地対策特別委員会	同右
不当財産取引調査特別委員会	決議案

第三回国会

不当財産取引調査特別委員会	議長発議

海外同胞引揚に関する特別委員会　議員動議
災害地対策特別委員会　同　右

第四回国会

不当財産取引調査特別委員会　議長発議
海外同胞引揚に関する特別委員会　議員動議
災害地対策特別委員会　同　右

第五回国会

海外同胞引揚に関する特別委員会　議員動議
災害地対策特別委員会　同　右
考査特別委員会　決議案
選挙法改正に関する特別委員会　議員動議
政府支払促進に関する特別委員会　同　右
観光事業振興方策樹立特別委員会　同　右

第六回国会

選挙法改正に関する特別委員会　議長発議
海外同胞引揚に関する特別委員会　議員動議
災害地対策特別委員会　同　右
政府支払促進に関する特別委員会　同　右
観光事業振興方策樹立特別委員会　同　右

考査特別委員会	同　右
第七回国会	
災害地対策特別委員会	議員動議
選挙法改正に関する調査特別委員会	議長発議
海外同胞引揚に関する特別委員会	議員動議
考査特別委員会	同　右
第八回国会	
海外同胞引揚に関する特別委員会	議員動議
災害地対策特別委員会	同　右
考査特別委員会	同　右
第九回国会	
海外同胞引揚に関する特別委員会	議員動議
災害地対策特別委員会	議長発議
考査特別委員会	議員動議
第十回国会	
海外同胞引揚に関する特別委員会	議員動議
行政監察特別委員会	決議案
公職選挙法改正に関する調査特別委員会	議員動議
第十一回国会	

公職選挙法改正に関する調査特別委員会　議長発議
海外同胞引揚に関する特別委員会　議員動議
行政監察特別委員会　同　右

第十二回国会
平和条約及び日米安全保障条約特別委員会　議員動議
公職選挙法改正に関する調査特別委員会　同　右
海外同胞引揚に関する特別委員会　同　右
行政監察特別委員会　同　右

第十三回国会
公職選挙法改正に関する調査特別委員会　議長発議
海外同胞引揚及び遺家族援護に関する調査特別委員会　議員動議
行政監察特別委員会　同　右

第十四回国会
海外同胞引揚及び遺家族援護に関する調査特別委員会　議長発議
公職選挙法改正に関する調査特別委員会　議員動議
行政監察特別委員会　同　右

(3)　アメリカにおいても特別委員会の設置されることは少いようで、一九四九年第八十一議会の第一会期における特別委員会の数は、上院では Reconstruction of House Roof and Skylights and Remodeling of Senate chamber の一つ、下院では、上院と同一のものの外 Conduct a Study and Investigation of the Problems of Small

81

Business の二つに過ぎない（Congressional Directory, 81st Congress, p. 193, p. 209）。

（註一〇）例えば一九三八年下院の特別委員会として設けられ、その権限及び活動ともに世の注目を浴びた Un-American Activities（非米活動調査委員会）は、一九四六年（第七十九議会）「米国立法部機能増進法」以来下院における常任委員会の一つとして存している。

（註一一）註九において見る如く、衆議院における海外同胞引揚、水害地対策（災害地対策）及び考査（不当財産取引調査）の三特別委員会は第一回以来第九回まで連続的に毎会期設置せられ、内容的には常任委員会と殆んど同様な活動をしているのであるが、このような特別委員会の在り方については、終戦後の特殊情勢によるところもあつたことであろうが、第九回国会以来は委員会制度運用上の問題として論議されるに至り、第十回国会においては議院運営委員会は、特別委員会設置に関する小委員会を設けて検討を加えた結果、従来の特別委員会を整理して、海外同胞引揚促進の特別委員会を存置するに止め、外に新に行政監察特別委員会を設けることとなつた。

第四節　常任委員会と特別委員会との関係

一、常任委員会の所管

各議院の常任委員会の所管は、それぞれ各議院の規則で定められており、何れも各行政機関の所管事項に応じてその所管が定められているので、両院とも常任委員会の所管は略々同様である。特に異つている点は、議員の資格争訟に関する事項について衆議院はこれを懲罰委員会の所管としているのに対し、参議院ではこれを常任委員会の所管とはせず特別委員会で審査する建前をとつている点だけである。両院の規則の定める各常任委員会の所管は次の通りである（衆規九二条、参規七四条）。

委員会名	所管	
	衆議院	参議院
一、内閣委員会	1 内閣の所管に属する事項 2 宮内庁の所管に属する事項 3 行政管理庁の所管に属する事項 4 他の常任委員会の所管に属さない総理府の所管に属する事項	(一) 総理府の所管に属する事項（他の常任委員会の所管に属する事項を除く）
二、人事委員会	1 人事院の所管に属する事項	(一) 人事院の所管に属する事項
三、地方行政委員会	1 地方公共団体に関する事項 2 自治庁の所管に属する事項 3 公安委員会の所管に属する事項	(一) 地方公共団体に関する事項 (二) 自治庁の所管に属する事項 (三) 公安委員会の所管に属する事項
四、法務委員会	1 法務省の所管に関する事項 2 裁判所の司法行政に関する事項	(一) 法務省の所管に属する事項 (二) 裁判所の司法行政に関する事項
五、外務委員会	1 外務省の所管に属する事項	(一) 外務省の所管に属する事項
六、大蔵委員会	1 大蔵省の所管に属する事項（予算委員会及び決算委員会の所管に属する事項を除く。）	(一) 大蔵省の所管に属する事項（予算委員会及び決算委員会の所管に属する事項を除く。）

七、文部委員会	1 文部省の所管に属する事項 2 教育委員会の所管に属する事項 3 日本学術会議の所管に属する事項	(一) 文部省の所管に属する事項 (二) 教育委員会の所管に属する事項 (三) 日本学術会議に関する事項
八、厚生委員会	1 厚生省の所管に属する事項	(一) 厚生省の所管に属する事項
九、農林委員会	1 農林省の所管に属する事項（水産庁の所管に属する事項を除く。）	(一) 農林省の所管に属する事項（水産庁の所管に属する事項を除く。）
十、水産委員会	1 水産庁の所管に属する事項	(一) 水産庁の所管に属する事項
十一、通商産業委員会	1 通商産業省の所管に属する事項 2 土地調整委員会の所管に属する事項	(一) 通商産業省の所管に属する事項 (二) 土地調整委員会の所管に属する事項
十二、運輸委員会	1 運輸省の所管に属する事項	(一) 運輸省の所管に属する事項
十三、郵政委員会	1 郵政省の所管に属する事項（電気通信委員会の所管に属する事項を除く。）	(一) 郵政省の所管に属する事項（電気通信委員会の所管に属する事項を除く。）
十四、電気通信委員会	1 電気通信に関する事項 2 電波管理に関する事項	(一) 郵政省の所管に属する事項のうち電気通信に関する事項
十五、労働委員会	1 労働省の所管に属する事項	(一) 労働省の所管に属する事項
十六、建設委員会	1 建設省の所管に属する事項 2 調達庁の所管に属する事項	(一) 建設省の所管に属する事項 (二) 調達庁の所管に属する事項
十七、経済安定委員会	1 経済審議庁の所管に属する事項 2 公正取引委員会の所管に属する事項	(一) 経済審議庁の所管に属する事項 (二) 公正取引委員会の所管に属する事項

85

十八、予算委員会	1 予算	(一) 予算
十九、決算委員会	1 決算 2 予備費支出の承諾に関する事項 3 国庫債務負担行為総調書 4 国有財産増減及び現在額総計算書並びに無償貸付状況総計算書 5 その他会計検査院の所管に属する事項	(一) 決算 (二) 予備費支出の承諾に関する事項 (三) 国庫債務負担行為総調書 (四) 国有財産増減及び現在額総計算書並びに無償貸付状況総計算書 (五) 会計検査院の所管に属する事項
二十、議院運営委員会	1 議院の運営に関する事項 2 国会法及び議院の諸規則に関する事項 3 議長の諮問に関する事項 4 弾劾裁判所及び訴追委員会に関する事項	(一) 議院の運営に関する事項 (二) 国会法及び議院の諸規則に関する事項 (三) 弾劾裁判所及び訴追委員会に関する事項
二十一、懲罰委員会	1 議員の懲罰に関する事項 2 議員の資格争訟に関する事項	(一) 議員の懲罰に関する事項
二十二、図書館運営委員会	1 国立国会図書館の運営に関する事項 2 国立国会図書館の諸規則に関する事項	(一) 国立国会図書館の運営に関する事項

この所管は、議院の議決によつて変更することができる(衆規九二条但書)。なお、国会法第四十二条第二項により議院の議決で常任委員会を増減し又は併合したときは、その委員会の所管も亦議院の議決で定められる。かくの如く各常任委員会の所管は規則で定つているが、事件によつては相互に関係のあるものもあるので、審査又は調査のために必要のある場合においては、各委員会間で連合審査会を開き得る途が講ぜられている(衆規六〇条、参規三六条)。

なお、二箇以上の常任委員会の間に、その所管事項について争があるときは、議長は議院に諮つてこれを決する

（衆規九五条）。常任委員会の所管はそれぞれ各省所管別に定められているから、事項別に所管の定められている場合と異り、委員会相互間に所管の争の起ることは少い。委員会の所管事項について各省間にその所管の争がある場合においては、各省間の権限争いが内閣総理大臣によつて閣議にかけて裁定されれば（内閣法七条）、それによつて各省の所管は明確となるが、しかし内閣の裁定に先立つて議院に諮つて委員会の所管争いを決定することもとより差支えなく、この場合には後に行われる内閣の裁定によつて各省間の所管と異ることがあつても、先に議院に諮つて定つた所管によることは当然である。各委員会はそれぞれその所管について争うことはできるが、付託については別に規則にその手続が定められているから（衆規三一条乃至三五条）、議長が誤つた付託を取消して改めて付託する場合は別として、所定の手続によつてなされた付託そのものについて争うことはできないといわねばならぬ。

なお、常任委員会が閉会中の審査又は調査を付託された場合には所管の争いということはあり得ない。常任委員会と雖も閉会中は特に付託された事件についてのみ審査又は調査できるに過ぎないのであつて、その所管事項の中で特定の事件が議院の議決で付託されるものであり、又閉会中には争いを議院で決する方法も存在しない。従つて、各常任委員会にすべて閉会中審査を付託する場合には、付託事件相互に疑義のないよう注意しなければならない。

二、常任委員会と特別委員会との関係

常任委員会の所管は、前述の如く各々規則を以つて定められているところであり、しかも特別委員会は、いずれの常任委員会の所管にも属しない特定事件の審査のために設けられるものであるから、理論的に見れば常任委員会の所管事項と特別委員会の付託事件との間に競合することはないわけであるが、いずれの議院においても特別委員会はその議院の特殊性を発揮して往々政治的に重要な事件の審査又は調査のために設けられ、その付託事件の内容が多少と

も各常任委員会の所管に渉る場合が生ずる。こうして常任委員会の所管と特別委員会の付託事件との間に競合の生じた場合においては、その競合した限りにおいて、特別委員会の付託事件が優先し、常任委員会の所管事項は変更されたものとされる。蓋し、常任委員会の所管は前述のように議院の議決によつて変更できることになつており（衆規九二条但書）、特に所管変更の議決がなされた場合でなくとも、特別委員会の設置の議決によつて、常任委員会の所管と競合する事項が特別委員会に付託された場合においては、この特別委員会設置の議決には、特別委員会と競合する限りにおいて常任委員会の所管を変更することが含まれていると解されなければならないからである。

而して、この場合には常任委員会の所管を定めた規則は、特別委員会と競合する部分についてはその効力が停止され、特別委員会が存続している間、その部分は常任委員会の所管から除かれたものとされる。勿論その特別委員会が消滅すれば、当然に競合していた部分はもとの常任委員会の所管に復することはいうまでもない（註一）。このように、常任委員会と特別委員会との間に所管の競合があるときは、その限りで常任委員会の所管は変更されて特別委員会に移つたものとされるが、これは会期中の場合であつて、常任委員会相互の関係について述べたと同様に、閉会中の審査を付託された場合にはこのようなことは起り得ない。特別委員会が決議の形で設けられる場合において、決議の中で予め閉会中も審査できる旨を規定する場合もあるが、普通には閉会中の審査は常任委員会たると特別委員会たるとを問わず、会期の終りに特に議院が必要と認めた場合に限り、各議院の議決で特に付託された事件についてのみなし得るのであつて、閉会中の常任委員会は特定の付託事件の審査に限られ、しかも議院の議決で付託される点では特別委員会と何等異るところはない。而して、常任、特別の区別なく等しく議院の議決で審査事件が付託されるのであるから、会期中のように所管について相競合することもなく、又従つて、所管に関する特別委員会優先の問題も起り得ない訳である。委員会の閉会中審査のことは後に述べるが、常任委員会相互間及び常任委員会と特別委員会との間の所管の問題が、会期中と閉会中ではその性質を異にすることを注意すべきである。かくて、いかなる場合においても一つの議院において全然同一の事件が同時に二以上の委員会の審査又は調査の対象となることはあり得ない。なお、特別委員会の付託事件が常任委員会の所管と競合しない場合においても、相互に関係ある場合には常任委員会と連合審査会を開くことができる。

（註一）　⑴　拙稿・前掲　一〇頁

⑵　第六回国会、昭和二十四年十一月二十一日、観光事業振興方策樹立特別委員会、地方行政委員会、大蔵委員会、厚生委員会、運輸委員会連合審査会において、国際観光ホテル整備法案の起草に関連して栗山観光特別委員長はこの問題について次のように述べている。

○　栗山委員長………ただいま御質疑のありましたこの観光事業振興方策樹立特別委員会と他の常任委員会の所管との関係につきまして、一応所見を申し述べさせていただきます。なるほど運輸委員会は運輸省の、厚生委員会は厚生省のそれぞれ所管事項を所管いたすことになつておりますので、それぞれの省設置法によりまして運輸に関連する観光は運輸省が所管するものであり、また国民保健の面からされる観光の事柄は、厚生省が所管するものであり、その限りにおきましては、観光に関する事項が運輸委員会なり厚生委員会なりの所管であるといわれますのは一応ごもつともでございます。しかるに観光事業振興方策樹立特別委員会は、以上のごとく規則上一応の所管のことを承知の上で、本会議の決議をもつて設置せられ、そして観光事業振興方策樹立の件を付託せられたものでありまして、本委員会が観光事業の振興に関する方策を樹立するため各般の調査をなしますことは、この院議の付託にこたえるものでありまするし、また衆議院規則第四十二条によりまして、すべて委員会は所管について法律案を提出し得ることになつておりますので、本委員会が付託された事件に関して調査の結果、観光事業振興方策樹立のために本案を起草し、これを委員会から提出しようといたしますことは、本委員会としては当然の権限であると考えております。常任委員会の所管は院議によつてこれを変更できることになつておりますが、特に院議による変更はなされないでも、従来特別委員会が設置されました場合に、それに関連した事項について、すべて付託になつた特別委員会に移つたものとして取扱つているのが、第一国会以来の先例となつているように承知いたしております。たとえば選挙法に関することは地方行政委員会の所管でありますが、選挙法の特別委員会が設置されましてから、この特別委員会がこれを取扱つて法案を起草いたしておりますし、地方行政委員会の国政調査も、選挙に関する事項だけは除外しておるのが実際の取扱いであります。この関係は、災害問題についての建設委員会と災害地特別委員会、海外在留同胞についての、外務委員会と海外同胞引揚特別委員会のそれぞれの間の関係においても、すべて同様であります。また政府支払促進の問題も、本来は一応大蔵委員会の所管であるのに、特別委員会が設置され、この付託に基いて政府支払促進の法案を提出、先日本会議で可決されましたことは御承知の通りであると思います。以上のごとく本委員会が本案を起草いたしますことは何らさしつかえないのみならず、院議によつて付託された当然の仕事であると考えるのでございます（昭二四・一一・二一第六回国会衆議院観光事業振興方策樹立特別委員会、地方行政委員会、大蔵委員会、厚生委員会、運輸委員会連合審査会議録一号三頁）。

第三章　委員会の構成

第一節　概説

委員会は、議員たる委員を以つて構成されるものであることは前に述べたところであるが、委員会が議員たる委員によつて構成されるということは、その委員だけが当該委員会における審議権乃至表決権を有すること、言い換えれば、委員会の議決即ち意思決定に参加し得ることを意味する。委員会の会議に参加する者、即ち、単に委員会に出席し、発言の機会をもち得る者は、後述する如く当該委員の外委員以外の議員、議案の提出者たる他院の議員、国務大臣、政府委員、更に一般国民の中からも証人、公述人、参考人等、その他極めて多くを数えるのであるが、何れもこれ等は委員会の意思決定に参加するものではなく、従つて表決権をもつものではない。委員会を構成する者は勿論議員でなければならぬことは当然であるが、議員と雖も当該委員会の構成員たる委員でない限り委員会の意思決定には参加し得ない。かくして、委員会の構成の問題は、国会における審議の中心である委員会の意思決定に参加する委員の選任に関するものであるが故に、委員会の構成がいかなる方法で又いかなる基準でなされるかということは、委員会制度を規制する最も根本的な問題の一つといわねばならないのである。

委員会は、議員たる委員で組織されるが、委員会が会議体として活動するためには、委員会の会議を主宰し、委員会を代表する理事機関が選ばれなければならない。従つて、必置の理事機関として、委員長及び委員長に事故のある場合にその職務を代行する理事が選任されて、委員会としてその活動に必要な構成がなされたということができる。

なお、議員は一種の特別権力関係にあるものであるから、議員である以上は、議院の機関である委員会の委員に選任された場合においては、委員となるべき義務を有するものというべきであつて、常任委員については議員は少くとも一箇の常任委員となることに法律で定められているが（国四一条二項）、特に規定はなくとも特別委員に選任された場合においてもその職務に就く義務があるものといわねばならない（註一）。

（註一）田口　弼一・前掲　三四頁

第二節　委員の員数

一、常任委員会の委員の員数

各院の常任委員会の委員の員数は、それぞれ各院の規則によつて次の如く定められている（衆規九二条、参規七四条）

委員会名	衆議院委員数	参議院委員数
一、内閣	二五	一五
二、人事	二五	一〇
三、地方行政	二五	一五
四、法務	二五	一五
五、外務	二五	一五

六、大　　蔵	二五	二〇
七、文　　部	二五	二〇
八、厚　　生	二五	一五
九、農　　林	二五	二〇
十、水　　産	二五	一〇
十一、通商産業	二五	二〇
十二、運　　輸	二五	一五
十三、郵　　政	二五	一〇
十四、電気通信	二五	一〇
十五、労　　働	二五	一五
十六、建　　設	二五	一五
十七、経済安定	二五	一〇
十八、予　　算	五一	四五
十九、決　　算	二〇	三〇
二十、議院運営	三〇	二五
二十一、懲　　罰	二〇	一〇
二十二、図書館運営	一〇	一〇

計	五五六	三七〇

なお、国会法第四十二条第二項の規定によつて、常任委員会を増減し、又は併合したときは、その委員会の委員の員数は、議院の議決を以つてこれを定める（衆規九三条）。

委員の員数をいかに定めるかということは、殊に常任委員会中心の制度をとる場合にあつては、制度運用上の最も基本的な問題であつて、員数の決定には幾つかの重要な問題が包含されている。

第一に、わが国会法の定める常任委員会制度は、前述したように、議員をそれぞれの常任委員に分つて、各々の所管に関する専門的知識を涵養することにより、常任委員会をして各議院の審議の中心たらしめることを目的として、議員は必ず一箇の常任委員となるべきものとし、且つ、議員の任期中その任にあるものとするとともに、一方、常任委員会の専門化の趣旨を徹底させるために、議員は同時に二箇を超える常任委員となることができないものとし、しかも二箇を兼ね得る場合は予算、議院運営、懲罰又は図書館運営委員にのみ限るものとしている（国四一条第二項）。この常任委員会の基本的な在り方から、委員の員数の規模が当然に規制されねばならないのであつて、常任委員会の員数は、最大限度兼任の許されている予算、決算、議院運営、懲罰及び図書館運営委員を除く他の十七の常任委員の総数が、議員の定数を超えてはならぬことになるのであり、更に現実の運用においては、議員の死亡退職等による欠員を生ずる場合があり得るので、実際にはこれより少数に制約する必要があるのであつて、各常任委員会の規模はこの総数の中で按配されることにならざるを得ない。従つて、右に掲げたところによつて明かな如く、一より十七までの各常任委員の総数は、衆議院においてはその定数四六六名に対し四二五名、参議院においてはその定数と同数の二五〇名となつている。

第二の問題は、この基本的な制約の下において、各常任委員会の委員の員数をいかに定めるかの点であるが、この点については常任委員会の種類と、所管事項の重要性及び量によつて各常任委員会の規模に差異を設けるか、或は特別のものを除いてこれを均等の規模に定めるかという問題が存在する。しかも、実際問題の決定に当つては、往々各議員の政治的利害関係乃至政党的利害関係等から、特定の委員会の規模を大きくしてその審議に参加する範囲を拡大しようとする試がなされるのであつて、衆議院においても、かかる点から員数について短時日の経験において、不均等から均等へ、均等から不均等へ、更に不均等から均等へと、幾度かの変遷を経て今日に至つている(註一)。

而して、現在の員数は、衆議院においては予算、決算、議院運営、懲罰、図書館運営の五委員会を除きすべて均しく二十五名である。アメリカにおいても下院においては歳出予算(Appropriations)委員会が四十三名、軍事(Armed Services)委員会が三十三名となつているが、十九の常任委員会のうち九は二十五名となつており、上院においては歳出予算(Appropriations)委員会が二十一名である外、他の十四常任委員会は均しく十三名である(註二)。

二、特別委員会の委員の員数

特別委員会の委員の員数は、その設置のときに議院の議決で定めるものとされている(衆規一〇〇条本文、参規七八条本文)。その員数については何等規定はなく、又常任委員の場合のような制約も存在しないから、その規模についても議院において自由に定めて差支えないが、第一回国会以来今日まで衆議院において設置された特別委員会の委員の員数は、二十名のものが第一回国会で一回、五十名のものが第十二回国会で一回(平和条約の特別委員会)設けられたことがある外、概ね二十五名、三十名及び四十五名であつて、三十一名の委員会が設けられたことが第一回国会において二回、第五、第六及び第七回国会において各一回ずつあつたが、これは特に小会派に委員を割当てるための特別の必要から特例的に定められたものである。

三、委員の員数の増減

常任委員会の委員の員数は、規則で定められているのであるが、議院の議決によつてその員数を増減することができることになつている(衆規九二条但書)。この場合においても、先に述べた総数の制約の下においてのみ許されることは当然であるから、若し一つの常任委員会の委員の員数を増加したために、常任委員の許される最大限度の数を超える場合には、他の常任委員会の委員の員数を減ずる必要が生ずる。衆議院規則が、特別委員会については員数の増加のみを規定し乍ら、常任委員会については増加とともに減少する場合をも規定しているのは、かかる考慮に出でたものであろう。衆議院においては、第六回国会において、外務委員会の委員の員数を二十名から三十五名に増加した例がある。

特別委員会の委員の員数についても、必要があるときは設置のときに定められた員数を増加することができることになつている(衆規一〇〇条、参規七八条)。その減少については何等規定されていないが、常任委員会の員数の場合の規定と比較すれば、特別委員会の場合においては委員の員数の減少はできないものと解すべきであろう。衆議院においては第一回国会において、隠退蔵物資等に関する特別委員会の委員の員数を既に決定された二十名から三十名に増加した例がある。

（註一）衆議院においては常任委員会の委員の員数は当初以来次の如き変遷を経た。

常任委員会の委員の員数の変遷一覧表

国会法（昭二二法七九号）制定当初における委員会		国会法改正（昭二三法二一四号）による委員会	国会法改正（昭二四法二二一号）による委員会	
昭二二、五、二二議決（第一回国会）	昭二二、六、二八衆規（第一、二回国会）	昭二三、一〇、一一、衆規改正（第三―五回国会）	昭二四、一〇、二六、衆規改正（第六、七回国会）	昭二五、七、二二、衆規改正（第八―十四回国会）
一、外務 20	一、外務 30	一、内閣 25	一、内閣 20	一、内閣 25
二、治安及び地方制度 30	二、治安及び地方制度 30	二、人事 25	二、人事 20	二、人事 25
三、国土計画 30	三、国土計画 30	三、地方行政 25	三、地方行政 25	三、地方行政 25
四、司法 25	四、司法 25	四、経済安定 25	四、法務 25	四、法務 25
五、文教 25	五、文教 25	五、法務 25	五、外務 20	五、外務 25
六、文化 25	六、文化 25	六、外務 25	六、大蔵 35	六、大蔵 25
七、厚生 30	七、厚生 30	七、大蔵 25	七、文部 20	七、文部 25
八、労働 30	八、労働 35	八、文部 25	八、厚生 20	八、厚生 25
九、農林 30	九、農林 45	九、厚生 25	九、農林 35	九、農林 25
十、水産 25	十、水産 30	十、商工 25	十、水産 30	十、水産 25

十一、商業 25	十一、商業 30	十一、農林 25	十一、通商産業 35	十一、通商産業 25
十二、鉱工業 25	十二、鉱工業 25	十二、水産 25	十二、運輸 30	十二、運輸 25
十三、電気 25	十三、電気 25	十三、運輸 25	十三、郵政 20	十三、郵政 25
十四、運輸及び交通 25	十四、運輸及び交通 25	十四、逓信 25	十四、電気通信 20	十四、電気通信 25
十五、通信 25	十五、通信 25	十五、労働 25	十五、労働 25	十五、労働 25
十六、財政及び金融 30	十六、財政及び金融 40	十六、建設 25	十六、建設 30	十六、建設 25
十七、予算 50	十七、予算 51	十七、予算 51	十七、経済安定 25	十七、経済安定 25
十八、決算 25	十八、決算 25	十八、決算 25	十八、予算 51	十八、予算 51
十九、議院運営 25	十九、議院運営 25	十九、議院運営 25	十九、決算 20	十九、決算 20
二十、図書館運営 10	二十、図書館運営 25	二十、懲罰 25	二十、議院運営 30	二十、議院運営 30
二十一、懲罰 25	二十一、懲罰 25	二十一、図書館運営 10	二十一、懲罰 20	二十一、懲罰 20
			二十二、図書館運営 10	二十二、図書館運営 10
（計） 560	615	536	566	556

（備考）昭和二十三年七月の国会法改正（昭二三法八七号）による委員会は、これに応ずる衆議院規則の改正を見るに至らぬうちに、再び改正された。

（註二）　アメリカにおける下院及び上院の各常任委員会の委員数は次の通りである。

House of Representatives

1. Agriculture	（農　業）	二七
2. Appropriations	（歳出予算）	四三
3. Armed Services	（軍　事）	三三
4. Banking and Currency	（銀行及び通貨）	二七
5. Post Office and Civil Service	（郵便局及び文官）	二五
6. the District of Columbia	（コロンビア区）	二五
7. Education and Labor	（教育及び労働）	二五
8. Expenditures in the Executive Departments	（行政各庁経費）	二五
9. Foreign Affairs	（外　交）	二五
10. House Administration	（議院運営）	二五
11. Interstate and Foreign Commerce	（州際及び対外通商）	二七
12. the Judiciary	（法　務）	二七
13. Merchant Marine and Fisheries	（海運及び漁業）	二五
14. Public Lands	（公有地）	二五
15. Public works	（公共事業）	二七
16. Rules	（議院規則）	一二

17. Un-American Activities	（非米活動調査）	九
18. Veterans' Affairs	（在郷軍人）	二七
19. Ways and Means	（歳入）	二五
	計	四八四

Senate

1. Agriculture and Forestry	（農林）	一三
2. Appropriations	（歳出予算）	二一
3. Armed Services	（軍事）	一三
4. Banking and Currency	（銀行及び通貨）	一三
5. the District of Columbia	（コロンビア区）	一三
6. Expenditures in the Executive Departments	（行政各庁経費）	一三
7. Finance	（財政）	一三
8. Foreign Relations	（外交）	一三
9. Interior and Insular Affairs	（内務及び島嶼）	一三
10. Interstate and Foreign Commerce	（州際及び対外通商）	一三
11. the Judiciary	（法務）	一三
12. Labor and Public Welfare	（労働及び厚生）	一三
13. Post Office and Civil Service	（郵便局及び文官）	一三

14. Public Works	（公共事業）	一三
15. Rules and Administration	（議院規則及び運営）	一三
	計	二〇三

(House Manual, p. 322 ; Riddick, op. cit., p. 161)

第三節　委員の選任

一、選任の時期

常任委員会の委員は、会期の始めに選任される(国四一条一項)。会期の始めといつても、毎会期の始めという意味ではなく、常任委員の任期が議員としての任期による結果、議員の任期満了又は衆議院の解散による総選挙後（参議院にあつては半数の任期満了による通常選挙後）始めて召集される国会の会期の始めということである。なお、この会期の始めというのは、召集の日ということでなく、もつと幅広く解されていて、衆議院では、第一回国会においては、召集日から十五日後に、第五回国会においては召集日から九日後にそれぞれ選任されている。ただ、常任委員会は各議院の審議の中心機関であるとともに、会期は召集日から起算され(国一四条)、召集日から各議院はその活動を開始し、議案の発議提出も召集の日からできるのであるから、議長、副議長の選挙に次いで、速かに選任されるべきものといわねばならない。

特別委員会の委員の選任は、委員会設置のときに行われる。従つて、その選任の時期は、常任委員のように一定しない。衆議院の例を見ると、特別委員の選任は、委員会設置決議の当日直ちに行うのが普通であるが、委員会設置を決議した日の翌日以後に選任された例も尠くない。なお、委員増加の決議があつた場合には、その増加された委員の選任も、その増加決議の当日又はその翌日以降に行われる例である。

特別委員の選任に際しては、その性質上未応召の議員を特別委員に選任しない建前である。

二、選任の基準

委員会の構成がいかなる基準でなされるかということは、委員会の制度を規制する極めて基本的な問題であることは前にも述べたところであるが、わが国会法は、この点について二つの重要な基準を規定している。

第一は、委員の選任について委員各派按分主義を採用し（註一）、常任委員たると特別委員たるとを問わず、各派の所属議員数の比率によりこれを各派に割当て選任するものとしていることである（国四六条）。これは、従来の先例を明文化したものであるが、この結果議会制度の運行に政党の正しい勢力を反映せしめることになり、各委員会は、その政党的構成において議院そのものの一つの縮図をなすことになつている。ここに各派といつているのは、政党の外に所謂院内団体を含めた意味である。衆議院における実際の取扱においては各委員会とも、各派の所属議員数の比率による割当に基いて各派から予め申し出た候補者について選任するのであつて、各委員会の委員はそれぞれの割当数の範囲内で各派が実質的に決定することになつている。かかる委員会の構成に関する基準は、宛もアメリカの上下両院における慣行と軌を一にしている。即ち、アメリカの両院においては、規則上は委員は議院において選挙されることになつていて、わが国のように各派按分主義の明文の規定はないが（註二）、実際の慣行はすべての委員会が二党的な構成（bipartisan composition）をもち、各院の一つの縮刷版をなしていて、多数を有する政党がすべての委員会において支配的な発言権をもつとともに、すべての委員会の仕事においても小数派に一つの発言権が与えられることになつていて、アメリカの立法制度の重要な基本的特長の一となつている。更にそれぞれの割当の範囲内において、各委員会の委員の実際の決定は各党の幹部会の選定する委員選任委員会（Committee on Committees）でなされ、多数党及び少数党の委員候補者の名簿を完成すると、これを決議案として提出し、これに対する投票で選任されることになつていて、わが国の慣行と相似している（註三）。

第二は、前述したように議員は少くとも一箇の常任委員となるものとするとともに、同時に二箇を超える常任委員となることができないものとし、二箇の常任委員となる場合には、その一箇は予算委員、決算委員、議院運営委員、懲罰委員又は図書館運営委員に限ることとしている点である（国四一条二項）。このことから各派の按分比率によるときは、個々の委員会については小会派には比率上は一名の割当もないに拘わらず法規上議員は必ず一箇の常任委員となることが要請されているために、必ずいずれかの常任委員として選任される方法が採られる結果となつている。しかし、すべての常任委員会にその委員を送るためには、その会派は少くとも常任委員会の数以上の所属議員をもたなければならない。

三、選任の方法

委員の選任は、常任委員たると特別委員たるとを問わずすべて議長の指名による（衆規三七条、参規三〇条）。比率による割当に基いて各派から申し出た候補者について議長が指名するのであるが、議長が指名をするに当つては、本会議場において指名する場合とそうでない場合があるが、議場で指名するときは委員の指名を参事をして朗読させるか、議長から委員は従来通りとして指名するか、或は議長が直接指名するかの何れかによるが、この後者の場合は通常指名に引続き委員長を選任する場合に用いられる方法である。いずれの場合でも議長の指名があつたときは、衆議院公報に掲載して議員に周知させる例である。

〔註一〕 拙　稿・「国会法解説」法律時報一九巻五号六二頁

〔註二〕 House Manual, p. 322

〔註三〕 House Manual. p. 137

Willoughby, op. cit., p. 343, p. 345, p. 347

Riddick, op. cit., pp. 153—8

第四節　委員の異動

委員が一度び選任せられると、常任委員にあつては議員の任期中その任にあり、特別委員にあつては特別委員会の消滅するまでその任にあるものであるが、各々その委員としての任期の終了する以前に委員会の構成に異動を生ずることがある。従つて、ここで所謂委員の異動とは、議員の任期満了、解散、或は特別委員会の消滅によつて委員がすべて委員でなくなる場合を除き、委員会の構成員たる委員の任期中、当該委員たる身分に変動を生ずる場合を指すのであるが、かかる委員異動の原因としては委員の辞任、解任、議員たる身分の喪失、委員の変更等を挙げることができる。

一、委員の辞任

委員の辞任とは、委員がその任期満了前に委員自らの意思によつて議長の許可を得て当該委員たる地位を去ることをいうのであるが、一度委員に選任された者は、正当の理由がなければ辞任することができない。委員が辞任しようとするときは理由を附し、その委員長を経由して議長の許可を得なければならない（衆規三九条、参規三一条一項）。衆議院においては、選任の場合のように各派から辞任の届出があるときは、本人の辞任の申出と看做して取扱う先例である。ただ常任委員については、少くとも一箇の常任委員であることを必要とするから、一箇の常任委員をもたなくなるような辞任は許されないのであつて、一の常任委員を辞任するときは必ず他の常任委員として指名されている。

二、委員の解任

議員が、懲罰によつて一定期間の登院停止を科せられた場合において、その議員が特別委員であるときは、その委員は解任されたものとされる（衆規二四三条、参規二四三条）。但し、常任委員であるときは、登院停止期間中は委員会に出席することはできないが、委員としての身分を失うことはない。

三、議員たる身分の喪失

委員は議員であることを要件とするから、委員が議員たる身分を失うときは、委員たる地位をも失うことは当然であるが、議員がその身分を喪失する原因は、議員の死亡、辞職、懲罰による除名、資格争訟裁判による議席の喪失、他院の議員となり又は法律により議員たることのできない職務に任ぜられたとき、法律の定めた被選の資格を失つたとき、及び選挙無効並びに当選無効の判決があつたとき等である。

四、委員の補欠

以上述べた如き場合においては、委員会の構成に欠員が生ずることになるが、この欠員を補充することを委員の補欠という。しかして委員に欠員を生じたときはその補欠は委員の選任と同じく議長の指名による（衆規四〇条）。補欠も選任の一種であるから選任の場合の基準に従つてなされることは当然であつて、委員の欠員が各派の所属議員数に異動を来たすものであるときは、新な比率による割当に従つてなされるべきであるが、そうでない場合には普通前任者の所属会派より申し出た候補者について議長が指名する例である。なお、特定の委員を除いて常任委員は二箇を兼ね得ないから、前述したように一から十七までの常任委員の総数が議員の定数より少い場合でなければ、事実上補欠はなし得ないことになるのであつて、参議院の如く、一から十七までの常任委員総数が議員定数と同数である場合において、一から十七までの常任委員に欠員が生じてもその補欠はできないのであつて、衆議院が委員会の員数を定めるに当つて、常に一から十七までの常任委員総数を議員定数より少く構成している理由がそこにあるのである。

五、委員の変更

各派の所属議員数の比率により各派に割当てて、常任委員及び特別委員が選任された後に、各派の所属議員数に異動があつたため、委員の各派割当数を変更する必要があるときは、議長は国会法第四十一条第一項の規定にかかわらず、議院運営委員会の議を経て委員を変更することができる(国四六条二項)。これは、常任委員が一度選任されると、議員の任期中その任にあるとされているために(国四一条一項)、選任後各派の所属議員数に異動があつて、委員会の構成が議院における各派の実力を反映しないものとなつても、委員の辞任がない以上已むを得ないこととなつて、委員会構成上の基準である各派按分主義が実現されない結果になることが運営の経験から明かにされたので、第二回国会における国会法の改正の際にこの規定を設けたのである。

各派の所属議員数に異動を生じた原因が各派の離合集散によるものでも、一会派の所属議員の減少によるものでも差支えないが、ただ、そのために委員の各派割当数を変更する必要のある程度のものであることを要する。運営の実際においては、かかる規定が設けられてからは、このようなときは新比率に応じて辞任補欠が行われるのが普通であるが、衆議院において議長が議院運営委員会の議を経て委員を変更した例が第五回国会において二回ある。

なお、委員変更の場合においては、抽象的な割当を変えるのでなくて、具体的に委員何某を何某に変更するのが例である。

六、委員の改選

所謂委員の異動ではないけれども、国会法の改正によつて常任委員会の種類を変更した場合には、先の常任委員は一応法律改正によつて消滅したものであるから、議員の任期中ではあるけれども、これによつて常任委員はその任を失い、新な常任委員が選任される例である。なお、規則の改正によつて常任委員会の委員の員数を変更した場合については、衆参両院はその取扱いを異にしていて、衆議院においては、委員の員数は委員会の構成の基本であつて、その変更は国会法改正による委員会の種別変更とともに委員会の性格を変更するものとして、当該常任委員は、これによつてその任を失つたものとして新に委員を選任する例であるに対し（註一）、参議院においては、この場合当然にその任を失つたものとはせず、便宜上全員委員を辞任したものとして、新に委員を選任するの例である（註二）。

なお、旧制度の下においては、委員会が故なくその報告を遅延した場合において、議院がその委員を改任することを認めていたが（旧衆規五八条）、かかる意味の委員の改任が現行制度の下には認められないことは、既に前述したところである。旧制度に見られた委員改任の規定が削除された現在においても、なお、委員の改選を議院の議決でなすことは差支えないとの説があるが（註三）、これは新しい委員会の性格からいえば全く首肯し難い。

（註一）　昭二五・七・一二第八回国会衆議院議院運営委員会議録一号五頁

（註二）　昭二五・七・一一参議院議院運営委員会（第七回国会継続）会議録三号三頁
（註三）　田口　弼一・地方議会運営論　三九四頁

第五節　委員長及び理事

委員会は、委員によつて構成されるが、委員会が会議体として活動するためには、委員会の会議を主宰する委員長及び委員長に事故ある場合にその職務を代行する理事を必要とする。従つて、委員長及び理事は、委員会の必置の理事機関とされている。しかして、委員会の構成員たる委員は、各々その理事機関としての委員長及び理事に選ばれた場合においては、その任に就くべきことは委員会構成員としての特別の地位に基く義務といわねばならぬ。ただ、常任委員長については当選辞退ができるものとされていて、就任義務を免除しているのは（衆規一〇条、一五条）、常任委員長は議長、副議長、仮議長及び事務総長とともに特に議院の役員として、官吏との兼職が禁止される等の特別の義務を負担する関係から（国一六条、三一条）、特別の規定が置かれているものであつて、特別委員長及び理事については辞退の規定がなく、辞任が許されるだけである。

一、常任委員長の選任及び辞任

常任委員長は、各々当該常任委員のうちから特に議院において選任する（国二五条）。特別委員長と区別して、特に議院において選任するものとしたのは、議院運営の中心である常任委員会の委員長を、議長、副議長等とともに議院の役員としていることから、その手続を重くしたものである。

常任委員長の選任は、常任委員選任の当日行われる例である。

選任の手続は、他の役員の選挙と同様、議長選挙の例によつて無名投票で行うのを原則とし、又記名投票によることもできるようになつているが(衆規一五条一項、参規一六条一項)、実際議院の会議において二十二人の常任委員長を議長選挙の例によつて順次一人づつ選任して行くことは極めて煩わしい手続であるから、このような方法は一度も行われたことがなく、議院は、常任委員長の選任を議長に委任し(衆規一五条二項、参規一六条二項)、議長において指名するのを例とする。

なお、常任委員長の選任に当つては、衆議院は、必ず所謂政府与党から選任するのを例としており、政府与党が単一政党でなく、数箇の政党である場合には、与党に属する各党派の所属議員数の比率に応じて按分して委員長を選任する。嘗つて第三回及び第四回国会において政府与党が少数党であつたときにおいても、議長が野党たる多数党に属していたに拘らず、常任委員長だけは政府与党から選任せられている。参議院においては衆議院と異り、政府与党たると野党たるとを問わず、又多数党たると少数党たるとを問わず、委員の選任のようにすべての党派の所属議員数の比率によつて、二十二名の委員長を按分して選任する例となつているが、いずれも予め申出でた候補者について議長が指名することには変りはない(註一)。

常任委員長の辞任は、議院の許可を必要とする。ただ、国会閉会中は議長においてこれを許可するが(国三〇条)、閉会中辞任したときは閉会中に補欠選任する方法はない。各議院において特に必要があるときは、その院の議決をもつて常任委員長を解任することができる(国三〇条の二)。

常任委員長は、議院の役員として官吏と兼ねることができないものとされているが(国三一条)、委員長が官吏に任命されるときは、衆議院にあつては、予め委員長辞任の手続をとるのを例とし、参議院では、官吏に任命されたときは当然委員長の地位を失つたものとして取扱う例である。

二、特別委員長の選任及び辞任

特別委員長の選任は、常任委員長の場合と異り、その委員がこれを互選する(国四五条二項)。

互選の時期は特別委員選任の当日又は翌日である(衆規一〇一条一項)。翌日が休日に当る時は翌々日になることは差支えない。その日時は委員中の年長者が定める(衆規一〇一条三項、参規八〇条二項)。

互選の手続は、無名投票でこれを行い、投票の最多数を得た者を当選人とする。得票数が同じときは、くじでこれを定める。但し、投票によらないで動議その他の方法で委員長を選任することができる(衆規一〇一条二項、参規八〇条一項)。実際は、第一回国会以来投票によつたことは一度もなく、常に推薦によつて選任せられる例である。なお、特別委員長の選任については、常任委員長の場合と異り、委員会の実際の多数(working majority)によつて決するので、多くの場合は政府与党から選ばれることになるが、第三回及び第四回国会においては、当時の実際の多数を占めた野党各派から特別委員長が選ばれたことがある。

特別委員長については、常任委員長の如く官吏との兼職を規定上禁止されてはいないが、その職責上、従来特別委員長も官吏とは兼ねない建前である。

特別委員長が互選されるまでは、委員中の年長者が委員長の職務を行うことになつていて、委員指名の後、互選の日時を決定し互選の会議を主宰する。年長者のとる委員長の職務の範囲には、委員長互選前に委員の辞任の申出を経由する等は差支えないが、一般の委員会の議事に入ることは許されないと解すべきである。

特別委員長の辞任は、その委員会がこれを決する（衆規一〇二条、参規三一条二項）。特別委員長から辞任の申出があつたときは、理事が委員会に諮つて決定するのである。

三、理事の選任及び辞任

理事の員数は、規則によつて一人又は数人ということになつているが（衆規三八条一項、参規三〇条の二・一項）、少くとも一人は必ず置かねばならない。而して、その員数を定めるのは法規上は各委員会の権限ではあるが、衆議院の実際は、議院運営委員会の定める基準数に基いて選任されるのが常である。現在の基準は、委員二十人乃至三十人の常任委員会では五人、委員五十一人の予算委員会では七人、委員十人の図書館運営委員会では一人とし、各派の所属議員数の比率によつて按分して割当てている。

選任の方法については、特別委員長と同様委員の互選によるものと定められているが（衆規三八条一項、参規三〇条の二・二項）、実際は、その選任は委員長に一任され、割当てのある会派の申し出た候補者について委員長が指名するのを例とする。理事の任期については規定はないが、委員たる地位を失つたとき又は理事を辞任したときの外は、委員としての任期中継続してその任に当るものとされている。

理事の辞任についても規定はないが、委員会で選任するものであるから、特別委員長と同様辞任も委員会で決するのが普通であるが、委員長が決した例もある。

（註一）常任委員長の選任に関するアメリカ両院における“Principle of seniority”乃至“Seniority rule”（先任順の原則）の慣習は注意に価する。アメリカでも規則上は常任委員長は議院の選任するところとなつているのであるが、実際の慣例は通常所謂先任順の原則によつて委員長の指名をうける。即ち、両院においては委員の任期は恒久性をもつていて、その委員の希望する限り幾回でも同一の委員に選任され、その委員会における勤務の長さに応じて順位が定められる。而して、委員会を構成する両党の中において各先任順が定められ、この各々の先任者がその属する党が多数党となつた場合に、その委員会の委員長として選任され、そして委員長に事故があれば、先任順に従つて順次委員長の職務をとることになつているのである。勿論例外もあつて、一九二〇年に下院の歳出予算委員長 Good 氏が辞任した際、第三順位にいた Madden 氏が委員長になつたこともあるが、この原則は極めて重要且つ決定的な要素となつている。この原則に対しては、能力ある最適任者が委員長になり得ない点や、今一つの慣例である委員長の地域的な配分（民主党が多数のときは委員長の大部分が南部選出議員に、共和党が多数のときは北部選出議員に割当てられる）を阻害する結果となる点若干の批判はあるが、この原則は、多年の連続的な委員会勤務の結果、その所管事項に通暁する委員長、委員で構成され、委員が政府の役人以上の知識をもつていて、専門的知識によつて審議を高度に能率化すること、及び経験ある多年勤続の議員が尊重される結果となる点から強く支持されている。もとより議院内閣制を採用して、多数党が常任委員長の外、国務大臣、政務次官等の任に当るわが国の場合とは同日には論じ得ないにしても、この原則がアメリカ議会の常任委員会制度を重からしめている決定的な一つの要素である点は、わが国の委員会制度にとつても見逃してはならない慣例といい得よう。(House Manual, p. 137, p. 344; Riddick, op. cit., pp. 171—2; Willoughby, op. cit., pp. 349—56)

第六節　委員及び委員長、理事の職務権限

III

一、委員の職務権限

委員は委員会の構成員として、前述したように、委員長及び理事に選任されたときに、その就任義務を有する外、委員会に出席する権利義務を有し、委員会において発言し、表決する権限を有する。

（一）　出席の権利義務

委員がその委員会に出席するのは、委員としての権利であるとともに義務である。委員の外に議長、委員長、国務大臣等も委員会に出席する権限があるけれども（憲六三条前段、国二〇条、衆規七〇条、参規五二条）、これはいずれも審査の便宜上認められたものに過ぎないに反して、委員の出席権は委員会の構成員としての権限であつて、委員会の意思決定に参加することと結びついている点において、他の者の出席権と趣を異にしている。同様に、国務大臣、政府委員、会計検査院長及び検査官、証人等も委員会に出席又は出頭する義務をもつているが（憲六三条後段、国七一条、七二条一項、議院における証人の宣誓及び証言等に関する法律一条）、これ等は何れも審査の必要上委員会の要求があつた場合の義務であるに反し、委員の出席義務は、委員会構成員としての義務であつて、委員会が会議を開き、その意思を決定するには、一定数の出席を要件としていること（国四九条）に結びつくものである点が異る。故に国会法は委員が正当の理由がなくて委員会を欠席した場合に、議長が特に招状を発しその招状を受けとつた日から七日以内になお故なく出席しないときは、議長は、これを懲罰委員会に付しうることになつている（国一二四条）。

（二）　発言権

出席の場合と同様、議長、委員長、国務大臣、政府委員も、委員会において発言する権利があるが、いずれも審査の便宜のためのものであり、殊に国務大臣、政府委員の場合の出席発言権は、議案の審査の場合についてのみ権利として認められるものであつて、国政調査等の場合は、当然に出席発言権をもつものではない（憲六三条）のに反し、委員の発言権は、委員会構成員としての権限である。即ち、委員が委員会の構成員たる地位に基いて、当然且つ固有に委員会に出席し、発言し、その意思決定に参加することを委員の審議権というとすれば、委員の出席発言権は、この審議権に基く権限であり、他の者が出席発言権をもつていても、それは審議権に基くものでなくして、別の理由から認められた権限であるに過ぎない。かく委員の発言権は固有のものであるから、一般の議事手続に従う場合は別として、理由なくして特定委員の発言権を奪うことは、委員会と雖もできない。

(三) 表決権

表決権は、委員の審議権の基本をなすものであつて、委員会の意思決定に参加する権限をもつのは、その構成員たる委員のみである。委員以外に委員会に出席発言する権限のある者でも表決には参加できないことは、これ等の者の出席発言権が、前述の如く構成員としての審議権に基く固有の権限でないことから、当然のことといわねばならない。

(四) 職務権限の停止

委員が委員会に出席し、発言し、且つ表決に参加するのは、構成員としての固有の権限であるが、一定の場合においては、委員の地位を保ち乍ら、その権限を一時停止されることがある。

その一は、議員が懲罰によつて登院停止の処分をうけた場合であつて、常任委員はその任は失わないが、その期間中は登院を停止されるから、委員として出席、発言、表決の権限を停止される。

その二は、懲罰委員が懲罰委員会に付された場合であつて、議員は、自己の懲罰事犯の会議及び委員会に列席することはできないから(衆規二三九条、参規二四〇条)、その議員が懲罰委員であるときは、委員として出席、発言、表決の権は停止される。委員長の許可を得て委員会で弁明することはできるが、これは委員としての地位によるものではない。

その三は、懲罰委員にして資格争訟の被告議員となつた場合であつて、表決権を停止されることは当然であるが（国一一三条）、出席発言も被告議員として委員会の許可によつて許されるから、委員としては出席発言権も停止されると解すべきである（衆規一九五条）。

二、委員長の職務権限

委員長は、委員会の会議の主宰者として委員会の議事を整理し、秩序を保持するとともに外部に対し委員会を代表する（国四八条、衆規六六条）。従つて、その権限は、委員会の会議に関するもの、秩序保持に関するもの及び委員会を代表することに関するものに分類することができるが（註一）、その各々の権限については、別にそれぞれの章において詳説することとし、これを列挙するに止める。

（一）会議に関する権限

（イ）委員会の開会日時を定める権限（衆規六七条、参規三八条）

（ロ）開議、延会、散会及び休憩を宣告する権限

（ハ）審査日程及び議事順序を定める権限

（ニ）議事を整理する権限

（ホ）議事を決裁する権限（国五〇条）

（ヘ）その他会議録に署名し、理事数名あるとき代理すべき理事を指定する等の権限（衆規六二条、参規五七条）

（二） 委員会の秩序保持に関する権限

（イ） 委員を制止し、発言の取消を命ずる権限（衆規七一条前段、参規四一条前段）

（ロ） 委員の発言を禁止し、退場を命ずる権限（衆規七一条後段、参規四一条後段）

（ハ） 休憩を宣告し又は散会する権限（衆規七二条、参規四〇条）

（ニ） 証人及び公述人の発言を禁止し退場を命ずる権限（衆規五四条二項、八三条二項、参規六八条二項）

（ホ） 委員会において懲罰事犯あるとき、議長に報告して処分を求める権限（国一二一条二項、衆規七五条）

（ヘ） 議員以外の者の傍聴を許可する権限（国五二条一項、衆規七三条）

（ト） 傍聴人の退場を命ずる権限（国五二条二項、衆規七四条）

（三） 委員会を代表することに関する権限

（イ） 議院に報告する権限及び報告を依託する権限（国五三条、衆規八七条一項・二項、参規一〇四条）

（ロ） 議院提出の議案につき、他の議院において提案理由を説明する権限（国六〇条、衆規六九条）

（ハ） 他の委員会に出席して意見を述べる権限（衆規七〇条、参規五二条）

（ニ） 常任委員会の専門員等の任免申出の権限及び調査を命ずる権限（議院事務局法一二条、一三条）

（ホ） その他委員会が外部に対してなす行為について、委員長が委員会を代表する。例えば国務大臣の出席、証人の出頭、資料の提出等を要求したり、議長に国政調査、公聴会開会、委員派遣等の承認を求め、委員会から法案を提出する場合等はすべて委員長の名で行う。

115

三、理事の職務権限

理事は、委員長に事故があるときに、委員長の職務を行うものである（衆規三八条二項、参規三〇条の二・三項）。議長の規則によると、単に委員長に事故あるときと規定されていて、欠けたときについては規定するところがない。議長の場合においては、欠けたときと事故あるときとは別に規定されていて（国二一条）、国会法は実際的にも理論的にも両者を区別していると見なければならないのであるから（国二二条、二三条）、委員長が欠けた場合にも理論的には機関の故障であるとして、事故あるときに当然含まれる（註二）ということはできないといわねばならないのであるが、実際上の先例としては、死亡、辞任等によつて欠けたときも事故あるときに準じて理事がその職務をとる例である。なお、理事が数人あるときは、委員長の職務を行うべき理事は、委員長が指名するのが例であるが、時によつては理事の協議又は委員の推挙によつてその職務を行うべき理事を定めることもある。なお、理事に事故があるときは、委員の中から委員長の職務をとるべきものを定めて議事を進める。理事が委員長の職務を行うべき範囲については何等制限はないから、その権限は委員長と異らない。なお、理事が理事として独立になす職務は、会議録に署名することだけである（衆規六二条）。

（註一）拙　稿・前　掲　七〇頁
（註二）田口　弼一・委員会制度の研究　一〇五頁

第四章　委員会の審査案件

第一節　概　説

国会法は、各議院の常任委員会は、その部門に属する議案（決議案を含む）、請願、陳情書等を審査するものとし（国四一条）、又特別委員会は、常任委員会の所管に属しない特定の事件を審査するものと規定している（国四五条）。その他、議員の資格争訟は、委員会の審査を経た後これを議決することになつており（国一一一条）、又懲罰事犯は、懲罰委員会の審査の後、議院の議を経てこれを宣告するものと規定されている（国一二一条）。従つて、委員会の審査事件としては、議案、請願、陳情書、議員の資格争訟及び懲罰事犯等が含まれることは、規定の上からも明瞭であるが、委員会において審査の対象となり得るものは、単にこれ等のものに限られるものではないから、これ等をも含めて広く審査事件又は案件という言葉で総称せられる。而して、議案、請願、陳情書、資格争訟及び懲罰事犯等の外、委員会の審査の対象となるものには、いかなるものがあるかについて見れば、前述の様に委員会は議院の議決を要する事件について、予備的に審査する機関としての性質をもつ以上、現実に委員会に付託されるかどうかは別としても、すべて議院の議決を要するものは、委員会の審査の対象となり得るものであるといわねばならない。ただ、本会議における動議は、やはり議題として本会議の議決を要するものではあるが、動議は後述するように、その多くは、その会議自体の進行又は手続に関する議員の提議であり、その会議を離れては意味をなさない性質のものであるから、後述する如き所謂独立動議のようなものを除いては、たとえ議院の議決を要するものではあつても、それが委員会に付託され、委員会の審査の対象となることはあり得ない。更に、委員会の審査案件には、特殊の委員会にあつては、議院の議決とは関係なく、法律によつて委員会の権限として規定されているもののあることは前述した通りである。従つて、国会が国権の最高機関にして唯一の立法機関であるという憲法上の性格から、国会として、或はこれを構成する各議院として、その議決を要する事件が極めて多いから委員会の審査案件も亦極めて多岐に渉らざるを得ない。本章においては、委員会の審査案件を国会の議決を要するもの、両議院の議決を要するもの、各議院の議決を要するもの及び議院の議決を要しないものに分けてそれぞれ説明するが、それ等の中、請願、陳情書、資格争訟及び懲罰事犯については別に述べるところに譲り、ここでは概括的に議院の議決を要する事件と、議案の関係について述べて置きたい。

議院の議決を要するものは、単に議案に止まらないことは、国会法第八十七条が「前三条に規定したものを除いて、国会の議決を要する事件について」云々と規定しているところからみても明かであるが、いかなるものが議案であつて、いかなるものが議案以外に議院の議決を要する事件であるかについては、法律又は規則上必ずしも明瞭な規定が存する訳ではない。例えば内閣法第五条が憲法第七十二条をうけて「内閣総理大臣は内閣を代表して内閣提出の法律案、予算その他の議案を国会に提出し、」云々と規定し、又衆議院規則第二十八条が「議員が法律案その他の議案を発議するときは、」云々と規定して法律案や予算が議案の代表的なものであることを明かにしているが、「その他の議案」といううちにはいかなるものが含まれるかは規定上必ずしも明かではなく、いかなるものを議案として取扱うかは、寧ろ国会における実際の取扱いにおいて決定されるのが実情であるといわねばならない。

議案というのは通常案を具えているもので、議院の議決を要するものを広く総称して用いられる観念であるが（註一）、実際上においても理論上においてもその範囲は余り厳格に解する必要はないと思われる。即ち、

第一に、従来議案は、両院の議決を要するものに限ると狭く解する者もあるが（註二）、国会の議決に限らず、一院でもその議決を要するものは、すべて議案と称して何等支障はないといわねばならない。憲法第七十二条は、「内閣総理大臣は、内閣を代表して議案を国会に提出し、」云々と規定するが、憲法第六十九条に所謂「信任の決議案」は、内閣もこれを提出し得るものというべきであり（註三）、この決議案は衆議院一院のみの議決を要するに過ぎない点から見ても、議案は一院の議決を要するものでも差支えないものである。国会法第四十二条が議案には決議案を含むことを規定したのも、この趣旨を明かにするものであつたと考えられる。

第二に、議案は通常案を具えるものについていわれ、両院の規則も議員が議案を発議するときは、その案を具えるべきことを規定しているが（衆規二八条、参規二四条）、議案であるからといつても、必ずしも何々案といわれるものだけが議案であるという意味ではなく、又案であるからといつて修正の可能なものでなければならないとする必要もない。何となれば前述の内閣が提出する信任の決議案、憲法第五十四条第三項により、参議院の緊急集会で採られた措置について、衆議院の同意を求める場合における政府提出の案件、憲法第七十三条第三号但書による条約の事後承認及び同第八十七条第二項の予備費支出の事後承諾等の如き、いずれも修正は不可能であるに拘らず、これを議案でないとはいい得ないからである。

従つて、議案を狭く定義し、それにとらわれて強いてその範囲を厳格に解する必要はなく、国会又は一院の議決を要するものは、広くこれを議案と称して差支えないものと考えられる。従つて、国会又は一院の議決を要するもので

あれば、これを議案として取扱うかどうかは、寧ろ国会又は各議院における審査の実際に適合するように、国会又は各議院において定められるべきものと解して差支えなく、又実際においてもそのように取扱われているようである。例えば、国会法第三十九条但書の規定によつて、国会議員が内閣行政各部における各種の委員、顧問、参与その他これに準ずる職務に就くことに関して、内閣より国会の議決を求められた場合の取扱いについては、これを議案として取扱わないで、議長から議院に諮つてその議決を得ることに、両院においてその取扱上の協定がなされており（註四）、その他すべて各種の法律によつて内閣から公務員の就任について、両院又は一院の同意を求めるため提出される案件も、これと同様、議案として取扱われていないのが実際の例である（註五）。

而して、国会又は一院の議決を要する案件について、これを議案として取扱うかどうかの差は、現在の国会法規の下では議案であれば、国会法第五十六条によつて原則として先ずこれを委員会に付託し、その審査を経て会議に付さねばならず、緊急を要するために委員会の審査を省略するには、議院の議決を必要とするものであり、又国会法第五十八条によつて、その議案が国会の議決を要する議案であるならば、内閣が一の議院にこれを提出したときは、予備審査のために同一の議案を他の議院に送付しなければならないものであるが、議案でなければ、必ずしも委員会に付託するを要せず、付託するかどうかは議院自らが決定することができ、又議案でないものは国会の議決を要するものであつても、必ずしも予備審査のために他の議院に送付する必要がない。

従つて、議院の議決を要する案件については、それが議案であるかどうかの区別よりも、寧ろ国会の議決を要するものであるか、両議院の議決を要するものであるか、又は一院の議決を要するものであるかの区別の方が、理論的にも又実際上にも重要な問題があり、且つ、その取扱についても検討せらるべき点が多いと思われる。

（註一）　大池・　真・前　掲　七三頁

（註二）　田口　弼一・前　掲　三三七頁

（註三）　田口　弼一・前　掲　一九二頁・三三七頁
　法学協会・註解日本国憲法中巻　四四頁
　美濃部達吉・日本国憲法原論　三九九頁

（註四）　昭二二・七・二八第一回国会衆議院議院運営委員会会議録八号四頁
　昭二二・六・二八第一回国会参議院議院運営委員会会議録二号一頁

（註五）　第四回国会においては、人事官の任命について両院の同意を求める案件は、衆参両院とも、議長がこれを人事委員会に付託したが、これは本件を議案として取扱わねばならぬという趣旨に出でたものでなく、当時の各般の情勢によつて、議長が議院運営委員会に諮つて、委員会に付託したものであつて、今後は他の人事に関する案件と同様に取扱われるものと思われる（昭二三・一二・二第四回国会衆議院議院運営委員会議録二号二頁参照）。

第二節　国会の議決を要する案件

議院の議決を要する案件で、委員会の審査の対象となるものには、先ず国会の議決を要する案件があるが、ここで所謂「国会の議決」という観念について説明しなければならない。憲法上国会と各議院とは明かに区別すべき観念であり、国会はもとより両議院から構成されるものであるが、両議院から構成された国会そのものは、各議院とは全然別箇の存在である。従つて、国会の権限と議院の権限とは別箇のものであり、同時に又国会の議決と各議院の議決とは別箇のものでなければならない。国会の議決という場合には、もとより両議院の議決を離れては存在するものではないけれども、単に両議院の議決そのものではなく、それは両議院から構成された国会という憲法上一箇の機関としての意思決定を意味するものである。従つて、国会の議決というものは、両議院から構成される単一体たる国会としての意思決定であつて、各議院の議決が偶々一致してもそれは当然に国会の議決となるべきものではない。もとより国会の議決といつても、国会そのものが両議院というそれぞれ独立の会議体から構成されるものであるから、国会の議決は、両議院の議決の合致から生れることを建前とすることは当然であるが、その場合の両議院の議決は、法律的に見れば、両議院それぞれの独立した議決と異り、国会の議決の一翼としての議決であつて、各院の権限に属する事項についての議決とは性質を異にするものといわねばならない。而して、国会の議決は一般には両議院の議決の合致によることを原則として、若しその議決が合致しない場合には、両院協議会を開いて相異つた両院の議決の調整を図り、その結果両議院の議決が合致すれば国会の議決となるが、両院協議会を開いてもなお議決が一致しないときは、国会の議決はないこととなるのである。但し、その例外として国会の議決を要する案件のうち、特定の案件については、特に憲法の定めるところによつて両議院の議決が異つたときには、その議決の異つたまま、衆議院の議決を以て国会の議決となる場合があり、又参議院の緊急集会においては、緊急集会のみの議決が暫定的にではあるが国会の議決と同一の効力をもつものとされる場合がある（憲五四条二項・三項）。

国会の議決を要する案件のうちには、国会の議決を要する議案と、議案でないものとがあることは、国会法第八十三条及び第八十七条がそれぞれ「国会の議決を要する議案」及び「国会の議決を要する事件」と区別した用語を以つて規定されていること、又国会法第六十五条において、内閣総理大臣の指名について、特に議案と区別して規定しているところから見ても明かであるが、国会の議決を要する案件は、その議決について特別の定めをした場合の外は、それが議案たると否とに拘らず、所謂先議後議の観念を以つて処理されるものであることが原則であつて、国会法第八十三条が「国会の議決を要する議案を甲議院において可決し、又は修正したときは、これを乙議院に送付し、否決したときは、その旨を乙議院に通知する。乙議院において甲議院の送付案に同意し、又はこれを否決したときは、その旨を甲議院に通知する。」云々と規定し、又第八十七条が「前三条に規定したものを除いて、国会の議決を要する事件について、後議の議院が先議の議院の議決に同意しないときは、先議の議院は、両院協議会を求めることができる。」と規定していることは、議案であると否とに拘らず、国会の議決を要する案件が、所謂先議後議の観念によつて議決され、両院が同時にその案件を審議し議決するものではないことを意味するものである。ただ、内閣総理大臣の指名は、憲法上、国会の議決でなされるべきものと規定されているが（憲六七条）、その手続について国会法は特にこの場合に限り各議院において指名の議決をなすべきものとして（国八六条）、国会の議決であり乍ら、所謂先議後議の議決によらないことを規定しているが、かかる特別の規定の存しない以上は、国会の議決は先議後議によつて議決されるべきものである。なお、先議後議の観念による国会の議決を要する議案については、後述するように、所謂予備審査の制度があつて、内閣が先議の院に議案を提出したときは、予備審査のために提出の日から五日以内に後議の院にも同一の議案を送付しなければならないことになつている（国五八条）。

この点について、国会法第五十八条は単に「一の議院に議案を提出したときは、」云々と規定するに止まるが、一院の議決を要する議案であれば、これを他院に送付する必要はなく、又両議院の議決を求めるものであれば、同時に提出されるから、予備審査ということは考えられないから、ここでいう議案とは、国会の議決を要する議案と解すべきものであり（註一）、又実際においてもそのように取扱われている。国会法第五十八条において、他院に送付するものを同一の議案といわずに同一の案といつて議案と区別しているのもかゝる理由に基くものである。

国会法その他各種の法律には、例えば国会の臨時会及び特別会の会期の規定、国会の会期の延長、国会の休会、その他内閣における人事等について「両議院一致の議決」或は「両議院の同意」を要する旨の規定が多く見られるが、この「両議院の議決」という場合には、所謂先議後議の議決によるものでなく、又所謂予備審査の規定も適用されないのであつて、両院各々別箇の議決をなすものであり、この場合にたとえ両院協議会を開き得る規定が存する場合があつても、所謂国会の議決とは性質を異にするものである。国会法が国会の臨時会及び特別会の会期の規定及び国会の会期延長について「両議院一致の議決」によるといつているのは「国会の議決」と同じであるとして、国会の議決と両議院の議決とを全く同一のものとする説があるが（註二）、会期の決定及び延長が、実質上国会の権限に属するものであるにしても、その国会の権限を行使する議決の形態としての「国会の議決」と「両議院の議決」は、本来その性質を異にするものであつて、この両者を全然同一視することは、理論的にも実際的にも首肯し難いものといわねばならない。国会法第六十五条が「両議院の議決を要する議案について、最後の議決があつた場合、及び衆議院の議決が国会の議決となつた場合には、」云々と規定して、国会の議決を両議院の議決のうちに含ませるような規定を置いているのも、国会の議決が実質的には原則として両議院の議決に基くものであることから、便宜統一的に両議院の議決を要する議案として規定したものであつて、国会の議決と両議院の議決を同一視したものでないことは、本条に関する国会法案の提案者の説明によつても又他の国会法の規定からも知ることができる（註三）。又、国会の議決を要する案件を提出するときは、議案であると否とに拘らず、いずれかの一院に提出すれば足りるものであることは「国会」

又は「国会の議決」の観念から当然のことであつて、憲法上予算については、衆議院に先議権が認められているが、特別の定めのない場合は、いずれの院に先に提出しても差支えなく、又いずれかの一院に提出さえすれば、あとは、「国会の議決」を要する議案の経路に従つて国会の議決がなされるのである。

以上国会の議決の観念を説明したのであるが、かかる意味における国会の議決を要する案件で、憲法及び法律の規定によつて定められている主なものを挙げれば次のようなものがある。

一、憲法の規定するもの

(一) 法律案(憲五九条)

皇室典範(憲二条)についても、別に憲法上皇室典範という特別の法形式がある訳ではなく、単に荘重さを加えるために用いられた名称であつて、法形式としては法律案と同様に取扱われるべきものである(註四)。

(二) 予　算(憲六〇条、八六条)

国費支出及び国が債務を負担する行為(憲八五条)予備費の設定(憲八七条一項)及び皇室の費用(憲八八条)についての国会の議決は、予算としてなされる。なお、予算の性質等については後に詳述する。

(三) 条　約(憲六一条、七三条三号但書)

(四) 内閣総理大臣の指名(憲六七条)

(五) 皇室への財産譲渡、皇室の財産譲受若くは賜与(憲八条)

これは普通憲法第八条に基く議決案として取扱われているが、この議決とは、基本において国会の議決があればよいと解されるから、皇室経済法及び同施行法の如く法律案として提出される場合がある。従つて本件については、法律案として提出されるときは、衆議院の議決が優越性を認められ、憲法第八条に基く議決案として提出されるときは、この優越性は認められない結果となるであろう。

（六）　予備費の支出承諾（憲八七条二項）

予備費支出の承諾は、財政法によつて予備費使用総調書として国会に提出し、承諾を求める（財政法三六条三項）。

（七）　憲法改正の発議（憲九六条一項前段）

（八）　憲法改正の国民の承認投票を共に行うべき選挙の決定（憲九六条一項後段）

これ等憲法の規定するもののうち、内閣総理大臣の指名の議決は、議案として取扱われていない。憲法改正の発議、及び憲法改正の承認の投票をともに行うべき選挙の決定については、現在特別の規定は存在しない。なお、このうち法律案、予算、条約及び内閣総理大臣の指名に関する国会の議決については、憲法は特に衆議院の議決に優越性を認めている（憲五九条、六〇条、六一条、六七条）。

二、　法律の規定するもの

憲法の外各種の法律によつて、国会の議決を要する案件として規定されているものも尠くなく、将来の立法によつてもかかる規定が増加して行くことが予想される。現在諸法律によつて規定されているものには次のようなものがある。

（一）　国の地方行政機関設置のため承認を求めるの件（地方自治法一五六条四項）（註五）

（二）　公共企業体労働関係法第十六条第二項の規定に基き国会の議決を求めるの件（公共企業体労働関係法一六条二

項）

（三）国有財産法第十三条の規定に基き国会の議決を求めるの件（国有財産法一三条）

（四）国有財産総類別表（国有財産法四五条）（註六）

（五）国家公務員の職階制実施に関する計画について国会の承認を求めるの件（国家公務員法二九条四項）（註七）

（六）国家非常事態の布告について国会の承認を求めるの件（警察法六五条）

（七）国家非常事態の布告の廃止に関する国会の議決（警察法六六条）

（八）保安隊又は警備隊の命令出動について国会の承認を求めるの件（保安庁法六一条二項）

（九）国が国権に基いて収納する課徴金及び法律上又は事実上国の独占に属する事業における専売価格若しくは事業料金について国会の議決を求めるの件（財政法三条）

但し、これは、法律の形式によつて議決される例である。

（十）日本放送協会の収支予算、事業計画及び資金計画について国会の承認を求めるの件（放送法三七条二項）

（十一）予算執行職員の弁償責任減免について国会の議決を求めるの件（予算執行職員等の責任に関する法律七条）

（十二）出納職員が現金又は物品を亡失毀損した場合の弁償責任の減免について国会の議決を求めるの件（会計検査院法三二条三項）

（十三）漁港の整備計画について国会の承認を求めるの件（漁港法一七条二項）

（十四）公営住宅法第六条の規定に基き承認を求めるの件（公営住宅法六条三項）

（十五）中央選挙管理会委員の指名（公職選挙法五条の二）

（十六）　人事官弾劾の訴追（国会公務員法八条一項二号、人事官弾劾の訴追に関する法律一条）
（十七）　国会議員が内閣行政各部における各種の委員、顧問、参与その他これに準ずる職務につくことに関し国会の議決を求めるの件（国三九条但書）
（十八）　国立国会図書館長の任命承認の件（国立国会図書館法四条）

而してこれ等の案件の中には未だ提出されたことのない案件もあるが、多くは国会の議決を要する議案として取扱われるものと思われる。この中人事官弾劾の訴追については、別に手続規程が定められ、訴追案の議決によるものとされているが（人事官弾劾訴追手続規程）、なお、国会が警察法による国家非常事態の布告の廃止を命ずるような場合における国会の議決については、何等かの規定を必要とすると思われる。又、国会法第三十九条但書の規定により、国会議員が内閣行政各部における委員等の職務に就くことについて、国会の議決を求めるの件については、先述のように、国会の議決を要する議案として取扱わず、各院別々に議決して他院に通知することにその取扱いが定められているが、この取扱いについては若干の疑問がある（註八）。国立国会図書館長の任命の承認についても同様に取扱われている。

憲法及び各種の法律によつて国会の議決を要すべき案件として規定されているものは、概ね以上の如きものと思われる。これ等のものは或は議案として当然に委員会の審査の対象となり、或は議案でなくとも必要があるときは、すべて委員会に付託して、その審査の対象とすることができるものである。

しかし最後に注意すべきことは、国会の議決がなされるのは、必ずしも憲法又は法律によつて国会の議決を要するものと定められた案件のみに限らないことであつて、憲法又は法律が単に国会への提出のみを規定し、議決について特に規定をしていない場合においては、国会は、その提出された案件の内容によつて、国会の議決を要する案件か否かを決定することができるものというべきであつて、例えば決算の如きは、憲法は単に国会に提出しなければならないと定めるに過ぎないが、議決の対象としてこれを是認するかどうかを議決し、国有財産法第三十四条による国有財産増減及び現在総額計算書、並びに財政法第十五条第四項及び予算決算及び会計令第十八条に基く国庫債務負担行為総調書は、いずれもそれぞれ単に国会に報告又は提出すべきことが規定されているに過ぎないが、両議院とも、これを決算と同様に要議決案件として処理し、両院規則もこれを決算委員会の所管として委員会に付託すべきものとしているのである。ただ後述するように決算及びこれに準ずる案件がいずれも「国会」へ提出すべきものと規定され乍ら現在までの慣行として各院別々に提出され、各院別々に議決されていることは、前述の「国会」及び「国会の議決」の観念に合致しないものであり、極めて妥当でないものというべく、早晩改めねばならぬものといわねばならない（註九）。国家公務員の職階制に関する法律により国会に提出される職種の決定及び改正についても同様である。

なお、委員会の審査案件としての国会の議決を要する案件を説明すべき本節とは直接関係はないが、以上述べ来つた「国会の議決」及び「国会」の観念に関連して、一考を要するのは、国会へ提出される諸般の報告、勧告、意見書等の提出の仕方である。これ等のものは本来議決の対象とならないために、従来の取扱いとして、便宜上各議院へ別々に提出又は報告する例であるが、しかしたとえ単に提出、報告、勧告、意見書等の名称を用いていても、国会においてその内容如何によつてこれを議決の対象とすることが漸次多くなる傾向に鑑みても、又国会というときは、両議院から構成された単一体の国会機関として、各院とは性質を異にするものとして認識すべきものであるから、「国会」に対する報告、勧告、意見書の提出である以上、国会の議決を要する案件と同様、そのいずれか一院に提出すれば足りることとし、一院がこれをうけて、他の院に通知する方法によつて処理するように改めて行くことが、国会と各院とを混同しない上からも望ましいといわねばならない。

（註一）　国会法案の提案理由の説明にも、この議案というのは国会の議決を要する議案であることを予定したことがうかがわれる（昭二一・一二・一九第九十一回帝国議会衆議院国会法案委員会議録第一回五頁）。

（註二）　浅井　清・国会概説　二五六頁
宮沢　俊義・憲法大意　三〇〇頁

（註三）　第六十五条に関する国会法案の提案理由の説明には、所謂先議後議による国会の議決を要する議案の場合だけを予想して説明されているが、国会の議決と区別すべき意味での「両議院の議決」を要する議案についても、本条が適用されるから、この両者を含めて規定したものと解する外はない（昭二一・一二・一九第九十一回帝国議会衆議院国会法案委員会議録第一回六頁）。

（註四）　岡田亥之三朗・日本国憲法審議要録　一五二頁・一五三頁
美濃部達吉・前　掲　三八〇頁
法　学　協　会・註解日本国憲法上巻　五八頁
渡辺　佳英・「皇室典範及び皇室経済法」法律時報一九巻三号三頁・四頁
昭二一・一二・一八第九十一回帝国議会貴族院皇室典範案委員会議事速記録三号七頁—九頁

（註五）　人事院の地方事務所設置の承認を求めるの件（国家公務員法一三条）は地方自治法第百五十六条第四項による国の地方行政機関設置の承認を求める件の例外をなすものではないから「国家公務員法第十三条第六項及び地方自治法第百五十六条第四項の規定に基き、人事院の地方事務所設置に関し承認を求めるの件」として提出されている。

（註六）　国有財産総類別表は一度財産を類別してこれについて議決を終れば、再度議決の必要のない案件であるから、今後提出されることはない。

(註七) 本件については、内閣は国家公務員の職階制に関する法律案の提出を以つて、あわせてその計画に関する国会の承認を求める旨を明かにし(昭二四・一一・一七第六回国会人事委員会議録一号五頁)、その後国家公務員の職階制に関する法律が制定されたから、今後も本件は、右の法律改正案として提出されるものと思われる。

(註八) 国会議員が内閣行政各部における各種の委員、顧問、嘱託その他これに準ずる職務に就くことに関して、内閣より国会法第三十九条但書の規定により国会の議決を求められた場合の取扱いは、両院の協定によつて次の如く定められている(昭二二・七・二八第一回国会衆議院議院運営委員会議録八号四八頁、昭二二・六・二八同参議院議院運営委員会会議録二号一頁)。

一、右は議案として取扱わないで、議長から議院に諮りその議決を得ること。
二、議決の結果は各院の議長より他の院の議長に通知すること。
三、両院の議決が一致したときは、衆議院の議長から内閣に通知すること。
四、両院の議決が一致しなかつたときは、先に議決した議院から両院協議会を開くことを求めること。
五、両院協議会において、成案ができたときは、更にこれにつき各院で議決する。この場合両院が成案を可決したときは三による。一院が否決したときは、六によること。
六、両院協議会を開いても意見が一致しなかつたときは、国会の議決がなかつたものとしてその旨衆議院議長から内閣に通知すること。

この取扱いが国会の議決であり乍ら、各院別々に議決するものとしているのは、国会において議決される最も重要な人事である内閣総理大臣の指名について、国会法が各院別々に議決する方法を規定していることに倣おうとしたものと思われるが、特に法律に別段の規定を設けないで、かかる取扱いをすることは、理論的に妥当でなくて幾多の問題を包蔵している。

（註九）　淺井　清・前　掲　二五八頁
清宮　四郎・「国会の決算審査権」法学一四巻三号三頁
昭二五・三・八第七回国会衆議院決算委員会議録七号一三頁、一四頁

第三節　両議院の議決を要する案件

国会は両議院から構成されるものであり、両議院の議決に基かないでは、国会の議決もあり得ないのであるが、いわば議決の形態としての「両議院の議決」と「国会の議決」がその性質を異にするものであることは既に前節で説明したところである。もとより法律上両議院の議決を要するものと定められる場合には、その事項は、国会の権限であるということができるのであつて、例えば国会の臨時会及び特別会の会期の決定又は国会の会期延長が両議院一致の議決によるものと定められている場合においては、国会の会期を決定し延長するのは、国会の権限ではあるが、その国会の権限というべき会期の決定又は延長については国会の議決によらず、両議院の議決によるものとされているのである。このように実質的には同じく国会の権限と見られる場合においても、「国会の議決」とは別に「両議院の議決」という議決形式によるものがある。この意味における両議院の議決は、先議後議にはよらず、両議院同時になされ、相互に議決の結果を通知して、議決が合致すれば両議院の議決があつたものとなり、一致しない場合には原則として両議院の議決はなかつたものとなる。而して、国会の議決を要する事件であれば両院の議決が異つたときは、すべて国会法によつて両院協議会による議決の調整がなされるに反し、両議院の議決を要する事件については、特に法

律上別段の定めをなした場合を除いては、両院の議決の不一致は両院協議会によつてこれを調整する途がないのが原則である。又、先議後議によるものではないから、所謂予備審査の規定の適用もなく、提出も両院へ同時に各別になされるものであることも前に触れた通りである。

かかる意味での「両議院の議決」を要する案件は、憲法上は全然規定されることなく、又諸法律によつても「両議院の議決」を要するものとされているのは、両議院の内部規程の或るものの外は、行政各部における各種の公務員の就任について同意を与える場合に限られているようである。ただ、放送法第四十七条によつて、日本放送協会の放送設備の譲渡等について、郵政大臣が認可をする場合に、両議院の同意を求めることだけが特殊の例であつて、他の法律ではこの種の案件は悉く国会の議決を要するものと規定しているに反し、これだけが両議院の議決を要するものとされている。従つて、これは国会の議決を要するものとされている此種の案件と同じく、議案として取扱われるものと考えられる。

諸法律によつて所謂両議院の議決を要する案件とされているものには、次のようなものがある。

一、国会の臨時会及び特別会の会期（国一一条）
二、国会の会期延長（国一二条）
三、国会の休会（国一五条一項）
四、両院協議会に関する規程（国九八条）
五、両院法規委員会に関する規程（国一〇二条）
六、両院法規委員会の閉会中の審査（国一〇一条）

七、人事官弾劾の訴追の手続規程（人事官弾劾の訴追に関する法律六条）
八、日本放送協会の放送設備の譲渡等の認可について両議院の同意を求めるの件（放送法四七条）
九、就任について両議院の同意によることを必要とする公務員には次のようなものがある。
（一）人事官（国家公務員法五条）
（二）検査官（会計検査院法四条）
（三）国家公安委員（警察法五条）
（四）地方財政審議会委員（自治庁設置法一五条）
（五）土地調整委員会委員長及び委員（土地調整委員会設置法七条）
（六）電波管理審議会委員（電波法九九条の三）
（七）日本放送協会経営委員会委員（放送法一六条）
（八）公安審査委員会委員長及び委員（公安審査委員会設置法五条）
（九）中央更生保護審査会委員（犯罪者予防更生法五条）
（十）日本銀行政策委員会委員（日本銀行法一三条の四）
（十一）旧軍港市国有財産処理審議会委員（旧軍港市転換法六条）
（十二）文化財保護委員会委員（文化財保護法九条）
（十三）漁港審議会委員（漁港法九条）
（十四）商品取引所審議会会長及び委員（商品取引所法一三九条）

（十五）　運輸審議会委員（運輸省設置法九条）
（十六）　日本国有鉄道監理委員会委員（日本国有鉄道法一二条）
（十七）　首都建設委員会委員（首都建設法五条）
（十八）　鉄道建設審議会委員（鉄道敷設法六条）
（十九）　日本電信電話公社経営委員会委員（日本電信電話公社法一二条）
（二十）　公正取引委員会委員長及び委員（私的独占の禁止及び公正取引の確保に関する法律二九条）

而して、これ等の案件のうち、両院協議会規程、両院法規委員会規程、人事官弾劾訴追手続規程及び放送協会の放送設備の譲渡等の認可について両議院の同意を求める件を除いては、すべて議案として取扱われず、かつて第四回国会において人事官の任命について同意を求めるの件が委員会に付託された外は、委員会に付託されることなく本会議で議決される例である。

なお、これ等の案件のうち、検査官及び国家公安委員の任命について両議院の同意を求めるの件については、それぞれ特に法律に別段の定めがあつて、衆議院が同意して参議院が同意しない場合においては、憲法第六十七条第二項の内閣総理大臣の指名の場合の例により、両院協議会を開いても意見が一致しないとき、又は衆院が同意した後国会休会中の期間を除いて十日以内に、参議院が同意しないときには、衆議院の同意を以つて両議院の同意とすることになつている（会計検査院法四条二項、警察法五条三項）。かかる特別規定のないその他の案件については、議決が異つたときは国会の議決を要する事件と異り、両院協議会において議決の調整を図る方法がなく、定められた両議院の議決は得られないことになるのであつて、議決が一致した場合に限り両議院の議決があつたことになるのである。

第四節　各議院の議決を要する案件

ここで各議院の議決を要する案件というのは、衆議院及び参議院の各一院としての議決を以つて足りるものであつて、他の院の議決とは関係のないものである。即ち両議院の議決というときは、各院同時に別々に議決するものであつても、各院の議決が一致することによつて両議院の議決となるものであり、従つて又議決される内容は両院共通のものであるが、ここに所謂「各議院の議決」というものは、単に各々独立して一院の議決を要するに過ぎぬものであり、偶々その内容が同一のものであつても、他の院の議決とは関係をもつものではない。このように一院の議決を要する案件としては、次のようなものがあるが、これには両院各々共通のものと、衆議院にのみ特有のものとがある。

一、両院共通のものとしては、次のようなものがある。

（一）議員の資格争訟（憲五五条、国一一一条）
（二）懲罰事犯（憲五八条二項、国一二一条）
（三）議員逮捕につき許諾を求めるの件（憲五〇条、国三三条）
（四）逮捕された議員の釈放を求めるの件（憲五〇条）
（五）各院の規則案（憲五八条一項）
（六）各院の休会（国一五条二項）
（七）国会法第百二十条による処分（国一二〇条）

（八） 決議案（国四二条、五六条）
（九） 請　願（国八〇条）
（十） 法制局長任免の承認（国一三一条三項）
二、衆議院特有のものとしては、内閣不信任決議案及び信任決議案（憲六九条）、参議院の緊急集会でとられた措置についての同意（憲五四条三項）がある。憲法上参議院の緊急集会は、衆議院解散の場合において国会としての機能を果すものであつて、その場合に議決される案件は法律案、予算、条約等本来国会の議決を要すべきものであつて、案件自体として参議院特有のものというべきものではない。
なお、参議院の緊急集会は、参議院とは全くその性格を異にするものであるから、参議院規則がすべてそのまゝ参議院の緊急集会に適用されるものとは考えられない。従つて、参議院の緊急集会に関する手続については現行の規則では諸種の疑問を解決することは到底不可能であるから（註一）、別に法律を以つて規定すべきものと思われる。又、緊急集会においては、法律案、予算等にしても参議院の常任委員会がそのまゝ活用されることよりも、特別委員会の如きものが設置されることがよいのではなかろうか。

（註一） 奥野　健一・「参議院緊急集会の法的性格」ジュリスト一九五二年十月一日号二六頁、二七頁

第五節　議院の議決を要しない案件

以上述べた案件は、国会の議決を要するものでも、両議院の議決を要するものでも、又一院の議決を要するもので

も、すべて議院の議決を要する案件であつて、委員会が議院の議決に先だつて、その議決を要する事件について予備的審査を行う機関たる性格を有する点から、委員会の審査を経るのを原則とするか、若しくは必要と認めて、委員会に付託するかの別はあつても、すべて委員会の審査の案件となり得るものであるが、特定の委員会については、議院の議決とは全然関係なく、特に法律に定めるところによりその審査の対象とされるものがある。かかる案件としては次のようなものがある。

一、議院運営委員会

（一）国会職員の任免について承認を求めるの件（国二七条二項、一三一条五項、議院事務局法一二条、裁判官弾劾法七条六項、一八条七項）

（二）議院の予備金支出承認の件（国会予備金に関する法律二条）

（三）議院に出頭する証人の車馬賃及び日当の定額（議院に出頭する証人等の旅費及び日当に関する法律五条）

二、図書館運営委員会

（一）国立国会図書館管理規程の承認（国立国会図書館法五条）

（二）国立国会図書館長が金銭の寄贈を受けることについての承認（同法二六条）

但し、この両案件は、いずれも両議院の図書館運営委員会の議決を要する案件とされているため、両委員会の一致の議決がなければならない。

第五章　委員会付託

第一節　概　説

「付託」と「予備的審査」ということが、委員会発生の歴史並びに理由から見て委員会の本来の性質であつたこと、及び現在の委員会の性格から見ても、なお、極めて基本的なものであることはいうまでもない。従来の委員会の審査は、付託された事件の外に渉ることを得ず、委員会のあらゆる活動はすべて「付託」に始まり、「付託」なくして委員会の活動ということが考えられなかつたのである。現在の委員会は、もとより単に付託事件の審査に止まらず、議長の承認の下に自主的な国政調査の権限を認められ、又一方特定の委員会が付託事件の審査及び国政調査権の外に、独立して特定の権限を法律によつて与えられていることは前述したところであるが、これ等は、いずれも本会議の議決とは直接関係のない委員会の権限であるから、所謂委員会付託とは無関係であるが、国会が唯一の立法機関である以上、議院の議決を要すべき法律案始め各種の議案の予備的審査が、委員会活動の最も重要な部分をなすことは否定し難いことであつて、新しい委員会の性格が従来のそれと法律上異るものではあつても、なお、委員会にとつて「付託」が基本的な問題の一つであることは多言を要しない。

委員会付託の観念は、委員会の予備的審査と結びつく観念であつて、議院の議決を要する事件について議院の議決に先だち、その議決の資料とするために当該事件を所管する委員会の審査を経るためにその事件を当該委員会に委託する（Commit）ことを意味し、それは議院の審査権を委員会に委譲するのと異り、その審査の結果が本会議に報告されることによつて、その事件が議院即ち本会議において最終的にその院の議に付せられることを意味するものである。

かかる付託の観念を明かにするためには、委員会の審査権及び付託事件の報告の段階における本会議の議題と、委員会の報告の関係等が併せ考えられねばならない。なんとなれば、これ等議案の審議過程を通じて付託ということが矛盾なく把握され説明されねばならぬからである。

国会法第四十二条第一項が、「各議院の常任委員会は、左の通りとし、その部門に属する議案（決議案を含む）、請願、陳情書等を審査する。」と規定していることからも明かなように委員会は付託によつてその審査権を与えられるものではなく、審査権自体は法律上委員会の固有するものであつて、旧制度の委員会のように審査の付託をうけるものではない。さきに付託を定義づけるに当つて、委員会の審査を経るためにその事件を当該委員会に委託するものであるとしたのは、付託が審査権を委員会に付与するものでないことを意味しているのである。又、国会法第五十六条第二項が、「議案が発議又は提出されたときは、議長は、これを適当の委員会に付託し、その審査を経て会議に付する。」云々と規定し、第四十二条の規定のみならず、その他国会法の委員会審査に関する諸規定を見ても、国会法自体は、付託事件がただ委員会の審査を経て本会議に付されることを明かにしているに止まり、その委員会の審査がいかなる効果をもつて本会議に付されるかは規則の定めるところに譲つている。而して、両院の規則は、いずれも、後に第八章の修正及び表決の節並びに第十一章の報告について詳述するように、委員会の審査の結果を議院の会議の判断の資料とすべきものとし、本会議においては、委員会の修正は一箇の修正案として取扱われ（衆規一四三条、一四四条、参規一二八条、一二九条)、委員会における可決又は否決も、結局は本会議においては可決又は否決すべしという委員会の提案として取扱われ、本会議の議題とされるものは、委員会に付託された原案そのものであり、委員会の議決を経たものではないのである。従つて、委員会における付託事件の議決は、その原案自体を変形するものではなく、原案はあくまで委員会に付託された形のままで委員会の報告書とともに、議長の手許に還付され、その原案が本会議の議題となるのである。故に、審査権は委員会が法律上固有するものであり、付託は単に議長又は議院が事件を委員会に送り込む行為であるにしても、その委員会の審査権の具体的行使は、付託に始つて、報告書の提出を以つて終るものであるから、第八章の委員会の審査において述べる委員会の議題といい議決というのもかかる意味において理解さるべきものなのである。

もとより規則が、これとは反対に委員会の審査によつて原案そのものが変更されるものとし、委員会の議決案が本会議の議題となるものとすることは、国会法に何等矛盾しない許りでなく寧ろ新しい委員会中心主義に相応しいものであつたとも考えられ、そうすることにより委員会を法律上完全に第一次的審査機関たらしめ、本会議を覆審的機関とすることによつて、委員会制度上委員会に画期的な意義をもたしめ得たであろうとも考えられるのであるが、これ等は勿論現行法の解釈論ではなく立法論に属すべき問題であるからこれ以上はここではふれない。

ともあれ、付託は、委員会に審査権を付与するものではなく、審査の対象となる案件そのものを委員会に送る行為であつて、委員会に付託されるものは、発議又は提出された議案乃至案件そのものであり、付託によつてこれ等の議案乃至案件は議長又は議院から一度離れて委員会に移されるが委員会の審査が終れば、その報告書とともに、付託された形のまま何等の変更をうけることなく議長の手許に還付されるのである。かくして、議院の議決を要する事件に関する委員会の予備的審査は、付託に始り報告に終るということができるのである。

もとより議院の議決を要する事件は、前章で述べた如く極めて多種多様であつて、それ等のうちには請願、懲罰事犯、資格争訟等の如く委員会の審査を絶対の要件とするものがあり（国八〇条、一二一条、一一一条）、更に議案は、特に委員会審査の省略の要求がない限りすべて委員会に付託し、その審査を経て議決されることを原則としている（国五六条二項）。委員会の審査を要件としないものでも、議院の議決を要する事件は議院が必要と認めた場合はすべて委員会に付託して審査させることができる。

かくて、委員会に付託される案件は極めて多く（註一）、委員会付託の方法手続は審査事件の種類により、付託さるべき委員会の種類により必ずしも一定せず、又委員会の審査を一度終了した事件についても議院が必要と認めるときは、再びこれを委員会に付託して審査せしめ得ると同時に、一度付託して委員会が審査に着手した案件については、議院と雖も自由にこれを取戻すことは許されず、提出者も勝手にこれを撤回又は修正することができない。本章においては、付託に関するこれ等の問題についてそれぞれ節を分つて詳説しよう。

（註一）　第一回国会より第十四回国会までの衆議院における委員会付託案件の総数は次の通りである。

内閣提出議案	一七一二件
内	
憲法第八条による議決案	六件
予　算	六五件
決算その他	四七件

法律案	一四七五件（予備審査の付託を除く）
条約	三三件
予備費支出の件	二七件
その他	五九件
議員提出議案	二八五件
内	
法律案	二二一件
規則案及び規程案	六件
決議案	五八件
議員の逮捕について許諾を求める件	四件
懲罰事犯の件	一六件
参議院提出法律案	八九件
請願	二〇〇一七件
陳情	九三八六件

第二節　付託の手続

委員会付託の手続は、付託事件の種類により又委員会の種類によつて異つている。

一、議案の付託

議案の付託について最も重要な点は、議案が発議又は提出されたときは、議院の会議で審議することなくして、先ず議長がこれを委員会に付託し、その審査を経て始めて議院の会議に付せられることである（国五六条二項）。ここで議案の発議とは、各院の議員が議案を自らの属する議院に提出することをいい（国五六条一項）、議案の提出とは、内閣が各議院に議案を提出する場合及び各議院から他の議院に議案を提出する場合、即ち、議員発議の議案を議決してこれを他の院に提出する場合をいうのであるが、議案が発議又は提出されたとき及び他の議院から送付されたときは、議長はこれを印刷して各議員に配付するとともに（衆規二八条、三〇条、参規二四条、二七条）、それぞれ次の手続に従つて委員会に付託する。多くは発議又は提出及び送付をうけた当日直ちに付託する例である（註一）。

（一）　それぞれ定められた常任委員会の所管に従つて、その議案を所管すべき委員会が明らかに定つているときには、議長がその議案を所管する常任委員会に付託する（衆規三一条、参規二九条）。現在の委員会の所管は各省所管別になつているから、これによつて議長が付託している。

（二）　議案が、いずれの常任委員会の所管に属するか定めがたいときには、議長は、議院に諮つて決定した常任委員会に付託する（衆規三一条）。しかし、いずれの所管に属するか定めがたいときは、議長が、議院運営委員会に諮問しその答申に基いて、適当の常任委員会に付託するのが実際の例である（註二）。

このように、議案はその所管を定めがたいとき或は所管が二つの常任委員会に渉るときでも、議院に諮つて決定された常任委員会に付託されるから、一つの議案が二つの常任委員会に同時に付託され、或は議案を分割して付託することはないものといわねばならない（註三）。アメリカの下院においても法規上は議院は、議案を分割して委員会に付託することができると規定されているが、実際の下院の先例では、議案の内容が数箇の委員会の所管にまたがることがあつても、付託のために分割されたり、或は二箇の委員会に付託されたりすることはないものとされている（註四）。

（三）常任委員会の所管に属しない議案については、議長は、議院に諮り特別委員会を設けてこれを付託する（衆規三三条、参規二九条）。

（四）特別委員会に付託した議案に関連のある他の議案については、議長は、別に特別委員会を設けないで議院に諮つてその特別委員会に併託することができる（衆規三四条、参規三一条）。特別委員会に対する議案の併託は、規則上明らかに議院に諮つてなすものとされており、又特別委員会の性格からもそうすることが当然であるが、新しい国会になつてから議院に諮ることなく、議院運営委員会に諮つて、議長において既存の特別委員会に併託した例があるがこれは便宜に出でたものと思われる（註五）。

（五）予備審査のために、他の議院又は内閣から送付された議案についても、以上述べた議案の付託手続に準じて付託される（衆規三五条、参規二九条）。

（六）なお、所謂議案の付託とは異るが、議院の会議において修正案及び原案がともに過半数の賛成を得なかつた場合に、議院において廃棄しないものと議決したときは、特に委員会に付託してその案を起させることができる（衆規一四七条、参規一三二条）。この場合は、議案について原案も修正案もともに否決されたものであるから、特に委員会に付託されるものはその議案ではなくして、代案の起草である。しかして、この場合の代案起草の付託は、原案、修正案ともに否決された直後であることを要するものと解すべきであり、又付託される委員会はその議案が常任委員会の審査を経たものであるときは、その常任委員会であるが、それが特別委員会の審査を経たものであるときは、特別委員会はその付託議案が議院において議決されたときに消滅するものであるから、新に特別委員会を設けて、起草を付託すべきものといわねばならないのであつて、新国会になつてからは、この点の先例はないけれども、旧憲法下の帝国議会における衆議院の先例も、この場合には新に委員会を設けて付託している（昭和十七年十二月改訂衆議院先例彙纂、上巻四四九頁）。その議案が委員会の審査を省略したものであるときは、この代案起草の付託は、前述の議案付託の手続に準じてなされることになろう。

二、請願の付託

各議院において請願を受領したときは、議長が請願文書表を作成し、これを印刷して各議員に配付すると同時に、これを委員会に付託する（衆規一七四条、一七六条、参規一六五条、一六六条）のであるが、付託の手続は、議案の場合と同様、所管の明らかなものは、それぞれの常任委員会に、いずれの所管に属するか定めがたいものについては、議長が議院に諮つて定めた常任委員会に、常任委員会の所管に属しないものは特別委員会に付託されるべきものと考えられるが、今日まで請願について特別委員会を設けて付託し、議院に諮つて付託すべき常任委員会を決定した例はない。なお、裁判官の罷免を求める請願は、議長がこれを委員会に付託しないで、訴追委員会に送付することになつている（衆規一七七条、参規一六七条）。

又、陳情書その他のもので、その内容が請願に適合するものは、議長は、請願付託の手続に準じてこれを適当の委員会に送付する。特に付託と区別して送付というのは、陳情書は議院の議決を要するものでなく、従つて審査の結果について議院に報告するものではないからである（衆規一八〇条、参規一七三条）。

三、懲罰事犯の付託

懲罰事犯の付託には、議長が職権を以つて付託する場合と、議員の懲罰動議を可決して付託する場合がある。

（一）議長職権による付託

各議院において懲罰事犯があるときは、即ち、会議及び委員会の外、議院内部において懲罰事犯ありと認めたときは、議長は、これを懲罰委員会に付託する（国一二一条一項、衆規二三四条、参規二三四条）。議長が、職権を以つて懲罰事犯を懲罰委員会に付するときは、議場において宣告して行うのを例とする。従つて、この宣告があつた後は、懲罰事犯があると告げられた議員でも一身上の弁明（衆規一三二条）をすることはできない。何となれば議長の宣告と同時にその効力が発生するからである。

（二）院議による付託

議長が懲罰事犯と認めない事件についても、議員から懲罰の動議を提出することができるが（国一二一条三項、衆規二三五条、参規二三七条）、懲罰動議については、議長は、討論を用いないで議院の決を採り、これを懲罰委員会に付託する（衆規二三七条、参規二三八条二項）。

四、資格争訟の訴状の付託

各議院において、その議員の資格につき争訟があるときは、委員会の審査を経た後これを議決することになつているが（国一一一条）、議員から他の議員の資格について争訟提起の訴状が提出されたときは、議長は、この訴状を、衆議院においては懲罰委員会に、参議院においては特別委員会を設けて付託する（衆規九二条、一八九条、一九〇条、参規一九三条、一九四条）。

五、その他の事件の付託

以上述べたように、特に付託手続についての定めのない事件を委員会に付託する場合にも、議案の付託手続に準じて適当の委員会に付託する。参議院規則は、この点につき、議案以外のものを付託する場合においても、議院規則に特別の規定のあるものの外、議案の付託と同様とするものと規定している(参規二一九条)。かかる明文の規定のない衆議院にあつては、これを委員会に付託する場合においては、理論的には議院が付託するか否かを決定すべきものというべきであるが、実際には参議院と同様、議案に準じて付託している(註六)。

六、動議の付託

本会議において議員から提出された動議のうち、本会議自体の進行又は手続に関するものは、その会議を離れては意味をなさないものであるから委員会に付託されることはあり得ないが、動議について後述するように例えば決議の動議の如く所謂独立的動議は、これを委員会に付託することは差支えない。而して、動議を付託する場合においては議院の議決によつて付託されるべきものであるが、いずれの委員会に付託するかは、その動議の内容によつて議院が決定すべきことはいうまでもない。

なお、議長又は議院が事件を委員会に付託するに当つて、予め委員会の審査に期限を付したり、或は予め委員会の審査について指示したりすることはできない。常任委員会の審査権は、国会法第四十二条によつて有するので、付託の都度議院から指示(instruction)によつて付与されるのではない。単に、後述するように、特別の場合に議院が中間報告を求めた事件について審査期限を付し得るだけであつて、この場合と雖も、審査の方法につき、又委員会の意思決定につき何等の指示権をもたない。このことは、委員会の審査独立の原則と称せられる(註七)。

（註一）第一回国会から第十四回国会までに発議又は提出された議案で、提出当日に付託されたものは一八〇二件、委員会の所管を定めがたいため或はその他の事由によつて、提出日以後に付託されたものは三〇七件である。

（註二）いずれの所管に属するか定めがたい議案について、議院運営委員会に諮つてその答申に基いて議長が付託した例は、第一回国会から第十四回国会まで六七件である。

（註三）第二回国会の終りに、衆議院において内閣提出の放送法案を閉会中審査のために、文化委員会と通信委員会に同時に付託した例が一度あるが、同案は第二回国会開会中は、文化委員会にのみ付託されていたもので、これは間違いである。

（註四）House Manual, p. 192, p. 321, p. 431

（註五）一、議院に諮つて併託した例

第一回国会において日本国憲法第八条の規定による議決案を皇室経済法案特別委員会に併託した。

二、議院に諮らず議院運営委員会に諮問しその答申によつて議長において併託した例

第六国会において、引揚促進並びに日本政府の責任ある未引揚者数発表を促す決議案を海外同胞引揚に関する特別委員会に、又別府国際文化都市建設法案を観光事業振興方策樹立特別委員会にそれぞれ併託した。

（註六）例えば、議員の逮捕について内閣からその許諾を求められた事件について、第二回国会、議員原侑君のときは、議長は議院に諮つて議院運営委員会に付託したが、その後は議長が単独に付託している例である。又、第四回国会において人事官の任命につき両議院の同意を求める事件についても議長はこれを人事委員会に付託した。

（註七）拙　稿・「わが国の委員会制度と特別委員会の性格」法律時報二二巻九号四頁

田口弼一・前　掲　二三八頁

第三節　再付託

再付託とは一度委員会に付託した事件について議院がその委員会の報告をうけた後、議院の会議において議決する前に、更にその事件を同一の委員会又は他の委員会に付託して、再び審査させることをいう(衆規一一九条)。再付託は、一度委員会に付託した事件についてその報告をうけた後、議院において、委員会の審査を不充分又は不適当としてこれを再び委員会に付託して、更に審議を尽させる機会を与えることを目的とするものであるが、多くは委員会が最初に報告した結果と異つた結論を議院が求める場合、例えば、委員会の否決の報告に対し議院がこれを修正して可決しようと欲し、或は委員会の可決の報告に対し原案のままでは議院の会議で否決のおそれのあるとき若干の修正によつて多数の賛成を得られるというような場合において、議院の会議においても、もとより委員会の決定を覆して議決することが可能であるけれども、かかる場合に更に委員会に付託して、改めてその報告を求めるためにとられる方法である(註一)。

再付託には次の三つの場合がある(衆規一一九条)。

(イ)　常任委員会の報告を受けた後、更にその事件を同一の常任委員会に付託する場合。

常任委員会には各々その所管が定められているから、一度常任委員会に付託された事件は、これを他の常任委員会又は特別委員会に再付託することはできない。

(ロ)　特別委員会の報告があつた後、更にその事件を同一の特別委員会に付託する場合。

（八） 特別委員会の報告のあつた後、更にその事件を他の特別委員会に付託する場合。

衆議院規則百十九条は単に「他の委員会」と規定しているが、これは他の特別委員会という意味であつて、常任委員会と特別委員会の所管の関係から、特別委員会に付託した事件を常任委員会に再付託することは、付託手続の原則に鑑みてあり得ない。なお、他の特別委員会というのは、新に特別委員会を設けて再付託する場合と、既存の他の特別委員会に再付託する場合の双方を含むものである。

再付託のこの三つの場合を、同一の委員会に付託する場合と、他の委員会に付託する場合に区別して、前者を再審査とし、後者を再付託とする説があるけれども（註二）、必ずしもかかる区別を設ける必要はないものと考えられる。アメリカの下院においては、再付託（recommitment）は、通常、同一の委員会に付託されることになつており、イギリスの下院では、私法案の再付託は、それぞれの分類に応じて前の委員会に付託されるのを普通とするが、時には全院委員会或は特に設けられた委員会に付託されることもあり、いずれの場合でもこれを再付託（recommittal）としていて、特別に区別をしていない（註三）。

再付託の時期は、規則において「委員会の報告をうけた後」と定められていて（衆規一一九条）、委員長の報告があつた後とは定められていないから、委員会の報告書が提出せられた後であれば、付託事件が議題となる前であつても、後であつても、再付託の動議が提出できるものといわねばならない。旧帝国議会の下における先例に徴しても、委員長の報告に先だつて再付託したことも、委員長報告があつた後に再付託したこともある（昭和十七年十二月改訂衆議院先例彙纂三八八頁、四七一頁）。ただその事件が議院の会議において討論に付されれば討論終局後は、事件を表決に付さねばならないから（衆規一一八条）、再付託は、討論終局前になさるべきものといわねばならない。

再付託は、委員会の報告のあつた事件全体を更に付託するものであつて、再付託されると、その事件が全体として再び委員会の審査に付され、委員会としては、宛も前に何等の決定もなされなかつたものと同様に、新たな決定をしなければならない（註四）。例えば、前にその事件について公聴会を開いたとしても、再付託があれば再び公聴会を開くこともできるし、又、前の決定に何等とらわれることなく、前と同一の決定をすることも或は前と異つた決定をすることも自由である。又、再付託に当つて議院は、何等かの改訂を加えるように希望を付することは差支えないと思われるが、議院は委員会の決定を予め拘束する権限はないから、明文の規定のない以上委員会はこれに束縛されないと解すべきであろう（註五）。

再付託の回数についても何等制限規定は存在しないから、議院が必要と認める場合には、一回に限ることなく再付託することもできるものといわねばならない（註六）。

最後に、再付託と関連してこれと混同され易いものに委員会における再審査乃至再議がある。委員会の再審査又は再議というのは、委員会が一度議決した事件について、それが本会議の議題となる前に、委員会自ら再び審査をする必要を認め、再議の動議を可決して、審査の仕直しをすることをいうのである。委員会の再議は、委員会が報告書を提出する前になす場合もあるし、報告書提出後に報告書を撤回してなす場合もあるが、その事件が本会議の議題となる前でなければならないことは当然である。委員会の再議は、前の議決を取消して、審査を更新するものであつて、委員会の実際において屢々行われる。原案可決後、修正の必要を発見したような場合に再議に付し、改めて修正議決したり、或は原案を否決した後再議に付してこれを可決する等の例が屢々ある（註七）。

再議に付することを決定したときは、その審査をどこまで更新するかは委員会の意思によつて決定されるのであつて、改めて質疑討論を行うことも、議決だけをやり直すことも差支えない。実際には議決だけをやり直すことが多い。委員会の再審査乃至再議は、同一事件について再び審査するという点で再付託と相似するが、再付託は、委員会の報告のあつた事件が、議院の議決を以つて再び委員会に付託されるものであるのに対し、委員会の再審査乃至再議は、委員会で議決した事件が、未だ本会議の議題となる前に、委員会自らの意思によつて、その審査を更新するものである点において再付託と相異る。

（註一） Willoughby, op. cit., p. 518

（註二） 田口弼一・前掲　二〇四頁

（註三） House Manual, p. 191
May, parliamentary Practice, 1950, p. 965
Campion, An Introduction to the procedure of the House of Commons, 1947, p 302

（註四） House Manual, p. 192

（註五） 一、アメリカの下院においては、単純に再付託する場合と、或は一定の改訂を加えるよう指示して、これを再付託するという形を採る場合とがあるが、指示があつたときは、委員会はこの指示に拘束されるものとされている（Willoughby, op. cit., p. 158; House Manual, p. 192）。
二、イギリスの下院においては、私法案の再付託には、往々委員会に対する指示（instruction）が伴う場合がある。公法案の再付託は、私法案の場合とは趣を異にし、国の歳入たると地方税たるとを問わず、税を増課する修正の動議は、委員会の報告後本会議（Report stage）では許されないので、かかる増額の修正のために議案を再付託する方法が必要とされているのである(Campion, cop. it., p 223, p. 302.; May, op. cit., p551, pp. 777—778)。

（註六）一、アメリカの上院において一八〇〇年一月海難救助法案（the salvage bill）が三度再付託されたことがある（House Manual, p. 192)。

二、イギリスの下院においても、議案は議院が必要と認める限り何回でも再付託することができるものとされ、一再ならず四回五回と再付託された例がある(May, op. cit., p. 552)。

（註七）第一回国会以来第十四回国会まで衆議院において、再付託された例は、第十三回国会、昭和二十七年六月十日、畜犬競技法案が農林委員長の報告の後再付託されたのが唯一の例であるが、委員会において再審査に付した例は次の通りである。

国会	委員会名	件名	議決年月日	結果	再議決年月日	結果
第一回	治安及び地方制度	道路交通取締法案	昭二二、一〇、二	可決	昭二二、一〇、四	修正
〃	労働	職業安定法案	昭二二、九、一九	修正	昭二二、一〇、三〇	修正
〃	財政及び金融	企業再建整備法の一部を改正する法律案	昭二二、一一、二六	可決	昭二二、一一、二九	修正
〃	〃	臨時金利調整法案	昭二二、一二、七	可決	昭二二、一二、九	修正
第二回	治安及び地方制度	地方自治法の一部を改正する法律案	昭二三、六、一一	修正	昭二三、六、一六	修正
〃	文教	教育委員会法案	昭二三、七、四	修正	昭二三、七、五	修正

第三回	内閣	国家行政組織法の一部を改正する法律案	昭二三、一一、一七	可決	昭二三、一一、三〇	可決
〃	大蔵	日本専売公社法案	昭二三、一一、三〇	否決	昭二三、一一、三〇	修正
第六回	厚生	身体障害者福祉法案	昭二四、一一、二八	可決	昭二四、一一、二九	可決
第八回	水産	漁業法の一部を改正する法律案	昭二五、七、二四	可決	昭二五、七、二五	修正
第十回	大蔵	国家公務員等の退職手当の臨時措置に関する法律の一部を改正する法律案	昭二六、三、一二	修正	昭二六、三、二九	修正
第十三回	通商産業	臨時石炭鉱害復旧法案	昭二七、六、一九	修正	昭二七、六、二三	修正
〃	懲罰	議員川崎秀二君懲罰事犯の件	昭二七、五、一六	五日間登院停止	（報告書撤回年月日）昭二七、五、二三	未了

第四節　委員会の審査省略

議案が発議又は提出されたときは、議長が先ずこれを適当の委員会に付託し、その審査を経て会議に付されるのであつて、委員会の審査の前に本会議に付議されることがないことは前に述べたところであるが、議案にして特に緊急を要するものは、議院の議決を以つて、委員会の審査を省略することができることになつている（国五六条二項但書。しかし議案については、すべて先ずこれを委員会に付託して、その審査を経た上で本会議に付することが、新しい国会における議案審議の原則であるから、この例外をなすところの委員会の審査省略には必ず議院の議決を必要とし、しかも、発議者又は提出者から審査省略の申出があつた場合でないと、議院が勝手に審査省略をすることはできない。

委員会の審査省略の手続は、先ず議案の発議者又は提出者が、議案の発議又は提出と同時に書面で、委員会の審査を省略されたい旨を議長に申出でなければならない(衆規一一一条一項、参規二六条前後)。この申出は、特に書面でなすべきことが要求せられている。又、議案の発議、提出があると、議長は直ちに適当の委員会にこれを付託するから、この申出は、議案の発議又は提出と同時になすことを要する。議院提出案であるときは、各議院は、その議員の発議案を議決するとともに、他院に対して委員会の審査省略を要求することを議決して、議案の送付と同時に委員会の審査省略を要求する。審査省略を要求できるのは、議案の発議者又は提出者であるが、内閣が国会に議案を提出する場合には、いずれか一院に提出すれば足りるが、この場合先議の議院に対して審査省略を要求することができるのは、当然のこととして、その議案が先議の議院において議決せられた後、他の議院に送付された場合にもなお、内閣から後議の議院に対して議案の委員会審査省略要求をなし得るかどうかについては問題がある。参議院規則第二十六条の規定によれば「発議者、衆議院又は内閣からその発議、提出又は送付と同時に書面でその旨を議長に申出でなければならない」とあつて、この場合にもなお、内閣からその提出議案につき、後議の院に対して審査省略の要求をなし得ることを予想しているように思われ、又実際においても内閣がその提出議案につき後議の議院に対して、審査省略を要求した例があるけれども(註一)、しかし、この点については次節でも述べるように、後議の議院において審議の対象となるものは、内閣が提出した原案ではなくして、先議の議院の議決案であつて、内閣は既に先議の議院の議決を経た議案については後議の院において審査省略を要求することができないと見ることが、理論的に正しいといわねばならないから、今後は、かかる先例は改められるべきであろう。

委員会の審査省略の申出のあつた場合には、議長は委員会に付託することができないのであつて、議長は、これを委員会審査省略要求事件として、議事日程に掲載し、議院の会議において、委員会の審査を省略するかどうかを決定しなければならない(衆規一一一条二項、参規二六条後段)。そして議院の会議において、委員会の審査を省略すると決定した議案については、委員会に付託することなく、本会議においてこれを議題として、その審議を進める(衆規一一七条、参規一〇七条)。委員会の審査を省略しないと決した議案については、議長は議案付託の一般手続に従つて、これをそれぞれ適当の委員会に付託する(衆規一一一条)。

委員会の審査省略の手続は以上のようであるが、議案については、先ず委員会に付託し、委員会において審査の上、本会議に付されるのが原則であるから、実際上、重要な議案について緊急であるとの理由で委員会の審査を省略することは殆んどなく、省略されたものの大部分は決議案であつて、法律案等で審査を省略されたものは、極めて簡単な内容のものに限られている例である(註二)。

なお、常任委員会たると特別委員会たるとを問わず、委員会は、その所管に属する事項に関して、法律案を提出することができるが(衆規四二条)、この場合委員会から提出される法律案を付託するとすれば、その所管に従つて必ずそれを提出した当該委員会に付託される結果となるので、緊急を要すると否とに拘らず、又特に重要な法律案であると簡単な法律案であるとを問わず、委員会提出法律案については、特に提出者たる委員長から審査省略の要求をしなくとも、衆議院規則第百十一条による委員会の審査省略の要求があつたものとして取扱い、議院において委員会の審査を省略することに決定して、これを委員会に付託しないことになつている（註三）。

而して、委員会の審査を要件としている事件であつて、議院の議決で委員会の審査を省略することのできるものは、所謂議案に限られるものというべきであつて、懲罰事犯、議員の資格争訟、請願等については、委員会の審査を省略することはできないと解さねばならない。蓋し、国会法第五十六条第二項但書は、単に議案についてのみ委員会の審査を省略することができることを規定しているに止るとともに、他面国会法は、懲罰事犯については、必ずこれを懲罰委員会に付して審査させ、然る後に議院の議を経てこれを宣告するものとしており（国一二一条）、又議員の資格争訟についても、委員会の審査を経た後にこれを議決するものとしており（国一一一条）、更に請願についても、各議院は委員会の審査を経た後に、これを議決するものとして議案の場合の如く但書がないからである（国八〇条）。従つて、懲罰事犯、議員の資格争訟及び請願は、委員会の審査を絶対の要件としているものというべきであつて（註四）、これ等については委員会の審査を省略する途はないといわねばならない。

なお、委員会の審査省略に関連して、ここで本会議における議案の趣旨説明について述べて置きたい。即ち、各議院において発議又は提出された議案について、議院運営委員会が特にその必要を認めた場合には、議院の会議において、その議案の趣旨の説明を聴取することができることになつている（国五六条の二）。これは、委員会の審査省略とは全然性質を異にし、委員会に付託された議案について、委員会の審査とは別に、単にその趣旨説明を本会議で聴取するだけに過ぎないものであるから、委員会は、本会議における議案の趣旨説明とは係わりなく、付託議案の審査を行うことができる。これは、すべて議案が先ず委員会に付託され、その審査終了の報告のあるまで本会議に付されないために、全議員が、議案の趣旨をよく知り得ない場合があるので、全議員に議案の趣旨を徹底させる方途として、第二回国会の終りに、国会法を改正して、この条項を加えたものである。而して、本会議における議案の趣旨説明は単に趣旨説明に止り、当該議案を本会議において議題として審議するものでなく、議案は付託された委員会に係属して審議されているのであつて、趣旨説明に対して質疑応答が行われたとしても、それは議案の趣旨を徹底させるために行われるに過ぎないもので、それ以上議案そのものについて所謂審議することは勿論あり得ないのである（註五）。

（註一） 第四回国会において、内閣が未復員者給与法の一部を改正する法律案を先ず参議院に提出すると同時に、委員会の審査省略を要求し、同案が、参議院から衆議院に送付されると同時に、衆議院に対して委員会の審査省略を要求し、衆議院においては、委員会の審査を省略した。

（註二） 第一回国会から第十四回国会まで、衆議院において委員会の審査を省略した例は次の如くである。

内閣提出法律案	二件
参議院提出法律案	五件
議員発議法律案	一四件
規則案及び規程案	二件
決議案	二〇五件

（註三） 第一回国会から第十四回国会まで、衆議院において委員会提出法律案で、審査省略要求があつたものとして、取扱われた例は次の如くである。

法律案	八〇件
規則及び規程案	一三件

（註四、五）拙　稿・前　掲　五頁、四頁

第五節　付託議案の修正及び撤回

委員会に付託された議案を、その提出者が修正し又は撤回しようとする場合には、その議案が、内閣の提出したものであるか、議員の発議したものであるかにより、又その議案が、既に委員会の議題となつたものであるか否かによつて、その取扱いを異にする。

一、議員発議案及び動議の撤回

議員が、その発議した議案及び動議を撤回しようとする場合には、発議者の全部からこれを申し出でなければならないが、その議案及び動議が委員会に付託されていても、未だ委員会の議題となる前であれば、発議者の請求だけで撤回することができる。しかし、一度委員会の議題となつた後にこれを撤回するには、その委員会の許可を必要とする。更にそれが本会議の議題となつた後には、議院の許可がなければ撤回はできない（衆規三六条、参規一一八条）。

議員発議案については撤回が認められるだけで、内閣提出案の場合と異り、発議者の修正を認めていないのは、内閣と異り、議員はすべて議案について、委員会においては単独で、本会議においては議員二十人以上の賛成を得て、修正の動議を提出することができるからである（衆規一四三条、参規一二五条）。

二、内閣提出議案の修正及び撤回

内閣が既に委員会に付託された議案を修正し又は撤回するには、それが未だ委員会の議題となる前であれば、その申出によつてこれを修正し撤回し得るが、一度委員会の議題となつた場合には、議員発議案の場合のように単に委員会の承諾でなく、議院の承諾を得なければ、これを修正し撤回することはできない。本会議の議題となつた場合も同様である(国五九条)。修正又は撤回の申出をしても議院がこれを承諾しないときは、修正も撤回もできない。

内閣提出議案の修正及び撤回に関しては、議員発議案の場合と異り、国会法第五十九条の解釈上重要な問題がある。即ち、内閣がその提出議案を修正又は撤回できるのは、先議の議院の議決前に限られるか、或は又後議の議院においても修正又は撤回をなし得るかの問題である。問題は国会法第五十九条が「内閣が、各議院の会議又は委員会において議題となつた議案を修正し又は撤回するには、その院の承諾を要する」と規定しているために、「その院」ということには後議の院も含まれるかどうかということにある。

然し乍ら、第一に、若し後議の議院において、その院の承諾を以つて内閣がその提出議案を修正できるとすれば、議院自らが修正した時の如く、先議の議院に回付して(国八三条三項)、議決の一致を図る途は現行法上存在しないから、両院の議決の内容が異つたまま国会の議決となる結果を招来し、憲法第五十九条、第六十条及び第六十一条の規定の趣旨に明かに違反する結果となり、又同じく後議の議院においてその院の承諾を以つて撤回できるものとすれば先議の院の議決を無視することになるとともに、憲法第五十九条第二項が衆議院に与えた再議決の権能を侵す結果となる。

第二に、内閣提出議案が、先議の議院において議決され、後議の議院に送付された場合において、後議の院において審議の対象となるものは、先議の議院の送付案であつて、内閣が先議の議院に提出した原案ではないことに注意せねばならぬ。このことは、内閣提出案が先議の議院で根本的に修正されて後議の議院に送付された場合に、後議の議院で審議の対象となるものが、内閣提出の原案とは全く内容を異にする先議の議院の修正議決案であること、更には、先議の議院において、内閣提出案とその院の議員発議案とを併合して一案となし、これを後議の院に送付した場合に、後議の議院における審議の対象が何であるかを見れば明かである。従つて、内閣提出のものであつても、議員発議のものであつても、一院において一度議決された議案は、その提出者の手を離れて議決した議院のものと見なければならない。

かくして、内閣提出議案について、後議の議院においてこれを修正し又は撤回することは許されないというべく、両院における今日までの取扱いも又これに従つている。旧議院法が、内閣提出議案について「政府ハ何時タリト既ニ提出シタル議案ヲ修正シ又ハ撤回スルコトヲ得」と規定して（旧議三〇条）、内閣提出議案の修正には議院の承諾を必要とせず、又先議の議院たると後議の議院たるとを問わず、何時でも修正し又は撤回できるものとしていたのは、明治憲法においては、天皇が統治権の総攬者であり、立法権も又天皇の統べるところであつて、帝国議会は単に天皇の立法に対する協賛機関に過ぎなかつた（旧憲四条、五条）ことによるものであつて、新憲法においては、国会が国権の最高機関にして唯一の立法機関であり、法律は国会の議決のみによつて制定せられ、内閣は単に議案の提出権のみを認められているに過ぎないのであつて、国会法が、内閣提出議案の修正及び撤回を先議の院の議決前に限り、その院の承諾を得て許すものとしたのは、国会優越の原則に基く当然の理であるといわねばならない。

三、議院提出議案の修正及び撤回

なお、最後に議院提出議案即ち各院の議員の発議案が、その院で議決されて他院に提出された場合において、提出した議院が他院の承諾を得てこれを修正し撤回することができるか否かについては、何等規定するところはないが、議院提出議案ということは、その議案について一院の意思が既に決定されていることを意味するから、これが修正又は撤回を求めることは所謂、一事不再議の原則に反することになる場合が多いのであろうから、国会法は、かかる場合を認めなかつたものであろう。

第六節　付託事件の消滅

委員会に付託された議案が、前節で述べたところによつて、撤回された場合には、その議案は消滅する訳であるが、撤回以外に委員会に付託された事件が消滅する場合について見ると、付託事件の消滅には付託事件の絶対的消滅、即ち付託事件そのものが消滅する場合と、事件そのものは絶対的には消滅するものではないけれども、特定の場合に、本会議で直接委員会に付託した事件を取上げて審議することにより付託事件が委員会の審査の対象でなくなる場合、換言すれば委員会付託事件の相対的消滅の二つの場合がある。

一、付託事件自体の消滅

付託事件そのものが消滅する場合とは、付託事件の目的とした対象がなくなつた場合、又は付託された事件の内容が既に実現したような場合の如きであつて、例えば、懲罰事犯として懲罰委員会に付せられた議員、或は資格争訟を提起された議員が死亡辞職又は退職等により議員たる身分を失つた場合には、その事件は対象を失うから、委員会に付託された懲罰事犯或は資格争訟事件そのものが消滅する。或は、一議員の行動調査が委員会に付託されたような場合において、その議員が議員の身分を失つた場合の如きも同様である。

又、付託案件の内容が実現したためにその案件が消滅した実例としては、嘗つて第七回国会において、公共企業体仲裁委員会が、日本専売公社職員の給与問題について下した裁定が、当時の公社の経理状況等において、公共企業体労働関係法第十六条第一項に所謂予算上又は資金上不可能な資金の支出を内容とするものとの理由で、内閣から、同法第十六条第二項によつて国会の議決を求められ、労働委員会に付託されて審査中、内閣からその後、公社の人件費に剰余を生じ、公社総裁限りで裁定による金額の全部の支出が可能になつた旨の通知があつたのに対し、労働委員会としては、案件の内容が実現された以上、本件は、自然消滅したものとして審議を要しないものと認めることに決し、本会議においても、委員会の報告の通り消滅したものとして、審議を要しないものと決定したが（註一）、第十二回国会において、同じく専売裁定に関して、内閣から提出された「公共企業体労働関係法第十六条第二項の規定に基き国会の議決を求めるの件」は、後に内閣総理大臣から議長宛、予算上資金上支出可能となり裁定全部を実施し得る見込が明らかになつた旨通知があり、これに基いて何等の議決もなしに自然消滅として取扱われた（註二）。案件の目的乃至内容の消滅した場合には、当然審議の対象たり得ないものであるから、本来何等の議決を要するものではないがかかる場合に審議を要しないものと決定することもある。

なお、議案の発議又は提出後、発議者の死亡や内閣の交迭があつても、その議案は当然に消滅することはなく、一度発議又は提出された議案はそのまま議院に係属することはいうまでもない。ただ内閣の交迭のあつたときは、新内閣から撤回の申出があれば、議院においてその諾否が決せられるだけである。

二、本会議の審議による付託事件の消滅

委員会に付託された事件は、その委員会の審査終了の報告を俟つて、本会議で審議されるのが原則であるが、各議院において特に必要と認める場合には、議院の議決を以つて委員会の審査中の事件について、中間報告を求めることができる。而して、中間報告があつた事件について、議院が特に緊急を要すると認めた場合には、議院の会議で直ちに審議することができ、或は又委員会の審査に期限を附けて、その期間内に審査を終らなかつたときは、議院の会議で審議することができる（国五六条の三）。議院の会議で直接審議する場合には、先の付託が取消されるものではないが付託事件は、そのときにおいて委員会の手を離れて、議院に還付され、付託事件は委員会の審査の対象でなくなる訳である。国会法は当初制定当時はかかる規定がなく、委員会の審査中の事件は、議院と雖も勝手にこれを取上げる途がなかつたのであるが、第二回国会における国会法改正によつて新にこの規定を設けたものであるが、この制度は、本会議が必要と認めるときは簡単に委員会の審査中の事件を委員会から取上げることができることになり、議案が先ず委員会に付託され、その審査を経て本会議に付されるとともに、委員会に対し議院の会議に付することを要しないと決定する権限を与えた国会法における委員会中心の原則に対する重大な例外をなすに至つた（註三）。同じく委員会中心主義を採るアメリカの議会においても、委員会の審査中の事件を委員会の審査から免除（discharge）するには、極めて複雑且つ困難な手続を必要とし、委員会中心の原則を容易に破り得ないものとしている。即ち、委員会審査中の議案を本会議で取上げて審議するためには、まず付託してから三十日経過した後でなければ、委員会から取上げる動議を出すことができず、而して、総議員の過半数がこの動議に署名したときに始めて議事録に登載され、委員会免除動議表（The Calender of motions to Discharge Committees）に掲載される。しかも、この動議を取扱うのは、会期の最後の六十日間を除き、毎月第二及び第四月曜日に限られる。そしてこの動議が可決されても、その議案を直ちに本会議で審議するか否かは、更に又議決を要するのであつて、議院が必要のときは、規則上は委員会の審査を免除することができるが、このためには全く複雑且つ困難な、そして妨害的な手続が規定せられており、又この規定が生れるまでの幾多の変遷とその間において繰返された論議を見るならば、委員会審査中の事件を委員会の意思に反してこれを取上げ、本会議の審議に付することを容易ならしめることを、極力避けようとしていることが明らかであつて（註四）、わが国の場合とは著しく趣を異にしていることは注意すべき点であろう。

なお、委員会の審査省略の節においても述べたように、懲罰事犯、議員の資格争訟及び請願は、いずれも委員会の審査を絶対的な要件としているものと解すべきであるから、これ等については、国会法第五十六条の三に所謂審査中の事件には含まれないものとして、中間報告を求めた後これを直接本会議で審議することはできないものというべきである（註五）。

（註一）昭和二五・三・二八官報号外第七回国会衆議院会議録三一号六四九頁
（註二）昭和二六・一一・三〇官報号外第十二回国会衆議院会議録一三号附録一頁
（註三）拙　稿・前　掲　五頁
（註四）House Manual, pp. 467—471
Willoughby, op. cit., pp. 380—403
（註五）拙　稿・前　掲　五頁

第六章　委員会の会議原則

第一節　概　説

委員会のみならず、議院の会議は勿論、すべて会議には、会議体の性質から生れる一定の原則がある。そして委員会も亦この会議の原則に支配されることはいうまでもない。凡そ会議なるものが、その歴史的な事実に徴して、その悉くがすべて民主主義の所産であり、又民主主義と結びついたものであるということはできないとしても、少くとも近代議会制度が民主主義の所産であり、議会主義が民主主義の政治形態であることは多言を要しないところである。従つて、会議の原則といわれるものは、一面において民主主義の原理に基く。即ち、その根本精神である人格の尊重、個人の尊厳ということは、人をそれ自体目的と認め、絶対価値と認めることであり、そこから人格の平等が生れ、人格の平等な者の間に意見の岐れるときに、これを決する方法として数の多少による外はない。そして事の是非を数の多少で決するためには、自由な言論と説得によつて、多数の賛成を得なければならない。会議の原則といわれる構成員平等の原則、多数決の原則、発言乃至討論自由の原則等はかかる民主主義の原理と直結する。そしてこれ等の会議原則は、民主主義の下においては、一種の規範的な性質をもつ会議の法則である。かかる原則は民主主義の社会においては、侵すことのできない生活の規範であり、これを無視しては、いかなる会議も民主主義に基く近代議会のものではないからである。而して、又会議には一面において、いかにして会議の運営を円滑且つ能率的にし、又いかにして最もよく会議の目的を達成すべきかという、会議体自体の運営の面から生れる原則が考えられる。それにはもとより民主主義の原理と直結する会議の法則と直接密接な関係を有し、寧ろそれから流れ出るということが妥当なものもあるけれども、又一方多分に複雑な会議運営上の技術的な面からも生れてくるものである。従つて、そうした原則には規範的な性質が乏しく、技術的な性格が重いが故に、会議には必ず伴う法則であり乍ら、同じ民主主義議会制度の下においても、それぞれの国における議会発達の歴史や伝統や特色に応じて、その在り方に若干の相異を生ずる。例えば、委員会の会議を公開にするか非公開にするか、或は、会議の定足数をいかに定めるか、又或は可否同数となつた場合に、いかなる方法で会議の意思を決定するか、更に又一度決定された事柄と同じ事件の取扱いをどうするか等に関する法則が、それであるということができよう。

かかる二つの面から生れる会議の原則といわれるものは、数多く存在するものであるが（註一）、それぞれの章において説明する事項と関連のあるものは省略し、ここでは委員会の会議原則として最も基本的と考えられる若干の問題について考察して見たい。

（註一）　田口　弼一・前　掲　二三七頁

第二節　委員会の不完全公開主義

一、会議公開の意義

議院の会議を公開することは、一七九一年のフランス憲法において、議事の公開と議事録の印刷発行の二原則が規定されて以来、何れの国の憲法も概ねこの原則を宣言しているし、イギリスにおいては法律上は公開の原則を認めていないが、実際は議院の許容の下に議院の会議は勿論完全に公開であり、わが旧憲法においてもこの原則が規定され(旧憲四八条)、新憲法も会議の公開と、記録の公表の原則を規定して(憲五七条)、議院の会議即ち本会議の公開の原則は代議制度の必然の原則として認められている(註一)。かくして、普通会議の公開ということは、議事の公開即ち傍聴の許可と、記録の一般的公表の二つのことを意味し、その何れを欠いても完全なる公開とはいい難い。

二、委員会の公開非公開の是非

而して委員会の公開非公開については、種々議論のあるところであつて、本会議の公開の原則のように確立されているとはいい難く、旧憲法は会議の公開を規定したが、議院法は委員会の非公開を規定していたし(旧議二三条)、又会議の公開を規定する諸外国においても、委員会も当然に公開とはされていないで、委員会は寧ろ非公開とする例が多いようである(註二)。

委員会の性質上、その会議を公開とするか非公開とするかについては、種々の利害得失が論ぜられるのであるが、今その可否についての議論を要約すれば、委員会の非公開を可とする立場は、(イ)委員会は本会議の予備会議であり、内会議に過ぎないから、一般に公開する必要がない。(ロ)委員会の審査の経過及び結果の報告は、議院に提出されるから、非公開としても弊害がない。(ハ)非公開の会議の方が討論の形式化に陥るを防ぎ、又一般国民に対する宣伝的、煽動的言論を少くし、委員会の審議を技術的にし、討論の自由化と審議の能率化を促進する等の点にあると考えられる。

これに対し委員会の公開を可とする立場は(イ)委員会制度が発達し、委員会がそれぞれの部門毎に専門化すれば、委員会の決定は事実上本会議の決定となり、従つて委員会の議事こそ国民に公開すべきである。(ロ)委員会の非公開は、往々に政治の腐敗を伴い易い等の点を主張するであろう(註三)。

委員会の公開非公開の是非は、軽々に断じ難い問題であろうが、委員会が本会議の予備会議である故を以つて公開を要しないとする考え方は、(イ)委員会制度の発達によつて委員会が議会運営の中心となり、本会議の審議が形式化しつつあること(ロ)更に委員会に対し法案握りつぶしの権限が与えられつつあることから、殆んどその理由を失つているといわねばならないであろう。

従つて、委員会公開非公開の是非の問題の重要な点は、議会が国民の代表者たる性質に基いて、国民は当然その言論を監視し得なければならないという民主主義の要請と、公開の惹起し易い討論の形式化及び宣伝的、煽動的言論による実質的審議の低下を防ぐという会議運営の技術上の要請との矛盾を如何に調整し、その何れに重点を置くかという点に求めらるべきであろう。

三、委員会の半公開性

新憲法は、議院の会議については従来と同じく完全公開を原則とし、議事を公開するとともにその記録を一般に公表配布するものとしたが(憲五七条)、国会法は、委員会については議員の外委員長の許可を得たものが、これを傍聴することができると規定するとともに(国五二条一項)、委員会の会議録については、これを印刷して各議員に配付するものとした(衆規六三条、参規五八条)。一般に会議の公開といわれるときは、議事の公開即ち傍聴の許可と記録の公表を意味することからすれば、会議録を一般に公表せず、単に議員のみに印刷配付するものとし、且つ傍聴を議員の外委員長の許可したものに限つて許すことにしている委員会は、完全な公開であるとはいい難い。

且つ、国会法の規定は、許可を得たものが傍聴することができるとあることから、国会法が委員会について公開を建前としているか、非公開を建前としているかについては、法律上議論の余地があると思われる。蓋し、許可という法律上の言葉は、普通一般的禁止を前提とし、或る場合にこの禁止を解いて適法にそのことをなさしめ得る行為を意味することから、委員会は非公開を建前とするのではないかとの解釈が成立つのであつて、この考え方は、国会法制定当時における政府の考え方のうちにもみられる。

即ち、第九十一回帝国議会における貴議院の国会法案特別委員会において、政府は委員会公開非公開の著作権法との関係において、次の如く答弁しているのである。

「公開中の議場に於きまする演述は、是は著作権法の十一条の条文がございまして、是は著作権の目的に入らないということではつきり致して居ります。然る処此の委員会、丁度今度の国会法に、委員会に於て云々という条項が出て居りますが、此の委員会が公開の議場と言うことになりますれば、只今申述べました著作権法の十一条等の関係が生じて参りますが、是は現在の委員会は固より公開ではございませぬが、今度の国会法に於きまして規定されました『議員の外、委員長の許可を得た者が、これを傍聴することができる。』云々とございます、この規定が公開を規定したものか、即ち五十二条の規定がある為に、今後の委員会は、公開のものと考えられるかどうかと言うことが、是の解釈の鍵になるものと考えます。此の点は、実は此の五十二条から直ちに委員会は公開であると言うことは言い得ないと言う結論を持つて居ります。即ち、委員長の許可を得たものが傍聴することが出来ると言うことでありまして、無条件の公開とは相成つて居りませぬので、之を以て直ちに公開とは申せないと思います、そう致しますと、委員会に於ける発言等は、其の演述に付いての著作権は、発言者である議員の方が御持ちになつて居ると言う解釈にならざるを得ないと考えます」。即ち、政府は国会法第五十二条第一項の許可を得たものがこれを傍聴することができるとの規定は、委員会の公開を規定したものとはいえず、非公開が建前であるとの解釈をとつていたのである（註四）。

然し、乍ら国会法第五十二条が、許可を得たものが傍聴できるとしたのは非公開を建前としたというよりは、委員会は傍聴できることを原則としつつ、ただ現実の問題として、委員室の場所的制限から無制限に委員会の傍聴を許し難く、極く限られた人数の傍聴のみが可能であることから、委員長の許可を得たものだけが傍聴できることとしたものであつて、その記録を議員のみに印刷配付することとした点と相俟つて、国会法は委員会について不完全公開主義を採つているものということができる（註五）。議員は、特に許可なくして委員会を傍聴することができることになつている。なお、ここで議員とあるのは両院の議員を指すものである。

而して、委員会は、議事の傍聴を許可するけれども、その記録即ち委員会議録の公表はこれを行わず、前述のようにただこれを印刷して議員に配付するに止まるのであつて、本会議の記録の如くこれを公表し一般に配布するものではない。先例は、議員のみならず国務大臣、政府委員等にも配付している。更に、委員会において必要と認めた場合には、傍聴を禁止して秘密会とすることができるが、委員会の秘密会については後に述べる。

（註一）美濃部達吉・議会制度論　四三九―四一頁
（註二）田口弼一・前掲　二四五―六頁
（註三）田口弼一・前掲　二四九―五三頁
Willoughby, op. cit., pp. 369―71
House Manual, p. 138

（註四）　昭二一・一二・二四第九十一回帝国議会貴族院国会法案特別委員会議事速記録三号九頁

（註五）　昭二一・一二・一九官報号外第九十一回帝国議会衆議院議事速記録一二号一三五頁
昭二一・一二・一九第九十一回帝国議会衆議院国会法案委員会議録一回五頁
拙　稿・前　掲　一八頁
大池　真・前　掲　六三頁

第三節　定足数の原則

一、定足数の意義

定足数というのは、会議に必要な最少限の構成員の員数のことである。本会議又は委員会が、議事を進め議決をするのに、これだけの員数の出席がなければできないという最少員数である。会議はその会議体を構成する者全部が出席して開くことが望ましいには違いないが、多数の構成員中には病気その他の事故のために欠席已むを得ない場合もあるから、実際上それは望み得ない。といつて会議体である以上一定の員数がいなければ、会議体の意思決定と認めるのは穏当ではない。これが会議の定足数を定める所以である。

定足数の定め方については、イギリスのように下院議員六一五名に対し四〇名、上院議員七五〇名に対し三名というように極めて小数を以つて定足とするものもあるし、アメリカやフランスのように過半数を以つて定足とするものもあつて、必ずしも一定しないし、本会議と委員会の定足数も必ずしも同様とは限らない。従つて、定足数については過半数主義をとつているところの外、必ずしも多数決主義が支配しているとはいえない。又、定足数をアメリカ、イギリスのように議事及び議決の要件とするものもあり、フランスやワイマール憲法下のドイツのように単に議決の要件と定めて、議事の要件としていないものもある（註一）。

わが国においては、本会議については、両議院は、各々その総議員の三分の一以上の出席がなければ、議事を開き議決することができないと規定して（憲五六条一項）、総議員の三分の一を以つて定足数とし、又委員会については、国会法は、委員会は、その委員の半数以上の出席がなければ、議事を開き議決することができないと規定して（国四九条）、委員の半数を以つて委員会の定足数としているとともに、本会議も委員会も定足数を以つて議事及び議決の要件としている。なお、両院協議会は、各議院の協議委員の各々三分の二以上を以つて議事及び議決の定足数として（国九一条）、又両院法規委員会は、各議院から選挙された委員の各々半数以上を以つて議事及び議決の定足数としている（両院法規委員会規程九条）。なお、憲法改正については、各議院の総議員の三分の二以上の賛成で、国会がこれを発議するものと規定しているから（憲九六条一項）、憲法改正案の議決については、少くとも総議員の三分の二以上を以つて定足数としなければならないとの学説もあるが、これは旧憲法のように各々「其ノ総員三分ノ二以上出席スルニ非サレハ議事ヲ開クコトヲ得ス」（旧憲七三条）というような規定が憲法に存在しない以上は、一般の議事と同様三分の一以上の出席で差支えないと解すべきである。実際的には総議員の三分の二以上の賛成者が出席してなければ改正案として可決されたことにはならない（註二）。憲法改正案の委員会の定足数は、勿論一般の委員会と同様である。

なお、序に憲法改正の要件について一言すれば、憲法改正には三つの要件がある。その一は、一院における可決要件であつて、これは憲法改正案を議決する場合は如何なる議決段階であろうと（例えば回付案又は協議会成案の場合でも）、本会議においては総議員の三分の二以上の所謂特定多数によつて決せられること、その二は、発議要件ともいうべきものであつて、各院の総議員の三分の二以上の賛成が得られたときに始めて国民に憲法改正案を提案したことになり、その三は、承認要件というものであつて国会の提案に対して国民投票の過半数の賛成が得られたとき始めて国民が憲法改正案を承認したことになるのである。

二、定足数の算定基礎

定足数は、委員会については「その委員の半数以上」と定められ、本会議については、「総議員の三分の一以上」と定められているが、この定足数の算定の基礎になる「その委員」或は「総議員」というのは法定数をいうのが、現在議員数をいうのかについては、説の分れるところであるが（註三）、これは法定数であると見るべきであり、衆議院の先例も今日までこれに従つている。蓋し、一定数から構成される会議体にあつて、会議に必要な最少員数を定めるものが定足数本来の意味なのであるから、その定足数が常に異ることは定足数の性質からも妥当でないし、死亡者や当選無効等によつて会議中にさえ変更が考えられるから、現在議員数とすることは実際上も妥当ではないからである（註四）。

従つて、定足数の算定基礎は、本会議にあつては、選挙法の定める議員定数、委員会については、常任委員会はそれぞれ各院の規則の定める員数、議院の議決で増減併合のあつた場合の常任委員会は議決で定められた員数、特別委員会にあつては、その設置のときに議院の議決で定まつた員数である。半数以上又は三分の一以上というのは半数又は三分の一プラス一でなく、半数又は三分の一で足りるし、議長、委員長も勿論その数に入ることはいうまでもない。議長又は委員長は、決裁権を行う以外に、議員としての表決権はこれを行わない慣例であることを理由にして、議長が出席していても、これを出席議員数のうちに数えないのが適当であるとする説があるが（註五）、議長と雖も理論上は決裁権とともに表決権を有すべきものであることは、次節で述べる通りであり、又出席議員として数えられた者が、現実に表決権を行使しないこと即ち棄権が法規上認められていること（衆規一五五条の二）から見ても、単に慣例上表決権を行使しないことを理由に出席議員から除外することは賛成できない。更に、議長を出席議員数のうちに数えることなくしては、いかにしても矛盾なく議長が会議を主宰し、会議の意思決定を左右する決裁権を行使する場合を説明することができないのであつて、議長又は委員長を出席議員又は出席委員数から除くことは、理論上も首肯し難いところであり、又各議院における実際の取扱いも、従来議長又は委員長を出席者の数のうちに入れる例である。

三、定足数は会議継続の要件であるか

定足数については、委員会も本会議もともに「議事を開き議決することができない」として議事と議決の要件としていることは前にも述べたが、議事を開く場合に定足数を必要とすることは、憲法、国会法の定足数の規定からも、又衆議院規則第百六条第一項が「出席議員が総議員の三分の一に充たないときは、議長は、相当の時間を経て、これを計算させる。計算二回に及んでも、なお、この定数に充たないときは、議長は、延会しなければならない。」と規定していることからも明瞭であるが、定足数は議事を開く場合の外、更に会議継続の要件であるか否かの問題があるが、会議中に定数を必要とするかについては、同条第二項は、「会議中に前項の定数を欠くに至つたときは、議長は、休憩を宣告し又は延会することができる。」と規定して一項のように延会しなければならないことは規定していないが、これは、一項が議事を開くに際して計算二回に及んでなお定数のないときは、議長は延会するより外に方法のないことを規定したものであり、二項の場合には、議長は、会議中に定足数を欠くに至つた場合、休憩して出席者定数に充つるのを待つのも、又延会を宣するのも、いずれも議長の権限であることを規定したもので、定足数を欠いたまま議事を進めてもよいという意味ではないし、又、参議院規則が、会議中に定足数を欠くに至る虞があると認めたときは、議長は、議員の退席を禁じ、又は議場外の議員に出席を要求することができるものとし、議員が会議中、定足数を欠いていると認めたときは、議長に出席議員数の計算を要求することができると規定している（参規八四条）趣旨から見ても、理論的に定足数を会議継続の要件と見なければならない。定足数が会議継続の要件であるとするのは、一般の説でもあり、先例でもある（註六）。

四、定足数の認定と定足数を欠いた議事の効力

定足数は議事及び議決の要件である以上、明かに定足数を欠いた議事議決が無効であることは論をまたない。例えば、委員会議録に委員の三分の一しか出席していなかつたことが明記されているような場合があるとすれば、その委員会でなされた議事議決が無効であることは当然である。従つて、定足数の有無が問題にされるのは定足数がなかつたという何等かの客観的事実が明かである場合ではなくして、果して定足数があつたかどうかという点である。

而して、会議を開くに当つて定足数があるか否かは、議長又は委員長が一応認定して開会し、又議事を進めるものであつて、もし現実に委員長がはつきり定足数がないものと認めた場合には、それによつて必要な処置がとられる筈である。

即ち、会議を開くに当つて定足数を要することは、前述の憲法、国会法の規定に照して当然であつて、従つて議長、委員長が開議を宣する場合には、定足数ありとの認定に基いているのであつて、会議開会の条件が整つたと認定して開議を宣告する訳である。若し定足数がないとはつきり認められる場合においては、衆議院規則第百六条の定め

るところによつて、議長は、相当の時間を経て定足数の有無を計算させ、計算二回に及んでもなお定数に満たないときは、延会しなければならず、又会議中に定数を欠いたことをはつきり認定するときは、休憩を宣告し又延会する等の処置をとり得るのであつて、議長、委員長が会議を開くことを宣告したときは、定足数があるものと一応認定しているのである。しかし、定足数の有無ということは事実問題であるから、議長、委員長が定足数ありと認定している場合でも、委員又は議員の中から定足数のないことを主張する者があるときは、議長、委員長は、果して定足数があるかどうかを調べた上で議事を進めなければならない。参議院規則第八十四条はその第三項に、この点について、「議員は、会議中、定足数を欠いていると認めたときは、議長に出席議員の数を計算することを要求することができる。」と規定している。衆議院には同様の明文はないが、同様に取りあつかわれている。

而して、議長、委員長が定足数ありと認定して開議を宣し、議員、委員から定足数についてかかる要求がないときは、議員、委員も亦定足数ありとの認定の上に立つて議事が進められているのである。委員長も委員もともに定足数なしという認定（正式の）の下には会議は進められないし、又従来かかる例もない。従つて、会議を開く場合及び会議の進行中に、現実の問題が起つて、定足数ありとの認定が覆された場合は別として、そうでない場合には、定足数があつて、開会せられ、会議が進められている筈のものであることは当然である。

又、定足数の有無の問題は、開会の際及び会議進行中を通じての問題であつて、常に一応定足数ありとの認定に基いているものであるし、又一方現実にその有無をとり上げることは、その場合々々においては可能であろうけれども、会議が終了した後において、会議進行中の特定時点に定足数があつたか否かを争うことは理論的にも実際問題としても不可能である。何となれば、定足数の出席していた事実は会議を通じて認定せられた事実であつて、会議進行中の毎分毎秒の各特定時点において、出席者の誰が退席し又入場したかという記録も証拠も明瞭に存するものではないし、後において一人がある時点において退場したと主張しても他の者全部が在席したことを主張する場合には、いかんともし難いのであつて、会議を通じて、出欠について問題が起らなかつた場合には、一応会議録に記された人々が出席したという事実だけが法的には確たるものといわねばならないのである。従つて、定足数の有無を問題にし得るのは、理論的にも実際的にも開会の際及び会議中の現実の場合でなければならない(註七)。

而して、この各々の現実の場合において、定足数のないことが認定された場合においては、その場合に、会議を開き又はこれを進めることは勿論できないのであつて、定足数のないことを認定しつつ少数の者が会議を強行してもそれは無効といわねばならない。しかし、現実に定足数のないことが明かに認定されないで、会議が開かれ、進められた場合には、法的には定足数はあつたものであつて、その有効なことは当然である。

次に、定足数を欠いたことを理由にして、これを当該議決機関以外において争い得るかどうかの問題がある。即ち第一には、各議院の本会議において、委員会の定足数を問題となし得るかどうか、換言すれば委員会の審査終了事件を本会議の議題とした場合において、委員会における定足数を問題として委員会審査の効力を論じ得るかどうかの問題

第二には、各議院において、他の議院の会議の定足数を問題となし得るか否か、即ち他の院の会議の定足数を問題として他院の審査の効力を論じ、その院から送付をうけた議案を拒否し得るかどうかの問題

第三には、国会の両院における会議の定足数を外部殊に裁判所において争い得るかどうかの問題、特に新憲法が裁判所に法令の実質的審査権を認めた今日、定足数を問題として法律の効力を争い得るかどうかの問題がそれである。

而して、既に述べた定足数の問題の性質からするならば、委員会又は議院が定足数ありと認定している以上これを当該議決機関以外から争い得ないものと解するのが正当であり、従来の通説も亦そうである（註八）。

最近、裁判所の実質的な法令審査権が憲法で認められた今日では、裁判所が法令の形式的な審査権を有することは当然であり、定足数を欠いた議決は無効であつて、その効力は裁判所で争うことができると解釈しなければならぬという説（註九）もあるが、これは単に法令審査権という立場のみからする形式的な議論であつて、定足数の問題の所在とその性質を認識しないものといわざるを得ないのであつて、仮りに形式的に争いうるとして見ても、議院が定足数があつたものと認定している場合において、実際上これをいかにして争い得るであろうか、多大の疑問ありといわねばならない。

（註一）　美濃部達吉・前　掲　四四六頁
法 学 協 会・註解日本国憲法中巻　一一四頁
田口　弼一・前　掲　二五九頁

（註二）　浅井清・憲法精義二〇一頁は、憲法改正案の議決のみならず議事についても、総議員の三分の二以上の出席を必要と解している。

（註三）　定足数の算定基礎を現在議員数とするもの。
美濃部達吉・改訂憲法撮要　三六八頁
〃　・議会制度論　四四七頁
法 学 協 会・註解日本国憲法中巻　一七一頁
宮沢　俊義・新憲法と国会　一二九頁

清宮　四郎・憲法要論　一七五頁
法定議員数とするもの。
清水　澄・国法学第一編憲法篇　一〇七四頁
淺井　清・憲法精義　一九三頁
田口　弼一・前　掲　二六一頁
入江　俊郎・国会と地方議会　一七六頁
(註四)　大池　真・前　掲　五二頁
(註五)　入江　俊郎・前　提　一六四頁、二〇九頁
(註六)　大池　真・前　掲　五二頁
田口　弼一・前　掲　二六〇頁
(註七)　(イ)この点については、先例も亦同様であつて、第三回国会、昭和二十三年十一月二十三日、衆議院内閣委員会において会議終了後、当時出席しなかつた委員から定足数なくして法案の採決をしたのは違法である旨申立てたが、委員長小川原政信君は、そのとき何人からも異議がなかつたし、委員長は適法によつて処置したものと信ずる旨答え、この申立てを認めなかつた。委員会は当該法案を再議に付したが、これは勿論定足数を欠いたということが理由ではない。
(ロ)なお、アメリカにおいても、わが国の場合と同様に、一度び有効に行われた議事に対して、後にその定足数を問題にすることは許されていないようである(House Manual, p.21)。
(註八)　美濃部達吉・日本国憲法原論　四一五頁
宮沢　俊義・憲法大意　二八七頁

〃　・新憲法と国会　一三一頁
田口　弼一・前　掲　二六三頁
（註九）法学協会・註解日本国憲法中巻　一一八頁

第四節　過半数の原則

一、過半数の原則の意義

議事を過半数で決することを過半数の原則という。過半数の原則は、議員若しくは委員が平等の地位を有することを前提として、団体意思の決定については、その構成員の多数の意思によるという多数決原理を根拠とするものである。多数決には過半数の外に特定多数があり、又比較多数があるが、議事を決するのに比較多数を採用することは、実質上少数の支配となるから、選挙の場合と異り比較多数を議決の原則とすることは不合理である。従つて、議決方法としての多数決は、過半数か特定多数の何れかであることが要求せられる。比較多数は団体機関の選挙について用いられることが多い。各議院における選挙についても、両院法規委員、弾劾裁判所の裁判員、訴追委員会の委員、両院協議委員等の選挙、議員の中から数人を選出しなければならない各種の議員、委員その他の者の選挙、並びに、議長、副議長等の独任制機関及び内閣総理大臣に指名される者の選挙における決選投票等の場合には、比較多数主義によつている（衆規二三条、二四条、二五〇条、二六条、八条二項、一八条三項、参規二四八条、二四九条、一七六条、九条後段、二〇条二項後段）。しかし選挙についても、独任制機関の選挙には過半数によるのが普通であつて、各議院においても特別委員長の選任だけは、比較多数によつているが（衆規一〇一条二項）、議長、副議長、常任委員長、事務総長、内閣総理大臣に指名される者の選挙及び議員の中から一人を選出しなければならない各種の議員、委員その他の者の選挙については、すべて過半数によることになつている（衆規八条一項、九条、一五条、一六条、一七条、一八条二項、二七条、参規九条前段、一一条、一六条、一七条、一九条、二〇条二項前段、二五〇条）。

このように、議事を決するには過半数と特定多数の二つがあるが、委員会の議事については国会法は、出席委員の過半数でこれを決するものとし（国五〇条）、委員会の議決はすべて例外なく過半数の原則によるものとしている。本会議の議事についても憲法は、憲法に特別の定のある場合を除いては、出席議員の過半数でこれを決するものとしていて（憲五六条二項）、過半数を原則とし、若干の場合について特定多数を必要としている。

憲法が本会議の議事について特定多数を要求しているのは次の五つの場合である。

（一）　議員の資格争訟裁判によつて議員の議席を失わせる議決をなすとき（憲五五条）

（二）　本会議の秘密会を開くとき（憲五七条一項但書）

（三）　懲罰によつて議員を除名するとき（憲五八条二項）

（四）　衆議院において法律案を再議決するとき（憲五九条二項）

これ等四つの場合には何れも出席議員の三分の二以上の多数を必要とする。

（五）　憲法改正案の議決（憲九六条一項）

この場合は特に総議員の三分の二以上の賛成を必要とする。

本会議の議事については、憲法自身が規定した場合の外は、法律、規則等によつて、更に過半数の原則に例外を設けることは許されないが、本会議以外の場合については、特定多数を定めることは差支えなく、例えば両院協議会が成案を決定し、両院法規委員会が勧告案を議決する場合には、いずれも出席委員の三分の二以上の多数によることが必要とされている(国九二条二項、両院法規委員会規程一〇条)。

ここで過半数というのは、さきに述べた定足数の場合における半数以上というのと同義ではなく、出席委員の半数に一を加えた数をいい、議事を決する場合にこの数がないとその事件は否決又は不成立となる。特定多数が要求されている場合において、出席議員の三分の二又は総議員の三分の二に達しないときも亦同様である。

二、過半数算定の基礎

過半数の原則については、委員会の場合も、本会議の場合も、いずれも出席委員又は出席議員の過半数を以ってこれを決するものと定められており(憲五六条二項、国五〇条)、三分の二の特定多数についても、憲法改正案の議決の場合だけが総議員の三分の二を必要とする(憲九六条一項)外は、いずれも出席議員の三分の二以上の多数による議決を必要とするものと定められているから(憲五五条、五七条一項但書、五八条二項、五九条二項)、この過半数又は三分の二の特定多数の算定の基礎となるものは、定足数の規定と関連して、委員会又は本会議に出席した委員又は議員の数であつて、棄権者を除いた表決参加者の数を基礎とすべきものではない。旧憲法は「両議院ノ議事ハ過半数ヲ以テ決ス」と規定して(旧憲四七条)、この点に議論の余地を残していたが、新憲法及び国会法はいずれも「出席議員」又は「出席委員」と規定しているから、この点について論議の余地はないように思われる。旧憲法下においても、出席者を基礎とする例であつたし、従来の地方議会に関する行政判例も亦同様であつた(註一)。

米国においても、この問題は長い間定足数の問題に関連して、投票数を基礎とすべきものとされていたが、一八九〇年投票数によらず出席員数を基礎とすることに決定され、この決定が後に最高裁判所によつて支持されたことによつて、出席議員数を基礎とする原則が確立されている（註二）。

然るに、註解日本国憲法は、この点について、出席議員の中には棄権者は勿論無効投票及び白票も含まぬものであつて、例えば出席者二〇〇人で可が九八人、否が九五人、棄権七人の場合は、棄権七人を除いた一九三人を出席とし、九八人対九五人で可決となるとし、更に、出席者が少いときに棄権者を出席者に算入しないと、議決について定足数を割る場合が生ずるが、この場合にも、そのためにこれを出席者に算入すべきでなく、逆に定足数を欠いた議決として無効にすべきであると主張し、その理由として、憲法の規定は議決について少くとも定足数の三分の一の過半数つまり、総議員の六分の一プラス一人の賛成がなければならぬことを保障するものであるとしている（註三）。

しかし、かかる論は到底首肯し難いものであつて、先ず、選挙の場合の投票と異り、表決たる記名投票の実際に照し、投票は議員の氏名を記載した青色票（可）か白色票（否）のいずれかであるから、表決に際して白票といつているのが何を意味するのか理解に苦しむところであるが、この点は後述するところに譲るとしても、かくするときは、表決が起立によるときと、記名投票によるときによつて、異る結果を招来することがあるのみならず、例えば、衆議院の本会議では定足数は四六六人の三分の一の一五六人で、その過半数は七九人であるが、定足数の一五六人が出席し、可が一五〇人、否が五人棄権者が一人のときには、可とする者が過半数の七九人よりも遙かに多い一五〇人であり乍ら、棄権者を出席者に算入しないために定足数を欠くものとして、所論の総議員の六分の一プラス一人以上の賛成があるにも拘らず、無効となる結果となり、そのいうところの理由とは全く矛盾することになる。憲法並びに国会法の規定の趣旨は、一定数の議員又は委員の出席を以つて議決の要件とし、この定足数の出席があるときは、有効に議決をなし得るものであつて、議決そのものは、出席者の過半数で決定すべきものとしているのであつて、表決の結果から逆に定足数を問題にすべき性質のものではない。つねに定足数に関する違反の問題は、定足数の出席者があつたかどうかという点であつて、表決に参加した者が定足数に充ちたかどうかにあるのではない。

従つて、委員会の場合のように委員が少数であり、出席者の数が明瞭であるときは問題はないが、本会議のように議員数が多く、又委員会と異り出席議員の氏名を会議録記載事項としていない場合には、定足数ありとして議決をした以上、棄権者の数によらず可とする者が定足数の過半数即ち総議員の六分の一プラス一人の七九人であり、否がそれより少い場合には、有効に可決されたものと見るべく、可とするものが表決の結果七九人に達しないときに、始めて否決となるべきものといわなければならない。

なお、出席委員又は出席議員といううちには、委員長及び議長をも含むものであることはいうまでもないから、過半数算定の基礎となるものは、委員長又は議長を含めた数であることは理論上当然のことである（註四）。委員会の実際において、例えば出席者が委員長を加えて二十人のとき、委員会が在席委員の起立を求めて、起立十人のときに、起立多数として議事を決していているような場合が往々見られるが、この場合における過半数は、委員長を加えた二十人を基礎とすれば、十一人でなければならないのであるから、委員長がこの場合に、起立多数として可と宣告したときは、委員長も自ら表決に加つているものと解すべきであろう。

三、委員長又は議長の決裁権

委員会又は本会議の議事は、出席委員の過半数で決することを原則とするが、その例外として可否同数のときには、委員長又は議長がこれを決するものと定められている（憲五六条二項、国五〇条）。これを委員長又は議長の決裁権という。可否同数といつても、過半数の原則の例外である以上、委員長又は議長が決裁権を行使することにより、出席者の過半数となる場合、即ち、例えば二十五人出席して可否各々十二人の同数の場合に限るものであつて、この場合、棄権が五人あり可否各々十人というような場合でないことは、過半数算定の基礎について述べたところから当然である。(註五)。

そこで委員長又は議長は、可否同数の場合に決裁権をもつ外に更に委員又は議員として表決権をもつかという問題がある。旧憲法当時の地方議会では、初め行政実例として、議長は決裁権の外、表決権をももつものとされていたが、行政裁判所は帝国議会における慣例に従い、議長の表決権を認めない判例を確立した。そこで更に大正十五年法律を以つて、議長は、決裁権の外に議員として表決権をもつという規定が設けられた(府県制五三条二項、市制五三条二項、町村制四九条二項)。しかし、新憲法下の地方自治法は、更にこれを改めて、議長は決裁権を行使するときには、議員として表決に加わる権利を有しないものと規定している(地方自治法一一六条二項)。その理由は必ずしも明かでないが、この問題は、理論的に何れが正しいかは遽かに断じ難く、帝国議会以来の慣習と、議長に表決権を与えないことの多い外国の実例を参酌して、このような規定を設けたもののようである(註六)。

外国の例を見ると、イギリスにおいては、議長は議員としての投票権をもたず単に可否同数のときの決裁権(casting vote)のみをもち、全院委員会、常任委員会及び特別委員会における委員長も議長と同様決裁権だけしかもたない。ただ、私法案委員会(Private Bill Committee)においては、委員長は委員としての表決権の外に更に可否同数のときには、第二の表決権即ち決裁権をもつものとされている(註七)。アメリカ下院においては、議長は、他の一般議員と同様に表決権をもつているが、実際議長が表決権を行使した例は極めて稀で(註八)、規則上は、議長は、その表決が決定的である場合若くは議院が記名投票を行う場合の外は、普通の立法手続の場合には表決せねばならぬことはないことになつている。而して、議長が表決に加つてなお可否同数となつたときは、問題は否決せられるものとされており、而して議長は、可が否より一票多いときに、否を投じて可否同数とすることにより問題を否と決することも、或は可否同数のときに、一票を投じて、可否同数を破つて問題を可と決することもできるものとされている。しかも、議長のこの決定的な表決をなす職権は、投票を集計した結果から、議長の一票が決定的であることが示されたときには、他の議事がその間に挿つた後でも、又その結果が発表された後でも、或いは異つた日においてもこれを行使できるものとされている（註九）。

而して、この問題は理論的に見れば、第一に委員長又は議長も、委員又は議員である以上、表決権をもつことは当然であつて、地方自治法のような明文のない以上、この表決権を奪うことはできないというべきであり、第二に、委員長又は議長の表決権を否定するときは、委員長又は議長の属する党派の勢力を不当に弱めることとなり、甲、乙二派の勢力が伯仲するときは、委員長又は議長を出した党派は、一票の表決権を喪失し、常に決裁権を行使する余地なくして敗れ去ることになり、第三に、委員長又は議長は本来発言その他すべての点において、委員又は議員として一般の委員又は議員と同様の権限を有する外、特に委員長又は議長としての特別の権限が与えられているものであつて、委員長又は議長に委員又は議員としての表決権を認めつつ、なお可否同数のときに、多数決の例外として、会議体の意思決定の技術的な方法として、更に委員長又は議長に決裁権を与えることは、宛も選挙に際して、議長も亦投票しその投票数が同じときに、くじという偶然的なものによつて決する建前と同様、会議体の意思決定について許されてよいものと思われる点等より、理論的には委員長又は議長は、表決権と決裁権の双方を持つていると解するのが正当と思われる。一般の通説も亦同様である（註一〇）。

しかし、実際上は、旧帝国議会においても新国会においても、委員長又は議長が表決権と決裁権を併せ行使したことは一度もなく、単に決裁権を行使することが、概ね一貫した慣例であつて、先に二において例示した事例の如き場合において、委員長が表決に加わつたものと解される場合における暗黙的な表決権の行使以外に、委員長が自ら起立し、投票を行うというが如き、積極且つ明示的に表決に加わつたことはない。

かかる特殊の例を除き、委員長又は議長が決裁権のみを行使する従来の慣例は、公平なるべき委員長又は議長が、決裁前に自己の意思を表明することは妥当でないとするとともに、表決権と決裁権を行使するときは、一人で二箇の表決権を行使する結果となるものであるから、時によつて議長が自己の属する党派に有利に議事を進める弊を生ずるのみならず、議長決裁権という会議体の意思決定のために認められる一種の技術的な権限によつて、実質上の多数決原理を容易に破るべきではないという実際の多数（Working majority）尊重の考慮に出でたものというべく、理論にのみ拘泥しない慎重且つ妥当な先例であるといえよう。前述した米下院の例について、Tilson が「可否同数のときは、問題を否とすべきことは、規則で規定されるまでもなく明かなことであつて、他を圧するには多数が必要であることが、議会の議事を支配する基本的な原則であるからである」といつているのも、わが国会における慣例とその軌を一にするものといい得る（註一一）。又、議長が決裁権を行使するときは、理論的には積極、消極何れに決するも自由といわねばならぬに拘らず、吾国においては必ず消極に決することが従来の先例である点も亦同一の思想に基くものであろう。然し乍ら、委員会においては、必ずしも一定しないで、消極或は積極に決する例である（註一二）。

（註一）　帝国地方行政学会編・実例判例挿入市町村制及府県制二三二頁ノ一〇―一一

（註二）House Manual, pp. 20—1

（註三）法学協会・註解日本国憲法中巻　一一八頁

（註四）田口　弼一・前　掲　二七〇頁

（註五）田口博士は、この点について自治庁行政課長が地方議会に対して示した解釈を支持しつゝ、自治法第百十六条に「可否同数」というのは、前述のように、議長が決裁権を行使することによつて出席者の過半数となる場合の可否同数のみならず、単に可否同数でありさえすれば差支えないので、極論すれば、三十人の出席者中、白票が二十八、可一、否一の時でも可否同数として議長が決裁し得るとし、その理由として、第一に法の解釈として自治法は単に「可否同数のとき」とあつてその同数が如何なる同数であるかを規定しておらないから可否同数であれば同法の解釈から議長の決裁権行使を妨げる理由がないこと、第二の理由として、白票の本質は、他の議員による議決に委ねたものであるから白票二十八、可一、否一で議長が、可と決すれば白票二十八は議長の決定した可に満足するものであると主張されているのである（田口弼一・「地方議会の諸問題」自治研究二八巻五号七〇頁）。

果してそうであろうか。先ず第一に、法律には「可否同数のとき」とあるだけで、その同数が如何なる同数かは規定する所ではないから、可否同数でさえあれば良いという点であるが、この規定は、地方自治法のみならず国会の両議院の本会議の議決について規定した憲法第五十六条第二項も、国会の委員会の議決に関する国会法第五十条も全く同様であつて、いずれも皆、議事は、出席議員（委員）の過半数でこれを決し、可否同数のときは、議長（委員長）の決するところによるとされているのであつて、この規定の意味は、本節の冒頭で述べたように、会議体の意思決定の方法は、その構成員の多数決による原則に基いて、特定の場合の外は、出席議員の過半数によることを規定した原則的規定であり、従つて、こゝで可否同数のときは議長の決するところによるという規定も、過半数主義乃至多数決原理そのものに対する例外として少数の支配を認めるということでないことは当然のことであつて、議長又は委員長が裁決権を行使することによつて出席者の過半数となる場合でなければならぬことは、会議体の意思が、その構成員の多数決によるという議会の、そしてデモクラシーの原理からいつて議論の余地のないところである。法文の解釈から見ても、この「可否同数のとき」を前段の「出席議員の過半数で決し」と無関係に読むことは全く無理なしかも意味のないことであり、又かく解することにより、可一、否一の場合すら議長の決裁権行使を認めるに至つては、衆議院の如きは四六六名よりなる会議体の意思は単なる二名によつて構成される結果となり、それは、如何なる論理を駆使しようとも所詮少数支配を認めようとするに等しい。

第二に、白票の本質は、他の議員による議決に委ねたのであるとする点である。白票については後に詳述するように国会にあつては、現行規則上、本会議の表決の場合には、棄権はあつても白票というものはあり得ない。地方議会において氏名とともに賛否を記入する表決方法をとつているにしても本来表決というものは、問題に対する賛否表明の行為であるから、賛成でも反対でもない白票というものは、表決について何等の効果をももたないものであつて、この表決の場合に生じ得る白票は、法律上棄権と何等性質を異にするものではない。然るにこの説は、本来法律上何等効力のない白票について、特別の規定もなくして、勝手に他の議員の議決に委ねたものであるという如き、重大な法律的効果をもたせようとするものであつて、表決としての白票が無効であるにも拘らず、その無効なるものに、委任的効果をもたせてまで、可一、否一の場合の如きに議長決裁権の行使を正当化しようとする議論は、何人も首肯し得ないところであろう。

（註六）　金丸　三郎・地方自治法精義上巻　四九〇頁

（註七）　Campion, op. cit., p.182, p.235, p.246, p.299

（註八）　Riddick, op. cit., pp. 75–6

（註九）　House Manual, p. 244, pp. 306–7

（註一〇）田口　弼一・前　掲　一六七頁、二六九頁
宮沢　俊義・新憲法と国会　一三六頁
法学協会・註解日本国憲法中巻　一一九頁
大池　真・前　掲　五四頁
清宮　四郎・前　掲　一七六頁

（註一一）J. Q. Tilson, Parliamentary Law and Procedure, p. 39

（註一二）旧帝国議会当時委員長が決裁権を行使する場合、消極に決した例も積極に決した例もある。第一回国会から第十四回国会までに衆議院において委員長が決裁権を行使した例は、第二回国会に一度あつただけで、昭和二十三年七月二日、運輸及び交通委員会において国有鉄道運賃法案につき、修正案及び原案の採決の結果それぞれ可否同数となり委員長川野芳満君はいずれもこれを積極に決し、同案は修正議決された。勿論、委員長は表決権は、行使していない。

第五節　一事不再議の原則

一、一時不再議の原則の意義

議院の議決が一度定まると、同一会期中には、既に決定のあつたと同一の問題について再び審議しないことを一事不再議の原則という。一度議決したものを、再三審議していては際限がなく、又問題は常に確定しないし、同一の問題について絶えず異つた議決が行われていては、何が議院の意思であるか分らない。一事不再議の原則が認められる趣旨はそこにある。

一事不再議の原則を規定した明文は、旧憲法においても新憲法にもない。ただ旧憲法は、「両議院ノ一ニ於テ否決シタル法律案ハ同会期中ニ於テ再ヒ提出スルコトヲ得ス」と規定し（旧憲三九条）、又旧衆議院規則及び貴族院規則には、それぞれ他の院で既に会議に付した議案と同一の事件を議事日程に記載することができない、但し両議院の議決を要しないものは此の限りではないという規定があつて（旧衆規八六条、旧貴規六七条）、これ等は何れも一事不再議の原則から流れ出る規定であるとされ、又議院の先例もさきに議決した議案と同一の事件は議決を要しないものとし、これを不要議決として処理して来たのである。

而して、新憲法、国会法及び各院の規則には、この様な規定が一切除かれている。それについては、第一に常会の会期が五箇月となり、会期の始めと終りとでは社会情勢に相当の変化もあり、一度否決された議案も再び提出される必要性が起り得ることと、第二に内閣提出の法律案が参議院に先に提出されて否決されると、衆議院がこれをいかに熱望しても不成立になるに拘らず、衆議院優越主義を採る新憲法下においては、若しそれが衆議院に先に提出されれば、成立できたであろうことを考えてかかる場合の救済のためであつたと解されている（註一）。而して、会期が五箇月になつたことを主たる理由とする説が多いが、勿論これもその理由の一であるに違いはないが、理論的にいえば三箇月も五箇月も五十歩百歩なのであつて、法律的には寧ろかかる規定を設けなかつた根本の理由は、憲法五十九条第二項の認めた衆議院の法律案についての再議決権及びその他の衆議院優越の諸規定との理論的矛盾に置かれなければならない。即ち、予算については衆議院に先議権を認めているから別としても、法律案については、衆議院で可決し参議院でこれと異つた議決をしたときは、衆議院で出席議員の三分の二以上の多数で再び可決することにより、換言すれば衆議院のみの意思を以つて法律となるものとし、又条約については、衆議院で可決した条約を参議院が受け取つた後、国会休会中の期間を除いて三十日以内に議決しないときは、衆議院の議決を国会の議決とするものとされている（憲五九条二項、六〇条二項、六一条）。かくの如く衆議院に対して優越権を与えている以上、議案が参議院に先に提出されることがある場合に、若し否決されたため同一会期中に提出されないとすれば、衆議院に先に提出されれば、参議院の意思の如何に拘らず衆議院のみの意思で成立し得ることと甚しい矛盾を生じ、衆議院にその優越権を行使する途を失わせる結果となるからである。

しかし、旧憲法におけるかかる規定が排除された結果、一院で否決された法律案を再提出することを禁止していないとしても、そのことから当然に同一の問題について何度審議しても良いということにはならないのであつて、憲法五十九条第二項の規定のように衆議院に法律案の再議決の権限を与えた場合の如きは別として、会議の法則としての一事不再議の原則は、理論上当然存在するものといわねばならない（註二）。

一事不再議の原則は、既に一度議院の議決のあつたと同一の問題については、同一会期中において再び審議しないということであるが、この原則の要点となるものについて分説しよう。

第一に、一つの問題について既に議院の議決があつた場合には、それと同一の問題については再び審議をしないことである。即ち、既に議院の意思決定があつたことが前提であつて、未だ議院の議決がない以上は、一事不再議の問題は生じないのであつて、一度議題となつた事件でもそれが撤回されて議決に至らなかつた場合には、それが再び提出されたときに、審議に付されることはもとより当然であるし、又議決がない以上同一内容の事件が併行的に審議されることも差支えない。例えば、同一内容の二つの決議案が一括して議題とされ、各々討論に付されることは未だ議決のない限り、別に一事を再議することにはならない。しかし、その中の一案について議決があれば、他の一案については最早議決は不要となるものである。而して、何が所謂「一事」であるか、同一の事件とは何かということは別に考察しなければならない。

第二に、それは同一会期中に限られる原則であることである。裁判上においても一度裁判確定した事柄については、一事不再理の原則があるが、議院における一事不再議の原則は、裁判と異り会期の制度と結びついている原則であつて、同一会期中においてのみ適用される。従つて、会期が異るときは、前の会期において一度議決されたと同一の問題について審議することは、勿論許されることであつて一事不再議の原則に反するものではない。

第三に、この原則は、審議のそれぞれの段階（Stage）において適用される原則であつて、段階を異にする場合には適用されないことである。例えば、議院における議案の審議について見ると、委員会や本会議があり、又本会議においても読会の制度をとるところがあり、種々の段階が設けられているが、かかる異つた段階はそれ自体再議の機会を多からしめているものであつて、一事不再議の原則は、これ等の各々の段階において適用される原則である。従つて、小委員会で審議されたと同一のものが委員会で審議されたり、委員会の決定が本会議で覆されたり、又本会議が委員会に再付託を命じて、委員会に一度議決したものを再び審議させたりするようなことは、その審議している事項が同一のものであつても、それぞれ審査の段階を異にするものであつて、一事不再議の原則に反するものではないのである(註三)。

二、委員会における一事不再議

一事不再議の原則が、審議のそれぞれの段階において適用せられる原則であることは既に述べた通りであるが、議院における審議の一つの段階としての委員会においても、この原則が支配することはいうまでもない。而して、委員会における一事不再議の原則は、委員会の性質から、一方においては、本会議において既に議決のあつたと同一の問題につき、他方において、同一の委員会において既に議決のあつたと同一の問題について適用される。

即ち第一に、本会議において既に議決のあつたと同一の問題については、委員会はこの原則の適用をうけて、審議することはできない。委員会が本会議と全く関係なく、法律を以つて特定事件の審議権を与えられている場合には、その問題について本会議の議決の行われることはないから、問題ではないけれども、議案の審議の一段階としての委員会は本来本会議の議決前の審査をなすものであるから、その意味において、既に本会議の議決があつた以上は、それと同一の問題について更にこれを審議することは許されない。このように委員会における一事不再議は、先ず委員会の性質上、本会議において既に議決のあつたと同一の問題について適用される。

第二に、本会議において未だ議決のない場合においても、同一の委員会において一度議決されたと同一の問題については、これを再び審議することは許されない。即ち、この原則は、それぞれの段階において適用されるものであるから、委員会において一度議決があると、本会議の議決はなくとも、同一の委員会では前の議決に拘束される。しかし、これは同一の委員会における場合であつて、委員会相互の間では一事不再議ということは適用されない。即ち、本会議で一度議決のあつた問題については、すべての委員会が拘束されるが、本会議の議決が未だない限り、一の委員会で議決したと同一の問題についても、他の委員会はそのためにこの原則の適用をうけることはない。元来各委員会は、それぞれの所管についての定めがあるから、全く同一の問題が二つ以上の委員会において審議されることはない筈であるけれども、各々の所管に応じて独自の観点から審議する場合にも、その中に包含される特定の部分については同一の内容の問題があり得るが、この場合においても、一の委員会で議決されたと同一であるからといつて、他の委員会が拘束されるものではないから、委員会相互の間には一事不再議ということはない。

従つて、委員会においては、本会議において議決のあつたと同一の問題及び同一の委員会で既に議決のあつたと同一の問題は、再びこれを審議することを許さず、かかる問題はいずれも議決不要として処理される。例えば、既に本会議又は委員会で議決された法律案と同一趣旨の請願について、屢々議決を要しないものとして処理されている如きがその実例である。而して、議決不要として処理する場合の取扱いは、委員長が委員会に諮り、或は又委員会に諮らないで、議決を要しない旨を宣告するのが例である。

委員会におけるこの原則の適用の一としては、本会議でも同様であるが、修正案が数箇あるときに、共通部分のある場合の採決方法がある。即ち、数箇の修正案中に共通部分のあるときには、各修正案毎に順次採決すると、その共通の部分に関しては一事を再議することになるから、このようなときには、共通部分を除いてこれを別に採決するのを原則としているが、これは共通部分について再議することを避けるためである。しかし、実際においては、共通の部分があつても字句が異つたり、手続その他の点で若干の相違のある場合等においてこれを共通の部分と認めないで、各別に採決することがある。

なお、前に述べた委員会における再審査乃至再議は、委員会の一度議決したものについて、再び審査し議決するものであるが、これは、前の議決を取消して審査を更新するものであつて、従つて、再議の動議を可決したときは、前の議決はなくなるものであるから、一事不再議の原則には抵触しない。

三、一事乃至同一問題の意義

この原則は、既に議決のあつたと同一の問題について再議することを許さないものであるが、果して何が「一事」であり、何が既に議決のあつたものと「同一問題」であるかということが、この原則の適用について考察されるべき極めて重要な問題であることは明かである。蓋し、同一の問題ということを余り厳格に解するときは、議院がいかなる社会情勢の変化にも適応できない結果となり、又余りに事情変更の原則を広く適用し或は同一の問題ということを寛く解するときは、実質的にこの原則を無意味なものとして了う虞があるからである。従つて、何が一事であるかという問題は非常に微妙にして且つ困難な場合があろうと思われるし、最終的には議院の決するところとなるであろうけれども、しかしそこには自ら一定の基準がなければならない。ここでは何が一事又は同一の問題であるかを決するに当つて、考えねばならない幾つかの点を述べて置くに止めたい。

(一)　ある問題が既に議決された問題と実質的に同一であるかどうかを決定するに当つては、前に議決された問題の討議において展開された事項を斟酌することが必要である。ある問題の内容、目的、理由等が、悉く前に議決された問題の討議に含まれているかどうかによつて、同一であるかどうかを決定する要素になるからである。例えば、一の議案が或る条項のみについての反対のため否決されたような場合に、その他の条項を含んだ別の議案は、審議を許されることがあり得る。この点についてCampionは、「第二の問題が前の議決に全部包含される場合には問題外であるが、しかし一の法律案の或る条項のみが、第二読会において、理由ある修正によつて、反対された場合、その他の条項を含む第二の法律案は、議題たり得るものとされている」と述べている（註四）。

(二)　或る議案が前に議決された問題と実質的に同一の内容を含んでいても、その目的を異にし、或は、その目的を達する方法を異にし、又はその理由を異にするときには、必ずしも同一の問題であるとはいい得ない。例えば、一の法律案で新に刑を設け、或る方法を以てこれを罰するものと、同一の刑を設け、これを罰する方法が異る法律案の如き場合で、同一の目的を達するにしてもこれを達する方法が異るからである。これに反し、二つの法律案で同一の目的を有し、同一の方法でその目的を達しようとするものは、たとえ辞句に多少の異同があつても同一の問題といわねばならない。又、内容が同一であつてもその理由が全く異る場合、例えば議長不信任案が一度否決されても、その後新に生じた理由に基く不信任案の如きは、同一の問題とはいえない。

(三)　或る議案が、前に議決されたものと、同一内容の目的を有するものであつても、その議案が他院において否決された場合、或は、参議院が衆議院から法律案を送付されて六十日を経過した場合、又は衆議院が憲法第五十九条第二項の再議決を行つて三分の二の賛成を得られず法律案が不成立となつた場合においては、一事不再議の原則の適用は排除される。嘗て第七回国会において、六千三百七円をベースとする政府職員の新給与実施に関する法律の効力を一箇年延長する同法の一部改正案が、内閣から提出され、参議院で衆議院と異つた議決がなされたため、衆議院が憲法第五十九条第二項の規定により再議決をしたが、出席議員の三分の二の多数の賛成を得ることができず不成立となつた際、その翌日議員によつて同じく六千三百七円をベースとする一般職の職員の給与に関する法律案が発議され可決されたが、その内容は公務員の給与ベースを六千三百七円とし、給与制度の基本とするところは実質的に大体同一であつたが、一事不再議とされなかつた如きは、その例の一つである。

(四)　或る議案に対する修正案が否決された場合に、その否決された修正案と実質上同一内容の新しい議案についても、同一問題として一事不再議が適用される(註五)。

(五)　前に議決されたと同一の問題であつても、既に議決のあつた事項が法律として制定された後は、同一会期であつても、これを更に改正し、廃止することは一事不再議とはならない。蓋し、内容的には同一の問題であるとして法律となつた以上、その法律を改正し廃止することは、又別箇の議院の意思であつて、所謂一事ではないからである。嘗つて第一回国会において、府県民税の賦課額の基本を百二十円から百八十円とし、市町村民税の賦課額の基本を八十円から百二十円とする地方税法の一部改正案が可決され、法律となつた後、更に同じ会期中に、右の金額をそれぞれ二百四十円と百六十円に改める地方税法の一部改正案が可決された如きがその例である。

(註一)　大池　真・前　掲　五六頁
宮沢　俊義・新憲法と国会　一三八頁
〃　・憲法大意　二九二頁
浅井　清・憲法精義　二〇四頁
(註二)　入江　俊郎・前　掲　一六七頁
(註三、四、五)　Campion, op. cit. pp. 176—7

第七章　委員会の会議

第一節　委員会の開会

委員会を開会しようとするときは、委員長が開会の日時及び場所を定め、委員に予めこれを通知して委員会を開会する。

一、開会の日時

委員会開会の日時は、委員長がこれを定める（衆規六七条一項、参規三八条一項）。常任委員会にあつては、委員長は議院で選任されるから、初会から開会の日時は委員長がこれを指定するが、特別委員会の委員長は委員の互選によるものであるから、最初の委員長互選の委員会だけは、委員長が日時を指定することができないので、委員長が互選されるまでは委員長の職務を行うものとなつている年長者が、委員選任の当日又は翌日の何れかのうちで指定する訳である（衆規一〇一条三項、参規八〇条二項）。常任委員長が選任された後、委員長に事故あるときに、未だ理事が選任されてない場合には、委員長の委任をうけた委員が委員会の開会日時を定める。委員会の開会には特に定例日の定めはない。アメリカでは上下両院ともに常任委員会は、毎週何曜日或は第何週の何曜日というように委員会の定例日を定むべきものとし、それ以外は必要に応じて委員長が召集するものと定められていて、多くの委員会は、その定例日を定めている（註一）。わが国においても衆議院では、新国会の当初第一回及び第二回国会においては、それぞれ会期の始め各委員会の定例日を常任委員長会議において定めて、原則としてこの定例日に開会する建前であつたが、その後は別に定例日を予め定めず、委員長が必要に応じて開会日を定めている。

委員会の開会日時を定めるのは委員長の権限であるが、委員の三分の一以上から要求があつたときは、委員長は委員会を開かなければならない(衆規六七条二項、参規三八条二項)。

これは委員長が委員会を開く必要なしとしている場合や、故意に委員会を開かない場合にでも委員三分の一からその開会を要求し得るものとしたのであつて、この要求があると、委員長は必ず委員会を開かなければならないのである。この委員会開会の要求は、文書で三分の一以上の委員が連名して委員長に提出する慣例である。開会の日時を指定して要求した場合においても、委員会はその要求の日時に拘束されないで、別に日時を指定することができるものと先例上取扱われている(註二)。それは委員三分の一以上というからには、同時に二つの要求が提出されることが考えられるので、その日時が異つている場合には、その何れにも従うことができないから、委員長が諸般の情勢を判断して開会の日時を定むべきものとされるのである。しかし期日を異にした二つの要求が同時になされた場合は別として、委員に開会要求権を認めた趣旨からいえば、特別の事情のない限り、その指定した期日は尊重さるべきものと思われる。委員の過半数から要求のある場合においては特に然りであつて、地方議会にあつては、半数以上の者から請求があれば、議長はその日に会議を開くことを必要とし、更に議長が開かないときは、仮議長を選んで会議を開くことができるものとされている(地方自治法一一四条)。

二、開会の場所

委員会の開会は、その定められた委員室で開くが、同時に多数の委員会が行われるので、どの委員室で開会するかは、委員会間の調整をはかつて一応委員長が指定するが、調整のできないときには、議長が定めることになろう。しかし、議院外の場所で委員会を開くことは、特に規定のない以上許されないものといわねばならない。

三、開会の通知

委員会を開くには、開会の日時及び場所を定めて予め委員にこれを通知しなければならない。本会議の場合には、会議を開こうとするときは、議長は、予め開会日時及び会議に付する事件を記載した議事日程を定めて、これを議院に通告するものと定められているが(国五五条)、委員会においても同様、開会は予めこれを委員に通知することが必要である。開会の通知は普通各院の公報を以つてなされるが、必ずしも公報のみに限らず、緊急のときは電報その他の方法によつて通知する場合もある。ただ客観的に全委員がそれを知り得る状況に置くことが必要であり、通知をうけとつてから指定の日時までに委員会に参集出来る時間的余裕を以つてなされることが必要である。有効に成立した委員会において、予め次の開会を報告することも通知として有効である。第四回国会衆議院人事委員会において、委員長は、次回は明日午前零時五分より開会する旨を報告し、委員会を開いたことがある。しかし、予め通知することなくしては、偶々定足数の委員が集合しても、委員会を開くことはできない。

なお、参議院規則第三十五条は、「議院運営委員会及び図書館運営委員会は、前二条の規定によるものの外、議院又は図書館の運営に関しては、会期中、何時でも、これを開くことができる。」と規定しているから、この二つの委員会だけは、何時でも開会することが許されるものと思われるが、衆議院においては、規則上は参議院のような規定は存在しないが、議院運営委員会についてだけはその特殊な任務と性格から、緊急の必要あるときには、特に予め開会の通知をしない場合においても、委員会を開会し、又委員会散会後に、同日再び委員会を開会し得ることが先例として認められている（註三）。

四、審査日程

本会議にあつては、会議を開こうとするときは、議長は、会議の日時及び会議に付する事件並びにその順序を記載した議事日程を定めて、予めこれを議院に報告することになつている（国五五条、衆規一〇八条、一〇九条、参規八六条）。委員会においては、日程について何等定めるところはないが、通常、委員長が委員会を開会しようとするときは、日時の指定とともに、会議に付する事件及び順序を公報に掲載して通知する例である。而して、委員会では、特に日程と称さないが、請願だけは審査の便宜上請願日程と呼び慣わしている例である。会議に付する事件を示さないで日時だけを通知して開会する場合もある。予め会議に付する事件及び順序を公報に掲載して通知した場合には、普通その順序に従つて審査する例であるが、その順序の変更やそれ以外の事件の審査をなす場合でも、本会議における日程変更又は追加の場合のように、必ずしも議決を必要とするものでなく、委員長が適宜順序を変更し、又は追加して議題にすることもできるが、委員会に諮り或は動議によつて日程を変更し又は追加し得ることも当然のことである。

五、本会議開会中の開会

委員会は、上述の如く委員長が開会の日時、場所を定めて予めこれを委員に通知して開くのであるが、議院の会議中はこれを開くことができない。但し、議長の許可を得たときは、この限りではない（衆規四一条、参規三七条）。これは本会議の定足数を確保する必要からである。この場合の議長の許可は、個別的許可でも包括的許可でもいずれでも差支えない。慣行としては、当日の午後に開かれる委員会について、午前に予めこれを議長に報告すれば、それによつて許可を得たことになり、若し本会議において定足数が足りないときに始めて議長から特定の又は全部の委員会の開会の一時的中止を命ぜられるのが例である。

（註一） House Manual, p. 490; Congressional Directory, 81st Congress p. 193, p. 209

（註二） 第一回国会から今日まで、衆議院における委員会開会要求の事例は、第一回国会に三回、第三回国会に二回、第四回及び第六回国会に各一回、第七回国会に二回、第九回国会に一回あるが、指定された日に開会したことも、指定された日以外に開会したこともある。

（註三）（イ） 公報に開会通知を掲載することなく即日開会した例。

第二回国会　昭和二十二年十二月十日
第三回国会　昭和二十三年十月十一日
第四回国会　昭和二十三年十二月一日

（ロ） 委員会散会後同日再び開会した例。

第一回国会　昭和二十二年七月　九日
同　八月三十日
第二回国会　昭和二十三年六月　七日
第十三回国会　昭和二十七年六月　三日
同　六月十八日

第二節　開議、休憩及び散会

一、開　議

開議というのは、現実に委員会の会議を開くことをいう。委員が定められた開会日時に、定められた場所に集合して、委員長が定足数のあることを認定すると、委員長は、委員会の会議を開くことを宣告する。これを開議の宣告という。休憩中の会議を再開する場合も同様に開議である。委員長が会議を開くことを宣告するまでは、何人も議事について発言することができない。この点については規定はないが、本会議の規定が準用される（衆規一〇四条、参規八三条）。委員長が予め開会日時を指定して委員会を召集しても、所定の時間に開議できないこともあり、又定足数が足りなかつたり或はその他の事由で、開議できないで流会となることもある。しかし、委員会が委員会の開会日時を指定したときは、その開会日時において定足数を越えた委員が参集している場合に若し委員長に事故があれば、理事が委員長に代つて開議することができることはもとより当然である。しかし、この点に関して問題を生じた事例がある（註一）。

二、休　憩

休憩というのは、会議を一時休止することである。規則では、委員長は、委員会の議事を整理し難いときや、委員会において懲罰事犯があつたとき、又は会議中に定足数を欠くに至つたときは、休憩を宣告することができるものとしているが（衆規七一条、一〇六条、参規四〇条、一二三条）、休憩を宣告できるものは、これ等の場合に限られるものではなく、或は食事のために、或は懇談をなすために、又必要な資料の提出を待ち、国務大臣等の出席を待つ場合等、委員長が必要と認めたときはいつでも休憩することができる。休憩は委員長が必要と認めたときには、委員長が単独で休憩を宣告する場合もあり、委員会に諮つて休憩することもある。或は又、委員から休憩の動議を提出し、これを議決して休憩する場合もある。いずれの場合でも休憩は委員長が宣告するが、委員長が休憩を宣告した後は、何人も議事について発言することはできない（衆規一〇七条、参規八五条）。

休憩は会議を一時休止するものであるから、そのまま会議を閉じないで、再開して然る後に散会すべきものであるが、時によつては、再開しないで休憩のまま流会とすることもある。

なお、旧議院法及び両院の規則には、会議中止ということが規定されていて（旧議八八条、旧衆規一九八条、一九九条、旧貴規一七七条、一七八条）、休憩については何等規定がなく、休憩は慣例上確立されたものに過ぎないものであつたが、これ等の旧法規に対応されるべき現行の国会法第百十七条、衆議院規則第七十二条、同第二百三十三条、参議院規則第二百三十二条、同第二百三十三条等の規定は、すべて「会議の中止」を「休憩」と改めている。これは、旧法の会議中止については、色々な疑点もあつたので、新法では、会議中止の観念を廃し、すべて休憩としたものである（註二）。従つて、現在において、議員又は委員が退席することなく、在席のまま会議を一時休止する場合を会議中止と観念するとしても、それは法規上すべて休憩に含まれるものであつて、特に区別する意義は存しない。

これに反して、議事の中止については旧衆議院規則第八十三条及び旧貴族院規則第六十四条にそれぞれ「議事日程ニ某議案ノ会議時刻ヲ定メタル場合ニ於テ其ノ時刻ニ至リタルトキハ議長ハ会議中ノ議事ヲ中止シテ時刻ヲ定メタル事件ノ会議ニ移ルヘシ」と規定されていたのに対し、現行法規にはその規定を見ないのであるが、かかる規定が存在しないでも、会議中現に議題となつている議事を一時休止し、他の議事を議題とすることは例えば議題となつている法案の議事を中止して先決動議を議題とし、或る法案の議事を中止して、次の日程の法案を議題とするように、現在でも常に行われているところであつて、一つの議事を中止しても会議は中止されることはないから、休憩とは全く区別すべき観念であることはいうまでもない。

三、散　会

散会とは、会議を閉じることをいうのであるが、同じく会議を閉じる場合でも、本会議においては議事日程に記載した事件を議了したかどうかによつて散会と延会とを区別している。即ち、当日の議事日程に記載した事件の議事を終つて、会議を閉じることを散会といい（衆規一〇五条一項、参規八一条前段）、議事を終らないで会議を閉じることを延会といつて、衆議院では午後六時を過ぎ、参議院では午後四時を過ぎたときは、議長が議院に諮らないで職権を以つて延会することができることになつており（衆規一〇五条二項、参規八一条後段）、又その時刻に至らないときは議長が議院に諮り、又は議員の動議によつて延会することができる。

委員会においては、特に散会と延会とを区別する本会議のような規定はないが、観念上は、散会と延会の区別は勿論存在する訳である。しかし、本会議における散会及び延会の観念は、本会議の議事日程と関係ある観念であつて、委員会にあつては便宜上審査の日程を示して開会の通知をするが、本会議の日程のように法規上のものではなく、又本会議の日程のように日程の変更或は追加について議決を要するものでもないから、委員会の実際においては、特に散会と延会の区別をすることなく、いずれの場合でもこれを散会として取扱い、委員長が適宜に散会を宣告し、或は委員会に諮つて散会する例である。又、委員からの動議によつて散会する場合もある。いずれの場合でも、委員長が散会を宣告した後は、何人も議事について発言できないことは休憩の場合と同様である。

（註一）　第一回国会、臨時石炭鉱業管理法案を審議した鉱工業委員会において、委員長は昭和二十二年十一月二十一日午前十時に委員会を開くことを公報を以つて通知したが、当日理事会の協議が纒まらないため委員長は開議しなかつたが、定足数の委員が参集して理事が開議した委員会について、議長はこれを無効であると裁定したことがあるが、第四回国会、人事委員会において政府職員の新給与実施に関する法律の一部を改正する法律案の審査に際し、討論終局後、委員長は暫時休憩を宣告した後、委員会に出席しなかつたので、理事が委員長に事故ありと断定して、開議して採決した委員会は、有効として取扱われた。

（註二）　昭二二・一二・一九第九十一回帝国議会衆議院国会法案委員会議録一回九頁

第八章　委員会の審査

第一節　概説

委員会の活動は、前にも述べたように付託事件の審査に止まらず、或は所管事項について国政に関する調査をなし、或は所管事項について内閣より報告説明を聴取し、更に特定の委員会にあつては法律、規則によつて特にその権限と定められた事項を審査し、或は議長等の諮問事項について答申する等極めて多岐にわたるものであつて、それ等についての委員会の審査の手続乃至議事は、それぞれの場合について見ると若干の相違があるけれども、そのうち委員会の活動の最も代表的なものは、付託事件の審査及び国政に関する調査であるということができる。而して、委員会の国政調査については別に述べるところに譲り、本章では付託事件に関する委員会の審査の手続について一般的な考察を試みたい。委員会に付託される事件は議案、請願、陳情、懲罰事犯、資格争訟事件の外、議院の議決を要する事件で必要と認められたものは、すべて委員会の審査に付されるものであることは既に述べたところであるが、そのうち請願、陳情書、懲罰事犯、資格争訟事件等は、それぞれの特質によつて若干特別の手続が附加されている外は、議案及びその他の事件は概ね一定の審査手続によつて審査せられる。即ち、委員会においては議案その他の事件が付託されると、委員会においてこれを議題となし、先ずその趣旨の説明を聞いた後に審査に入り、これに対して質疑をなし、討論の後これを表決に付して、委員会の意思を決することになつている（衆規四四条、四五条、五〇条、参規三九条、四二条、四九条)。而して、この間において各種の動議が提出されればこれを議決して、委員会の審査が進められて行くわけである。本章においては、委員会の審査手続の典型的なものとして、発言、議題、趣旨弁明、質疑、討論、動議、修正、表決及び議決についてそれぞれ節を分つて説明し、更に特別の手続を附加されている請願、懲罰事犯、資格争訟事件の審査について、その特殊な審査手続を説明するとともに、予算及び決算の性質についても併せ考察することとする。

第一節　発言

一、発言の種類

委員会における発言の種類は極めて多く、構成員たる委員の発言の外、委員以外の委員会の会議に参加する者の発言も、本会議の場合と異り非常に多岐にわたつている。而して、前にも触れたように委員の発言権は委員会の構成員としての審議権に基く固有の権利であるに対し、委員以外の者の発言は、委員会の審査の必要上認められるものであり、たとえ議長や国務大臣のように委員会における発言が権利として認められている場合においても、それは委員会の構成員としての審議権に基くものでない点において、委員の発言と性質を異にしている。

(一)　委員の発言

委員の発言の最も主なるものは質疑及び討論である。質疑及び討論については別に述べるところに譲るが、質疑及び討論の外にも議事進行に関する発言や一身上の弁明や、委員会に出頭した証人に証言を求める発言等がある。

議事進行の発言というのは、委員会の議事の進行に関する発言であるが、更にいえば、その発言を許さなければ議事を進行することができない性質のものである。議事進行の発言は、議事進行に関する動議として提起されることが多いが、動議とは関係なしになされることもある。議事進行に関する発言で、議題に直接関係があるもの又は直ちに処理する必要があると認められるものは、委員長が直ちにその発言を許すが、それ以外のものであれば議事進行の発言を許可する時機は委員長がこれを定める（衆規一一九条、参規一一三条）。従つて、委員から議事進行の発言を求めても、その内容によつていつこれを許すかは委員長が定めるのであるから、果してそれが議題に直接の関係があるかどうか、又直ちに処理する必要があるかどうかを判断するために、予めその発言内容を通告せしめる必要がある。単に議事進行の発言として通告しただけでは、委員長は適当の時機にこれを許可すれば良いのである。

一身上の弁明というのは、委員会において委員の身上に関して問題が生じた場合において、当該委員が問題とされた自己の身上について弁解説明する発言である。本会議においては資格争訟を提起された議員又は懲罰事犯ありと告げられた委員は、弁明のために発言することができ、又懲罰事犯の会議及び委員会においても弁明することができるものと定められているが（衆規一三二条、一三九条、参規二〇三条、二四〇条）、特にかかる規定のない場合でも、逮捕を要求されている議員が一身上の弁明をしたり、又他の議員の発言中に自己の氏名をあげられた場合等において、当該議員がそれについて弁明をなすことがある。委員会においても特に規定はないが、委員が他の委員の発言その他に関連して、一身上の弁明のために発言することがある。而して、一身上の弁明を許可する時機は委員長がこれを決する例であるが、委員相互の発言について交互に弁明を許すときは、討論を繰返すような結果となる場合があるから、かかる場合には委員会はこれを許さないことになつている先例である。

（二）　委員以外の者の発言

委員以外にも委員会に出席して発言する者は多いが、法規先例によつて認められているのは次のようである。

（イ）　議　長

議長は、いずれの委員会にも出席して発言することができる（国二〇条）。議長の発言については特に委員会の許可は必要でなく、議長は委員会に出席して発言する権利をもつている。議長が委員会において発言するのは、議長が職権を以つて議員を懲罰委員会に付した場合にその理由を説明する場合の外、委員会に議長から諮問したり、或は委員会における議案審議を促進する場合等が考えられるが、実際としては、議院運営委員会に常時出席発言する外、他の一般委員会に出席して発言する例は殆んど稀である（註一）。

（ロ）　他の委員会の委員長

委員長は、他の委員会に出席して意見を述べることができる（衆規七〇条、参規五二条）。他の委員会に出席して意見を述べるのは、委員長の権限とされているから、他の委員会の委員長が発言を求めたときは、議長の場合と同様、委員会はこれをこばむことはできない。他の委員会の所管に関係ある議案の審査等に当つて、他の委員長が、出席してその議案について、意見を述べ、或はその議案について連合審査会を開くことを求める等の発言をなした例は第一回国会以来屢々ある。

（ハ）　委員外の議員

委員以外の一般議員で委員会において発言するのは、議員発議案について委員会で趣旨弁明をなす場合や、請願の紹介議員が委員会で請願の趣旨を説明する場合の外に、委員会は、付託をうけた事件に関して意見を有する議員があるときは、その出席を求めてその意見を聴くことができるし、又委員でない議員から委員会に出席して質疑のために発言したいという申出があれば、これを許可することができる（衆規四六条、参規四四条）。これを普通委員外発言と称しているが、委員外発言を許可するのは委員会の権限であつて、委員でない議員は当然委員会に出席して発言する権限はない。

（ニ）　他の議院の議員

他の議院が提出した議案について、他の議院の委員会又はその代理者及びその議案の発議者が、委員会に出席して提案の理由を説明することができる（国六〇条、衆規六九条）。正式に提出された議案のみならず、予備審査のために送付された議案についても同様に取扱われている。なお、他院の議員を参考人として意見を求めることも出来る。

（ホ）　国務大臣及び政府委員

内閣総理大臣その他の国務大臣は、両議院の一に議席を有すると否とにかかわらず、何時でも議案について発言するために出席することができる（憲六三条）。委員会は、議長を経由して国務大臣及び、国会において国務大臣を補佐するため、両院議長の承認を得て内閣が任命した政府委員の出席発言を求めることができる（国七一条）。これ等の者の発言は、議案の説明の外、一般国務及び外交関係に関する報告説明等である。しかし、国政調査事項に関して委員会に出席発言する権利は憲法の保障するところではない。

（ヘ）　政府委員でない官吏

政府委員でない官吏に説明員として出席説明を求め、又政府委員でない官吏から説明員として発言を求められるときは、委員長が委員会に諮り或は諮らないでその発言を許可する例である。国有鉄道及び専売公社等の公共企業体の職員も官吏ではないが、説明員として発言を許す例である。

（ト） 会計検査院長及び検査官

委員会は、議長を経由して会計検査院長及び検査官の出席説明を求めることができる（国七二条一項）。

（チ） 最高裁判所長官又はその代理者

最高裁判所長官又はその指定する代理者は、その要求により、委員会の承認を得て委員会に出席説明することができる（国七二条二項）。

（リ） 国会職員

常任委員会の専門員、両議院の事務局、法制局、国会図書館の職員その他の国会職員も、委員会の許可を得或は委員会の要求により議案の説明、議事の運営その他について委員会において発言することができる。

（ヌ） 証人、公述人及び参考人

一般国民も証人、公述人、参考人として委員会に出席発言することができる。

二、発言の時期及び発言の許可

発言はすべて、開議の宣告があつてから、散会又は休憩の宣告のあるまでの間になされることを要し、委員会が開議を宣告するまでは何人も議事について発言することはできないし、又委員長が散会又は休憩を宣告した後は、何人も議事について発言することはできない（衆規一〇四条、一〇七条、参規八三条、八五条）。なお、委員長が表決に付する問題を宣告した後は、何人も、議事については発言できるが、議題についての発言はできない（衆規一五〇条二項、参規一三六条二項）。委員の発言中休憩又は散会した場合には、次の委員会においてその発言に係る事件が議題となつた際に、これを継続させることになつている（衆規一三〇条、参規一〇二条）。

而して、委員会における発言は、委員であつても委員以外の者であつても、すべてその都度委員長の許可を得てなさねばならない。国務大臣及び政府委員が委員会で発言しようとするときは、委員長に通告しなければならないと規定され（国七〇条）、又委員の発言はその要求の順序によつて委員長がこれを許可し、公述人が発言しようとするときは、委員長の許可をうけなければならないものと規定されているが（衆規四五条二項、八二条、参規四二条二項）、特に規定のない他の者の発言であつても、苟も発言しようとするときは、その都度委員長の許可を得て、これをなさねばならない。許可を得ないで発言するときは、委員長はこれを中止する。委員長の許可を得ない発言は正規の発言ではなく、所謂不規則発言である。委員長の許可を得た発言だけが、ここにいう発言であることはいうまでもない。

委員長が一度発言を許した場合には、その発言中他の者から発言を求められても、これを許さないのが建前であるが、委員の発言中にその発言に直接関連するために、他の委員から発言を求めた場合に、発言中の委員の発言を一時中止して、これを許す例も稀にある。

三、発言の順序

委員会における発言の順序は、委員会における議事の順序に従つてなされる。即ち、普通付託事件の審査であれば、趣旨弁明の発言があり、次で質疑討論の発言がなされるのが順序である。従つて、同じく発言といつても、性質の異る発言であれば、特にその順序が問題になることは尠いのであつて発言の順序が問題となるのは同種の発言の順序である。委員会における同種の発言の場合の順序については、委員から発言を求めたときは、その要求の順序によつて委員長がこれを許可するものと定められている（衆規四五条二項、参規四二条二項）。本会議における同種の発言の順序については、詳細な規定があつて、先ず予め通告した順序により、通告しない議員は、通告した議員の発言がすべて終つた後に発言を求め、議長の許可を得て発言するものと定められているが（衆規一二五条乃至一二八条、参規九一条、九四条乃至九七条）、実際は、各派の所属議員数の比率に基く発言順位を定めて、その順位によつて許可する例である。委員会では単に要求の順序によつて委員長が許可するものと規定されるだけである。しかし、委員会の実際においては必ずしも一定せず、或は規定の通り要求の順序によつて委員会が許可することもあり、或は予め通告をさせて通告順に許可することもあり、更に理事の協議により発言順位を定めて許可することもある。要求の順序によつて許可する場合に同時に二人以上から要求のあるときは、委員長が先に要求したと認めたものから順次これを許可する。但し、発言に関連のある事項については、これを関連発言として、以上述べた順序に拘らずこれを許すことがある。

なお、委員から発言の順序について異議の申立があるときは、委員長はこれを委員会に諮らなければならない（衆規四五条三項）。

なお、議事進行に関する発言及び委員の身上に関する発言は、議事のそれぞれの段階を通じて、会議中いつでも委員から求められるものであるが、議題に直接関係があるもの又は直ちに処理する必要があると認めたものの外は、これを許可する時機は委員長の決するところであつて、要求があつても直ちにこれを許可しなければならぬものでないことは、前に述べた通りである。

委員以外の発言についても、公述人及び参考人が数人ある場合に、その意見を聞く順位は、委員長がこれを決し、或は委員会に諮つて決する例である。

四、発言の範囲

いかなる種類の発言であつても、又何人がなす発言であつても、すべて発言はその許された発言の内容に従つて一定の範囲があつて、発言を許されたからといつて、何についてでも勝手な発言ができるというものではない。発言は、すべて議題外に渉り又はその範囲を超えてはならないことがその原則とされている（衆規一三四条、参規一〇〇条）。委員会においては、委員は自由に質疑し意見を述べることができるものと規定されているが（衆規四五条一項、参規四二条一項）、それも議題の範囲内でなければならぬことは当然である。議題になつていない事件について発言することは許されない。従つて、委員が偶々現に議題になつていない事件について、政府委員と質疑応答を重ねても、それは委員長が所謂大目に見ているだけのものであつて、法律的には当該委員会の適正な審議上の発言ではないことはいうまでもない。

何となれば、発言の議題外に渉るものはこれを禁止すべきことが当然であるからである。又、討論の発言を許されたときは、発言は許された討論の範囲を超えることはできないし、質疑の発言を許されたときは、その許された質疑の範囲を超えることはできない。議事進行に関する発言並びに身上に関する弁明も、各々その範囲を超えることはできない。委員の発言もこのように議題外に渉り、或はその許された発言の範囲を超えることはできない。委員以外の者の発言も同様であつて、両院の規則は証人の発言は、その証言を求められた範囲を超えてはならないと規定し（衆規五四条一項、参規一八六条）、又公述人の発言は、その意見を聴こうとする事件の範囲を超えてはならないと規定しているが（衆規八三条一項、参規六八条一項）、特にかかる規定のない者の発言であつても、その発言の許された目的の範囲内において発言しなければならないことは勿論であつて、規定がないからとて、いかなることについても自由に発言できるという趣旨でないことは当然である。請願の紹介議員の発言は、請願紹介説明の範囲に限られ、国務大臣及び政府委員等の発言も、議題となつている事件の趣旨弁明又は求められた答弁の範囲に限られる。

発言が、議題外に渉り又は許可された範囲を逸脱する場合には、何人であつても委員長はこれを制止し、或は発言を禁止することができる（衆規七一条、五四条二項、八三条二項、参規四一条、六八条二項）。

五、発言時間の制限

委員長は、委員会に諮り質疑、討論その他の発言につき、時間を制限することができる（衆規六八条一項、参規四七条）。従つて、質疑、討論のみならず、趣旨弁明の発言、委員の議事進行の発言、身上弁明の発言、証人、公述人或は参考人の発言等すべて必要ある場合には、その時間を制限することができるが、発言時間の制限は委員会に諮ることが必要であつて、委員長は単独にこれを制限することはできない。

発言時間の制限は、委員長が必要と認めたとき、又は委員から動議が提出されたときは、委員会に諮つて特定の者の発言について個々に時間を制限することもできるが、質疑や討論について、予め時間制限をする場合には、各委員に対して均等にしなければならないこととされていて、委員によつて不平等な時間を定めることは許されない（衆規六八条二項）。ここで、各委員といつても全委員という意味ではなく、発言を要求した各委員という意味であつて、要求のない委員にまで均等に割当てなければならないということではない。予め時間を制限する場合には、委員一人について何分というように制限することも、全体の時間を制限して、これを均等に割当てることもできる。しかし、委員会において予め時間制限することは実際は少く、予算やその他の重要議案について、発言者が多く予め時間を制限するときには、理事の協議によつて、例えば質疑の全体の時間を何時間と定め、委員会における各派の所属議員数の比率によつて、各派に接分して時間を割当て、各派の委員はその各々の持時間によつて発言する方法が多く採られる例である。

六、発言自由の原則

憲法は、両議院の議員は、議院で行つた演説、討論又は表決について院外で責任を問われないと規定している（憲五一条）。委員会における委員の発言も、議員としての発言であるから、この規定に含まれることはいうまでもない。これを一般に発言自由の原則或は免責特権、言論及び表決自由の特権等といい、わが国のみならず各国の憲法の認める原則である（註一）。旧憲法は、議院で行つた演説といわず「議院ニ於テ発言シタル意見」と規定していたため（旧憲五二条）、事実の陳述をも含むかどうかという問題があつたが、新憲法は演説と規定しているから、意見のみならず事実の陳述も含まれることは当然である。而して、この発言は、議員としての職務行為としての発言のみに限り、議員としての職務行為としての発言でないものはこれに含まれないものと解さなければならない。従つて、委員長又は議長の許可を得てなす正規の発言であることを要するの　当然であつて、不規則な発言や、又議院内部であつても本会議又は委員会以外の場所で行われた発言は含まれない（註二）。

院外で責任を問われないというのは、院外における法律上の責任即ち刑事上、民事上の責任は問われないこと、換言すれば、刑事上の訴追をうけたり民事上の損害賠償の問題にならないことを意味するのであつて、法律上の責任以外の責任については保障されるものではない。

而して、院内においては、議員の発言も一定の規律に従わねばならず、又秩序をみだす発言については、懲罰という院内の責任を問われることがあつても、これは発言自由の原則とは何等抵触するものでないことは、各議院が内部規律の権を与えられていることから当然である(憲五八条二項)。従つて、議員の発言についても既に述べたように、発言の時期、発言の許可、発言の範囲、時間の制限等の制約がなされる外、議院における規律保持の点から、議員は、無礼の言を用い、又は他人の私生活にわたる言論をすることは許されず(国一一九条)、又議院の品位を重んじ、互に敬称を用いることを必要とし(衆規二一一条、二一二条、参規二〇七条、二〇八条)、或は、意見書又は理由書の朗読を禁止し(衆規一三三条、参規一〇三条)、同一議題についての質疑、討論の回数を制限する(参規一一〇条、一一七条)等発言に対する各種の制約が規定されているのであつて、委員もその発言に当つては、これ等の制限に従わなければならない。而して、これ等の制限に違反する場合には、議長又は委員長の秩序維持の権限によつて、一定の制裁が規定されているが、この点は委員会の秩序について述べるところに譲ることとする。

(註一) 第一回国会以来、衆議院において議院運営委員会以外の委員会に議長が出席発言した例は次の如くである。

(一)第一回国会、昭和二十二年十二月六日、懲罰委員会において、議長職権を以つて付託した懲罰事犯の件についてその理由を説明した。

(二)第二回国会、昭和二十三年二月二十四日、図書館運営委員会において、国立国会図書館長の任命につき、協議のため出席発言した。

(註二) 美濃部達吉・日本国憲法原論　四二一頁
浅井　清・憲法精義　二二八頁
法学協会・註解日本国憲法中巻　七八頁
宮沢　俊義・憲法大意　二六五頁
大池　真・前掲　四三頁

田口弼一・前掲　二七六頁

（註三）美濃部達吉・逐条憲法精義　四九四頁

第三節　議　題

一、議題の意義

委員会が、その審査に入る場合においては、先ず何を議題とするかを決定して、その定つた議題について審査を進めて行かねばならない。委員会に付託される事件の数は、必ずしも一に止まらず、又国政調査事件も数多いから、先ずその何れについて審査し、調査するかを決定しないと具体的な審査の手続に入り難いからである。委員会においてはそういう意味で、単に議事の題目乃至は、審査又は調査の対象について広くこれを議題と俗称する場合が見うけられるが、国会法及び両院の規則上、議題という言葉には本来一定の法律上の意義があり、それは単に議事の題目という意味ではない。即ち、ある事件を議題にするということは、その事件を本来の意味の審議の対象とするということ、言い換えれば、その事件を委員会又は本会議の議決の前に置くことを意味する。従つて、委員会又は本会議の議決の対象となるものでなければ、議題とはなり得ないものである。即ち、議題となり得るものは、議案その他議院又は委員会の議決を要する事件及び動議であつて、それ自身議決の対象とはなり得ない報告、勧告、意見書又は国政調査事件等は、本来の意味の議題とはなり得ない。国会法及び両院の規則においては、議題という言葉はすべてこのような意味に用いられており、単なる議事の題目というような通俗的な意味に用いられているものではない。例えば、委員会において証言を求める場合や公聴会で意見を聴く場合において、両院の規則が特に「その証言を求められた範囲」又は

「その意見を聴こうとする事件の範囲」或は「問題の範囲」等と規定して（衆規五四条一項、八三条一項、参規六八条一項、一八六条）、議題という言葉を用いていないことや、或は、本会議における自由討議の題目を定める場合に、これを議題といわず、問題という言葉を用いているのもそのためである。このように議題となるものは、それ自身議決の対象となるべきものであるから、国政調査をする場合や所管事項についての説明を聴取する場合に、一定の題目を決定することがあつても、これを議題と称することは妥当でないといわなければならない。

なお、予備審査の議案は、その本議案が他院から送付されるまでのものであり、他院からその本議案が送付されて委員会に付託になれば、予備審査の議案というものはなくなる訳であるから、それは、議決の対象となり得ないものであるが、これを議題として審査を進めているのは、便宜上普通の議案の審査に準じているものであつて、本来の意義における議題となり得べき性質のものではない。

二、議題の決定

委員会において審査をする場合には、委員長は先ず何を議題とするかを決定して、その旨を宣告し（衆規一一四条）、その宣告された議題について先ず趣旨弁明を聴き、質疑、討論が行われ、次いで表決が行われる。而して、委員会の審査案件が多数ある場合、或は一つの案件でも、その内容が複雑且つ尨大であるためその全体を議題とすることが適当でないような場合には、何を議題として決定するかの問題が生ずる。何を議題とするかは委員長が、或いは委員会に諮り、或は諮らないで、決定してこれを宣告するのであるが、一度議題の宣告があれば、委員会はこの議題について審査を進めるべきであつて、たとえ委員会に付託になつている事件であつても、未だ議題とならない事件については、委員と雖もこれについて発言できない。委員長が議題を決定するには、案件の数、種類、内容等を考慮して、審査に最も都合のよいように決定するが、その決定には次のような方法がある。

(一)　一案毎に議題にする場合

委員会の審査すべき議案又は事件が数箇あるときには、先ず議題に供すべき順序を定め、一案毎に議題とするのが原則である。同時に関係のない議案を議題とすることは、審査の能率を妨げ、会議の目的を散漫且つ不明確にするから、同一時においては一つの議題を供するのを建前とする。

(二)　数箇の議案を一括議題とする場合

数箇の議案が、趣旨を同じくする場合又は相関連する場合には、各案を一括して議題とする。本会議においても同一委員会から報告のあつた数箇の議案は、概ね一括して議題とすることが多い。但し、同趣旨又は相関連する内容の事件でも、それを実現しようとする形式を異にする場合、例えば法律案、決議案、請願等は普通一括議題とはしない例である。

(三)　一案を分割議題とする場合

一議案であつてもその内容が厖大且つ複雑なときには、審査の便宜上これを分割して、特定部分を議題に供することも差支えない。例えば、一つの法律案について章別に議題を供するような場合がそれである。

(四)　なお、前にも触れたが、国会の議決を要すべき内閣提出議案で、先議の院で議決して送付されたものは、後議の院ではその先議の院の議決案を議題とし、内閣の提出した原案は、参考とされるに止まり議題とはならない。従つて、先議の院で修正議決して送付された場合には、先に予備審査のために送付された議案とは、内容的にも異なることはいうまでもない。

第四節　趣旨説明

一、趣旨説明の意義

趣旨説明というのは、議案又は動議の提案の理由及びその内容についての説明をいう。両院の規則は、委員会の議案が付託されたときは、先ず議案の趣旨についてその説明を聴いた後、審査に入ると規定しているが（衆規四四条、参規三九条）、その他において、或は提案の趣旨説明といい（衆規六九条）、或は議案の趣旨弁明といい（衆規一一七条、参規一一八条二項）、或は又議案の趣旨及び内容の説明といつているのも（参規一〇七条）、すべて同種の意味である。又、趣旨説明は必ずしも議案に限らず、その他議題となるべき事件及び動議の外、広く議題とならない各種の報告、勧告及び意見書等についても行われることがある。議案については、議案が発議又は提出されると先ず委員会に付託されるから、その趣旨説明はすべて委員会においてなされるのが原則であつて、本会議において議案の趣旨説明がなされるのは、議案の委員会審査を省略した場合（国五六条二項但書、衆規一一七条、参規一〇七条）及び国会法第五十六条の二の規定によつて、委員会付託議案について、議院運営委員会が特に必要を認めた場合に、特に本会議で議案の趣旨の説明を聴取する場合に限られている。

二、趣旨説明者

趣旨説明をなすのは、議案又は動議の発議者又は提出者である。本会議において、委員会の審査を省略した議案の趣旨説明は、衆議院規則では「発議者又は提出者」がこれをなすものと規定し（衆規一一七条）、参議院規則では「発議者、衆議院の委員長若しくは発議者、国務大臣又は政府委員」がこれをなすものと規定しているが（参規一〇七条）、委員会においても同様であつて、委員会における趣旨説明者は次の如くである。

（一）議　員

議員の発議した議案については、その発議した議員が、趣旨の説明をする。発議者が数人ある場合においては、その中の一人が代表して趣旨説明をすることもあり、二人以上の議員が交互に趣旨説明をすることもある。議案の発議には賛成者は必要とされないが、本会議における懲罰動議や修正動議のように、一定数の賛成者とともに提出する場合においては、提出者ではなく賛成者がその趣旨説明をすることがある。本会議における懲罰動議の賛成者が懲罰委員会に出席して趣旨説明を行うこともある。なお、議員発議案については、常任委員会専門員、事務局及び法制局の参事が補足説明をすることがある。

（二）他院の議員

他の議院が提出した議案については、その委員長又は発議者が、議案の趣旨説明をする（国六〇条）。普通議員発議に係る議案については、その議員が趣旨説明に当り、委員会提出議案についてはその委員長が趣旨説明をするが、委員長は、委員会提出議案に限らず、議員発議の場合でも、その委員会の所管に属するもので委員会の審査を経たものであれば、委員長が趣旨説明をすることができる（衆規六九条）。なお、正式の議院提出案でなくても、他の院の議員発議案が、予備審査のために送付された場合にも、議院提出案の場合に準じて、その発議した議員が趣旨説明を行う例である。ただ、内閣提出案が先議の院で修正された場合には、その修正が委員会の報告に係るものであつても、或は本会議における議員の修正動議に係るものであつても、その委員長又は修正動議の提出者が、当然に後議の院において修正の趣旨を説明することは認められるところではないから、必要のある場合には、これらの人を参考人としてその修正等について説明を聴くべきであろう(註一)。

(三) 国務大臣及び政府委員

内閣提出議案については、国務大臣又は政府委員がその趣旨を説明する。国務大臣が大綱の説明をし、政府委員が補足して詳細の説明をなす場合もあり、或は国務大臣及び政府委員がそれぞれ単独に趣旨を説明することもある。なお、内閣提出案が委員会の議題となつた後、議院の承諾を得て内閣において修正したときには、その修正部分について改めて趣旨の説明を行う例である。

三、趣旨説明の時期

両院の規則は、委員会は、議案が付託されたときは、先ず議案の趣旨についてその説明を聴いた後、審査に入るものと規定していて(衆規四四条、参規三九条)、議案の趣旨説明は、その議案が委員会の議題となつたときは、先ず最初に行われるべきものとしている。これは議案に限らずすべて委員会における審査案件についての趣旨説明の時期を示したものであつて、議題となつたものはその審査の最初の順序として先ず趣旨弁明がなされることを意味する。議案が委員会の審査を省略する場合には、その議案が本会議の議題となつたときに、趣旨の説明が行われる。委員会に付託された議案についても、議院運営委員会で特に必要と認めて、その趣旨の説明を聴く場合には、委員会における趣旨弁明の時期とは無関係に、併行して行われる。委員会においては、動議についても議案の場合と同様に、それが議題となつたときに先ずその趣旨の説明をする。

なお、議員発議案及び内閣提出議案で、発議者又は提出者の要求によつて、委員会又は本会議の承諾を得て修正されたときは、その修正後直ちに修正部分について趣旨説明をするが、これは、趣旨弁明が先ず優先的になされる建前上当然のことである。

又、趣旨弁明は審査の最初になされるのであるが、審査の途中に補足して趣旨弁明をなすことも可能であつて、表決前であれば、質疑、討論中でもこれを許した稀な例がある。参議院規則が発議者、衆議院の委員長若しくは発議者、国務大臣又は政府委員は、議案の趣旨を弁明するために、数回の発言をすることができると規定しているのも（参規一一八条二項）、この趣旨であつて、衆議院においても同様である。

なお、趣旨説明は審査の最初になすべきものであるが、稀に趣旨説明を省略することがある。新しい国会法の下では、議案は先ず委員会に付託されるのが建前であるから、委員会において趣旨説明を省略することは、実際上極めて稀であるが、その内容が極めて簡単で、特に説明を聴く必要のない場合、又は委員会において趣旨説明を聞く前に、国会法第五十六条の二によつて本会議で趣旨説明を聞き、その趣旨が既に明かである場合等においては、委員会の決定によつて、趣旨説明を省略することができる。

（註一）　内閣提出案の先議の議院における修正の趣旨について、後議の議院においてその説明を聞く場合の取扱いは、衆、参両院各々その取扱いを異にし、参議院においては、従来国会法第六十条の議院提出案の場合に準じ、衆議院の委員長又は修正動議の提出者から、修正の趣旨の説明を求めている慣例であり、衆議院においては、本文の如き意味から、委員長又は修正動議の提出者としてでなく参考人として、参議院における修正の趣旨の説明を聴く例となつている。

第五節　質疑討論

一、委員会における質疑討論の自由

両院の規則は、いずれも委員会においては、委員は、議題について自由に質疑し及び意見を述べることができると規定している（衆規四五条一項、参規四二条一項）。この規定は、本会議における質疑及び討論に関する規定と対照し、又一方両院の旧規則が質疑討論について特にかかる規定を置くことなく、概ね本会議の規定の準用によつて運用せられていた点と比較して、極めて重要な意味をもつている。

即ち、この規定の意義は、委員会にあつては、その委員会本来の性格と使命に鑑みて、本会議における質疑及び討論の如く形式に流れることを避け、形式にとらわれることなく、自由に質疑し討論することを建前とすることを、委員会における審査の原則としている点にあつて、本会議における質疑、討論とは、自ら異つた建前をとつていることを意味する。而して、この規定の意味するところは、本会議の場合における質疑及び討論と異り、次のような特色をもつているものということができる。

第一に、本会議において、質疑と討論の段階は明確に区別され、質疑において討論に渉るが如き意見を述べることは、許されない建前であるに対し（衆規一一八条、一三九条、参規一〇九条、一一二条、一一三条）、委員会においては、質疑に当つて、自由にその議題についての賛否の意見を述べることもできるし、又委員が相互に意見をたたかわせ、互に質疑することも差支えなく、議題について、形式にとらわれないで、自由に論議を尽すことができるものであることを意味する。又、委員会において質疑と討論とを区別して審査を進めることももとよりできるが、この規定は、審査に当つて、本会議のように明確に質疑と討論段階を区別し互にこの段階を超えてはならないことを要求するものではなく、質疑と討論を区別しないで審査することも可能であることを意味している。このことは、衆議院規則制定の段階において当初の原案が、自由に質疑し、及び討論することができると規定されていたことからもうかがわれる。

第二に、本会議における質疑、討論のようにその回数について制限する（参規一一〇条、一一七条）ことなく、何回でも自由に質疑し意見を述べることができ、又討論においても本会議のように先ず反対者が討論し、次に賛成者が討論するというような討論の順序を守らなければならないことを要求するものでもないことを意味する。

このように委員会における質疑討論については、必ずしも本会議におけるような形式的な段階や順序によらないで、自由に質疑し討議のできることを認めているのであるが、委員会が質疑及び討論を区別して、質疑を終つて討論の段階に入る方法を採ることを認めない趣旨では勿論ない。ただ、本会議においては、この区別が規則上明確に段階づけられていて、必ずこの順序によらねばならないのに対し、委員会においては、必ずしもこの区別によらないでも差支えないことを意味しているものであつて、委員会によつて、その何れの方法をとることも審査の便宜に応じて許されているという意味である。実際の運営においても両者を明確に区別することなく、審査をする場合もあり、両者を区別して、質疑を終了した後討論に入る順序を経る場合もある。

委員会の討論について、「可否の討論は会議においてなされる例である。討論は委員会でもなすことができるが、委員会においては、簡単に賛否を述べ、正式な討論は会議に譲る例である。」との説があるが（註一）、これは旧制度の場合は知らず、今日においては全く反対であつて、本会議では、特に重要な議案の外は討論の時間や員数が制限されることが多く、委員会が報告した普通の議案については特に反対討論の外は行われないのが寧ろ通例であり、これに反し、委員会にあつては、討論は精細になされるのが実情である。

而して、多くの委員会にあつては、議案の審査については、概ね両者を区別し審査する例であり、その場合には本会議の規定が概ね準用されており、且つ、本来の意味からいえば、質疑は、議題について疑義を質すものであり、討論は議題に対して行う賛否の意思の表明であるから、次に質疑及び討論のそれぞれについて説明しよう。

二、質　疑

質疑は、議題についてその疑義を質すことである。議題に関連のある事項について質疑することも許される。又、先に述べたところから、疑義を質すといつても、併せて自己の意見を述べることも、実際に行われるところである。ただ、質疑は、議題について疑義を質すことであるから、国会法上の所謂質問とは、全然性質を異にする。質問は内閣に対し事実又は内閣の所見をただすもので、議員が議題とは関係なく国政一般についてなすもので、本来文書によるものであり、緊急を要するときには議院の議決により口頭でなすこともできるが(国七四条、七六条)、議題についての疑義を質すものではない。従つて、委員会においては、所謂緊急質問というものはあり得ないが、ただ委員が、付託事件の審査又は国政調査以外に、その委員会の所管事項について、内閣に対し、或はその説明を求め、或はその所見を質すことはもとより差支えないことであつて、かかる意味での委員会における質問は、実際上も屢々行われるところである。

質疑は議題について疑義を質すものであるから、議題となつている議案の発議者又は提出者に対してなされる。従つて、概ね先述した議題についての趣旨弁明者に対してなされることになるのであるが、必ずしも趣旨弁明者とは限らず、内閣提出案について趣旨弁明をなした国務大臣又は政府委員以外の国務大臣又は政府委員に質疑することもあり、議員発議案についても、発議者数人あるときは、趣旨弁明をなした議員以外の発議者に質疑することもある。

質疑の形式は、疑問の全部を一括して質しても、又一問一答式に質疑しても差支えないが、委員会における質疑は概ね一問一答式の方法による例である。又、質疑の方法も、議題となつた議案の全部につき、又は逐条により若しくは項目を定めてこれを行う等、必ずしも一定していない。

質疑が容易に終らない場合においては、委員長が委員会に諮り、又は委員からの質疑終局の動議を可決して、質疑を終局することができる。質疑終局の動議は、討論を用いないで委員会に諮つて決する（衆規一四二条、参規一一一条二項）。質疑が全部終了したとき、及び質疑終局の動議が可決されたときは、委員長は質疑の終局を宣告する。しかし、委員会の実際においては、質疑終局を宣告した後においても、その議案が発議者又は提出者からの申出によつて修正された場合その他新な必要を生じたときには、再び質疑を更新することもある。

又、議題の内容が簡単で特に質疑を要しない場合には、委員会の決定で質疑を省略することができることについては先に述べた通りである。

なお、質疑も発言の一つであるから、その範囲、時間制限、順位或は委員長の許可等については、すべて発言について述べたことに従うべきことは当然である。

三、討　論

討論とは、議題に対してなされる委員の賛否の表明である。討論は、議題について委員会の意思を決定するために、その構成員である委員が、賛否の議論をたたかわすものであるから、討論には構成員たる委員だけが参加し、委員以外の者は討論に加わることはできない。委員会に出席して発言し得る者は、委員以外にも数多く存在することは前述の通りであるが、その発言はいずれも討論に渉ることはできない。又、議長、他の委員会の委員長が委員会に出席して議題について賛否の意見を開陳したり、公聴会の公述人が賛否の意見を陳述することがあつても、それは討論ではない。討論は、委員会の意思決定の前提として、委員がなす賛否の表明だからである。従つて、討論は、第一に構成員たる委員がなすものであり、第二に議題についての賛否の表明である点において、他の発言と性質を異にするものである。

討論は、質疑が終了してからなされる。本会議の討論については、議員の質疑が終つたときは、討論に付することが両院の規則で規定せられている(衆規一一八条、参規一一二条、一一三条)。委員会においても、質疑と討論を区別して議事を進めるときは、本会議の場合と同様である。

討論の順序については、本会議の場合には、議長は、最初に反対者をして発言させ、次に賛成者及び反対者をしてなるべく交互に指名して発言させなければならないものと規定されているが(衆規一三七条、参規一一六条)、委員会にあつては必ずしもこの本会議における討論の順序によらず、委員会における一般発言の順位について述べたように、或は通告又は要求の順序により、或は反対賛成の順序により、或は理事の協議によつて討論の順序を定めてなす場合もあつて、必ずしも一定していないが、普通所属議員数の多い会派の委員から、順次討論することが多い。

討論の方法は、議案全部についてなされるのが普通の例であるが、特に逐条により又項目別に討論することもできる。委員会においては、本会議のように特に討論の回数について制限する規定(参規一一七条)はないが、同一委員が討論二回に渉ることのない例である。

委員長も討論に参加できることは、委員長も委員である以上もとより当然のことであるが、委員長が自ら討論しようとするときには、委員長席を退き、理事又は委員の中から代理者を指名し、委員長席に着かせ、自らは委員席において討論しなければならない(衆規四九条、参規四五条一項)。委員長が討論するときは、委員長の資格でするのではなく、委員として討論するものだからである。而して、本会議にあつては、議長が討論に参加したときは、その問題の表決が終るまでは、議長席に復することができないことは、両院規則とも同様に規定する所であるが(衆規一三八条二項、参規一一九条二項)、委員会の場合については、参議院規則においては、議長と同様委員長が討論に参加したときは、その問題の表決が終るまで委員長席に復することができないと規定されているに対し(参規四五条二項)、衆議院規則にはかかる規定が存在しないのは本会議の規定を準用しようとしたからである。従つて、質疑と討論を区別して議事を進める場合においては、委員長が討論に加つたときは、その問題の表決の終るまで委員長席に復することができないのであるから、討論が二日にも渉るような場合や、討論が終つたときに採決を次回に延期した場合等においても、なおその問題の表決の終るまでは、委員長席に復してはならないと解すべきであろう。

討論は、討論の通告者が、すべて発言を終つたときに終局するものであるが、すべての討論通告者の発言が終らない時でも、委員から討論終局の動議を提出することができる。本会議においては賛否各々二人以上の発言があつたとき、又は賛否いずれか一方の二人以上が発言して他の一方に発言の通告のないときには、議員二十人以上から討論終局の動議を提出することもできるものと規定されているが(衆規一四一条、参規一二〇条一項)、委員会に関する特別の規定は存しないから、この本会議の規定が委員会に準用されるものと解してよい。しかし、委員会にあつては、本会議と異つて、委員一人からでもこの動議を提出し得ることは他の動議の場合と同じである。而して、討論終局の動

終局の動議は、討論を用いないで、委員長が委員会に諮つてこれを決するのである（衆規一四二条、参規一一〇条二項）。討論通告者の発言が全部終つたとき、及び討論終局の動議が可決されたときは、委員長は討論の終局を宣告する（衆規一三九条、参規一一二条）。討論終局の宣告後は、質疑、修正、趣旨弁明の補足、身上弁明等も許されないことは本会議同様である。

なお、討論の通告がなく、別に異論もないときは、委員長の発議又は委員の動議により、委員会に諮つて討論を省略することができる。

（註一） 田口 弼一・地方議会運営論 二〇八頁

第六節 動議

一、動議の概念

動議というのは、議員又は委員の提議に係り、通常案を具えることを必要としないもので、議題として会議又は委員会の議決の対象となるものであるというように観念されている（註一）。議院の議決を要するものが、議案に限らないものであることは、既に委員会の審査案件の章において詳説したが、それ等のものを除いて、会議の議題として議決を要するものが動議である。会議体の議事又は意思決定の最も素朴な形式が、平易な言葉を以つてすれば、その構成員の或者が「何々しよう」という提議をなし、他の者がその提議について意見を述べ合つた後に、多数の者が、「それでよかろう」とか「それはいけない」というように、これに賛同し、或は賛同しないことによつて進行されるものであることは、凡そ多数人の集合によつて事が決定せられる場合において、われわれが日常経験するところであり、又素朴な多数人の集合では、一つの提議とこれに対する賛同によつて、すべてのことが決し得るものであることも容易に想像することができる。このように、会議体の意思決定を求めてなされるところの提議が、動議（Motion）の本来の意義である。而して、会議体の意思決定を必要とする内容が複雑になり、会議体の運営が進化するとともに一つの会議体が社会において占める地位によつて、その会議体の意思決定を求めてなされる提議が、一定の要式と厳格な手続を必要とするようになり、単に会議体の構成員のみならず、外部の者からもその会議の意思決定を求めて、提議が行われるようになることも亦、当然のことであろう。そして、かかるものが、やがて議案のように、本来の動議から離れて、独立した会議体の議決対象として観念されるようになつて行く。動議の本質を理解するためには、このような認識から出発しなければならない。「動議と議決とは、議会の審議の二つの基本的形式である。」といい、「動議及び議題なくして討論あることを得ず。」といい、更に「法律案は動議の集成なり。」といわれるのは、動議のかかる性質を指すものであり（註二）、Campion が動議を論じて、「如何なる問題に対する討論も動議という形で始まらなければならないのであるから、討論の手続を説明するには、先ず動議から始めねばならない。動議が（賛成者を得て）提出されると、議長は動議と同じ言葉でその問題を討論の対象として提起する。そして討論が終局すると議院の意思を決定するために、その問題を表決に付する。動議、問題、採決は、討論の主要なる形式であり、討論の過程のすべてである。この単純なる討論の形式は、問題が提出されてから更に新しい動議が提出されることにより複雑にされる。というのは、附随して同じように動議、問題、採決という討論の過程が新しく加わり、議院はそれを処理しなければ、先の問題に帰ることができないからである。それ等の新しい動議は『附随的動議』（Subsidiary Motion）

237

と呼ばれ、その依存する『主動議』(Substantive Motion) から区別される。」といつているのも(註三)、かかる動議の性質を認識することによつて理解することができる。かくて会議の進行はすべて動議によつてなされ、会議は動議の連続であるということができる。このように、本来動議とは、会議の意思決定を求めてなされるところの提議を意味するが、現行法規の下においては、動議とは、議案その他の議院の議決を要する案件の如く、一定の形式と手続によつて提出されるものを除き、議院又は委員会の意思決定を求めてなされる議員の、又は委員の提議であつて、議題として会議又は委員会の議決を要するものであるということができる。従つて又、動議は案を具えることを要しないことがその本来の性質であり、ただ特定の動議についてのみ案を具えることを両院の規則が特に規定しているに過ぎない(衆規四七条、一四三条、参規四六条、一二五条)。

二、委員会における動議

動議というものが以上説明したような性質のものであるから、委員会において委員から発議される動議は、議院の会議において議員から発議される動議と異り、その多くは、委員会の会議の進行又は審査の手続に関するものであることは、委員会の性質上当然のことであるが、しかし、委員会の会議も単に付託事件の審査にのみ限られるものではないから、委員会がそれぞれの所管に基いて国政に関する調査をなし、その結果に基いて委員会の意思を決定し、これを議長に報告し、或は必要な行政機関に参考送付することがあり、又委員会はその所管の事項に関してそれぞれ法律案を提出する権限が与えられているから(衆規四二条)、単に会議の進行又は審査の手続に関する動議に止まらず、或は決議の動議、法律案起草提出の動議等が提出されることもあり、更に或は本会議開会要求の動議、本会議における討論者指名の動議等、外部に対する委員会の権限行使に関するものもあり、委員会に出頭した証人が虚偽の陳述をなし、或は、正当な理由がなくて、委員会から出頭を求められた証人が出頭せず、若しくは要求された書類を提出せず又は証人が宣誓若しくは証言を拒んだものと認めたときは、これを告発しなければならないことになつているから（議院における証人の宣誓及び証言等に関する法律六条乃至八条）、これ等の場合における証人を告発するの動議が提出されることもあり、又一度議決した議案を再議に付するの動議が提出されることもある。従つて、委員会における動議のうち、決議の動議、法律案の起草提出の動議、証人告発の動議、再議の動議を独立的動議とし、会議の進行又は審査の手続等に関する動議を附随的動議としてこれを分類することができる。Campion も動議を分類して主動議（Substantive Motion）と、それ以外の動議（Motions other than substantive）に分類し、主動議は、議院の議決を求めて提出される独立の提案であり、議院の意思決定を表明し得るような方法で案文が作られているものであるとし、主動議以外の動議を分類して、附随的動議（Ancillary Motions）代替動議（Superseding Motions）及び修正動議（Amendments）の三種とし、附随的動議とは、議事日程に関連して屢々なされる動議で、例えば、法案審議の各種段階における種々の議事に関して、通常用いられる方法として認められるものであり、代替動議とは、形式上独立であつて、日程に附随するものではないが、問題の討論過程の中で提出され、その問題を取換えることを求める動議であつて、この動議には議事遅延の動議（Dilatory Motions）と先決問題（Previous Question）を含むとし、休憩、散会の動議や議事延期の動議等を挙げ、又修正の動議とは、主たる問題の討論とその採決までの間に、その修正点に関し新に討論と採決の過程を挿入する附随的の動議で、代替動議のように主たる問題を排除するためのものでなく、その条項又は字句を変更するためのものであるといつている（註四）。かかる分類も動議を分類する一方法であることはいうまでもないが、委員会における動議の大部分は、会議の進行又は審査の手続に関するものであるら、さまで明確に分類する必要もないように思われる。従つて、委員会における動議の主要なるものを例示すると次のようなものがある。

（一）数案を一括して議題となすの動議
（二）趣旨弁明省略の動議
（三）発言時間制限の動議
（四）質疑終局及び省略の動議
（五）討論終局及び省略の動議
（六）直ちに採決すべしとの動議
（七）議事延期の動議
（八）修正の動議
（九）撤回、修正及び組替を求めるの動議
（一〇）秘密会とするの動議
（一一）公聴会、連合審査会及び合同審査会開会の動議
（一二）証人喚問の動議
（一三）委員派遣の動議
（一四）報告又は記録提出要求の動議
（一五）国務大臣、政府委員、検査官等の出席要求の動議

（一六）　休憩及び散会の動議
（一七）　委員長不信任の動議
（一八）　委員長は国会法第百二十一条第二項により懲罰事犯ありとして議長にこれを報告し処分を求むべしとの動議

三、動議の発議及びその処理

委員会で動議を提出できるのは委員だけである。委員長が動議を提出する場合には、委員長発議といわれるが、これは委員長発議の動議の意である。委員外の議員は、動議を提出することはできない。しかし、委員であればいかなる動議をも一人で提出することができる。本会議の動議には、質疑終局及び討論終局の動議のように、議員二十人以上から提出を要するもの（衆規一四〇条、一四一条）及び、修正動議、懲罰動議のように二十人以上の賛成を必要とするもの（国五七条、一二一条三項）があるが、委員会における動議は賛成者を必要としないから、従つて委員会の動議には、所謂動議の成立ということはない。ただ、参議院規則第九十条には、「国会法及びこの規則において特に定めた場合を除き、すべて動議は一人以上の賛成者を待つて議題とする。」と規定されているから、参議院においては本会議における動議に賛成者を要し、動議成立の観念をとつていることは明瞭であつては、委員会における動議についても、この規定の適用があるものとして取扱われているもののようである。衆議院では特定の動議の外は、本会議においても賛成者を要しないし、委員会における動議はすべて一人で提出できる。

動議のうち、修正の動議だけはその案を具えることを要するものとされているが（衆規四七条、一四三条、参規四六条、一二五条）、その他の動議については案を具えることを要しない。その形式についても何等定めるところはないから、口頭でなしても文書でなしても差支えないが、多くは口頭でなされる例である。

而して、動議が提出されると、一般の議事と同じようにこれを議題となし、先ず動議の趣旨弁明を許し、質疑があるときは質疑を許し、討論の後、表決に付して議決するものであるが、会議の進行及び審査の手続に関する動議は概ね内容としては極めて簡単なものであるから、特に趣旨弁明や質疑討論をなさないで直ちに採決する例である。なお、両院規則は何れも本会議における議事日程変更及び追加の動議、質疑終局及び討論終局の動議、自由討議における問題又は意見について表決を求めるの動議、並びに懲罰動議等について（衆規一一二条、一四二条、一六九条、二三七条、参規八七条、八八条、一一一条、一二〇条、一五二条一項、二三八条二項）、又参議院規則は、自由討議の日時を変更する動議について（参規一四五条）、それぞれ特に討論を用いないで議院に諮るべきことを規定しており、委員会においてもこれを準用して、日程変更及び追加の動議並びに質疑終局及び討論終局の動議については、討論を許さないことになつている。

動議は、これを撤回することができる（衆規三六条、参規二八条）。未だその動議が委員会で議題とならないときには、動議の提出者の撤回の意思表示によつて撤回されるが、一度び委員会の議題となつた場合には、委員会の許可を得なければ撤回することはできない。撤回の申出があれば委員会はこれを許す例である。又、発議者数人あるときは、その全部からこれを請求しなければならない。なお、参議院規則第百二十六条は、「発議者が撤回した修正の動議は、他の議員が二十人以上の賛成者と共に、これを継続することができる。」と規定して、一度撤回された修正動議について、別に他の議員が二十人以上の賛成者とともに、これを継続することを申出ればその修正動議の提出者が変つただけで、動議そのものは、そのまま継続することができることになつているが、衆議院においては、かかる特別規定がない以上、一度撤回された修正動議については、更に改めてこれと同一の修正動議を提出する外はない。

四、先　決　問　題

先決問題というのは、委員会の議題に直接関係あると否とに拘らず、会議事項に先だち議決の必要のある動議のことである。議題に直接の関係あるものとは、趣旨弁明省略の動議、一括議題の動議、即決の動議、質疑討論終局の動議、議事延期の動議等の如きものであり、議題に直接関係なきものとは、日程変更の動議、休憩散会の動議等の如きものであるが、如何なる動議が先決問題であるかは、認定の問題であつて、面倒な問題であるが、要するに動議の性質上、その動議を先ず議題とし又は表決に付さなければ、その会議を進め又は元の議題について議決することのできないものは、すべて先決問題であるということができる。従つて、先に引用した Campion の説くように、例えば議事延期の動議の如く既に議題となつている問題に代替して、先ず議題に供さなければならぬものもあり、又修正動議のように、既に議題となつている問題に代替して議題とするものではないが、主たる問題の表決に先だつて議決しなければならぬものもある。従つて、委員会における動議であつて、先述した独立的動議又は主動議的のものを除き会議の進行又は審査の手続に関するものとして例示した動議は、大体において先決問題であるということができる。

而して、かかる先決動議が競合した場合、即ち先決動議が相次いで提出された場合、いずれの先決動議を優先させるかということは、極めて困難な問題であつて、特に定めるところもないが、第一には委員長の認定により、最後は委員会の決定によつて定める外はないと思われる。今日までの各議院の先例からすれば、いずれも議題に直接関係ある先決動議の間では、その議題となつている問題の運命をなるべく決定してしまわないように、従つて、議題を審議する正規の手続を、できるだけ省略しないように取扱つて、その優先性を定めている。例えば、議事延期の動議と即決の動議の競合する場合には、先ず議事延期の動議を採決し、議事延期の動議と討論終局の動議が競合した場合には、議事延期の動議を採決し、質疑延期の動議と質疑終局の動議が競合した場合には、質疑延期の動議を先ず採決するが如きである。又、議題に直接関係のない先決動議間の競合した場合、或は議題に直接関係のない先決動議と直接関係のある先決動議の競合する場合において、先の例に依り難い場合には、一の先決動議の採決によつて、他の先決動議の採決の機会を失わしめないように取扱つて、その優先を決定する例である。例えば、休憩の動議と散会の動議の競合した場合には、先ず休憩の動議を採決するが如きである。

これ等は、先決動議の優先性を定めるについての標準であるが、すべての先決動議の競合について全部この標準によれるとは限らないのであつて、場合によつては、先決動議の性質によつて、その優先性を決定すべきものもあるといわねばならない。例えば、採決延期の動議と休憩、散会の動議の競合した場合の如きは、何れもその問題の審査の手続を省略しようというものでもなく、又休憩、散会の動議が議決されれば、採決延期の動議はその会議では採決の機会を失うものであるが、この場合休憩、散会の動議が優先するのは、休憩、散会の動議はその性質上、会議を続けるかどうかの問題であり、何よりも先決を要し、休憩又は散会しないと決して、始めてその会議における各種の進行又は手続が問題たり得るものであるから、動議としての性質上最も先決を要するものといわねばならない。委員長不信任の動議も、その委員長の下においては一切の議事を進められないことを意味するものであるから、やはり性質上優先性のある先決動議ということができる。Sturgis も最近の著書の中で、散会の動議（Adjourn）、休憩の動議（Recess）及び議員の特権（身上）に関する動議（Question of privilege）の三つを挙げて、これを特権的動議（Pyivileged Motion）とし、この動議を説明して、「特権的動議は議題となつている主動議とは直接関係はないが、緊急のために直ちに審議せらるべき緊急動議である。これ等の動議は、特定の個々の議題に関するよりも、寧ろ議員の身分に関し又構成に関するものである。そして、その動議の緊急性のために特に主動議としてではなく、緊急動議として取扱われるものである。この動議は即時の重要性の故に、いかなる他の地位の動議をも一時排除する特権を与えられている。」と述べ、これ等の動議が、その性質上優先性ある先決問題であることを説いているのは、わが国の場合と軌を一にするものということができる（註五）。憲法は内閣総理大臣の指名は、他のすべての案件に先だつて行うと定めているが（憲六七条一項）、指名の議決に先決すべき問題も幾多存在し、これらが競合した場合には、国会の会期に関するものが何よりも優先することは論ずるまでもない（註六）。第十三回国会の最終日たる昭和二十七年七月三十日、衆議院において、会期の延長と議長不信任決議案と競合したが、会期の延長を議長不信任決議案に優先するものとして取扱つたのも、会期は国会の権限に関するものであるから各院の組織構成に関するものよりも優先すべきものと考えたからである（註七）。

五、動議と要求

動議は、さきに述べたように委員又は議員から、会議の意思決定を求めて提議される議題で、議決を要するものであるが、要求も動議と同様に或る場合には本会議及び委員会の議題となつて採決されることもあるが、それは稀な例であつて、それらも要求の法律上の性質に鑑みて今後改めらるべきであろう。憲法、国会法及び規則は、要求という言葉を使用している場合が相当に多い。即ち

（一）　会期前に逮捕された議員の釈放の要求（憲五〇条、国三四条二項）

（二）　国会の臨時会召集決定の要求（憲五三条、国三条）

（三）証人の出頭及び証言並びに記録提出の要求（憲六二条、衆規五六条）
（四）休会中会議を開くことの要求（国一五条三項）
（五）委員会が会議に付するを要しないと決定した議案及び請願を会議に付すべしとの要求（国五六条三項、衆規一七九条、参規一七二条）
（六）議院の付した委員会の審査期間に対する延長の要求（国五六条の三・三項）
（七）最高裁判所長官又はその指定する代理者の委員会出席説明承認の要求（国七二条二項）
（八）議長又は議院の承認しなかつた質問について主意書を会議録に掲載すべしとの要求（国七四条四項）
（九）議長の内閣に対する警察官吏派遣の要求（国一一五条）
（一〇）発言の要求（衆規四五条二項、参規四二条二項）
（一一）委員会開会の要求（衆規六七条二項、参規三八条二項）
（一二）国政調査承認の要求（衆規九四条、参規三四条）
（一三）記名投票の要求（衆規一五二条、参規一三八条）
（一四）資格争訟の委員会が弁護人になす弁護の要求（衆規一九四条、参規一九八条）

本来、要求の意味は、要件具備の請求ということであつて、要求者が所定の条件を具備してなした要求については、被要求者が、当然にその要求に従つて一定の行為をなさねばならぬ効果を持ち、要求そのものによつて、一定の拘束をうけることが通例であつて、動議の如く会議の議決を促し、議決をまつて始めて或る効果を生ずるものではないのであるが、右に述べた要求の中（一）（二）（三）（四）（五）（八）（九）（一〇）（一一）（一三）等はこの意味で用いられているが、中には必ずしもこのような本来の意味に用いられず、要求があつても、被要求者がその要求を認めるかどうかを決する場合にも用いられている場合があり、又要求については一定数の員数を要件としている場合等もあつて、必ずしも一定しないが、いずれにしても動議は、委員又は議員が、委員会又は本会議の議決を求めてなす提議であり、必ず議決を要するものであるに対し、要求は必ずしも会議体の構成員がその会議に対してなすものではなく、又要求そのものが動議のように議決の対象となるものでもなく、更に、本来要求そのものによつて被要求者が一定の行為を義務づけられるものであり、従つて特に規定のある場合の外は、何等かの要求をなしても法的の効果のないものであつて、かかる点において、要求は動議とは全然性質を異にするものである。

（註一）大池　真・前　掲　七三頁
（註二）田口　弼一・委員会制度の研究　三四二頁の引用による。
（註三、四）Campion, op. cit., p.143, p.146
（註五）A.F.Sturgis, Standard Code of Parliamentary Procedure, 1950, p.27
（註六）拙　稿・「内閣総理大臣の指名手続について」法律時報二〇巻九号三五頁
（註七）昭二七・七・三〇第十三回国会衆議院議院運営委員会議録七六号一六頁以下
昭二七・七・三一同七七号一頁以下

第七節　修　正

一、修正の範囲

修正というのは、原案について新に追加したり或は削除したり、又は変更する等、原案に手をつけてこれを直すことである。原案に対する修正の範囲については、特に一定の標準が定つているものではなく、

（一）　案文の字句、内容を改めること
（二）　案文を追加し削除すること
（三）　議案の表題を変更すること
（四）　一つの議案を分割すること
（五）　数箇の議案を併合して一案とすること

等はいずれも修正の範囲ということができる。

然し乍ら修正は、原案の内容を変更するものであるから、その議題の内容が議院の議決によつて変更し得るものでなければならぬことはいうまでもない。先に述べたように、修正のできないものでも、議案と称することはもとより差支えはなく、修正の可能、不可能を基準として、議案であるかどうかを定むべきものではないが、苟も修正のできるものは、議決によつてその議題の内容に変更を加え得ることを要する。従つて、議案であつても、その内容が既に確定していて、内容を変更し得ないものは修正することはできない。例えば、決算、予備費支出の事後承諾、参議院の緊急集会で採られた措置についての衆議院の同意、条約の事後の承認等については修正はできない。又、請願は、国民から各議院に提出されるもので、議院は唯これを採択するか否かを決するものであつて、その内容を変更し得べき性質のものではないから、同様にその修正は許されない。このように修正の限界は、一般的には、議決によつてその内容が最終的に定められるものであるかどうかを標準とすべきものであつて、発案権の有無によつて修正の限界を

論ずべきではないといわねばならない。従来、予算については、国会に発案権のないことに基いて、その修正権も当然限定せられ、政府の原案よりも支出金額を増加し、又は新たなる款項を追加する修正は、これを発議することができないものとされ、新憲法下においても増額修正はできないとする説が多いが（註一）、国の財政を処理する権限は、国会の議決に基いて、これを行使することが財政に関する憲法の原則であること及び財政法第十九条には、内閣は、国会、裁判所及び会計検査院の送付に係る歳出見積について、その詳細を歳入歳出予算に附記するとともに、国会が、国会、裁判所又は会計検査院に係る歳出額を修正する場合における必要な財源について明記しなければならないと規定している点から見ても、単に発案権のないことを以つて増額修正を否定することはできないといわねばならない（註二）。地方自治法においては、予算の提出権は普通地方公共団体の長にあるが、議会の増額修正を法律を以つて認めている（地方自治法九七条）。

而して、予算の審査に当つては往々その編成替を求めるの動議が提出されることがあり、嘗つて第二回国会、昭和二十三年二月五日、衆議院予算委員会において、昭和二十二年度一般会計予算補正（第一三号）及び同特別会計予算補正（特第七号）の審査に当り、政府にその編成替を求めるの動議が可決せられたこともあるが、この種の動議は旧憲法当時予算については、所謂増額修正が許されなかつたことにその端を発した慣行であると思われるから、新憲法の下において国会がたとえ予算の発案権はなくとも、全面的な修正権をもつと解する立場からは、予算の審査上改めて検討を加えられるべきではなかろうかと思われる。

又、条約についてもその締結権は内閣にあり、国会はこれに対する承認権を持つだけで発案権は持たないが、国会法第八十五条は、衆議院先議の条約について、衆議院において参議院の回付案に同意しなかつたとき、又は参議院において衆議院の送付案を否決したときは、衆議院は、両院協議会を求めなければならない云々と規定して、事前承認案について修正の可能なことを明かにしており、通説もこのことを認めている（註三）。但し、調印後の条約は、確定草案として、その内容を改変し得べきものではないから、修正が認められるのは、未だ調印せられない前の条約案に限られることになろう。

二、修正の動議と修正案

委員会において、議案を修正しようとする委員は、予め修正案を委員長に提出しなければならないものと規定され（衆規四七条、参規四六条）、又本会議においても、修正の動議は、その案を具え二十人以上の賛成者とともに連署して予め議長に提出しなければならないと規定されていて（衆規一四三条、参規一二五条）、修正動議は委員会でも本会議でも、他の動議と異り修正案を具えるとともに、予めこれを委員長又は議長に提出しなければならないことになつている。従つて、修正案を伴わない修正動議というものはあり得ないし、又修正動議は委員会でも本会議でも必ず予め委員長又は議長に提出することを要するもので、他の動議にはない特別の提出要件が附加されている。而して、修正案というのは、修正動議と関係のない別箇の議案ではなく、本来案を具えることを必要としないのが動議であるが、特に、修正の動議についてのみ案を具えることを要するものとしているのであるから、修正動議の内容をなすものが修正案である。蓋し、議案というのはそれ自体独立して会議の議題となり得るものであつて、修正案の場合は原案に附随して議題となり、原案の採決に附随して採決されなければそれ自身独立しては意味をなさぬものであるからである。しかし、修正案自体が議案でないとしても、それが原案に対する修正案である以上、これを可決することによつてそのまま原案に変更を加え得べき内容を整えていることを必要とすることは当然であつて、原案に対する修正案として、そのまま議決することのできないような単なる修正の意見を文書で提出してもそれは修正案とはいい得ない。

修正の動議は、原案が議題となつた後にはいつでも提出することができるが、討論が終局すれば直ちに採決する外はないから、討論終局前に提出しなければならない。修正案が提出されると、修正案だけを議題とすることもあり、原案とともに一括して議題として審査することもあるが、修正案を議題としたときには、先ずその提出者から趣旨弁明をさせる例である。修正案の審査のために特に小委員会を設けることができる。衆議院規則が、委員会は、小委員会を設けることができると規定した第四十三条の外に、特に第四十八条において、委員会は、小委員会を設けて修正案を審査させることができると規定しているのは、委員会における修正案は、本来小委員会を設けてその審査に当らせることを建前としたものと思われるが、実際において特に修正案審査のために小委員会が設けられた例は、第一回国会以来未だなく、修正案を起草するための小委員会が設けられた例が数回あるに止る。

修正動議の採決は、原案と一括議題に供して討論採決をする場合には、原案採決のときに原案に先だつて採決するものであるが、修正動議だけを先に議題とし、先ず修正動議について採決し、修正部分を除いた原案について別に討論採決することももとより差支えない。なお、修正案の採決についての詳細は次節に譲ることとする。

(註一)　美濃部達吉・日本国憲法原論　三九一頁
法学協会・註解日本国憲法中巻　一五七頁
大池　真・前　掲　八三頁、八四頁
入江　俊郎・前　掲　一〇八頁

（註二）拙稿・「国会法解説」法律時報一九巻五号六一頁
宮沢俊義・憲法大意　三八六頁
清宮四郎・前掲　一八九頁
（註三）美濃部達吉・前掲　三八六頁
大池真・前掲　九〇頁
浅井清・国会概説　二三七頁
なお、註解日本国憲法中巻一六二頁は条約の承認権には修正権を含まないとする。入江俊郎・前掲一〇六頁も同様と見られる。

第八節　表決

一、表決の意義

表決というのは、委員が問題に対して賛否の意思を表明する行為である。会議の主宰者たる委員長が委員に表決をさせることを表決を採るといい、これを採決と称する。表決をなし得るものは委員だけであつて、他に委員会に出席発言し得る者は、前述のように非常に多いが、いずれも表決には加わることができない。表決は会議の意思決定に直接参加する行為であり、会議意思決定に参加し得るのは、その構成員たる者に限られるからである。委員であつても国会法第百十三条は、資格争訟を提起された議員は、自己の資格争訟に関する会議において弁明はできるが、その表決に加わることができないものと規定し、又両院の規則は、議員は自己の懲罰事犯の会議及び委員会に列席することはできないものと規定しているから（衆規二三九条、参規二四〇条）、これ等の議員が当該委員会の委員であるときには、委員であつても表決はできないことになる訳である。又、委員でも表決の際現在しない委員は、表決に加わることができないことになつているから（衆規五一条、一四八条、参規一三五条）、所謂不在表決は許されない。委員が表決権を拋棄することを棄権といい、従来も先例上認められていたが、衆議院規則は、現在明文を以つて棄権を認めている（衆規一五五条の二）。

表決は問題に対して賛否を表明する行為であるが、両院規則はいずれも表決の対象となるものについては、問題という言葉を用いて議題と区別している（衆規五〇条、一五〇条、一五一条、一五三条、一五七条、参規四九条、一三六条、一三七条、一三九条、一四三条）。これは、表決に際して、議題となつているものをそのまま問題として表決に付す場合もあるが、しかし、例えば議題となつた一つの議案について、審議の便宜から逐条的に問題とする場合もあれば、又或る部分には賛成し、或る部分に反対する委員がいる場合には、その議案全体についての可否の表決をすることができないから、可否の議論の存する点についてそれぞれ問題を定めて可否の表決をなさしめる等の必要がある。これが議題と問題を特に区別している所以である。

二、表決の種類

両院の規則が定めている表決の種類は、（イ）異議の有無を諮る方法、（ロ）起立による方法、（ハ）記名投票による方法の三種である。旧規則には無名投票による表決の方法も規定されていたが、憲法第五十七条第三項が出席議員の五分の一以上の要求があれば、各議員の表決はこれを会議録に記載しなければならないと規定したことと関連して、両院規則はともに、無名投票による表決の方法を廃止した。その他表決の方法には、賛否の議員を分割する方法（voting by division)、氏名点呼による方法（roll call）等があるが、わが国では行つていない。委員会における表決の方法については別段の定めはなく、本会議における表決の規定が準用されるが、これ以外に挙手による方法が慣例上時々行われることがある。

（一） 異議の有無を諮る方法

両院規則は、各々「議長は、問題について、異議の有無を議院に諮ることができる。異議がないと認めたときは、議長は、可決の旨を宣告する。」と規定している（衆規一五七条、参規一四三条）。問題が簡単で特に反対もないような場合には、異議の有無を諮る方法によつて表決する。この方法は議長又は委員長が「御異議ありませんか」と諮り、異議がないと認めたときには、「御異議なきものと認めます。よつて本案は可決されました」というように可決の旨を宣告するのである。而して、衆議院にあつては、問題について又は議長の宣告に対して出席議員二十人以上から異議を申立てたときには、議長は、起立の方法によつて表決を採らなければならない（衆規一五七条但書）。参議院にあつては、議員一人からでも、問題について又は議長の宣告に対して異議を申立てたときは、議長は起立か記名投票のいずれかの方法で表決をとらなければならない（参規一四三条但書）。しかし委員会においては、二十人以上という員数は準用すべくもないから、一人からでも異議があるときは、起立の方法によつて採決しなければならない。

（二） 起立による方法

両院規則は、議長が表決を採ろうとするときは、問題を可とする者を起立させ、起立者の多少を認定して、可否の結果を宣告すると規定している（衆規一五一条一項、参規一三七条一項）。これが起立による方法であつて、両院とも、起立による方法を表決の原則としている。而して、起立による表決は、規則の定めるところによれば、問題を可とする者を起立させるのであるが、便宜上否とするものを起立させる例もある。これを反対表決という。しかし、本来反対表決は、旧貴族院規則第百十六条に、起立者の多少を認定し難い場合又は議員から議長の宣告に対して異議あるときに、反対者を起立せしめてこれを反証せしめるものと規定されていたことによつたものであるから、最初から反対者を起立せしめることは、表決の方法としての起立表決としては変則であるのみならず、起立表決の際に、積極的に意思を表明しない者が多く存するときには、可とする者を先に起立させれば、起立少数で当然過半数を得られず、否決となるのに対し、反対表決によつて否とする者を先に起立させて、否とする起立者少数の故を以つて逆に可と宣告するとすれば、全く反対の結果を来し、実際の過半数主義にもとることになるから、反対表決をかかる方法で許すべきものでないことは当然である。従つて、委員会の実際においても、先ず可とする者を起立させ、その多少を認定し難いとき又は委員長の宣告に対して異議がある場合に、念のためにその反証として反対表決を行うのが普通の例であり、反対者が始めから極めて少数であることが判つているような場合にのみ、例外的に先ず反対表決を行うことがあるだけで、このようなことは殆んど稀である。

なお、本会議においては、起立によつた場合に、議長が起立者の多少を認定しがたいとき、又は議長の宣告に対し出席議員の五分の一以上から異義を申立てたときは、議長は記名投票で表決を採らなければならないと規定しているから（衆規一五一条二項、参規一三七条二項）、本会議では反対表決はできないものといわねばならない。帝国議会の時代に、衆議院においても、本会議で起立者の多少を認定し難いときに反対表決をなし、又直ちに消極の表決を採つた例がないではないが（昭和十七年十二日改訂衆議院先例彙纂四四一頁、四四二頁）、これは規則の規定から見て妥当でなかつたといわねばならぬ。

なお、ここで反対表決に関連して、念のために注意して置かねばならないことがある。それは、例えば、信任決議案が否決されたからといつて、不信任決議案が可決されたということにならないということである。憲法第六十九条が「不信任の決議案を可決し」又は「信任の決議案を否決し」たときは云々と規定していることを以て見ても信任決議案の否決は当然には不信任決議案の可決を意味しないことは明かであろう。ただ、憲法第六十九条の場合においては、信任決議案の否決と不信任決議案の可決とを明らかに区別しているものであつても、そのいずれをも等しく内閣総辞職又は解散の原因たるべきものとしているから、結果においては異る所はないが、地方自治法第百七十八条に規定する普通地方公共団体の長の不信任議決の場合においては極めて重要な問題となることが考えられる。即ち、この普通地方公共団体の長の不信任議決については、法律は明かに「不信任の議決」と規定し、しかもこの場合に議員総数の三分の二以上の者の出席とその四分の三以上の同意という特別議決を要求しているに拘らず、この不信任の議決は、必ずしも不信任案として提案されたものの議決たることを要せず、信任案の否決という形でなされる場合であつても、実質上不信任と考えうべきものであればよいとする説（註一）があり、行政実例も亦、同様に取扱つているようであるがこの考え方には些か無理があるようであつて、遽かには賛同し難い。何となれば、法律上不信任の議決があつたときとされており、しかも特別議決がその要件とされている場合には、その特別の要件の下において明示的に不信任議決が行われるべきことが法律の要求しているところであつて、何等かの意味で不信任の意思が表明されればよいという性質のものではないのみならず、本来地方自治法においては信任決議案又は信任動議の議事については三分分の二以上の者の出席も四分の三以上の多数による議決も要求されてはいない。偶々総議員の三分の二以上の者が出席して、採決の結果四分の三以上を以つて否決されたとしても、それはあくまで偶然の結果に過ぎないというべく、偶然の結果を以つて、法律上の効果を同一に論ずることは妥当でないといわねばならない。況んや地方自治法第百七十八条の如くその効果が長の辞職乃至議会の解散という極めて重大なものであるにおいては、かかる所論は、なお再考の余地が存するように思われる。従つて、憲法第六十九条の如き規定がなく、又特に、信任決議案が否決された場合において特別議決の要件を具備するときは、不信任の議決とみなすというような規定なくしては、信任決議案の否決を以つて、不信任の議決と同一の効果をもたしめようとすることは納得しがたい。

（三）　記名投票による表決

両院の規則によると記名投票によつて表決するのは次の場合である。

（イ）　起立による表決の結果、議長において起立者の多少を認定しがたいとき（衆規一五一条二項前段、参規一三七条二項前段）

（ロ）　起立表決により議長が起立者の多少を認定して可否の結果を宣告したのに対し、出席議員の五分の一以上から異議の申立があつたとき（衆規一五一条二項後段、参規一三七条二項後段）

（ハ）　議長が必要と認めたとき（衆規一五二条前段、参規一三八条前段）

（ニ）　出席議員五分の一以上から記名投票の要求があつたとき（衆規一五二条後段、参規一三八条後段）

而して、記名投票を行うときは、問題を可とする議員は、その氏名を記入した白票を、問題を否とする議員は、その氏名を記入した青票をそれぞれ投票箱に投入する（衆規一五三条、参規一三九条）。記名投票を行うときは、議場の入口を閉鎖する（衆規一五四条、参規一四〇条）。投票が終つたときは、議長はそれぞれ可否の投票を計算させ、それに基いて可否の結果を宣告する。

委員会においても、記名投票による表決を行う場合には、これ等の規定が準用されることになるのであるが、記名投票は、特に問題に対する各議員の可否の表決を会議録に記載して、その政治的責任を明かにする必要のある場合に用いられるものであつて、それは本会議においてなされれば充分であるから、予備的審査の段階である委員会においては、その意味では殆んど用いられる必要がなく、又起立の結果の認定しがたい場合における記名投票による表決の適用についても、委員会では委員数が少く、念のために反対表決を用いることによつて、容易に多少を認定し得るから、委員会においては普通記名投票はこれを行わない慣例であり、第一回国会以来、委員会においてこの方法による表決が行われたことは一度もない。なお、委員会において記名投票を行う場合においては、本会議のように白票、青票はこれを用いず、記名投票用紙に、委員の氏名とともに可又は否のいずれかを記して投票箱に投入することになつている。

三、表決の時期及び手続

両院規則は、いずれも委員会における表決について「討論が終局したときは、委員長は問題を宣告して表決に付する。」と規定しているから、（衆規五〇条、参規四九条）、表決は、普通は、討論が終局したとき、即ち討論通告者の発言がすべて終つたとき、又は討論終局の動議或は討論省略の動議が可決されたときに行われるのであるが、規則上

（一）　議事日程変更及び追加の動議（衆規一一二条、参規八七条、八八条）

（二）　質疑終局及び討論終局の動議（衆規一四二条、参規一一一条、一二〇条）

(三)　自由討議における問題又は意見について表決を求める動議（衆規一六九条、参規一五二条一項）
(四)　問題を決定した自由討議においてその問題について表決を求める動議が可決されたとき（衆規一七〇条一項）
(五)　自由討議の日時を変更する動議（参規一四五条）
(六)　議員の辞職の許可（衆規一八七条、参規一九一条）
(七)　会議録に記載した事項及び会議録の訂正に対して異議を申立てる者があるとき（衆規二〇四条、参規一五八条二項）
(八)　秩序に関する問題（衆規二二〇条、参規二一六条）
(九)　懲罰の動議（衆規二三七条、参規二三八条二項）

については、いずれも討論を用いないで表決すべきことが規定されており、委員会においてもこれを準用して、日程変更及び追加の動議並びに質疑終局及び討論終局の動議については、討論を用いることなく直ちに表決している。かかる規定のない場合には、すべて討論が終局したときに表決に付するのであり、討論が終局すれば当然直ちに表決に付さなければならないのであつて、その間に質疑、修正、趣旨弁明の補足、身上弁明等が許されないことは前述したところである。ただ、特に必要ある場合には、委員会の決定により採決を延期し、後日採決することもあるが、この場合でも前と同様である。又、討論が終局した後に表決に付するに先だち、提出者たる内閣の所見を質した後に、表決に付した例もある（註二）。なお、参議院規則第百二十一条は「討論が終つた後、又は討論終局の動議が成立した後、その議題について、発議者、衆議院の委員長若しくは発議者、国務大臣又は政府委員が発言した場合は、更に討論に入つたものとする。」と規定しているが、これは、旧議院法において、国務大臣及び政府委員の発言は、何時でもこれを許されなければならぬものとされていたことから(旧議四二条)、討論終局後、国務大臣又は政府委員が発言した場合に、議員の討論が許されないとすることが不当であるために、貴族院規則が「討論終局ノ動議成立シ若ハ討論終局シタル後本議題ニ関シ国務大臣又ハ政府委員ノ発言アリタルトキハ更ニ討論ニ入リタルモノト看做ス」としていた規定(旧貴規一〇三条)をそのまま継承したものであるが、国務大臣及び政府委員と雖も、本会議又は委員会において発言しようとするときは、議長又は委員長に通告しなければならないとされている新国会法の下においては(国七〇条)、理論的にも運営の実際においても、殆んど無意味な規定であるといえよう。

表決に際しては、両院の規則が、委員長は、問題を宣告して表決に付するといい(衆規五〇条、参規四九条)、又議長が表決を採ろうとするときは、表決に付する問題を宣告しなければならないと規定しているから(衆規一五〇条一項、参規一三六条一項)、委員長が、表決を採るときは、その表決に付すべき問題を宣告しなければならない。なお、本会議では、記名投票による表決方法を用いるときには、問題の宣告とともに、採決は記名投票によることを併せて示すのが例である。委員会においては、普通反対論のないときは異議の有無を諮り、反対論のある場合には起立の方法による例であるので、委員長が問題の宣告とともに表決の方法を併せ示すことなく表決に付する例である。なお、委員長が表決に付する問題を宣告した後においては、何人も議題について発言することはできない(衆規一五〇条二項、参規一三六条二項)。

四、表決の順序

議題となつている案件を表決に付する場合においては、議題となつている案件を、そのまま問題として表決に付することができるときは特に問題はないが、議題全部をそのまま一つの問題としてその可否を問うことのできない場合、例えば、議題となつている一議案に対して修正案が提出されている場合や、二案を一括して議題としたが、その中の一案について反対者がある場合においては、議題をそのまま問題として表決に付することができないから、これをいくつかの問題に区別して、問題毎に可否を問わねばならないのであつて、ここに表決に付する問題の順序を定める必要がある訳である。表決の順序は、委員長がこれを定め、或は委員会に諮つて決定するのであるが、その順序が規則で定められているものもある。原則的な表決の順序は次のようなものである。

（一）　修正案は原案より先に採決する。

両院の規則はいずれも、修正案がすべて否決されたときは、原案について採決しなければならないと規定していて（衆規一四六条、参規一三一条）、修正案を原案より先に採決すべきことを明かにしているが、これは先述した修正動議の性質から見れば、寧ろ当然のことを規定したものに過ぎない。規則は、修正案がすべて否決されたときは、原案について採決すると規定しているのであるが、これは修正案の性質から、原則として修正案を先に採決すべきことを意味するのであつて、修正案が可決されたときには、その修正部分を除いた原案について採決するのである。但し、委員会においては、議案の全部修正を内容とする修正案が可決されたときは、改めて原案について採決することをしない。嘗て第四回国会、昭和二十三年十二月二十一日、衆議院人事委員会において、政府職員の新給与実施に関する法律の一部を改正する法律案に対する赤松勇君外四名提出の修正案が、議案の全部修正を内容とするものであつたため、修正案可決の結果、原案については別に採決しなかつた如きがその事例である。

然し乍ら、この法案の本会議（昭和二十三年十二月二十一日）における取扱については甚だしく妥当を欠くものがあると思われる点があるのであつて、この際併せ論じて置きたい。即ち、本案の本会議においては、先ず本案を議題として委員長の報告を求め、委員長報告に次いで討論ののち原案に対してではなく、委員長報告に対する修正動議の提出を許し討論の後、先ず委員長報告に対する修正動議を可決し、次いでこんどは原案について採決しその他は委員長報告の通り決しているのである。然るに、本会議において議題とされるものは、委員会に付託した原案そのものであつて、委員会の議決した修正部分は本会議においては一箇の修正案として議員の提出した修正案と同列に取扱われていることは、両院の規則が、いずれも「委員会の修正案」と規定していることから明瞭である（衆規一四三条、一四四条、参規一二八条、一二九条）。従つて、委員会の修正にかかる委員会議決案が議題となるならば別として、付託原案そのものが議題となるものとされている以上、本会議において委員長報告に対する修正動議というものはあり得ないのであつて、かかる場合には当然その修正動議を原案に対する修正案として、委員会の修正案に先だつて採決すべきものである。かかる例は、委員会の修正が議案の全部修正に渉るものであつたことに基いて便宜的に採られたことによるものと思われるが、本会議において原案となるものが付託された原案そのものであり、委員会報告にかかる修正は一箇の修正案として取扱われている現行規則上妥当を欠く取扱いといわねばならない。もとより、付託の章において触れたように、委員会報告に係る委員会議決案を本会議における原案として取扱うことを建前とするならば問題は別であろう。

なお、修正案採決については、それが原案に先だつて採決されゝばよいのであるから、修正案、原案を一括議題として討論し原案採決の際これに先だつて修正案を採決しても、又修正案のみを議題としてこれを採決の後、修正部分を除いた原案を議題として討論採決を行つても、いずれでも差支えないことは、修正の節において述べた通りである。

(一)　委員提出の修正案は、小委員会又は分科会提出の修正案より先に採決する。

両院規則は、いずれも議員の提出した修正案は、委員会の修正案より先に採決しなければならないと規定している(衆規一四四条、参規一二九条)。委員会においても、この規定を準用して、小委員会又は分科会を設けた場合においては、委員の提出した修正案は、小委員会又は分科会の提出した修正案より先に表決を採ることになつている。然し乍ら、この点については、委員会中心主義を採つている現行制度において本会議における修正案採決の順序として重大な不合理のあることを指摘しなければならない。即ち、両院の規則の定める如く、必ず議員の修正案を委員会の修正案より先に採決しなければならないとするならば、委員会の修正案と同一内容の、又は同一部分を含む議員の修正案が提出されると、先ず議員の修正案を採決する結果、一事不再議の原則の適用によつて、委員会の修正案は遂に採決の機会がなくなることになるのである。これは、議案の審議に当つて、議案が発議又は提出されると先ずこれを委員会に付託し、委員会の審査を経て会議に付するものとしている委員会中心の制度の本旨に反し、委員会の審査を無意義ならしめる結果となる虞があるものであるから、少くとも、委員会の修正と同一内容の議員の修正案があるときは、委員会の修正案を先に採決するように改めることが必要であると思われる。委員会における小委員会又は分科会の修正案と委員の修正案の関係についても同様である。

(二)　委員から提出された数箇の修正案については、原案に最も遠いものから先に採決する。

両院規則は、それぞれ同一の議題について議員から数箇の修正案が提出された場合には、議長が採決の順序を定めるが、その順序は原案に最も遠いものから先に採決するものと規定されており(衆規一四五条、参規一三〇条)、委員会においてもこれに準じて同様に取扱われている。

（四）　数箇の修正案中、共通事項があるときには、共通の部分から或は又共通でない部分から表決に付する。

両院の規則が規定している表決の順序は、前記の三つの場合であるが、数箇の委員提出の修正案又は小委員会及び分科会の修正案中に、相共通した部分がある場合において、これを前記（二）又は（三）の順序によつて採決するとすれば、共通の部分については、一事を再議する結果となるが故に、一事不再議の原則の適用によつて、かゝる場合には普通の採決の順序によらないで、修正案の中に共通の部分がある場合には、この共通部分を一つの問題とし、共通でない部分は、各修正案毎に別々の問題として表決に付するのである。而して、この場合においては、共通部分を先に表決に付し、次いで共通でない部分について各修正案毎に表決に付することもでき、又反対に、先ず共通でない部分について各修正案毎に表決に付し、次で共通の部分について表決に付することもできる。いずれの場合でも、共通ではない部分についての各修正案の採決については、前記の順序に従うことはいうまでもない。

しかし、共通部分の程度については、前に一事不再議の原則を述べるに当つて説明したように、極めて微妙な認定の問題が存する訳であつて、法律案の修正案等においても、内容において共通部分のある場合でも、字句の異るときにおいては、委員会において、これを共通事項と認めないで各別に採決することもある。

（五）　原案を否決すべしとの動議

原案を否決すべしとする動議は、原案に対する反対論であるから、原案について採決すべきものである。或は原案を廃棄すべしの動議も亦同様である。

（六）　議院の会議に付するを要せずとの動議

最後に注意すべきものは、議院の会議に付するを要せずとの動議である。国会法第五十六条第三項は、他院からの送付案を除き、議案について、委員会に所謂握りつぶしの権限を与え、委員会において議院の会議に付するを要しないと決定した議案は、会議に付さないことを規定しているのである。而して、この議案について委員会が議院の会議に付するを要しないと決定することは、議案を否決することとは全然性質を異にするものである。委員会において原案を可決し、否決するということは、委員会の性格について述べた所においても説明したように、議案の予備的審査機関として、その議案を議院の会議において可決或は否決すべきものと議決することであつて、それは本会議への報告及び本会議における審議を前提とした議決である。委員会の報告書がすべて議案について「可決すべきものと議決した」或は「否決すべきものと議決した」と称しているのもこの意味に外ならない。従つて、これと同様に委員会で修正の議決があつたときには、委員会の報告書は、可決又は否決の場合と同様「修正すべきものと議決した」として報告されるものである。然るに、会議に付するを要せずとの動議は、議案の本会議における議決を前提としないものであつて、始めからこれを本会議に付する必要なきものとして、委員会限りでこれを廃案としようとするものであるから、所謂否決の動議や廃棄の動議に非常によく似ているが、これは原案に対する反対論とは全然異るもので、しかも先決動議であるから直に採決せらるべきものであり、会議に付するを要しないとの動議が否決されて始めて原案に対する採決によつて、換言すれば、本会議において可決すべきものと議決するか、否決すべきと議決するかを決するのであり、その段階で若し原案に対する修正案があるときは、その修正案が原案に先んじて採決されることになるのである。従つて、原案に対して修正案があり、更に議院の会議に付するを要せずとの動議がある場合においては、先ず議員の会院に付するを要せずとの動議が先決であるから、修正案の趣旨弁明や討論に入るに先だつて、これを採決すべきものといわねばならないのであつて、会議に付するを要せずとの動議が可決された場合には、修正案も原案も採決の必要はなくなり、又会議に付するを要せずとの動議が否決されたときは、先に述べた表決順序の一般原則に戻つて、修正案、原案の順に採決されることになるのである。これは、国会法が新に委員会に議案握りつぶしの権限を与えたことによつて生ずる、新しい表決の順序である。

(七) 一括して議題とした数箇の事件は、一括して又は各別に採決する

各別に採決するときは、通常、委員会の会議に付する事件として、公報に掲載された順序によつて表決に付するの例である。

五、表決の更正

両院の規則はいずれも、議員は表決の更正を求めることはできない旨を規定し(衆規一五六条、参規一四二条)、又衆議院規則は、委員は表決の更正を求めることができないものと規定している(衆規五二条)。一度委員が表決即ち問題について賛否を表明する行為をした場合に、その自己のなした表決に誤りがあつたとしても、これを更正することは許されない。例えば、起立表決に際して起立をし、記名投票において白票を投じた者が、後に先の起立は取消すとか、白票は青票の間違いであつたといつても、一度表決した後はその表決を更正することはできない。但し、委員会において或る議案に対して賛成の表決をした委員が、本会議の段階においてその議案の表決において、議員として反対をしても、それは政治道徳上の問題であつて、所謂表決の更正とは何等関係のないことである。

六、表決と条件

両院の規則はいずれも、表決には条件を附けることができないものと規定している(衆規一四九条、参規一三四条)。議院の議決を将来発生することあるべき未確定の事実にかからしめるのは、その議決を重からしめる所以ではないか

らである（註三）。委員会における表決についても同様である。往々にして、希望条件を附して賛成する等といわれることがあるが、それは表決に条件を附することではなく、条件という言葉を用いても、実は単なる希望意見に過ぎない。何故ならば、条件というのは、法的にいえば、法律行為の効果を制限するために、意思表示者が法律行為の内容に附加した附款の一種であつて、法律行為の効果を将来の不確定の事実にかからしめるものをいうのであるが、所謂希望条件或は希望決議又は希望条項というのは、かゝる性質のものではないからである。希望条件或は希望決議又は希望条項があると、本案とは別に本案の採決後に採決するのが従来の例であるが、国権の最高機関であり、唯一の立法機関である新国会の性格から考えれば、表決に際して希望条件を附けること自体が、必要のないことであるというべく、従つて新国会になつてからは、表決に際して希望条件を附することは殆んど行われていない。なお憲法第九十五条が「一の地方公共団体のみに適用される特別法は、法律の定めるところにより、その地方公共団体の住民の投票においてその過半数の同意を得なければ、国会は、これを制定することができない。」と規定し、国会法はこれに対応して、その第六十七条に「一の地方公共団体のみに適用される特別法については、国会において最後の可決があつた場合は、別に法律の定めるところにより、その地方公共団体の住民の投票に付し、その過半数の同意を得たときに、さきの国会の議決が、確定して法律となる。」と規定していて、この場合の国会の議決は、停止条件附のものとなつているのである。而して、これは本来法律案が、国会の議決のみによつて確定して法律となるものであるのに対し、特に一の地方公共団体のみに適用される特別法については、国会の議決のみにては法律とはならず、その地方公共団体の住民の投票の過半数の同意を条件として、その条件が成就した場合に、さきの国会の議決が確定して法律となるものであつて、法律制定に当つて、国会の議決に対して附せられた法定停止条件であることは明かであるが、こゝに所謂表決の条件というのは、委員又は議員が問題に対して賛否の意思を表明するという法律行為をなすに際してその行為をなす委員又は議員の個人の表決の効果を将来の不確定の事実にかゝらしめることを意味するものであるから、所謂法定条件とは異るものである。従つて、さきの法定条件は決して表決には条件を付することができないという両院の規則の例外をなすものでないことはいうまでもない。

なお、一の地方公共団体のみに適用される特別法制定の手続に似て非なるものに憲法改正の手続があるが、憲法改正における国会の発議と国民の承認については、国民の承認を条件として国会の議決の効果が発生するとする説もあるが（註四）、これは地方公共団体に関する特別法の場合と異り、国会の議決と国民の承認が憲法改正のための一連の手続とされており、両方相俟つて憲法改正がなされるものであつて、国民の承認を条件として考えるべきものではないといわねばならないが（註五）、何れにしてもここで所謂表決の条件とは何等関係のないものであることはいうまでもない。

七、表決たる記名投票と選挙における記名投票

表決は、既に説明したように、会議の構成員が問題に対してなす所の可否の意思の表明行為であり、選挙は、一般的に多数人の集合的意思により、特定の地位に就くべき人を決定する行為であり、議院において行われる各種の選挙も亦、選挙機関を構成する議員又は委員が、特定の人を選任する行為であるから、表決と選挙とは観念上全く別箇の法律行為であつて、その区別は極めて明瞭であり、特にその相違について論ずる必要はなく、また、新憲法は、「出席議員の五分の一以上からの要求があれば、各議員の表決は、これを会議録に記載しなければならない。」としているが（憲五七条三項）、これに反して「すべての選挙における投票の秘密は、これを侵してはならない。」と定めて

いるから（憲一五条四項）、表決の投票は記名、選挙の投票は無記名を原則とするものということができるのであるが、ただ両議院においては、表決の方法として記名投票を規定するとともに、他方又選挙の方法としても、記名投票の方法を認めているために、記名投票が行われる場合において、往々表決と選挙の区別を混同する傾向が見られるから、こゝで同じく記名投票といつても、表決たる記名投票と、選挙方法としての記名投票とが全然性質を異にし、又その手続を異にするものであることを明かにして置く必要があろう。表決と選挙の性質上の区別は、以上の如く既に明瞭であるが、名は同じ記名投票であつても、表決たる記名投票と選挙の記名投票の間には次のような相違がある（註六）。

（一）　表決の場合には、表決の結果は、出席議員又は出席委員の過半数で決定され、可否同数のときは、議長又は委員長の決する所によることになつている（憲五六条二項、国五〇条）。選挙の場合には、一には、表決の場合と異り、出席議員を基準とせず、投票数を基準とし、二には、投票の過半数を得た者を当選人とする選挙において、投票の選半数を得た者がないときに、決選投票を行つて比較多数主義で当選人を定める場合（衆規八条、九条、一五条乃至一八条、二七条、参規九条、一一条、一六条、一七条、一九条、二〇条、二五〇条）、並びに当初より比較多数主義によつて当選人を定める場合（衆規二三条乃至二六条、一〇一条、二五〇条、参規一七六条、二四八条、二四九条）のいずれにおいても、得票数の同じ者があるときは、すべてくじで当選者を定め、表決の場合のように議長又は委員長に決定権を与えていない。

（二）　表決の場合には、表決の際現に議場にいない議員は表決に加わることができないことになつており（衆規一四八条、参規一三五条）、そのために表決たる記名投票を行う場合には、議場の入口を閉鎖するものと規定されているが

（衆規一五四条、参規一四〇条）、選挙の記名投票を行うときには、議場はこれを閉鎖しない。これは表決が本来一定の時点においてなされることを原則とするに反し、選挙の場合には一定の期間になされることからその取扱いを異にするものである。

（三）　表決には条件を附けることはできないが（衆規一四九条、参規一三四条）、選挙については、当選人の承諾を条件として、その辞退を認めている（衆規一〇条）。

（四）　表決たる記名投票の手続は、可とする者がその氏名を記載した白票を、否とする者がその氏名を記載した青票を投ずるものであるが（衆規一五三条、参規一三九条）、選挙の記名投票の場合には、投票用紙に被選挙人の氏名及び投票議員の氏名を記載し、木札の名刺を添えて投票するものである。

このように同じ記名投票でも表決たる記名投票と、選挙の記名投票とは理論的にも実際的にも相異るものである。而して、以上述べた所から見れば、所謂棄権者については、表決たる記名投票においては出席議員の中に含まれて、過半数算定の基礎数に入るに反し、選挙の記名投票においては、棄権は過半数算定の基礎たる投票数には入らないものであり、又選挙の記名投票では、被選人の氏名を記載しない所謂白票（否とする白票とは別である）が存し得るが、表決たる記名投票は可（白色票）か否（青色票）の何れかであつて、誤つて隣席の名刺を用いたため無効投票とされることはあつても、可否のいずれでもない所謂「白票」というものはあり得ないのである。然るに、註解日本国憲法は、「出席議員の中には、棄権者は含まれない。棄権者は、会議に出席していてもその議決には加わらなかつたのだから、退場者と同一に取り扱い、欠席したものとみなすべきである。無効投票（白票もその一種）も、棄権とは性質を異にするが、やはりここでいう出席議員の数に入らないと解すべきである。」云々と論じているが（註七）、出席議員に棄権者を含むかどうかは、既に過半数算定の基礎を論ずるに当つて詳細に説明したところであり、同書が、ここで表決たる投票を論ずるに当つて、白票も無効投票の一種であつて、出席議員数に入らないといつているのは、正に選挙の記名投票と表決たる記名投票との区別を、認識しなかつた結果による誤りではなかろうか。更に、同書は、この二つを混同したまま議論を進め、右に引用した表決に関する論議の註において、今度は選挙の記名投票について引例し、「これに対して、論議の的となつたのは、第二次吉田内閣成立に際し、昭和二三年一〇月一四日に行われた衆議院の首相指名投票における社会党及び民主党の白票戦術である。このときには、第一次の投票では、総数四〇〇票のうち、吉田茂一八四票、片山哲八七票、その他、の順となりほかに白紙投票が八六票あつた。そこで、投票の過半数を得た者がないとして決選投票に入り、その結果吉田茂一八五票、片山哲一票、白紙投票二一三票となつて、吉田茂が首相に指名された。

しかし、指名投票の際に投ぜられた白票は、いうまでもなく無効投票である。かかる白票戦術が行われることは、議会政治を不明瞭ならしめ、政治的に非難さるべきことが明らかであるが、解釈論としても、白票はこれを無効として、欠席者や棄権者と同様に票数の算定から除外するのが正当であり、かかる解釈がまた、白票戦術を封ずることにもなると思われる。田中二郎『首班指名をめぐる法律問題』（朝日新聞、昭和二三年一〇月二四日）もこれと大体同旨である。この解釈をとれば、右の指名投票においては、決選投票を行うまでもなく、第一次投票において吉田茂が有効投票の過半数を獲得して首相に指名されたことになる。

なお、この解釈をとると、白票戦術がとられた場合に定足数を欠くことになるおそれがないか、という疑問が起るが、定足数は三分の一で足りるから、その心配はないと思われる。」と述べている（註八）。然るに、この例は、内閣総理大臣の指名に当つて、先ずその指名される者を記名選挙によつた例であつて、同じく記名投票といつても指名の議決における表決としての記名投票ではないのである。従つて、ここでいう白票とは、被選人の氏名を記載しなかつた投票であつて、かかる白票が無効投票であることはいうまでもないが、これを議決の原則たる過半数算定の基礎の問題と同一に論じているのは、表決の記名投票と選挙の記名投票を混同した結果に外ならない。前記のように両院の規則はいずれも選挙の投票については単に「投票の過半数」又は「投票の最多数」といつて、一般の選挙法の場合のように有効投票の最多数（公職選挙法九五条）とは規定せず、特に議院における選挙の性格から無効投票を含めて（棄権者を除く）、投票数を基礎とすべきものとしていて、表決の記名投票における過半数算定の基礎を出席議員としている（棄権者を含む）のとは、その建前を異にしていることを認識しなければならない（註九）。

又田中二郎教授も、右の第二次吉田首班指名の際の白紙投票の問題について、これと同様の趣旨において、「そこで投票というのは、有効投票を指すものと解すべきで『指名される者を定める』投票において、白紙の投票をしたのは、それについて自己の意見を述べることを拒否したものであるから、投票はしていてもそれは有効の投票とみないで、むしろ棄権したものと考えることはできないであろうか」云々と述べている（註一〇）。これは「指名される者を定める」投票が、選挙の記名投票であるとの認識の上に立つてなされた議論と思われるが、しかし衆議院規則第百五十五条の二が特に「記名投票を行う場合、議長において時間を制限したときは、その時間内に投票しない者を棄権したものとみなすことができる。」と規定し、しかもすべての選挙は投票数を基礎として当選人を定むべきものとしていることは、明かに、選挙においては、棄権者と無効投票とを区別した趣旨であるといわねばならないのであつて、前述のように、棄権が表決の場合と選挙の場合とでは、これを区別して取扱わねばならないことを見逃したからではなかろうか。

（註一）　入江　俊郎・前　掲　八九頁
金丸　三郎・前　掲　六七七頁
（註二）　第七回国会、昭和二十四年十二月二十一日、衆議院人事委員会において、国家公務員に対する臨時年末手当の支給に関する法律案について討論終局したとき、委員長から右臨時手当についての課税に関して政府の所見を質した後採決した。
（註三）　田口　弼一・前　掲　四〇三頁
（註四）　佐々木惣一・日本国憲法論　一三三頁
（註五）　岡田亥之三郎・前掲　五〇八頁
法学協会・註解日本国憲法下巻　一四六頁
浅井　清・憲法精義　三一七頁
（註六）　田口　弼一・前　掲　四一〇頁―一二頁
拙　稿・前　掲　三二頁
（註七）　法学協会・註解日本国憲法中巻　一一八頁―九頁
入江　俊郎・前　掲　一六四頁―五頁も白票について同様の誤を犯している。
（註八）　法学協会・註解日本国憲法中巻　一一二頁
（註九）　衆議院においては無効投票を投票総数中に算入する先例である。（昭和十七年改訂衆議院先例彙纂上巻五二頁）
（註一〇）　田中二郎・「首班指名をめぐる法律問題」（朝日新聞昭二三・一〇・二四）

第九節　議　決

一、議決の意義

議決というのは、会議体の意思を決定することである。表決と議決とは混同され易いが、この二つは全然その性質を異にする。表決は、前節で説明したように、個々の委員なり議員が、特定の問題に対して賛否の意思を表明する行為であり、それは委員又は議員各自の意思であるのに対し、議決は委員又は議員個々の意思でなく、委員会又は議院という会議体としての意思の決定である。即ち、各委員又は議員が表決をすると、この表決の数によつて、賛成の数が出席者の過半数であれば、その問題についての委員会又は議院の意思は可と決定されたことになり、又賛否同数であれば委員長又は議長の決するところによつて、可又は否とそれぞれ委員会又は議院としての意思が決定される。この委員会又は議院としての意思決定が議決である。従つて、表決は議決の先行行為であり、表決の結果が議決となるのである。しかし、議決は表決の結果であるといつても、表決の結果定まつた委員会又は議院の意思は、個々の委員又は議員の意思から独立した全然別個の委員会又は議院そのものの意思となるものであつて、それが全会一致でなく、過半数によつて定まつたものであつても、過半数の委員又は議員の意思は、委員会又は議院自体の機関意思となつて、そのなかに溶けこんで了うのである（註一）。

二、議決の態様

議決は、議院又は委員会の意思決定であるから、意思決定を要する事件の種類によつて、議決には種々の態様があり得るが、その主なるものを挙げると次のようである。

（一）可決、否決

法律案、予算、決議案等を始め一般の議案その他議院の議決を要する案件であつて、その議決の内容について（二）以下に述べるような特別の規定のあるものを除いては、すべて議決の内容は「可決」又は「否決」としてなされる。動議の議決についても同様である。

（二）承　諾

予備費の支出についての国会の議決は、承諾又は不承諾としてなされる（憲八七条二項）。予備費の支出の承諾については、一部について承諾することがあり、不承諾の部分については、否決に準じてこれを抹消して他院に送付する例である。

（三）承　認

条約に対する国会の議決（憲七三条三号但書）の外、承認、不承認の議決態様によるものについては、委員会の審査案件の章において既に述べた所である。なお、条約の事前承認については、修正が認められることは前に触れたが、普通の承認案については一部承認という議決がなされることがある（註一）。

（四）同　意

参議院の緊急集会で採られた措置についての衆議院の同意（憲五四条三項）の外、同意の議決をなす例は、各種公務員の就任に関するもの等、極めて多いことは委員会の審査案件について既にこれを述べた通りである。

（五）是　認

決算及び決算に準ずべき案件については、是認するかどうかを決する。是認しない部分については不法又は不当と議決する例である。

（六）指　名

内閣総理大臣は、国会の議決で指名される（六七条、国六五条二項、衆規一八条、参規二〇条）。中央選挙管理会委員も、国会の議決による指名に基いて任命される（公職選挙法五条の二）。

（七）採　択

請願については、これを採択するかどうかを議決する（国八一条一項）。

なお、その他会期中議員の逮捕の要求があるときは、これを「許諾」するかどうかを議決し（国三三条、三四条一項、三四条の二）、議員の辞職はこれを「許可」するかどうかを議決し（国一〇七条）、人事官弾劾の訴追に関する議決（人事官弾劾の訴追に関する法律一条）は、訴追案の議決を以つて行い、又、国家公務員の職階制に関する法律によつて、国会に提出される職種の決定及び改正についての「廃棄」の議決をなす等、議決の態様はその議決を要する案件の種類によつて区々であり、この外にもなお将来の立法等によつて異つた議決を要する案件として規定されることもあり得よう。又、議院の議決を要する案件として規定されることもなく、単に提出、報告のみを規定したものについて、国会又は各議院が必要と認めてこれを議決対象とする場合の議決の態様は、それぞれその提出又は報告されたものの性質に基いて、国会又は各議院が定めることができる。資格争訟又は懲罰事犯等に関する議決については、それぞれの手続を述べる所にこれを譲る。

三、委員会の議決

委員会における議決も議決対象のいかんによつて右の態様に従つてなされるものであるが、すべて議院の議決を要する案件について委員会が議決するのは、度々述べたように議院の議決に先だつて、その予備的審査としてなされるものであり、委員会の議決がそのまま議院の意思として、最終的決定を意味するものではなく、又特別の規定が存しない限り対外的な拘束力をもつものでもない。従つて、委員会における議決も、「議院の会議において可決（否決又は修正）すべきものと議決する」という形式をとるのである。

しかし、議院の議決を要しないもので、独立して委員会の権限として規定された特定の案件については、委員会の議決が最終的な決定であり、かつ対外的効力をもつものであつて、委員会の議決形式も亦、本会議における議決形式と同様であることはいうまでもない。更に、議院の議決を要する案件についても、他院から送付されたものを除いた議案について、「議院の会議に付するを要しない」とする委員会の議決（国五六条三項）は、前の「可決（否決又は修正）すべきものと議決する」という議決形式とはその趣を異にすることについては既に述べた如くである。即ち、委員会が、議案について議院の会議に付するを要しないものと議決すれば、その委員会の議決によつて本会議には付せられないことになり、その委員会の決定の日から七日以内に議員二十人以上の要求がないときには、そのまま廃案となるので、本会議の議決によることとなく、委員会の議決が最終的のものとなり、対外的な拘束力を持つことになるのであつて、同じく議案を廃棄する結果になるものであつても、否決の場合とは全然異るものである。

なお、一事不再議の原則の節において述べたように、本会議又は委員会で既に議決のあつた事件と同一の内容の事件については、議決を要しないものと議決することがある。本来からいえば既に議決のあつたと同一内容の事件は、一事不再議の原則の適用によつて当然に議決を要しないものであつて、委員長又は議長において議決を要しない旨を宣告し、特に議決を要しないものと議決する必要はない訳であるが、先例は単に議決を要しない旨を宣告したこともあり（註三）、或は議決を要しないものと議決したこともある（註四）。

四、議決と決議

国会法及び両院規則において決議という言葉が使用される場合があるが、決議というのも会議の意思決定であるから、議決と本来区別のあるものではない。例えば国会法第五十二条第一項但書において「その委員の決議により秘密会とすることができる。」と規定し、衆議院規則第六十三条但書が「秘密会議の記録中特に秘密を要するものと委員会で決議した部分については、この限りでない。」といい、両院規則が、常任委員会が他院の常任委員会と合同審査会を開くには、両院の委員長と協議の後に「その決議をしなければならない。」と規定している（衆規九八条、参規七六条）場合における委員会の決議というのは、議決と何等異るものではなく、又特定の形式を要するものでもない。従つて、かかる意味で用いられている決議は議決といつても同じことであつて問題はない。

しかし、決議が、議院又は委員会の意思を決定し表明するのに、特に「決議」という一つの形式を備えた議決を指して用いられることがある。内閣の不信任決議案又は信任の決議案（憲六九条）を始め、各種の決議案（国四二条）を可決することによつて決定された意思を特に決議というのがそれである。委員会においても、国政調査の結果に基いて何等かの委員会としての意思を決定する場合に、決議としてなされることがある。しかし、この場合の委員会の決議は、本会議の決議と異り議院の意思ではないから、単に議長に報告するに止り、外部に対してはただ参考に送付することがあるに止る。

なお、委員会においては、付託された本案に附帯してなされる決議即ち所謂附帯決議があるが、附帯決議は、もとより本案議決の条件ではなく、本案とは別箇に議決される。附帯決議は、本案とともに本会議に報告されても、これは本会議では議決の対象とはならない。而して、附帯決議なるものは、旧憲法の下において、帝国議会が単なる天皇の協賛機関に過ぎなかつたことから生れた慣例であつて、法律が国会のみによつて制定せられることになつた新憲法下の国会においても、なお、依然としてかかる慣行が引継がれることは、国会の権限から見ても甚だ矛盾したものがあると思われるので、第一回国会、衆議院議院運営委員会において、附帯決議の取扱いについて

一、国会が国権の最高機関であり唯一の立法機関である点に鑑み、附帯決議は一切これを附さないことを原則とし、必要があるときは、国会の権限において適当な措置を講ずること。

二、必要止むを得ず例外的にこれを附する場合においては、内閣に必要な措置を指示してその報告をさせる旨を明記するものとして事前に了承を得ること。

と決定し、この取扱によることとした。従つて、委員会における附帯決議は、第一回国会における二十二回の例は別として、この決定以後は殆んど行われることなく、僅かに第二回及び第七回国会においてそれぞれ一回行われた程度に過ぎなかつた。しかるに、第十三回国会に至つて、委員会の附帯決議は十二回となり、再び増加の傾向が見られるのは前述の趣旨からいつても、運営上反省を要するものと思われる。

なお、本会議における決議のうち、儀礼的な決議や行政監督的な決議については、単に一定の形式を備えた議決として別段に問題はないが、特に憲法第五十八条第二項の定めた議院の自律権の一としての規則制定権に基いてなされる決議は、所謂両院の規則又は諸規程とともに、この規則制定の法形式の一種として、考究さるべき幾多の問題を包蔵している（註五）。

（註一） Hall and Sturgis, Text-Book on Parliamentary Law, pp. 3—4

（註二） 第五回国会、昭和二十四年五月十八日、衆議院商工委員会において、地方自治法第百五十六条第四項の規定に基き、繊維製品検査所の支所設置に関し承認を求めるの件について、神戸繊維製品検査所の広島、岡山、久留米各支所を除いて承認をすべきものと議決した。

（註三） 第六回国会、昭和二十四年十一月二十五日、衆議院本会議において、森農林大臣不信任決議案（井上良二君外百二十一名提出）及び農林大臣森幸太郎君に対する不信任決議案（野坂参三君外三十五名提出）の両案を一括議題とし討論の後先ず井上君外提出の不信任案を採決の結果、同案が否決されたので、議長は、野坂君外提出案は議決を要しないものとなつた旨を宣告し、又第七回国会、昭和二十五年三月四日に同じく、池田大蔵大臣兼通商産業大臣不信任決議案（天野久君外三十三名提出）及び大蔵大臣兼通商産業大臣池田勇人君に対する不信任決議案（野坂参三君外三十五名提出）の両案を一括議題として討論の後先ず天野君外提出案を採決の結果、同案が否決されたので、議長は、野坂君外提出案は議決を要しないものとなつた旨を宣告した。特に議決を要しないとの議決はしていない。

（註四） 第十回国会、昭和二十六年三月二十八日、衆議院運輸委員会において、前田郁君外二名提出の日本国有鉄道法の一部を改正する法律案及び、同じく淺沼稲次郎君外四十四名提出の日本国有鉄道法の一部を改正する法律案並びに原彪君外一名提出の日本国有鉄道法の一部を改正する法律案の三案について、いずれも同一事項に関する改正案であつたゝめ一括議題とし、討論を省略して、先ず前田郁君外提出案について採決の結果可決されたゝめ、委員長は、他の二案は同一趣旨のものであるから、これを議決を要しないものと決するに異議ないかどうかを諮り、委員会は議決を要しないものと議決した。なお、請願について同一趣旨の法律案成立の結果又は、既にその趣旨が達せられた結果、委員会において議決を要しないものと議決する例は屢々ある。

（註五）　この決議の性質については、拙稿「わが国の委員会制度と特別委員会の性格」法律時報二三巻九号一五頁を参照されたい。

第十節　請願及び陳情書の審査

一、請願の受理付託

憲法は、「何人も、損害の救済、公務員の罷免、法律、命令又は規則の制定、廃止又は改正その他の事項に関し、平穏に請願する権利を有し、何人も、かかる請願をしたためにいかなる差別待遇も受けない。」と規定し（憲一六条）、請願は、日本国民のみならず外国人もひとしくなし得る権利であることを明かにしている。請願は、すべての官公署に対してなすことができるが（請願法三条）、各議院に請願しようとするには、その院の議員の紹介によつて請願書を提出しなければならない（国七九条）。旧議院法においては、法人の外総代名義の請願、憲法を変更する請願、哀願の体式を用いない請願、皇室に対し不敬の語を用い、政府又は議院に対し侮辱の語を用いた請願及び裁判に干与する請願は、いずれもこれを受理することができないものと規定していたが（旧議六六条乃至七〇条）、国会法にはかかる規定はいずれも存在しない。ただ、参議院規則では総代名義による請願は、これを受理しないとの規定が存するが（参規一六三条）、総代名義によるものは陳情書その他の形式によることとなり、しかも、陳情書で内容が請願に適合するものは、請願書と同様に処理しなければならないものと規定しているのであるから（参規一七三条）、大した実益はないと思われる。従つて、衆議院規則にはかかる規定はない。

又、参議院規則には、請願書の用語は平穏なもので、提出も平穏になされねばならぬものと規定されているが（参規一六四条）、このことは、憲法の規定から当然のことであるから、衆議院規則は別に規定を設けなかつたものと思われる。各議院は、各別に請願を受け互に干与しないから（国八二条）、同一の請願を各議院で受理しても差支えなく、又一院で請願を議決しても他院はその議決に何等拘束されない。請願書を提出するには、請願書に、請願者の住所氏名（法人の場合はその名称及び代表者の氏名）を記載しなければならない（衆規一七一条、参規一六二条）。又、請願書には普通の邦文を用いることを要し、やむを得ず外国語を用いるときは、これに訳文を附けなければならぬ（衆規一七二条）。而して、請願を紹介する議員が、請願書の表紙にその氏名を記載して、提出するのである（衆規一七三条）。

請願が受理されると、議長は、請願文書表を作成しこれを印刷して各議員に配付する（衆規一七四条、参規一六五条）。請願文書表というのは、請願の摘録表のようなもので請願者の住所氏名、請願の要旨、紹介議員の氏名及び受理の年月日を記載しなければならないことになつており、数人の連署による請願は、請願者某外何名と記載し、同一議員の紹介による同一内容の請願が数件あるときは、請願者某外何名と記載する外その件数を記載する（衆規一七五条、参規一六五条）。議長は、請願文書表を作成すると、その配付と同時にこれを適当の委員会に付託する（衆規一七六条、参規一六六条）。議案の場合には議案そのものの印刷配付とともに委員会に付託するのであるが、請願については請願そのものは印刷しないで、文書表の印刷配付と同時に付託するのである。而して、付託されるのは文書表ではなくて請願書である。請願付託の手続は、既に述べたように議案付託の手続に準じて、それぞれ所管の常任委員会に、所管の定めのないものは特別委員会に付託されるが、請願を特別委員会を設けて付託した例はない。但し、裁判官の罷免を求める請願だけは、これを委員会に付託しないで、始めから訴追委員会に送付することになつている（衆規一七七条、参規一六七条）。請願はこのように文書表を作成し、その印刷配付とともに委員会に付託されるので、文書表の作成印刷には若干の日時を要するから、その受理についても毎会期予めその受理期限を定めることとし、その後に提出されたものは、次の会期において提出されたものとして取扱う例である。受理期限は会期の長短にもよるが、会期終了日前十日とするのが普通である。

二、請願の審査手続

請願が各委員会に付託されると、委員長は請願の審査日程を作成する。日程の順序は付託の順序即ち文書表に記載された順序による例である。委員会では日程の順序によつて審査する（参規一六八条）。委員会で審査され議決の対象となるものは、請願書そのものであつて、文書表は審査の便宜上つくられたものに過ぎないが、請願の数が非常に多いから実際は文書表に従つて審査を進めることが多い。審査に当つては、先ず紹介議員から説明を聞くのを例とするが、紹介議員が出席しないときは、他の議員、委員長又は委員が代つて説明し、又専門員等に代つて説明をさせることもあるが、時には説明を省略して請願本書又は文書表によつて審査をすることもある。紹介議員の説明に続いて質疑応答をなし、政府の所見を質しそれから討論採決する等は一般の審査手続と同様であるが、実際においては討論を省略することが多く、又会期切迫して審査すべき請願の数が多いため、紹介議員の説明、質疑、内閣の所見聴取、討論等をすべて省略して直ちに決定した例もないではない。内閣の所見を質す際に、書面による答弁を求め又はこれを許すこともある。請願は、従来のように請願委員会において一括して審査するものでなく、各委員会において審査されるので、法律案を始めその他の審査案件の多い委員会では、殊に請願審査の小委員会を設けて事前に審査をなさしめた上で委員会が決定することが最近多くなつている。なお、請願は、所謂議案でないから公聴会を開くことはできないし、又両院互に干与しないものであるから、両院の合同審査会を開くことはできないが、その審査のため必要があれば証人の出頭を求め、委員を派遣し報告及び記録の提出を要求し、又他の委員会と連合審査会を開く等のことはもとより可能である。又、委員会に付託された請願を取下げたいとの申出があるときは委員会はこれを許可する例である。

請願の審査について一般の審査手続と特に異る点はその議決についてである。即ち、委員会は請願については、議院の会議に付するを要するものと議院の会議に付するを要しないものを区別し、更に議院の会議に付するを要する請願については、これを採択すべきものと不採択とすべきものに区別して議決し議院に報告することとされ、更に採択すべきもののうち、内閣に送付するを適当と認めるものについてはその旨を附記するものと定められている（衆規一七八条、参規一七〇条、国八一条一項）。従つて、請願に関する委員会の議決は、

（一）　議院の会議に付して採択すべしとの議決

（二）　議院の会議に付して不採択とすべしとの議決

（三）　議院の会議に付するを要せずとの議決

の三種であり、このうち（一）についてのみ内閣に送付するを適当と認めるかどうかを決定して、送付を適当と認めたものはその旨を付記して報告する。参議院では、議院の会議に付するを要するものと決定した請願については、意見書案を附して議院に特別報告を提出することになつている（参規一七一条）。なお、請願は、その性質上修正し得べきものではないが、採択と決する場合において、請願の内容が分割し得る幾つかの事項を有するときは、その一部を

採択することがある。委員会において議院の会議に付するを要しないと決定した請願について、議員二十人以上から休会中の期間を除いて、委員会報告の日から七日以内に会議に付する要求があるときは、これを会議に付さなければならないが、この期間内に要求がないと委員会の決定が確定する（国八〇条二項、衆規一七九条、参規一七二条）。

議決の際、すでにその趣旨を達成した請願については、議決を要しないものと議決する例である。なお、一事不再議の原則の適用によつて、既に本会議又はその委員会において議決した法律案、又は決議案と同一趣旨の内容を有する請願については、或はこれを委員会において議決を要しないものと議決することもあり、或は又同一趣旨の請願が既に本会議において採択された場合、後の請願の取扱いについてはこれを議決不要としないで、これを前の請願と同一の議決があつたものと看做して取扱う（これを看做採択という）こともあつて（註一）、必ずしも一定していない。

最後に、請願の取扱については、実際上軽視され勝ちであつて、その審査もすべて議案の審査の後になされることが多く、従つて会期の切迫の際、短時間の間に充分の審査も経ないで、殆んどこれを採択するような実情であり、最近請願の取扱いについて改正を要望する意見も高まりつつあるが（註二）、衆議院においては、新憲法の国民主権主義より見ても、国民の請願についてはこれを慎重に取扱い、又国権の最高機関たる国会の性質に鑑みても、一度採択した請願については、必要な措置を講ずべきであるとして、既に第一回国会において次のような請願の取扱いを決定している（註三）。

請願及び陳情書の取扱いに関する件

一、請願は、議案その他の審査とにらみ合せ、委員会が適当と認める時期に審査する。

二、請願を審査するときは、先ず紹介議員の説明を聴取する。

三、請願については公聴会を開くことができない。

四、請願については、両院の合同審査会を開くことができない。

五、請願の審査のために證人の出頭を求め委員を派遣し及び報告並びに記録の提出を要求することはできる。

六、請願の審査は、慎重を期することとし、苟も採択した以上は必ずこれが実現の方途を講ずるものとする。これがため

(イ) 請願の内容に応じ必要のあるときは、委員会において法律案を起草提出する。

(ロ) 予算的措置を必要とするものについては、必要により予算委員会と連合審査会を開く等の措置を講ずる。

七、議院において採択又は不採択と決したものについては、請願の紹介議員にその結果を通知する。

八、本会議又は委員会において既に審議を終つた議案又は請願と同一趣旨の請願でもこれを審査することは差支えない。但し、既に請願の目的が達せられているものについては審査しない。

九、陳情書については、請願の取扱いに準ずる。

十、陳情書についても、請願に準じて文書表を作成する。

三、陳　情　書

陳情書等の取扱いについては、衆議院規則第百八十条は「陳情書その他のもので、その内容が請願に適合するものは、議長は、これを適当の委員会に送付する。」と規定しているのに対し、参議院規則第百七十三条は、「議院は、陳情書その他のものであつてその内容が請願に適合するものは、これを受理して、請願書と同様に処理しなければなら

ない。」と規定し、請願の審査と全く同様に取扱うべきものとしている。衆議院においては陳情書その他のものは単に委員会に送付するに止り、議院はこれについて議決を要するものとはしていない。しかし、陳情書についても前記の取扱いに従い、概ね請願の審査に準じて文書表を作成し、或は審査日程を作り、委員長又は専門員等から趣旨を説明し、政府の所見を質し、請願同様に採択又は採択の上内閣に送付すべきものと決定した事例もあるが、多くは、委員会において単にこれを了承することを決定するだけで、議院の会議にはこれを付することなく、委員会が他の議案の審査又は調査をなす場合に参考の資とするに止つている。

（註一）第一回国会、昭和二十二年九月二十七日、衆議院議院運営委員会において、同一趣旨の請願が既に本会議において議決された場合、後の請願の取扱いについては、議院法時代の例のように議決不要としないでこれを本会議の議題とし、前の請願と同一の議決と看做して取扱うことを決定した。

（註二）昭和二十五年四月二十四日、米国議会制度視察の渡米議員団から両院議長に提出した報告書の中に、請願の取扱いにつき、「請願は提出にあたり法案をも具えて提出されること」及び「議院は国策上真に有効と認めたものに限り採択すること」の二点を国会における実現希望事項として挙げている。

（註三）昭二二・八・二第一回国会衆議院議院運営委員会議録一〇号一頁

第十一節　懲罰事犯の審査

一、懲罰の本質

議院が院内の秩序をみだした議員を懲罰することができることは、新憲法が自らその第五十八条第二項に規定しているところである。旧憲法においては憲法自身には議院の懲罰権について何等触れることなく、議院法の規定するところであつたが、新憲法は特に議院の役員選任権及び規則制定権とともに議院の懲罰権についても議院の自律権として憲法自身に其の規定を設けた。懲罰の本質を論ずることは必ずしも本書の目的ではないけれども、委員会における懲罰事犯の審査はその懲罰事犯とせられた事件が果して懲罰事犯であるかどうかを第一の目的とするものであるから、先ず懲罰とはいかなるものであるかについて一応考察する必要があろう。

懲罰とは、議院が会期中の秩序を維持するために、議院の自律権に基いて、院内の秩序をみだした議員に対して科する議院としての処罰をいう。

懲罰は、国の機関としての議院を組織する議員という一定の身分、言い換えれば一般の国民と異つた特殊の身分関係に基くものであり、院内秩序の維持という目的から院内の秩序をみだした行為を対象として科せられるものであるから、刑罰が国の刑罰権に基いてすべての国民につき国家社会の秩序を維持するために犯罪に対して為される処罰であるのとは全くその性質を異にする。

又、議員の懲罰と公務員の懲戒は何れも議員又は公務員という特殊の身分に基くものである点においては、その性質を等しくするけれども、懲戒が使用者としての国が、使用者としての特別の権力に基いて、被使用者たる公務員の義務違反に対して科する処罰であるのと異り、懲罰は、議員に依つて組織される議院が、自律的にその組織体自体の秩序を保持する為に、秩序をみだした行為について、その組織分子たる議員に対して行う処罰である点に、その特質の一が存するのである。

次に、国会の会期中、各議院の紀律を保持するため、内部警察の権は、議長がこれを行うことは国会法の規定するところであるが(国一一四条)、そもそも警察権は、国の一般統治権に基くものであつて、特別の権力関係に基くものではないとともに、統治権に服従すべきすべての者が、警察権に服従すべきものであつて、内部警察権の執行者が議長であつても警察権の本質が異るものではない。従つて、議長警察権の及ぶ場所的範囲は「議院内部」であつても、その対象となる者は単に議員のみでなく、一般警察権の場合と同様、国の統治権に服従すべきすべての者であつて、この点において議員に対してのみ科せられる懲罰とその性質を異にするものである。

更に、議長及び委員長は、それぞれ会議又は委員会の主宰者として、会議の秩序保持権により発言を禁止したり、退場を命じたりすることができる。これは、会議の議事の円満な運営のために、会議の主宰者に与えられた権限であつて、それは議事運営上の秩序保持が目的であり、会議及び委員会の外に及ぶ権限でもない代りに、会議の秩序を維持するためには、単に議員又は委員に対して及ぶのみでなく、会議に参加する者例えば、証人、公述人等はもとより傍聴人に対しても及ぶものであつて、この点懲罰が院内の秩序を保持するためのものではあるが、常にそれは議員のみを対象としているのとその趣を異にする。

なお、議員は憲法によつて、不逮捕権及び院外免責権を認められているが、これらは、国政の審議に当る議員の職務の重大性に鑑みて、会期中特にその身分を保障し及び議員としての職責上特にその言論を尊重する趣旨に出でたものであるが、この両特権と懲罰の間に、別段法律上の関係はないのであつて、この両者に法律的な関係があるというためには、院外における犯罪について逮捕要求を拒否したときは、それに対し院内において懲罰が適用されねばならず、また院内の演説が、仮に院外であれば特定人に対する名誉毀損となるような場合に該当すれば、常に懲罰となららでなければならない筈である。

然し乍ら懲罰は常に議員として院内の秩序をみだした場合の問題であつて、院外における一般人としての犯罪や院内の演説が院外ならば責を免れないであろうというようなことは、それ自体何等係りがないというべきである。

なお、序に一言すれば、懲罰は先述した如く、議員の身分に基くものであり、又科せられる処罰も議員たるの身分に附随する権利の剝奪、又は停止を主とするものであるから、一般の刑罰権の如く、国民たるの身分に基くものとは、何の関係もなく、従つて若し同一事件によつて、議員が院内において院外の犯罪のために、その善処をうながされ、それに応ぜずして懲罰に付せられ、その結果、除名せられて、議員たるの身分の喪失するに至つても、決して院外における犯罪の違法性は阻却されるものではない。又、不逮捕の特権も、決して院外の民事、刑事の責任を免れしめるものでなく、訴追を受けても会期中は一時逮捕されることを延期せしめているに過ぎないものである。

二、懲罰事犯の審査手続

懲罰事犯は懲罰委員会において審査する(国一二一条一項、衆規九二条、参規七四条)。懲罰事犯は、既に述べたように懲罰委員会の審査を絶対の要件とし、その審査を省略したり、或は委員会の審査中の懲罰事犯を本会議で取上げて直接審議することはできない。

懲罰委員会における懲罰事犯審査の特質は、議長又は議院から付託された懲罰事犯ありとされた事件が、果して懲罰事犯であるかどうかを審査し、若し懲罰事犯であるとすれば、国会法の定めるいかなる懲罰を科すべきかを定めることにある。一般の議案のように予め原案というべきものがあつて、これについて賛否を決するものとは著しくその趣を異にする。従つて、懲罰事犯ありとして懲罰委員会に付せられる場合は、議長宣告によつて付託される場合と、懲罰の動議を可決して院議によつて付託される場合の二つがあり、その手続については既に委員会付託を論じた際に説明したところであるが、いずれの場合についても懲罰委員会に対する懲罰事犯の付託は、懲罰事犯ありとする一種の申立であり、懲罰事犯ありとされた事件が果して懲罰事犯であるかどうかを懲罰委員会に審査させるものである。院議による付託というのも、議員から懲罰事犯ありとして懲罰委員会に付して審査せしむべしという意味の動議を可決して付託するものであるから、たとえ、院議で付託された場合において、更に懲罰事犯の会議において懲罰事犯にあらずと決定されることがあつても、何等矛盾するものでないことは当然である。両院の規則が、この懲罰動議の会議を所謂懲罰事犯の会議と区別し、懲罰動議については討論を用いないものとし、又懲罰事犯ありとされた議員の列席も許しているのは、そのためである(衆規二三七条、二三九条、参規二三八条二項、二四〇条)。懲罰事犯の委員会は、旧両院規則においては、「懲罰事犯ノ議事ハ秘密会議ヲ以テス」とされていたため(旧衆規二〇六条、旧貴規一八一条)、悉く秘密会でなされたが、現在は公開を建前とし、秘密会にするときは、特に秘察会とする決議を要することは、他の一般の委員会と同様である。而して、懲罰委員会における懲罰事犯の審査については、先ず、議長宣告にかかるものについては議長、議員の動議にかかるものについては動議の発議者又はその賛成者から、それぞれ懲罰事犯なりとして委員会に付した理由又は動議提出の理由について説明を聴くのを例とするが、議長宣告の場合において特にその説明を聴く必要がないと認めたときは、これを聴かないこともある(註一)。又、両院規則には、「議員は、自己の懲罰事犯の会議及び委員会に列席することはできない。但し、議長又は委員長の許可を得て、自ら弁明し又は他の議員をして代つて弁明させることができる。」と規定されていて(衆規二三九条、参規二四〇条)、懲罰事犯ありとされた議員自ら又は他の議員をして代つて委員会において弁明したいとの申出があるときは、委員長はこれを許可し或はこれを許可しないこともできる（註二）。又、委員会の方から、議長を経由して本人及び関係議員の出席説明を求めることができる（衆規二四〇条、参規二三九条）。或は、懲罰事犯ありとされた事件の内容によつては、必要があれば証人の出頭を求め、報告又は記録の提出を求めることもできるが、懲罰事犯の性質上公聴会を開いたり、他の委員会との連合審査会や他院の委員会との合同審査会等はこれを開くことはあり得ない。

かくして、懲罰委員会は、懲罰事犯なりとして付託された事件が、果して懲罰事犯に該当するかどうか、又懲罰事犯に該当するとすれば、国会法の定めるいずれの懲罰を科すべきかについて議決し、報告するが、国会法が定める懲罰は、公開議場における戒告、公開議場における陳謝、一定期間の登院停止及び除名の四種であるから（国一二二条）、懲罰委員会の審査の結果はこれに従つて次のようになる。

（一） 懲罰事犯にあらずとすべきもの
（二） 懲罰事犯として国会法第百二十二条第一号の規定により公開議場において戒告すべきもの
（三） 懲罰事犯として国会法第百二十二条第二号の規定により公開議場における陳謝を命ずべきもの
（四） 懲罰事犯として国会法第百二十二条第三号の規定により一定期間の登院停止を命ずべきもの
（五） 懲罰事犯として国会法第百二十二条第四号の規定により除名すべきもの

而して、公開議場において、陳謝させようとするときは、懲罰委員会は、陳謝文案を起草し、その報告書とともにこれを議長に提出する（衆規二四一条、参規二四一条）。参議院においては公開議場における戒告についても同様に規定している（参規二四一条）。

登院停止を命ずべきものとするときには、三十日以内において何日間の登院停止を命ずるかを決定して報告しなければならない。登院停止は、三十日を超えることができない（衆規二四二条本文、参規二四二条一項）。ただ数箇の懲罰事犯が併発した場合においては両院の規則は、異つた規定をしていて、参議院においてはこの場合でもやはり三十日を超えることができないものとしているが（参規二四二条二項）、衆議院においては、数箇の懲罰事犯が併発した場合には、三十日を超える登院停止を命ずることができるものとしている（衆規二四二条但書）。併発の場合に三十日を超える限界については別段の規定は存しない。なお、一定期間の登院停止は懲罰事犯の軽重によつて科せられる処罰であるから、懲罰を科する時期における会期の残存期間の長短によつて決せられるべきものではない。実際においても会期を超えた期間の登院停止を命じた事例もある（註三）。しかし、懲罰そのものの効果はその会期に限られるから、登院停止期間中に会期が終了すれば、その効果は後の会期に継続せず、会期終了とともに消滅する。ただ、会期が終了しても引続き委員会が閉会中審査をする場合には、登院はできるが、登院停止の期間は引き続き、閉会中の委員会出席を許さない例である（註四）。

三、懲罰事犯の成立要件

懲罰委員会における懲罰事犯の審査は、先ず懲罰事犯なりとされた事件が果して懲罰事犯であるかどうかを審査するものであるから、ここでいかなる場合に懲罰事犯が成立するかについて一応の考察をしなければならない。

何をもつて懲罰事犯というかを考えるに当つて、先ず国会法並びに両院の規則が規定している幾つかの懲罰の「ケース」と、憲法第五十八条第二項との関係について考察する必要がある。

即ち、

イ、議員が正当な理由がなくて召集日から七日以内に召集に応じないため、又は正当な理由がなくて会議又は委員会に欠席したため、若しくは請暇の期限が過ぎたため、議長が、特に招状を発し、その招状を受け取つた日から七日以内に、なお、故なく出席しない者（国一二四条）

ロ、議長の制止又は発言取消の命令に従わない者（衆規二三八条、参規二三五条一項）

ハ、委員長の制止又は発言取消の命令に従わない者（参規二三五条二項）

ニ、国会法第六十三条により公表しないものを他に洩らした者（参規二三六条）

ホ、登院停止の期間内に登院し議長から退去を命ぜられその命令に従わない者（衆規二四四条、参規二四四条）

ヘ、議院の秩序をみだし又は議院の品位を傷つけた者（衆規二四五条）、議院を騒がし又は議院の体面を汚した者（参規二四五条）

等は、法規上、懲罰事犯と認められる場合であるが、憲法第五十八条第二項にいう「院内の秩序をみだした」というのは、これらの幾つかの「ケース」に限らるべきものではなく、これらの場合は、何れも憲法第五十八条第二項の院内の「秩序をみだす」ものに包含せられるものではあるけれども、それ以外にも、なお、院内の秩序をみだす場合の存することは、各院の規則がすべて秩序に関する問題は議院がこれを決するという建前を採つている事から明かであつて、換言すれば国会法及び両院の規則が規定した懲罰の「ケース」は、憲法第五十八条第二項の例示に過ぎず懲罰をこれだけに限定したものではないといわなければならない。然らば、果していかなる場合に懲罰事犯が成立するであろうか。先に考察した懲罰の本質より考えれば、懲罰事犯の成立条件として次の諸条件が具備されねばならない。

（一）　懲罰事犯は、議員の行為でなければならない。

（二）　懲罰事犯は、議員の行為であつても、院内における行為でなければならない。

（三）懲罰事犯は、議員の院内の行為であつても、議員としての職権行使に際しての行為でなければならない。
（四）懲罰事犯は、議員としての院内行為であつて、議院の秩序をみだす行為でなければならない。
（五）懲罰事犯は、議院の秩序をみだす議員としての院内行為であつても、会期中の行為でなければならない。

以下これ等の各条件について述べよう。

第一に、懲罰事犯は、議員の行為でなければならない。

前述のように懲罰は、議員という特殊の身分関係に基くものであつて、従つて、懲罰事犯となる行為も常に議員としての行為でなければならず、議員の身分をもたない者の行為については懲罰事犯は成立し得ない。従つて、院内において秩序に服すべき者は単に議員に止まらないが、政府委員、事務局職員その他証人、公述人、傍聴人等一般国民の行為は懲罰権の対象とならず、従つて懲罰事犯とはなり得ない。

第二に、懲罰事犯は、議員の行為であつても、院内における行為でなければならない。

懲罰は、院内の秩序を維持して議院活動を支障なからしめるためのものであるから、議員の行為であつても、議院活動と何等関係のない院外の行為は、懲罰権の対象とはならないのであつて、懲罰事犯となるためには、必ず院内における行為たることを要する。

この点に関して、衆議院規則第二百十一条及び参議院規則第二百七条が、議員は、議院の品位を重んじなければならない旨規定していることから、本条を議員に対し院の内外を問わず議院の品位を傷つけ、もつて院内の秩序をみだすことに相当因果関係を有する行為は、懲罰事犯となり得ると論ずるものがあるけれども（註五）、すべて両院の規則は、憲法第五十八条第二項の「内部の規律に関する」規則であつて院外又は職務外のことについて規定するものでなく、従つて又、右の規定は、議員に対して一般的に議員としての品位を重んずべきことを規定したものでなく、院内において、議員として行動する場合に、国会の憲法上の地位に鑑み、「議院の品位」を重んずべきことを規定したに過ぎないのであつて、本条を論拠として院外の行為についても当然に懲罰事犯を認めようとする考え方は首肯し難いものといわねばならない。

更に、国会法第百二十四条が、議員が正当の理由なくして召集に応じなかつたり、会議又は委員会に欠席した場合等について、これを懲罰事犯と規定していることを以つて、この事犯は常に院外において起る行為であり、法規が、議院内部以外に起り得る懲罰事犯を規定したものである等の論を為す者があるが、これも亦誤りの甚しいものであつて、この場合の懲罰事犯は、決して院外における当該議員の怠慢を事犯としているのではなく、「会議又は委員会に故なく出席しない」という院内に結果した未応召又は欠席という事実を懲罰事犯としているのだからである。

以上の如く、懲罰事犯は、常に議員の院内を基点としての行為であることを要するのであるが、これに関連して二、三論ずべき問題がある。

その一は、議院から公に派遣された議員の、議員としての職権行使中の行為に関するものである。この場合は、議員が院内活動の一環として調査のために院外に派遣されているものであつて、院内における議員活動の延長ともいうべきであり、憲法第五十八条第二項の所謂「院内」というのも単に物理的な観念でなく、議員活動の場所としての「院内」を指す観念であるから、この意味において派遣中における議員の行為が、他の条件を具備するときには懲罰事犯になり得るものということができよう。

その二は、参議院規則第二百三十六条に規定する、国会法第六十三条により公表しないものを他に漏した場合である。この場合、他に漏すというのは、公表しないと議決した委員会若しくは本会議から他に漏すことであつて、従つてこの場合事犯者となるものは、委員会若しくは本会議の議決に参加した者に限るべきであると考えられ、たまたま、公表しないと決定されたと同一の事柄を一般的又は特殊的関係から知つていたとしても、その議員は事犯者とはならないのである。従つて又、同一の事柄であつても他から知り得たものとして発表することは、ここに所謂「他に漏す」ということに該当しないものと解するのである。即ち、この場合を懲罰事犯としたのは「公表しない」という議決を無視した行為をもつて院内の秩序をみだしたものとみているのであり、従つて他に漏すというのは、その委員会若しくは会議の外に漏すことを意味するのであるから、法律上の「ケース」としてはこの場合も前述の欠席の場合の如く矢張り院内の行為であるといわねばならない。

その三は、院内の行為という場合の院内とはどこをいうかという問題である。即ち、憲法第五十八条第二項の院内又は衆議院規則第二百三十四条及び参議院規則第二百三十四条に所謂「議院内部」ということの意義である。

これは、従来の如く議事堂という建物であるとか、各議院の管理する区域であるとかというように物理的に意義づけるべきではなくて、懲罰の認められている目的乃至は懲罰の本質から考察して、議員が、議員活動として、その職権を行うべき場所であるというべきである。従つて両院協議会、両院法規委員会、又は合同審査会等が甲院で開かれた場合に関連して、乙院の議員の甲院でなした行為も、院内の行為というべきである。更に、かかる観点からすれば常任委員会庁舎や議院分館等は院内に入るべく、議員の福利施設とみらるべき会館、宿舎等はこれに入らないとみなければならない。

以上述べた如く、議員の院外における行為は、それ自体懲罰事犯たる要件を欠くものであるが、ただ議員の議院外における行為について、議院の体面を汚した等の理由から善処をうながされることがあるが、この場合は、議院から善処をうながされた議員が、それに服さないときにおいて、始めて院議無視の行為として懲罰事犯になるのであるから、この場合はあくまで院議無視という院内の行為が懲罰事犯となるのであつて、先の院外の行為が懲罰事犯となるのではないことを注意すべきである。

第三に、懲罰事犯は、議員の院内行動であつても、それは更に議員としての職権行使中の行動でなければならない。議員の院内行為であつても、それはあくまで議員としての職権行使中の行為でなければならないから、議員が国務大臣であり、政務官である場合において、国務大臣又は政務官としての院内行為例えば院内閣議室における大臣相互の事件の如きは議員たる身分を有するものの行為ではあるが、議員としての職権行使中の行為ではないから懲罰事犯を構成しない（註六）。

又、弾劾裁判所裁判員及び訴追委員はともに両議院の議員であるけれども、この両者は何れも独立してその職務を行うものとされ、議員としての職権行使中の行為ではないから、裁判員又は訴追委員としての行為は、たとえ院内で行われたものであつても、これ又懲罰事犯となり得ないものである。かかる場合の議員相互の暴行事件の如きは院内行為であつても傷害事件として刑罰権の対象として別個に取扱わるべきものと考えられる。

第四に、懲罰事犯は、議員としての院内行動であつて、議院の秩序をみだす行動でなければならない。すべて秩序の問題は、議院がこれを決するものであり、院内の秩序を保持することは議院の自律権として認められていることから、懲罰事犯たり得るためには、その行為が、議院の秩序をみだす行為でなければならぬことは当然である。

ただ、いかなる「ケース」が議院の秩序をみだす行為であるかは、憲法第五十八条第二項の規定するところでなく、又国会法、両院規則にも一般的な規定は存しない。又、国会法及び両院規則が規定した幾つかの「ケース」だけが院内の秩序をみだす行為のすべてではなく、その例示に過ぎないことは前に考察した通りである。

従つて、何が院内の秩序をみだす行為であるかは、その都度議院が決すべきものである。これが懲罰事犯はその会期中に決せられなければならない所以でもある。

第五に、懲罰事犯は、議院の秩序をみだす議員としての院内行為であつても、会期中の行為でなければならない。議院の意思活動は、会期不継続の原則によつて、会期の修了をもつて一旦断絶する建前をとつているので、「院内の秩序」というものも議院としての活動期間内の秩序に関するものである以上、懲罰の問題についても、会期不継続の原則が適用されることはいうまでもない。従つて、会期に関連のない院内秩序の攪乱ということもあり得ないし、又会期に関連なく成立する懲罰事犯というものも考えられないのであつて、懲罰事犯たるためには、必ず会期中の行為でなければならない。即ち、国会法第六十八条が、一般的に会期不継続の原則を規定したものであるか、或は案件の後会不継続を規定したのであるかの議論は、後述するところに譲るとしても、懲罰が議院の活動期間の秩序維持を目的とするものである限り、会期不継続の原則が適用されることは当然であり、且つ懲罰についてのみ国会法第六十八条の適用なしとする根拠はどこにもないからである。

次に、国会法第六十八条但書と懲罰の関係について見るに、この場合後会に継続する案件はすべて、理論的にいつて、議案の如く、その案件に対する意思は、次の会期において更新されるものでなければならない。然るに、懲罰は、その本質からいつて過去の秩序に関するものであり、みだされた議院の秩序の回復であつて、後会において、前会期の秩序をみだした行為を懲罰事犯とすることは、新しい会期とともに出発した議院の静穏なる新秩序が未だみだされないのに、みだされたものとして新しい意思決定をすることであり、却つてそれこそ新しい秩序をみだすものであつて、法における出効の精神にも反するものといわねばならない。従つて、懲罰については国会法第四十七条第二項の閉会中審査の規定も又適用されないものと解すべきである(註七)。

最後に、若し懲罰について会期不継続の原則を適用するときには、会期末において行われた議員の行為で、院内の秩序をみだした者に対し何等の処置をとる方途がないではないかという論に対しては、前会期における議員の院内秩序をみだした行為については懲罰事犯の要件を欠くから後会において懲罰事犯としてではなく議院として当該議員の善処をうながし、或は陳謝を要求して、若しその院議に服さない場合において、懲罰事犯としてこれを取扱い得ることを附言して置きたい。これは、院外における議員の行為に対して善処を求める場合と同一理論に立つものである。

なお、前述した如く、議院の秩序は議長が保持するので(国一一九条)、すべて秩序の問題は議長がこれを決するのが建前であるが(衆規二一〇条、参規二一六条)、懲罰だけは、議長以外に議員でも、二十人以上の賛成で議長又は委員長において懲罰事犯と認めない事件についても、懲罰の動議を提出することができるようになつているので(国一二一条三項、衆規二三五条、参規二三七条)、何が懲罰事犯なりやは最終的には議院がこれを決するものといわねばならない。従つて、議院がこれを決するとすれば議院の意思は次の会期に継続しないのであるから、その会期中に事犯が院の秩序をみだすや否やを決し、会期中に決しないものを次の会期において決したり、又はその会期中に提起しなかつた懲罰の動議を次の会期に提起することは会期不継続の原則に反するものとして、かかることはできないものと解すべきは当然である。

四、侮辱を被つた議員の処分要求

懲罰事犯の成立要件について詳説したように、懲罰は、要するに議員としての行為が院内の秩序をみだす場合に、議員に対して科せられる処罰であるから、議員でない者の行為、又は議員の身分をもつていても議員としての行為でない場合は、もとより懲罰の対象となるものでないが、それかといつて、議院内において議員以外の者が議員に対してなした反秩序的言動について議院が全然何等の処分をもなし得ないものではない。議員以外の者が会議又は委員会において、秩序をみだす言動のある場合の議長又は委員長の権限については、別に委員会の秩序として後述するところに譲るが、ここでは、特に懲罰とも密接な関連をもつものと思われる被侮辱議員の処分要求の問題について、併せ考察して置きたい。

国会法第百二十条は、「議院の会議又は委員会において、侮辱を被つた議員は、これを議院に訴えて処分を求めることができる。」と規定しているのであるが、本条は、本会議又は委員会において侮辱を被つた議員が、議員としての資格で、議院に訴えて、その名誉の恢復、保全を図るための一つの手段を規定したものである。従つて、第一に、侮辱を与えた者が議員である場合は勿論であるが、議員以外の者である場合においても、侮辱を被つた議員は当然この処分要求をなすことができるものであり、第二に、侮辱を与えた者が議員である場合において、議長が職権を以つてこれを懲罰委員会に付することなく、或は、議員二十人以上の賛成が得られないために懲罰動議が提出されない場合においても、侮辱を被つた議員自身がこの処分要求をなし得るものであるから、侮辱を与えた者が議員である場合には、懲罰の問題に発展することもあり得るが、この処分要求自体は、本来懲罰そのものとは別箇の性質のものであるし、その対象も亦従つてその院の議員とは限らないのである。それは、懲罰が、議院の秩序を維持するために秩序をみだした議員に対して科する処罰であるに対し、本条は議院の秩序より寧ろ被侮辱議員自身の名誉の恢復又は保全を図ることを主眼としているからである。以下この規定による処分要求について簡単に述べて置きたい。

第一に、本条により処分要求をする場合であるが、この要求は、侮辱を被つた議員が、議員としての資格で当該被侮辱議員自身からなすものであり、その侮辱は自分の所属院内で行われたものでなければならないが、侮辱を与えた者が議員であるか否かは問う所ではない。従つて、侮辱を被つた議員は、侮辱を与えた者がその院の議員であるときにおいては、議長又は委員長が懲罰事犯でないと認めたものでも、他に二十人以上の賛成者がある場合には、自らこれに対して国会法第百二十一条第三項により懲罰動議を提出し得ることはいうまでもないし、又委員が若し自己の属する委員会において、侮辱を被つたときは、それが懲罰事犯であれば、委員長に対して、国会法第百二十一条第二項によつて、それを議長に報告して処分を求むべしとの動議を提出することもできるが、別に、侮辱を被つた議員は、これ等の懲罰動議とは関連なく、単独で、この処分要求をなすこともできる。他方、議員が、その院の本会議又は委員会において、他院の議員、国務大臣、政府委員、公述人、証人、参考人、傍聴人、新聞記者、その他の者から侮辱を被つたような場合、即ち、議院の懲罰権の対象とならない人から侮辱を被つたときは、国会法第百二十一条によることができないから本条によつて、その救済を求むべきである。

第二は、この要求が議員から提出されたときの手続である。本条による処分要求は、議長に一応提出されるであろうが、この処分は、議院のなす処分であり、議長の処分ではないから、議長は直ちにこれを処分することなく、議院に諮らなければならない。この場合議長は議院に直ちに諮つても差支えはないが、先ず議院運営委員会にこれを諮問して、その答申をまつて然る後に本会議に諮るべきであろう。又、この際、議院としては本会議で直接これを審議する前に、特別委員会を設けて、その要求が正当であるかどうか、若し正当であるとすれば、議院としては如何なる処分をなすべきかを審査させて、その報告をまつて、結論を出すべきものと思う。

第三は、本条による議院の処分の内容である。若し本条によつて議院が処分すべきとすれば、それは侮辱を与えた者が、議院の懲罰権の対象となり得る者かどうかによつて、区別されなければならない。

(一)　懲罰権の対象となる議員であれば、懲罰に付することができる。この場合は、院議が懲罰に付すべきであるとすれば、議長職権でこれを付することになり、国会法第百二十一条第三項の場合の如き期間の制限は受けないことはいうまでもない。

(二)　他院の議員であれば、院議を以つて、他院に適当な善処方を決議を以つて求めることもできよう。

(三)　国務大臣であれば、院議で不信任決議を為す場合もあるであろうし、又、院議を以つて陳謝を求めることもあるであろうし、議長から注意を与うべしとの結論に達することもあるであろう。

(四)　政府委員であれば、国会法第六十九条による政府委員たることの議長の承認を取消すことができる。

(五)　公述人、証人、新聞記者その他の者であれば、これらの者については、憲法第五十一条による院内における言論に対する免責特権が認められていないから、院外において、侮辱を被つた議員が、刑事又は民事上の責任を追求できることはいうまでもないが、本条によつて一応は陳謝の要求もできるものと解する。又、院内出入の新聞記者に対してはその出入を禁止できるが、証人に対しては、証言は宣誓しているので、証言の取消を命ずることはできない。公述人、参考人に対しても又同様である。一般傍聴人に対しては、議長の警察権の範囲に属する場合には、その処分を為しうることは、これ亦いうまでもない。

第四は、本条による処分要求と懲罰との関係である。即ち、侮辱を与えた者がその院の議員である場合に既に懲罰委員会に付せられた事件に対して、別に本条による要求があつたときは、先きの懲罰事犯について議院の何等かの決定があるまで、これを留保すべきが妥当のように思われる。何となれば、憲法第三十九条に何人も同一の犯罪について重ねて刑事上の責任を問われないとあるのと同様に、本条によつて処分するものは、議院であり、又国会法第百二十一条によつて懲罰権を行使するのも議院であるから同一事件について重ねて処分することは妥当でないからである

（註一）　第四回国会、昭和二十三年十二月二十日、議員外崎千代吉君懲罰事犯の件（議長宣告）及び第十回国会、昭和二十六年三月二十六日、議員川上貫一君懲罰事犯の件（議長宣告）の審査に当り、委員会は議長の説明を聞くことなく、委員長が本会議の速記録を朗読してその説明に代えた。この両件とも、両君が陳謝の院議に従はなかつたため、議長宣告を以つて懲罰委員会に付されたものである。

（註二）　第十回国会、昭和二十六年三月二十九日、議員川上貫一君懲罰事犯の本会議において、議長は議院運営委員会の答申に基き川上君の弁明を許可しなかつた。なお、第十三回国会、昭和二十七年三月十二日、議員川崎秀二君懲罰事犯の委員会において、議員椎熊三郎君が、本人に代つて弁明を行つた。

（註三）　第一回国会、昭和二十二年十二月九日において当日は会期最終日であつたが、議員倉石忠雄君及び有田二郎君にそれぞれ三十日間、議員山口六郎次君に十五日間の登院停止を命じ、又第五回国会、昭和二十四年五月二十五日に、会期が五月三十一日までであつたが、議員立花敏男君に対し三十日間の登院停止を命じた。

（註四）　昭二四・五・三一第五回国会衆議院議院運営委員会議録四七号一頁。

（註五）　参議院懲罰委員会の懲罰権の適用範囲に関する調査報告書（昭二四・五・二三報告）八頁

入江　俊郎・前　掲　　一八七頁

田口　弼一・地方議会運営論　　三六三頁

（註六）　議員たる国務大臣及び政務次官が、議員として発言、表決した場合には、憲法第五十一条の保障を受けることは論ずるまでもないが、国務大臣又は政務次官としての発言についても、なお、同条によつて免責されるかどうかについては、註解日本国憲法は「同条の免責特権を認める余地があろう」（同書、八二頁）と述べているが、これに対しては議論の余地があるように思われる。何となれば、同条は各国の立法例に徴しても明かなように、議員の議会における言動を自由ならしめるために、行政権、司法権による不当の圧迫、干渉からこれを保障するところにあるのであるから、若しそれ、議員たる国務大臣の国務大臣としての言動まで同条によつて保障されるとしたならば、英国のように議会における言動は何人であろうとこれを保障しているのとは異なり、同条は国務大臣及び政府委員を除いて、両院議員の言動に限つてのみこれを保障しているのに、議員たる身分を有するとはいえ、国務大臣としての言動まで保障することは、これを不当に解釈することになるばかりでなく、法の前には何人も平等でなければならないのに、議席を有しない国務大臣は院外においてその責を問われることになり両者との間に不均衡をきたすことになる。

又議院の懲罰権は、その院所属の議員を対象としていて、他院の議員には及ばないから、参議院議員たる国務大臣の言動はいかなるものであつても、衆議院においてはこれを懲罰に付することはできないし、衆議院に席を有する国務大臣は、参議院においていかなる言動をなしても、これに対し懲罰を科することができないから、他方において、憲法第五十一条の適用ありと拡張解釈するときは、それこそ議員たる国務大臣及び政府委員に対して院の内外において責任を負うことなき特権を認めることになつて、立法府と行政府との混淆を来すおそれがあるのではなかろうか。

従つて、前述した如く、憲法第五十一条は議員であつても、国務大臣としての言動には適用なく議員としての職務行為にのみ限り、又議員であつても、国務大臣としての言動は懲罰の対象とせず、むしろ、国務大臣及び政府委員は国会に議席を有すると否とに拘わらず、その言動に対しては、両院が同じようにこれを処理すべき方途を選ぶべきであると思われる。

即ち、不信任決議による外、国会法第百二十条によつて、その処分を求めるが如きもその一方途ではなかろうか。帝国議会時代はもとより、国会になつてからも今日に至るまで、議員たる国務大臣が懲罰に付せられた例は一度もない。

（註七）（註五）の参議院懲罰委員会の右報告書一一頁以下は、懲罰事犯は国会法第四十七条第二項により継続審査をなすことも、又前の会期における事件を後会において懲罰事犯として提起することもできるものとし、懲罰事犯の内容によつて、或ものはその会期に専属し後会において提起することも、又継続審査を行うことも認め難いが、或ものは会期に関係なく提出し得るとの見解をとつているが、その内容によつて解釋を異にするのは懲罰の性質からいつても妥当でないと思われる。

この点においても、参議院の解釋は衆議院とは対立的であり、実際においても、参議院では、第五回国会の最終日たる昭和二十四年五月三十一日、議員金子洋文君、中西功君、板野勝次君及びカニエ邦彦君に係る懲罰事犯の件を閉会中委員会の審査に付し、第六回国会に継続せしめて、昭和二十四年十一月一日いずれもこれに懲罰を科した。

第十二節　資格争訟の審査

一、資格争訟の裁判

憲法第五十五条は、「両議院は、各々その議員の資格に関する争訟を裁判する。但し、議員の議席を失わせるには出席議員の三分の二以上の多数による議決を必要とする。」と規定し、議員の資格に関する争訟について両議院に裁

305

判権を与え、議員の議席を失わせる権限を与えた。議院が自らの権限において議員の地位を失わしめるものとしては、憲法上懲罰権に基く除名（expel）と、資格争訟裁判によつて議席を失わせる（deny a seat）場合があるが、除名は、前節で述べたように議院の自律権たる懲罰権によつて、院内の秩序をみだした議員の身分を剥奪するものであり、それは議員が議員たる身分取得後に生じた議員の行為について、それが院内の秩序をみだしたことによりなされるものであるが、資格争訟裁判により議席を失わせるのは、議員の身分取得後における資格について問題とするものではなく、議員の身分取得前における資格が問題とされるものである。何故ならば、憲法第五十五条に所謂議員の資格とは、同第四十四条の規定する資格であり、その資格は法律の定めるものとされているから、公職選挙法の規定する被選挙資格（公職選挙法一〇条、一一条）であることは当然であるが（註一）、議員が議員たる身分を取得した後において、その被選挙資格を失つたときは、国会法第百九条の規定により法律上当然退職者となるものであるから、資格争訟の対象となるものは議員の身分取得前における資格の有無の問題、言い換えれば、議員が当選に際して法律の定める資格がなかつたという点にあるといわねばならないからである。

なお、憲法の規定する両議院の資格争訟の裁判は、裁判所法第三条に「憲法に特別の定のある場合を除いて一切の法律上の争訟を裁判し」云々と規定する憲法に特別の定のある場合の一と見て、憲法が議員の資格争訟についての裁判権を各議院に与えたもので、司法裁判所の関与し得ないものであるかどうかの問題が存するが、この点は本書の直接目的とするところではないから、議院における資格争訟の手続に関連して問題となるべき点について簡単に触れる止めよう。

現行公職選挙法の規定からすれば、特に禁止規定のない以上、被選挙資格の有無を理由として選挙に関する争訟を提起し得ることは当然といわねばならないから、従つて、一定の期間内においては、同一の資格に関する争訟が、一方においては、選挙に関する訴訟の目的となり、他方においては、議院における資格争訟の裁判の対象となり得る訳である。しかも、旧議院法の如く、裁判所で当選訴訟の裁判手続をなしたものは、衆議院において同一事件について、審査することができないというような規定（旧議七九条）が国会法には存しないため、同一の資格の問題が議院と裁判所で同時に争訟の目的となり得るから、その結果は議院と裁判所の双方で独自の判定がなされることになり、議院が資格ありとしても裁判所において当選無効が判決されることもあり、又裁判所において有効と判決されても議院が資格なしと判定する場合も考えられ、しかもそのいずれかにおいて、資格なしとされ、或は当選無効とされれば、一方において有効、或は資格ありと判決しても、法律上は結局において議員の身分を失うことにならざるを得ないのであつて、極めて矛盾する結果となるものといわねばならない。

而して、第一に、同一の事件について、国の相異る二の機関が、同時に裁判権をもつことは極めて不合理であり、第二に、議員の選挙に関する争訟についての裁判権は、イギリス、アメリカ等においても、これを議院か或は司法裁判所のいずれかに専属するものとされているのであり、又第三に、旧憲法下においても貴族院は、その議員の資格及び選挙に関する争訟の裁判権を有していて（旧貴令九条）、司法裁判所の関与を認めていなかつたこと、第四に憲法原案が「両議院は、各々その議員の選挙又は資格に関する争訟を裁判する」云々と規定して（原案五一条）、選挙に関する争訟をも資格に関する争訟とともに、各議院が裁判するものとしていたこと等を考えるならば、憲法第五十五条が特に両議院が議員の資格争訟に関する裁判権をもつことを規定したのは、本来の趣旨からいえば議員の資格争訟については、議院の裁判にこれを委ね、司法裁判所の関与するところでないものとしていると見るのが妥当と思われるのであつて、かかる見地からすれば選挙に関する訴訟は資格を理由とするものについては、これを提起できないように、将来選挙法を整備することが寧ろ必要でなかろうかと思われるのである(註二)。

二、資格争訟の審査手続

資格争訟は裁判であるが、その手続は国会法及び両院の規則の定めるところで、国会法は、「各議院において、その議員の資格につき争訟があるときは、委員会の審査を経た後これを議決する。」ものと規定して(国一一一条一項)、資格争訟は必ず委員会の審査を経ることを要件とし、委員会の審査を省略したり、委員会の審査の途中で本会議が取上げて直接審査することは許さない建前をとつている。資格争訟を審査すべき委員会は、衆議院においては懲罰委員会であるが、参議院にあつては特別委員会である(衆規九二条、参規一九四条)。而して、資格争訟の委員会の審査は、裁判手続として規定されており、他の案件に関する審査と著しくその手続を異にするものであるから、以下委員会における資格争訟の審査手続について説明しよう。

(一)　訴状の提出及び付託

議員が他の議員の資格について争訟を提起しようとするときには、争訟の要領、理由及び立証を具える訴状及びその副本一通を作りこれに署名して、これを議長に提出しなければならない(国一一一条二項、衆規一八九条、参規一九三条)。資格争訟を提起することのできるのは、その院の議員に限られる。争訟の提起期限については別に定めるところはないから、会期中いつでも提起できるし、又懲罰のようにその会期に限られるものではなく、当選に際しての資格が争訟の目的なのであるから、議員の任期中であればいずれの会期においても提起することができる。この点当選訴訟が当選人決定告示の日から三十日以内においてのみ提起し得るのとは大いに相違する(公職選挙法二〇八条)。

而して、訴状が提出されると、議長は、これを衆議院では懲罰委員会に、参議院では特別委員会を設けて付託する。付託と同時に、訴状の副本を資格争訟を提起された議員（これを被告議員という）に送付して、期日を定めて答弁書を提出させる（衆規一九〇条一項、参規一九四条一項）。参議院では、議長が訴状を付託するときには、議院に諮つて委員会の審査期限を定めることになつているが、衆議院にはかかる規定はない。被告議員が天災、疾病その他避けがたい事由により、期日までに答弁書を提出することができないことを証明したときは、議長は、更に期日を定めて答弁書を提出させることができる（衆規一九〇条二項、参規一九四条二項）。被告議員が最初定められた期日、又は更めて定められた期日までに答弁書を提出したときは、議長は、直ちにこの答弁書を訴状を付託した委員会に送付する（衆規一九一条、参規一九五条）。

（二）　委員会の審査

委員会における資格争訟の審査は、訴状及び答弁書によつてなされる。ただ、議長の定めた期日までに答弁書が提出されなかつたときは、訴状だけで審査することができる（衆規一九二条、参規一九六条）。即ち、審査は書面審査を原則としている。訴状及び答弁書によつて審査するというのは、資格争訟の委員会の審査は、争訟を提起された議員の資格の有無を訴状及び答弁書によつて審査するという意味であつて、訴状及び答弁書が審査の対象になるということではない。委員会では資格の有無について議決するので、訴状について議決するのではないからである（註三）。

資格争訟を提起された議員（被告議員）は、二人以内の弁護人を依頼することができることになつているが（国一一二条一項）、被告議員は、訴状の副本の送付を受けた後、何時でも、この弁護人を依頼することができる。而して弁護人を依頼したときは、その旨を議長に申出でなければならない(衆規一九三条一項、参規一九七条)。

なお、二人の弁護人のうち、一人の費用は国費でこれを支弁することになつているから(国一一二条二項)、国費でその費用の支弁を受けようとする弁護人については、被告議員が、議長に弁護人依頼の申出をすると同時に、これを議長に通知しなければならない(衆規一九三条二項)。弁護人を一人だけ依頼した場合においても同様である。弁護人の資格については特に定めるところはないから、弁護士法の規定する弁護士に限らず、何人でも弁護人として依頼することができるものといわねばならない。議員も弁護人となり得よう。弁護人は、委員会の要求により又は委員会の許可を得て、その委員会において被告議員の弁護のために発言することができる(衆規一九四条、参規一九八条)。又、争訟を提起した議員(これを原告議員という)及び被告議員は、委員会の許可を得て、委員会に出席し発言することができる(衆規一九五条、参規一九九条)。その外、委員会の側からも、審査に当つて必要があると認めたときは、議長を経由して原告議員及び被告議員を委員会に招致し尋問することができる(衆規一九六条、参規二〇〇条)。

而して、委員会は、被告議員の資格の有無について審査し、これを議院に報告するのであるが、資格争訟は議案ではないから、議院の会議に付するを要しないとの決定をなし得ないことは当然であつて、必ずその有無を判定して報告しなければならない。

なお、その会期中に審査を終了しない場合においても、懲罰事犯のように、その会期中に限るべき性質のものでないことは前述の通りであるから、議院の議決により閉会中の委員会の審査に付することもでき、その場合には国会法第六十八条但書の規定により後会に継続することになる。ただ、この場合においては資格争訟が裁判であつて普通の議事とは全く性質を異にすることから特殊な問題が生起する。その第一は、資格争訟事件が閉会中審査に付され後会に継続するとしても、現在の国会法第六十八条但書の規定が、後述するように単に案件の継続のみを認めて、意思乃至審査の継続を認めないことからすれば、特に例外規定のない限り、資格争訟の審査も広く議院の意思活動の一として、後会に継続されるものは、単に資格争訟事件のみであつて、新に訴状の提起は必要でないとしても前の会期においてなされた審理は当然には継続しないことにならざるを得ない。然し乍ら、資格争訟は憲法の規定する如く、明に裁判であり、裁判手続の性質からいつてその審理が会期毎に断絶するとすることは甚しく不合理であると思われる。従つて、資格争訟事件については、それが裁判であるという特質から、国会法第六十八条の例外として、特に案件のみならずその審理もともに後会に継続せしめるよう特別規定を設けることが寧ろ妥当であろうと思われる。

その第二は、一度争訟が提起された場合において、原告議員が死亡、辞職又は退職した場合でも争訟が係属するかどうかに関する問題である。もとより、被告議員が議員たる身分を失えば議員の資格争訟も消滅することは、資格争訟が議員の資格のみを問題としていることから当然であるが、この点、当選訴訟において当選者と決定された者が議員を辞職しても、選挙又は当選訴訟の目的は単に議員たる資格を維持することに在るのではなく選挙又は当選の適法公正を維持することにあるので、たとえ辞職をしても、当選人決定の当否の確定によつて後任者の決定の上に差異を生ずるものであるから当選訴訟の目的は消滅しないものとされる（註四）のとは異る。又、当選訴訟において当選無効の判決があれば、後任者の決定がなされ、或は繰上当選又は再選挙の原因となることが考えられるが、資格争訟の裁判において資格を失わせられることがあつても、それによつて補欠選挙の原因をつくる場合はあり得ても当選無効の場合の如き結果を生起せしめることはあり得ない。而して、被告議員が、議員として在職している限りその間に原告議員が死亡、辞職、退職等によつて議員たる身分を喪失しても一度議院に提起された資格争訟事件は消滅するものではないといわなければならない。なんとなれば、訴訟の手続からしても原告の死亡によつて訴訟が当然に消滅するものではないし、又両院の規則は、いずれも資格争訟は、訴状及び答弁書そのものによつて審査することを建前としていることからいつても（衆規一九二条、参規一九六条）、更に、議案が議員の死亡や内閣の総辞職によつて消滅することなく議院に係属すること等を考え併せるならば、原告議員の死亡等によつて、一度び議院に係属した資格争訟事件が消滅することはあり得ないといわねばならぬからである。更に、衆議院においては、原告議員と被告議員の任期は何等異ることはなく、従つて任期満了によると解散によるとを問わず、原告議員の任期が終るときと被告議員の任期の終るときは必ず同時であるが、参議院においては、原告議員と被告議員の任期が異る場合があり得るのであつて被告議員の方が六年の残任期間があり、原告議員が三年の残任期間しかない場合において、三年後の半数改選の際には原告議員は議員たる身分を喪失することになる訳である。しかも、参議院においては、その議員の半数が改選される場合でも閉会中審査はこれを行つている例であることからすれば、被告議員の任期のある限りは、原告議員が任期満了してもその争訟事件は後会に継続するものといわねばならない。蓋し、前に述べたように、原告議員の身分喪失によつて一度議院に係属した争訟事件は何等影響をうくべきものではないから、たとえ半数の改選があつたとしてもそれが閉会中審査に付され後会に継続することについては何等異るところがないからである。

しかし、如何なる場合でも、被告議員が議員たる身分を喪えば、資格争訟事件は消滅することは当然であるから被告議員の任期を超えて係属することはあり得ず、被告議員が任期満了又は、衆議解散により議員でなくなつたときはその議員が偶々次の選挙において再選されることがあつても、前の資格争訟事件が継続されることはあり得ない。即ち、衆議院の総選挙又は参議院の通常選挙の結果、前の任期中資格争訟を提起された議員が再選された場合においては、新しい議員としての被選資格に問題があるために、新な資格争訟を提起される場合は別であるが、前の任期中における議員としての資格について争訟を提起されることはあり得ない。
なお、会期中審査未了となつた場合において、次の会期に改めて争訟を提起することも妨げないが、一度資格ありと判決された場合においては、再び同一の資格について争訟を提起することが許されないことはいうまでもない。但し、例えば当選当時、禁治産者であつたことを理由として提起された争訟において、審査の結果資格が有るものと判決されても、同一議員について別に選挙犯罪により被選挙資格がなかつたことを理由として新な争訟を提起することは妨げないものといわねばならない。

(註一) 法学協会・註解日本国憲法中巻 一〇九頁
(註二) 入江 俊郎・前掲一一四頁は本文とは反対の考え方に立つている。
(註三) 寺光 忠・国会の運営一二七頁は、「委員会が審査するものは、議長が付託した訴状及び答弁書(又は訴状だけ)である」としている。
(註四) 美濃部達吉・行政法判例 六七九頁

第十三節 予算の審査

予算が、法律案と並んで国会の議決を要する議案の代表的なものであることは既に述べた通りであり、従つて又予算委員会における予算の審査についても、別に撤回、修正、公聴会、分科会等の、それぞれの節において触れる若干の特別手続を除いては、前述した一般の付託事件の審査手続によるものであることはいうまでもないのであつて、個々の審査手続については、更に附加すべきものは特に存しないし、又予算制度そのものについての検討は更に別箇になされねばならぬが、予算の審査に当つて考慮しなければならない若干の、しかも極めて重要な問題についただけは特に考察して置かねばならない。

一、予算と法律の相違

予算は普通に一会計年度間における国の総歳入総歳出及び国の債務負担行為の予測であるとか、又国の一会計年度における一切の収入と一切の支出との見積表であるとか、或は又次の年度の財政一般のプログラムであるというように観念されているのであるが（註一）、それは単なる歳入歳出の見積表ではなく、国の財政行為の準則であり、国の財政処理行為を規律する法規的性質を持つことは、予算中の予算総則が財政法の施行法的性質を持つていて、その内容も殆んど法律と同一であり、又歳出予算が支出の目的、金額、時期を限定するものであり、国庫債務負担行為も政府の債務負担行為を限定する性質をもつていることからいつても明白であつて、予算が法的性質をもつことは疑う余地はない（註二）。従つて、諸外国においては、予算についても特に予算という別箇の法規定立の形式をとることなく、所謂予算法として法律の形式をとることが多いのであるが、わが憲法は、かかる予算法の形式をとることなく予算と法律とを明瞭に区別し、これを別箇に取扱つている。このことは憲法の規定から明らかであつて、両者はひとしく国会の議決によつて決定されるものではあるが、憲法が法律の制定（憲五九条）と予算の議決（憲八六条）を別に規定し、又内閣総理大臣の権限を規定した第七十二条をうけて、内閣法第五条が「内閣総理大臣は、内閣を代表して内閣提出の法律案、予算その他の議案を国会に提出し、」云々と規定して、予算と法律を明らかに区別している。このように実質的には法規範性をもち乍ら、特に予算という独自の形式を認めたのは、予算が主として計数を内容とするとともに、それが国民の一般的行為を規律する法律と異り一会計年度内の国家機関の財政行為を規律するという特殊の性格をもつことによるものであろう（註三）。予算と法律について法律上のものは別として憲法上その取扱いを異にする点を挙げれば次の通りである。

第一に、提出権において異つている。法律案は両議院の議員が発議権を持つ外（憲四一条、国五六条）、内閣も亦法律案の提出権がある（憲七二条、内閣法五条）に対し、予算の編成提出権は内閣に専属し（憲七三条五号、八六条）、両議院はこの提出権を与えられていない。

第二に、予算は一会計年度毎に作成され、繰越明許費（財政法一四条の三）又は継続費（財政法一四条の二）等の制度を除き、その効力は一会計年度を以つて終了する（憲八六条）ものであるが、法律は一度成立した以上、永続性を持ち、法律によつて改廃されない限りその効力を有する。

第三に、予算については、衆議院に先議権が与えられており、内閣は予算を先に衆議院に提出しなければならないが（憲六〇条一項）、法律案については、かかる制約は全くなく、内閣提出案については、内閣は衆議院又は参議院のいずれへ先に提出するも差支えない。予算を伴う法律案は、予算先議権との関係から、衆議院に先に提出される例であるけれども、運用論は別として憲法上は予算と法律が別箇のものとして観念されている以上はそれが法律案であれば、予算を伴うものであろうとなかろうと、衆、参いずれに先に提出することも違憲ではない。

第四に、法律案は国会の議決を経ることにより法律となり、予算も又国会の議決を経なければならないが、その議決に関する衆議院の優越性について、憲法は両者に重大な差異を設けている。

先ず、法律案については、一の地方公共団体のみに適用される法律の場合を除いて（憲九五条）両議院で可決したとき法律となることを原則とし（憲五九条一項）、衆議院で可決し、参議院でこれと異つた議決、即ち修正又は否決をした法律案は、衆議院で出席議員の三分の二以上の多数で再び可決したときは法律となるものとされているが（憲五九条二項）、これに対し、予算は、参議院で衆議院と異つた議決をした場合には、法律の定めるところにより、両院協議会を開いても意見が一致しないときは衆議院の議決が国会の議決となるのである（憲六〇条二項）。即ち、予算については参議院で衆議院と異つた議決をした場合には、法律案の場合と異り、両院協議会を開くことが憲法上の要件とされているが、一方、協議会を開いても意見が一致しない場合においては、法律案の場合のように改めて出席議員三分の二以上の多数による再議決を必要とすることなく、当然に衆議院の議決が国会の議決となるものであつて、この点衆議院の優越性は、法律案の場合に比して遙かに強大である。

更に、法律案については、参議院が衆議院の可決した法律案を受け取つた後、国会休会中の期間を除いて六十日以内に、議決しないときは、衆議院は参議院がその法律案を否決したものとみなすことができる（憲五九条四項）のに対し、予算の場合は、参議院が衆議院の可決した予算を受け取つた後、国会休会中の期間を除いて三十日以内に、議決しないときは、衆議院の議決が国会の議決となるのであつて（憲六〇条二項）、この点において、法律案については六十日であるに対して予算は三十日で足りるのみならず、法律案の場合は六十日経つても、衆議院は、単に参議院が否決したものとみなすことができるだけで、これを更に法律とするためには改めて三分の二以上の多数による再議決をなすか、或は両院協議会において成案を得るかの方法を講じなければならないが、予算の場合には、三十日の期限さえ経過すれば何等の処置を要せずして衆議院の議決が国会の議決となるものであつて、この点においても予算の議決に関する衆議院の優越性は法律案の場合に比して極めて大きいものである。

第五に、憲法が予算と法律について差異を設けているのは、法律は公布を要するが、予算はこれを要しない点である。

即ち、予算も法律と同様に、国会の議決によつて成立するものであるが、法律については、天皇が内閣の助言と承認により国事行為としてこれを公布するものとされており（憲七条）、法律は公布によりその効力を発生するものであるに反し、予算については、公布は憲法上の要件ではなく唯財政法によつて、予算が成立したときは、これを印刷物、講演その他適当な方法で国民に報告しなければならぬものとされているのに止まる（財政法四六条一項）。

以上のように、わが憲法は、予算と法律とを区別する建前を採つているのであつて、従つて、予算を以つて法律を変更し、法律を以つて予算を変更できないことはいうまでもない。たゞ、歳入法案又は歳出の原因となる法案の否決によつて、実質的に予算に改変を加える結果となることがあり得るのみである。従つて又、予算の基礎となつている歳入歳出法案の成立前に予算が議決されることがあつても法律上は差支えがないのであつて、実際においても予算が先に議決されることが屢々ある（註四）。

わが憲法は予算と法律をかくの如く明瞭に区別するが、諸外国においては、必ずしもわが国のような区別を設けるものではない。

即ち、イギリスにおいては、予算は所謂金銭法案（money bill）として取扱われるものであるが、この金銭法案は一九一一年の議院法（Parliament Act, 1911）によつて明らかな如くパブリック法案の一種であり、ただその議事について他のパブリック法案と異る取扱いがなされるものではあるが、わが国のように法律と別箇の予算として取扱われてはいない。一九一一年の議院法第一条（二）は金銭法案の定義を次のように定めている。

第一条(二)　金銭法案とは下院の議長が以下の事項の全部又は一部に関する規定のみを含むと認める「パブリック」法律案をいう。

租税の新設、廃止、減免、変更、又は取締、国債の償還、其の他財政上の目的の為めに国庫金又は議会の議決を経たる資金に対し負担を設定、変更又は廃止すること

歳出予算

国庫金の割当、受入、管理、支払又は会計検査

新に国債を起し保証債務を負担し又はこれ等を償還すること

これ等の全部又は一部に関する附随事項

本項において「租税」、「国庫金」、「債務」というときはそれぞれ地方政府又は地方団体の租税、資金又は債務を含まないものとする。

金銭法案に対する定義は、一九一一年の議院法によると右の如くであるが、慣習的意義における金銭法案はこの定義とは必ずしも一致しないものとされている(註五)。

而して、この金銭法案の取扱いについては、金銭法案に関する三原則といわれるものがある。

(1)　発案権は国王にあること。

(2)　まず全院委員会の議を経るを要すること。

(3)　下院がその先議権を有し、上院はその修正及び否決の権能を有しないこと。

がそれで、「国王は発案し、下院は承認し、上院は同意する」(The Crown demands money, the Commons gran it, and the Lords assent to the grant.) という慣用句のように、その取扱いにおいて、わが国の予算の場合と相似している。勿論(3)の原則というのは、上院の修正又は否決を禁ずるというのでなく、実質上修正又は否決を無意味ならしめるものであることを意味するものであることは、一九一一年の議院法の第一条(一)が「金銭法案が下院を通過し、会期終了より一ケ月前に上院に送付せられたる場合において、送付後一ケ月以内に原案のまま上院を通過しないときは、右法案は陛下に提出せられ、其の裁可をまつて上院の同意なきに拘らず法律となる。」とあることによつても明らかであり、この点一ケ月経過後下院の意思のみで法律となることもわが国の予算と同様である(註六)。

次にアメリカの場合を見るに、これも大体においてはイギリスと同様であつて、合衆国憲法第一条第九節第七項中に「法律を以つて定める歳出予算によるの他、国庫より金銭は支出されない。」(No money shall be drawn from the Treasury, but in consequence of appropriations made by law;) と規定され、この条項によつて、大統領の拒否権に服する通常の法律によつて予算を定めることが明らかにされている。アメリカの場合について略述すると、一九二一年迄は三権分立の原則から行政府から予算案が提出されるものではなく、予算調整の権も議会に属するものとされていた。一九二一年の予算及び会計法 (Budget and Accounting Act) によつて大統領は歳出入予算案を準備して、下院に提出する。これと同時に、歳出と歳入の均衡を得るために、新に租税を課する等財政上の措置を必要とする場合には議会に対する勧告が添えられる。立法部は、そのような財政及び事業計画を審議して、それに関する同意の決定を表明するために必要な歳入歳出法案を通過させる。予算法案の作成権は下院にある。合衆国憲法第一条第七節に「歳入の徴収に関する一切の法律案は、まず下院において提議しなければならない。但し、上院は、他の法律案と同様に、これに対して修正案を発議し若しくは修正を附して同意することができる。」（All bills for raising revenue shall originate in the House of Representatives; but the Senate may propose or concur with Amendments as on other Bills.）と規定されている。但し、上院は憲法上は完全な修正権をもつており、下院にはイギリスやわが国のような優越権はない。この規定は歳出よりはむしろ歳入に関する規定と思われるが、下院は、歳入の徴収に関する法律案（bills for raising revenue）といううちに歳出をも含むものとして、一般予算法案を下院において作成する慣行を確立し、上院もこれを黙認して来ている。その結果、予算の決定については下院が支配的な役割をもち、上院は憲法の規定に拘らず細目にわたる修正は企てない例である（註七）。

二、内閣の予算編成権と国会の議決権

憲法は、予算の編成提出権を内閣に専属せしめたが、一方においては第八十三条に国の財政を処理する権限は国会の議決に基いて、これを行使しなければならないと規定し、国の財政処理に関する最高の権限が国会に存すること、国会の議決なくして一切の財政処理の権限を行使しえないことを明らかにしている。この財政処理に関する最高の議決権を国会に与えていることと、内閣に専属せしめられている予算編成提出の権限との関係をいかに考えるかによつて、従来問題とされた予算に対する国会の修正権の問題が解明されねばならない。

帝国憲法の下においては、予算の増額修正が認められないことは、確固不動の原則とされていた。而して政府提出の予算を削減することは議会の審議権の範囲に属するが、増額修正は新な発案であるから、それは政府に与えられた発案権を侵すものであり、憲法に反するというのがその最大の、又唯一の根拠であつた。而して、その発案権のないところに、増額修正権なしとの議論は、明治憲法の政府中心主義と議会の権能を弱小化しようとする立場に、最も都合のよい議論として利用され、確立されたものである。新憲法の解釈としても、この伝統をうけついで、予算の増額修正は内閣の発案権を侵すものであるから許されないものであるとし、或は若干の増額修正を認めるにしても、常に内閣の発案権を侵害しない程度において認めるべきであるとすることが、多数の意見であるということができるであろう(本章修正の節参照)。しかし、問題は、その論拠であるところの、発案権のないところに修正権なしとする点にあるのであつて、この発案権と修正権ないし議決権とを分離することができないとする論理にメスを加えるのでなければ、遂に真の解決はできないものといわねばならない。しかも、発案権のないところに修正権なしとする論理は、旧憲法下の予算についていては、確固不動のものとさえされながら、同様のことが一方において、既に崩れつつあつたとは、貴族院令の改正についてもみられたところであつて、当初、貴族院令は修正不可能とされ、次いで、政府提案に対してけん連する事項についての修正は可能であるというようにうつり、遂に政府提案と異る修正がおこなわれた。更に、特殊な事情によつたともいえるが、旧憲法の改正案についても、天皇に発案権がある故に、議会には修正権なしとされていたにもかかわらず、この発案権と関係なく多くの修正がおこなわれたことは周知の事実である。

ひとり予算の増額修正についてのみ、今なお発案権のないところに修正権なしとする論理が固執されているのは、いかなる理由であろうか。国会法は条約についても、調印前の条約について修正のおこなわれる場合を予想している(国八五条)。条約の締結権は、政府に専属し、国会に発案権のないことは当然である。発案権のないことを理由にして修正権を否定せんとすることはもはやなりたたない。

財政法第十九条が、国会、裁判所、会計検査院の予算について、或る条件の下に増額修正を認めていることを、特別の場合と、特別の条件の下に限り許されるもので、一般的に増額修正する根拠にならないないものとする意見が多いが、もし発案権のないところに修正権なしとすることが憲法上の鉄則であるとするならば、かかる財政法そのものが憲法に反するといわねばならない。それは、まさに発案権なきところに修正権なしとする論理の破綻以外の何ものでもない。

いわんや、憲法は、財政処理の権限は、国会の議決に基いてこれを行使すべきことを財政に関する大原則として掲げ、国会に、財政に関する最高最終の議決権を付与しているのである。予算について何等の制限なく、修正権ないし議決権を行使することが、内閣の予算編成提出の権限と、憲法上矛盾するものでないといわねばならない（註八）。

ただ実際上、予算の修正に際しては、既に修正の節においても述べたように、修正案の議決によつて予算全体がその計数上も矛盾なく統一をもつて完成されるようなものでなければならぬことは当然といわねばならない。

三、法律と予算との関係

わが憲法が法律と予算について明確な区別をなし、しかも予算編成権を内閣に専属せしめ、法律案の提出権を内閣と各議院の両方に認めていることから、所謂予算を伴う法律と予算の関係が問題となり得るが、内閣の予算編成権と内閣自身の提出する歳入法案乃至予算を伴う法律案の関係については、それが内閣の統一ある財政計画に基いてなされるものである以上、その間に矛盾が生じないと思われるし、又更に国会の予算修正議決権は何等内閣の予算発案権に拘束されないものであり、又政府の提出した予算関係法案の修正も国会の自由である以上、これ等がいずれも国会の議決権に服すべきことは当然であつて、国会自らが統一ある議決権を行使する限り問題を生ずる余地はない。従つて、ここで法律と予算の関係として問題となるのは議員立法と予算編成権の問題、更にいえば予算編成前に成立した予算を伴う法律と予算編成権の関係又は予算成立後になされた予算を伴う議員立法と内閣の予算編成権との問題である。

この点について大切なことは、憲法第七十三条第一号の規定である。即ち、憲法は法律を誠実に執行することを以つて内閣が行うべき行政事務の第一に掲げており、又第九十九条は天皇又は摂政及び国務大臣、国会議員、裁判官その他の公務員は、この憲法を尊重し擁護する義務を負うものと規定している。

内閣がその与えられた権限を行使するに当つて、この憲法上の義務に忠実でなければならぬことは多言を要しない。従つて、既に国会の議決で制定された法律が予算を伴うものである以上、内閣が予算の編成に当つて、この法律上の必要な経費を予算に計上すべきことは正に法律を誠実に執行する所以でなければならないし、若し又予算成立後において同年度に新な予算を必要とする法律が制定されたときは、内閣は、補正予算を編成してこれを国会の審議に付すべきことも又当然のことである。よしんばその議員立法が内閣として予想した財政々策上好ましからぬものであつたとしても、国会の意思である以上、法律を誠実に執行するために補正予算を編成することは内閣の義務であることはいうまでもない。かかる意味において、法律は予算編成権を拘束するものであることは、当然である。若し国会において予算審議中に、その予算に含まれない予算を伴う議員立法がなされれば、国会自ら審議中の予算を修正すべきこともこれ又当然である（註九）。ただ、この点に関連して附言すれば、今後の制度運用上考えねばならぬことは、法律の制定権と予算の議決権をもつ国会自身において、予算を伴う議員立法と予算との調整の必要があることである。蓋し、一貫した国策に基く立法の統一と、統制ある財政計画が国家目的に必要であることはいうまでもないから、各議員や委員会中心の部分的利益に基く不統一な立法を排し、又同時に一貫した財政方針に基く予算の調整をなすことは、唯一の立法機関であり、国の財政処理に関する最高の議決権をもつ国会の任務だからである（註一〇）。

而して、政治的には議院内閣制を建前とする現行憲法の下において、先ずもつてかかる調整が政府与党たる政党内の機関でなされるべきものであることは当然であろうが、委員会制度運用上の問題として考察すれば、予算を伴う立法といつてもすべてそれぞれの所管に応じて委員会の審査を経るものであるから、各委員会間の予算関係立法の調整の問題が考えられねばならないが、これについては、予算委員会の構機乃至運用を改善して、すべて予算関係法案を予算委員会で審査せしめるとか、或は各委員会と予算委員会との連合審査会に議決権を行使させるとか、更には別に特別の委員会を設けて調整の任に当らしめる等の方法が考えられるが、何れも法規改正を伴う将来の問題であることはいうまでもないし、又かかる調整を考えるに際しては、併せて、各委員会が各省の出先機関化することを避けること、両院間の予算関係の立法を調整するため予算関係法案について衆議院の優先性の慣行を確立すること、更には専門員制度と立法考査局との関係を調整すること等が同時に検討されなければならないであろう。

（註一）美濃部達吉・日本国憲法原論　三八九頁
淺井　清・憲法精義　二九〇頁
平井　平治・予算決算制度要論　一三頁
（註二、三）清宮四郎・新憲法と財政　三一頁
法学協会・註解日本国憲法下巻　四五頁
（註四）昭二四・四・一六第五回国会衆議院議院運営委員会議録二〇号六頁
（註五、六）Campion, op. cit., p. 287
（註七）House Manual. p. 35, p. 52
Willoughby, op. cit., p. 510

（註八） 昭二七・二・四第十三回国会参議院予算委員会会議録第二号三頁

（註九） この点については、第十三回国会、昭和二十七年四月十七日、衆議院議院運営委員会（会議録三六号三頁）において、立法府の立法権と行政府の予算編成権との法律上の関係について次のような論議が行われている。

○ 石田委員長 質問の第一点は、現行憲法下におきまして、立法府が予算を伴う立法を行つた場合において、政府の予算編成権との関係はどうなるとお考えでございましようか。その場合、予算成立前におきましては、もちろん国会はその立法に伴つて予算を修正しなければならないのでありますし、また修正すれば足りるわけであります。しかし予算成立後においては、それではどうなるかということが第一点であります。まずお答えを願いたいと思います。

○ 木村国務大臣 お答えいたします。立法府の議員の法案提出は、これはまさに憲法で認められておるところでありまして、これは制限することはできません。それで予算を伴う法案の提出はどうであるかということであります。これももちろん御自由であります。もし予算編成後にさような法案を提出して、その結果どうなるかということになりますると、これはあるいは補正予算とかいうことでまかなつて行くよりほかに方法がなかろうと思います。議員立法というものは、もちろん尊重すべきであると、私はこう考えます。

○ 石田委員長 現行法規下における法務総裁の御解釈は、よくわかりました。

それでは次に第二点として、立法府が予算を伴う立法を現在においてなすという事実は、現在の政府の予算編成権との間に何らかの矛盾を生ずるとお考えになりますかどうか。ついては矛盾を生ずるとお考えになるとするならば、それについて何らか措置をなさろうというようなお考え、あるいは研究等が行われておるかどうか、この点を伺つておきたいと思います。

○ 木村国務大臣 矛盾はいたさぬと考えておりますから、その点についての研究はいたしておりません。

（註一〇） この点については、既に衆議院においても何等かの対策を要望する意見が表面化しているのであつて、第十三回国会、昭和二十七年五月二十二日、予算委員会(会議録二八号一頁)において次の如き質疑応答が見られる。

○有田二郎委員　先般大蔵大臣と予算委員長に議員立法の問題について質問いたしたのでありますが、その当時予算委員長は御欠席でありましたので、この際あらためて予算委員長の御答弁を承りたいのであります。

国会におきまして独立後予算を伴う議員立法が行われまして、これが問題になつていることは、委員長もよく御存じの通りであります。この問題につきましては、やはり根本的な改革を行わない限り、これからの問題として大きな問題になつてくる。すなわち政府の行政権と国会の立法権との間の問題でもあり、かつまたすでに予算が本委員会で決定されているにもかかわらず、他の委員会において予算の伴う立法がどんどん行われるということは、委員会それ自体の権威にも関する問題であろうかとも考えるのであります。委員長におかれてはぜひともすみやかに常任委員長会議を開かれて、その他折衝をされまして、あるいは本委員会の決議としてこれを出すことも私は考えられるのであります。どうか独立後の一番重大なる問題として、この予算を伴う議員立法の根本的な改革に対しまして、委員長の善処を私は要望いたしたいと思うのでありますが、委員長の御答弁を承りたいのであります。

○塚田委員長　お答えいたします。有田委員のただいまの御発言に対しましては、委員長におきましてもまつたく同感であります。しかもこの問題は至急に解決を必要とすると考えられますので、それぞれ諮るべき機関に諮りまして善処いたしたい、こういうように考えております。

第十四節　決算の審査

決算委員会における決算の審査は、先ず決算が付託されると決算を議題として大蔵大臣からその趣旨の説明を聴き、次に会計検査院から検査報告の説明を聴取し、更に各省所管別に説明を聴いて、質疑、討論の順序を経て採決されるが、かかる委員会における個々の審査手続は既に述べたところによつて明かであり、改めて論ずる必要はないが、決算の審査については、特に国会の決算審議権の本質に遡つて現在の決算審議の在り方に根本的な検討を加える必要があるからここでは特にその点の考察を試みたい。

即ち、現在の国会における決算の審査の実際を見るに、第一に、決算は内閣から両議院に同時に提出されていること、第二に、従つて両議院は各々各別にこれを審査し両院交渉の議案として取扱つていないこと、第三に、決算が提出された会期において審査未了となつても会期不継続の原則によつて消滅するものとはされず、次の会期において改めて提出することなく、そのまま先に提出された決算について審査をすることがその特徴であるといい得るのであつて、これ等のことを総合するに、決算は所謂議案として取扱われるというより報告書として取扱われていると見得るであろう。而して、かかる決算審議の方法については既に衆議院においては、新憲法施行と同時に再検討の声が高まり、先ず第一回国会における決算委員長たる竹山祐太郎君がその烽火を揚げ(註一)、その後歴代の決算委員長もその改善に力を尽されており、特に第七回国会においては、衆議院決算委員会がこの問題の検討のために、参考人を招致して、その意見を聞くことにより、極めて大きい進歩を示したが、未だ真の解決を見るに至つていない(註二)。

この決算審議の従来の在り方が新憲法の下において根本的に改善されねばならぬことについて、決算の性質を顧み新憲法下の国会における決算審議権の本質を考え、更に決算審査方式の改善について考察したい。

一、決算の性質

普通に決算とは、一会計年度内の歳入歳出の現実的結果を表示した計算書であるといわれているが、これだけでは単なる収支の事実の集積表にすぎない。それが更に憲法第九十条にいうところの国会に提出する決算たるには、後述するが如く、大蔵大臣が作成したもので閣議を経たるものを、会計検査院が検査確認したものでなければならないことはいうまでもない（財政法四〇条一項）（註三）。

而して、決算については、それが国会の議決の対象となる議案たるの性質を有すべきものか、それともそれは議決の対象とはならない単なる財政上の報告にすぎないのか、という点が、旧憲法時代から新憲法下に至った今日でも、なお問題とされるところである。

これを過去の実際に徴して見るに、明治憲法の初期においては、決算は議案に非ずとの説が有力で、これが廟議の方針でもあつたようである。

即ち、「大蔵大臣請議歳計決算に関する件」の閣議決定事項と覚しきものと見るに「決算は憲法第七十二条（旧憲法）に依れば単に議会に提出すべしとあるを以つて、政府は之を議会に報告するに止り承諾を求むべきものにあらず」（註四）とあるのみならず、当時の衆議院書記官長水野遵氏の「会計決算についての意見」も亦「憲法に国家の歳入歳出の決算は会計検査院之を検査確定し、政府は其の検査報告書と倶に之を帝国議会に提出すべしとあつて承認を経べしとしないのは、議会は決算の報告を審査し其の正当なるを承認するに止まり、彼の欧州各国に於けるが如く政府に対して其の承認を与うべきものにあらず」といつている（註五）。

又、秘書類纂帝国議会資料に集録されている「総決算の提出及び其の性質に関する意見」の中で、「決算は国法上如何なる性質を有するものなりや」という項に、「憲法に拠れば、予算は帝国議会の協賛を経べしとあり、即ち予算は立法の形式と同一の形式を以つて之を議定せざる可からずとなす者なり。然りと雖も是れ予算本然の性質より然るにあらずして財政監督の目的を以て之を議会の議に付し、其の正当明確なる事を公衆に證明せんとする施政の便宜に出でたるものなり。故に予算は協賛の形式を履まざれば其の成立要件を欠くと雖も、決算は然らず、決算は政府之を議会に提出すべしとあるのみにして、議会の協賛を要するの明文なし、知るべし決算は予算と同一の形式を以て議定すべきにあらざることを。果して然らば憲法上の決算の性質如何。余輩は断言せん、決算は予算施行に関する政府の報告なりと。抑々政府が決算を検査報告と倶に帝国議会に提出する所以のものは他なし、議会をして財政上の期後の監督を行わしめんとするにあり。而して決算に対する議会の審査権の範囲としては議会は第一決算の計数を審査する限りでない、第二検査報告を憑拠として審査すべきであり、第三検査報告以外に決算上の違法行為を発見したときは、政府に対して別に取るべき途を践まなければならない。」（註六）と論じてある。これが決算報告説の代表的なものである。又前述の決算の取扱いに関する閣議決定事項と覚しきものの中に「議会は決算の提出を受けたる後之を委員に付し、其当否を審査し、之を院議に附するは妨げなし、然れども政府に在ては、憲法の明文に依り之を議会に提出すると共に、其法律上の手続を了したるものとす、其以上は政治問題となるの外なきなり」（註七）とあり、又「我憲法の明文に依るに、我国の決算は無論之を議会に提出するに止まるものにして、承諾を求むるの性質に非ず、国会が政府に対する権力は法律問題の性質を帯びず、事態重大なる場合に於いて政略問題となるの外なきこと復た疑う可からず」とあるを以つて見るも、当時の政府の決算に対する考え方は、要するに、決算を一会計年度内の現実的歳入歳出の報告と見て国会の承諾を求むべき性質の議案とは見ず、単なる予算審査の資料と考え、従つて、国会の承諾を要せざるものと結論して、国会が決算について若し議決するところがあつても、それは、法律上の問題ではなく、政治上の問題であるとして片附けてきたのである。而して、これが決算を報告なりとするオーソドックスな考え方として、旧憲法下においては勿論、新憲法下の今日にまで受け継がれて来ているということができる（註八）。

而して、明治憲法の起草者たる伊藤公の意見を見るに帝国憲法義解には「予算は会計の初めとし、決算は会計の終とす、議会の会計を監督するに其の方法二つあり。即ち一は期前の監督にして、二は期後の監督とす、期前の監督とは次年度の予算を承諾するを謂い、期後の監督とは経過せる年度の決算を審査するを謂う、此の期後の監督を取るために政府は会計検査院の検査を経たる決算を以て該院の報告を併せて議会に提出するの義務あり、而して会計検査院の行政上の検査は議会の立法上の検査の為に準備の地を為す者なり、故に議会は検査院の報告と倶に政府の決算書を受けてその正当なるを承諾し之を決定すべし」（註九）とあるから、伊藤公の説は、決算を議会の議決の対象とすべきもの即ち決算は承諾を要すべきものとする議案説と解すべきだろう。この決算議案説即ち、決算は国会の承諾を要するものとする説が、不幸にして明治憲法時代にそのあとを絶つに至つたのは、顧うに、時勢によつて自然に議会の決算に対する関心が低調になり遂に官僚財政に屈服したためと、識者また決算制度の研究に力を致さなかつたことに帰することができよう。

しかし、初めて議会に決算が提出された第六回議会の衆議院に在つては、決算の審議方法については院議これを決するには至らなかつたが、明治二十七年五月二十四日には、時の決算委員長齋藤珪次君より国家の歳出入決算に関する帝国議会の権能について、議長まで左記事項の決定方についての申入があつた（註一〇）。

一、帝国議会は憲法第六十四条に於いて、国家の歳計予算に対し協賛の権利を有すると同時に憲法第七十二条に於いて国家の歳入に対し正確なる決算報告を受け之に承諾を与うるの権利を有するものとす。

一、帝国議会は行政百般に対し監督の権利を有すると同時に、国庫の収支決算上違法の行為に対し最終の裁判権を有するものとす。

一、帝国議会は行政各部の違法収支に対して最終の判決を下し之を政府に通牒し責任ある処分を要求すべし、若し政府に於いて其の職務を怠るときは帝国議会は上奏することを得るものとす。

一、衆議院は決算報告に対し院議を決定し之を貴族院に送付するものとす。

一、帝国議会は決算報告に対し政府に質疑を要すべき事件あるときは当局者をして弁明せしむることを得るものとす。

以上のことから推論すれば、これを以つて、政府の見解及び学説の如何に拘らず、国会が決算に承認を与うる権利を有するものとする議案説の国会に於ける嚆矢とすることができよう。

何となれば、これに基いて第八回議会において、報告説も十分強く主張されたにも拘らず（註一一）、結局のところ議案説が消極的ではあつたが勝利をえて、決算は全部を議題として、これを是認するや否やを決し、是認せざる部分に付ては不法又は不当と議決するの先例をつくつたからである（昭和十七年十二月改訂衆議院先例彙纂上巻五〇六頁参照）。

爾来、新憲法施行に至るまで、目新しい決算に関する論議がなかつたのであるが、浅井清博士が、その著書「国会概説」において「新憲法第九十条も、明治憲法と同じく、ただ決算を国会に提出しなければならないと規定しているのみである。且つ、明治憲法以来の慣例を、そのまま踏襲しているが、これは明治憲法以来予算のみを重視して、決算を軽視して来た弊を繰り返すものといわなければならない。

ここは従来のやり方を改め、本条を以つて国会の承認を求める趣旨に解すべきではあるまいか。既に述べたように、国会法が会計検査院と国会との接触を認めたのは、決算を重視したからではないか。決算の承諾の意義及び効果は全く予備費支出の承諾と同じである。」（註一二）と論ぜられ、又前述の第七回国会、昭和二十五年三月八日、決算委員会において参考人として入江俊郎、清宮四郎両氏が、いずれも決算を国会の議決を経べき議案として取扱うべしとの意見を述べておられるのは（註一三）、議案説が新憲法とともに再びその芽をふき出したものということができる。しかし、その根は前述のように古く且つ遠く、明治憲法の末期時代には、既にその芽は衆議院事務当局の間に発芽し切つていたのであつて（註一四）、新憲法とともに識者の間に論議せられるに至つたことは注目すべきことであり、又喜ばしい現象であるといわなければならない。

二、決算報告説に対する批判

国会に提出された決算が、国会の議決の対象たるべきものか、換言すれば国会には決算に承諾を与える権限即ち決算議決権なるものがあるのか、それとも決算は単なる財政上の報告にすぎないのか、換言すれば国会には決算議決権なるものはなくてそれは各議院が独立して、それぞれの報告を聞いて、別箇の権能即ち憲法第六十二条の国政調査権に基いて審議し、その結果について必要があれば、決議権に基いて、政治的に議院の意思を表明するにすぎないのであろうか。

ここで報告説についてすこしく検討を試みてみよう。

（一）　この学説は、新旧憲法を通じて、その論拠を「国家ノ歳出歳入ノ決算ハ………之ヲ帝国議会ニ提出スヘシ」（旧憲七二条）、「国の収入支出の決算は………これを国会に提出しなければならない。」（憲九〇条）という条文のみに求めていてそこには「承諾を求むべし」とはないから、提出した決算は議決の対象即ち議案たるの性質を欠き、一種の報告にすぎないのみならず、国会の側についても、憲法に決算が承諾を要するという条文がないから単にそれを審議してもそれは法律上何の効果もないもので、事実上の審議に過ぎないというのである。しかし、これには次の誤つた観念が含まれている。

(イ) 国会で議決するものはすべて議案でなければならないということがその一つである。議院の議決の対象が議案に限らないこと、又一院だけの議決を要するものでも或は修正出来ないものでも、それが国会又は一院の議決を要するものであるならば、議案と称して差支えないのみならず更に名称の如何によらず、たとえそれが「報告」といわれているものであつても、法律で議決事項と定めるか、或は、規則で定めた場合は勿論のこと、院議を以つて議決事項とするときはすべて議決の対象たるものであることは、既に第四章の審査案件について詳述したところである。従つて、決算は形式上からではなく、実質上から議決の対象たるべきかどうかを判断すべきである。

憲法第八十三条は、国の財政を処理する権限は、すべて国会の議決に基いて行使されなければならないと規定している。もとより、ここに所謂財政処理とは主として将来なされる財政処理を意味するから、財政処理を行使した後のものである決算そのものが、本条の財政処理ということは無理があるにしても、第八十三条は要するに国会中心財政主義を認めたものであり、国の財政処理に関する最高の議決権を国会に与えたものである以上、国会が予算の議決で定めたことについて、この決算の議決によつて、国の財政処理に最後の締めくくりをすることは第八十三条の原則の当然の帰結でなければならない(註一五)。

(ロ) 次に、憲法に規定がなければ、国会は議決が出来ないし、議決してもそれは法律上の効果はなく、ただ事実上の審議で、政治上の意味があるに過ぎないというのがその二である。しかし、これは別に特別の法規がない限りは、憲法第八十三条に規定する国会の国の財政処理行為に関する議決権の当然の帰結として議決出来るのが原則ではなかろうか。この原則によらないときに初めて特別の規定が必要となつて、禁止規定や例外規定が生れてくるのである。

新旧憲法には、国会に提出された決算には議決を要しない旨の規定がないのみならず、決算は議決を要しない報告であるとの明文もない。それどころか、却つて憲法には、国の財政を処理する権限は、国会の議決に基いて行使されなければならないと規定しているのである。憲法第八十三条の当然の帰結として、仮りに憲法に決算は報告であるとの明文があるとしても、前述の如くそれは第一次には、他の法律、規則により、その報告が、憲法第八十三条の要議決事項なりや否やによつて決し、而して第二次には、かかる法律、規則がないときは、その内容によつて判断すべきものというべく、このいずれにも該当しない報告の場合にのみ、単なる報告として国会の議決を要しないものということができるのである。

国会における実際の例も又、憲法の新旧にかかわらず決算については以前より今日まで、決算自体を議決の対象とし、それについて是認するや否やを決して、是認しない部分については、不法又は不当と議決しているのである。この点について浅井博士が、「旧憲法第七十二条は決算については、『之を帝国議会に提出すべし』とのみ規定して、承諾を必要とする旨を規定してなかつた。そこで実際の運用においても決算は『報告書』として両院へ別々に為され、従つて、決算に対して両議院の意見が一致するかどうかは問題とされなかつた。本会議では決算に対して表決するのではなくして、決算委員会の報告を認むるかどうかを表決するのであつた。」(註一六)といつているのは、著しく議院の決算審議の実際と異つている。おそらくは何かの間違いであろう。

(二) 決算が国会の議決の対象にならないのは、決算そのものの性質によるという議論にも次の誤つた観念が包蔵されている。

(イ) 決算は前述した通り一会計年度内の歳入歳出の予算執行の現実的結果の計数表であるから、これに国会において修正を加えることは不可能であるというのであるが、これは、前述した議案でなければ議題にはなりえないとの観念、殊に議決の対象は修正出来るものでなければならないとの誤つた前提に立つものであることはいうまでもない。しかし、予備費の事後承諾、条約の事後の承認、参議院の緊急集会における措置についての衆議院の同意等が修正できない性質のものでありながら議案として議決の対象たることは既に述べた通りであつて、これを以つて見れば事後のもの必ずしも議決の対象たりえないものではないことがわかる。

(ロ) しかも、明治三十二年以来、地方自治体にあつては、決算を地方議会の議決事項として法律でこれを規定していた。昭和二十二年に制定された地方自治法の第二百四十二条には、地方公共団体の決算はその認定に関する議会の議決を要することを規定している。これは決算が法律上議決の対象たりうることを物語るものではなかろうか。若しそれ、決算の性質が法律上議決の対象たりえないものであるならば、地方議会においても又議決の対象たりえない筈である。

(三) 国会の決算審議権の根拠を、国会の財政監督権にあるとして、一は、将来の財政上の議決(予算議決を意味するのであろう)の参考とし、一は、予算執行の実績を事後において監督するものであるとしているが、これにも次のごとき誤つた観念が包蔵されているように思われる。

国会において国の決算を議決の対象とするのは、決算そのものの性質と、新憲法が、国権の最高機関たる国会を国の財政処理についても最高の権限を持たしめた当然の結果であつて、旧憲法時代の議会の抽象的な財政監督権というようなものによつて然るのではない。即ち、憲法は、国の財政処理は国会の議決に基かなければならないことを規定しているが、この第八十三条こそ国会の決算議決権を導き出す第一の根拠でなければならない。

決算が国家行為、即ち財政に関する行政行為の一種であることはいうまでもない。而して、決算が、国の財政に関する行政作用であれば、行政権は内閣に属するから、その処理権は内閣にあるとしても、憲法第八十三条の規定の趣旨からいつて最終的には、決算も国会の議決を経なければならないものというべきである。ここに国会における決算審議権の憲法上の第一の根拠を求むべきであつて、決して財政監督権というがごとき、間接的抽象的な権限に基いて、事実上審査しているのでもなければ、又国政調査権に基いて決算を調査しているのでもない。それは度々繰返し述べるように憲法第八十三条に直接規定してある国の財政処理の基本について議決する権限があるので、この規定から国会の決算審議権乃至議決権が導き出されるのである。

旧憲法にあつては、議会は単なる協賛機関であつた関係からその財政上における権限も、又従つて監督的な間接的な権限に過ぎなかつたが、新憲法は、民主憲法となり国の財政を官僚財政から国民財政と切り替えるに至つた。この点に関し、清宮氏は、「新憲法の財政の根本原理として、国の財政は、主権者たる国民に由来するものであり、国民の意志にもとずいて処理され、国民全体の利益、幸福のために運営されねばならない国民財政主義が、その根本の出発点であり、また窮極の帰着点でなければならない。而してそれがためには、国会が国権の最高機関であるとする憲法の建前から、財政についても、国会は主権者たる国民を直接に代表するものとして、財政権の最高機関であり、唯一の議決機関とする国会中心財政主義とならなければならない。」と論じられているのは蓋し至言であろう（註一七）。

（四） 憲法第九十条を以つて国会の決算審議権の唯一の根拠とすることは、旧憲法時代ならまだしものこと、新憲法下にあつては、適切とはいい難く、むしろ第八十三条にその第一の根拠を求むべきであつて、憲法第九十条は、決算の検査機関の権限構成、内閣が決算を国会に提出する時期並びに提出する決算はその検査機関の検査を経たものでなければならないこと及び、その提出の際には必ず検査機関の検査報告を添附しなければならないこととを規定したものであつて、国会の決算審議権については第二次的の規定と解すべきである。然るに報告説、議案説ともに、本条を以つて国会の決算審議権の唯一の根拠としているのは賛成し難い。

しかも、本条よりして、検査院が、決算の確定権を有していると主張して、本条に単に検査しとあるのは、旧憲法に検査確定しとあるのと何等異るものでなく、会計検査院法第二十一条において「確認」とあるのは、この意味であり、会計検査院の検査は決算に対して最終的決定を与える性質のものであつて、ここに決算は不動のものとなるとするのは（註一八）、まことに腑に落ちない。何となれば、旧憲法にあつては、検査院は天皇の直属機関であり、決算の検査に対しては何人も異議をさしはさましめなかつたのであり、そのために検査院を決算に対する承認機関（議決機関）のように考えて決算報告説なるものさえ生れて、決算は国会の議決の対象たるものではないと論じられたのであつた。然るに、新憲法は、国民財政主義、国会中心財政主義の原理に従つて、国会に財政処理の基本議決権をもたしめたのである。されば、第九十条に検査院は単に「これを検査し」と規定するに止めて旧憲法のごとき「確定」という字句がなくなつたことは、第八十三条の国会が財政上の最高の議決機関であるとする規定と関連して、旧憲法の場合と異なる重大な意義を認むべきであろう（註一九）。

或る論者は、国会は決算に対する覆審的検査機関ではないから、検査院の検査の確認を覆すことは出来ないというが、国会は、検査機関として、行政各庁の一々の収入支出が合法的なりや違法なりやを検査するのではなく、国の財政上の基本を議決する権限に基いて、内閣から提出された或年度の決算を国の決算として是認するかどうかを決するに過ぎない。ただ、その際、内閣と検査院との間に意見の一致しないものがある場合、国会は、国の財政上の最高機関としての判断を下してその可否を決するにすぎないのであるから、検査院の権限の侵犯問題は起りえない。

而して、国会と検査院との審査権の効果に自ら異なるところのあるのは当然である。即ち、検査院は検査の結果については、会計検査法に規定する以外の処置は要求できないし、又その要求のない限りは、違法又は不当と決定された事項の当該責任者は当然には行政処分に附されることはないが、国会の議決の結果については、憲法第六十六条第三項によつて内閣自らが、当然にその責任を負わなければならないのである。

(五)　決算審議権を国会の権限でなく、各議院の権限なりとするのが通説のようであるが、前述のごとく、新憲法下にあつては憲法第八十三条と第九十条からして、審議権は、第一次的には憲法第八十三条によつて、国会がこれを有するものと解すべきであり、又第二次的には、憲法第九十条によつて決算は国会に提出されるのであるから、各院が別々に審議して相互に関知しないのは明らかにあやまつた審議といわねばならない。この誤りは、内閣が決算を各院別に提出することに基因するものであるから、その責任の一端は、内閣にあるといわなければならないが、他の一端は国会自らも又これを負わなくてはならない。新憲法下では前述したように、決算は国会の議決案件と見るべきで、国会の議決がない間は何回でも内閣は国会に議決未了の決算を提出してその議決を求むべき義務ありと解するものである。

また、通説は、国会の議決のいかんはすでになされた収入支出になんらの効果を及ぼさないといつているが、これは計数上の変更を意味するのであれば、国会の議決のみが然るのではなく、検査院の検査の確認によつても、既になされたる収入支出の結果には増減上何等の効果も及ぼさないのであつて、検査院と雖も、検査の結果によつて会計経理に関し違法又は不当と認めたときに、意見を表示したり当該責任者の処置を要求しうるにすぎないのである。

(六) 国会における決算の議決の効果は法律上何もなく、ただ政治上内閣の責任を解除するに過ぎないというのが通説であるが(註二〇)、一体ここにいう政治上の責任とはいかなる意味であろうか。旧憲法時代に政治上の責任といわれたのは、内閣は国法上は天皇に対してのみ責任を負い議会に対しては法律上何等の責任をも負うことがなかつたので、議会に対する責任は法律上ではなく政治上のものであるといわれ、これを頬冠りしても法律上は何等違法でなく政治道義上の問題とされたことを意味するものであるが、新憲法になつても同様であろうか。新憲法では、内閣は、行政権の行使について、国会に対し連帯して責任を負うことになつている(憲六六条三項)。而して、決算は一の財政に関する行政行為であることはいうまでもないから、決算について内閣が国会に対して責任を負わなければならないことは、憲法の定むるところである。これは、旧憲法において各国務大臣が天皇に対してその責に任ずることが法律上の責任であつたと同様に、法律上の責任であつて、決して政治上の責任ではない。従つて、国会における決算の議決の効果は法律上の効果であるといわねばならない。

又、国会における決算の議決は、単に内閣の法律上の責任を解除するばかりでなく、国の決算たることを承認する法律上の効果があるわけで、決算は国会の議決を経て初めて国の決算たるものといわなければならない。

三、決算審査の性格

以上述べたところから新憲法下における決算の性質、国会の決算審議権の本質について述べるとともにこれに従つて現在の国会における決算審査の方法について改善すべき点を併せ考えて見よう。

（一）　決算の意義とその要件

普通には、一会計年度内の収入支出の現実の計算書を決算といつているが、いま国法上決算の意義を形式上と実質上の二義に分ければ、形式上の意義における決算とは、財政法第三十八条によつて、大蔵大臣が歳入決算明細書及び歳出決算報告書に基いて作成した歳入歳出の決算で閣議を経たるものをいい、実質上の意味における決算とは、会計検査院の検査確認したる形式上の決算で国会の議決を経たるものをいうことになる。而して、形式上の決算に対し検査院の検査確認は国会提出の要件であり、国会の議決は、実質上の決算の効力発生要件と解すべきである。

（二）　決算審議権の所在とその根拠

通説は、国会における決算審議権を国会の権限と認めないで各院の権限とすることについては既に述べたが、国会の決算審議権は第一次には、憲法第八十三条に由来するものであり、第二次には憲法第九十条に基くものであるからそれは国会の権限であつて、各院の権能と解すべきでないことは、既に屢々述べた通りである。従つて、内閣が各院別々に決算を提出したり、各院が互に独立してこれを審議するが如き従来のやり方は、新憲法の精神に副うたものとはいい難いから、内閣は爾後、憲法第九十条によつて決算を国会に提出する場合には、予算の例にならつて、衆議院にこれを提出するように改むべきである。而して、この点は、多年の慣行を改めるだけで足り、法制上何等の改正措置をも必要としない。

（三）　国会の決算審議権の内容

国会の決算審議権の内容は、憲法第八十三条により、決算を是認するや否やを議決するにあつて、詳しくいえば会計検査院の権限の如く出納過程の違法又は不当を検査するのではなくて、形式上の決算を実質上の決算たらしむる行為にある。従つて、決算に対する国会の議決は、形式上の決算を実質上の決算たらしめる要件であると解するのである。故に、国会における決算の審議が未了に終つた場合には、会期不継続の原則によつて、内閣は何回でも国会の議決あるまでこれを国会に提出する義務があるといわねばならない。この点に関する従来の先例は、決算が、その会期に審議未了となつても、再びこれを次の会期に提出しない(昭和十七年十二月改訂衆議院先例彙纂上巻一四〇頁参照)ことになつているがこれも前述の理由から当然に改められなければならない一つであり、而して又、これも特別の法的措置を必要としない。

(四) 国会の議決の効果

国会における決算の議決は、両院一致の議決であることを必要とするから、若し両院の議決が異つた場合には憲法第六十条の予算議決の場合の例にならつて、衆議院の議決を以つて国会の議決とすべきであつて、この点については国会法又は財政法に規定すべきである。又、或る論者は、決算は、一院制ならばとも角、二院制の議会においては、審議の対象とするには不適当であるとし、両院の意思の合致の期し難いことを理由としているが、これについては、決算は必ず国会の議決を要する建前からいつて、参議院で、衆議院と異つた議決をした場合には、別に法律を以つて両院協議会を開いても意見が一致しないときは、衆議院の議決を国会の議決とすると定めるならば、かかる論者の理由はその根拠を失うであろう。

而して、国会の議決は、決算を是認するや否やを決するにあるのであるから、是認の内容は、事後承諾の場合と同様であると解すべきである。ただ決算の議決についても予算の例にならい、衆議院に優越性を認めることについては憲法が直接国会の権限として認めた事項については、憲法自身が特に認めた場合の外は、法律の規定で一院の優越性を認めることはできないとし、従つて決算の議決についても法律で衆議院の優越性を認めることは憲法に違反するから決算については、両院協議会を開いても意見が一致しない場合には、両院の議決が一致したところを以つて国会の議決とするというように定めるべきであるとする意見がある（註二一）。これも一応尤もな意見のように思われるが、憲法が衆議院優位の原則を建前としているのであるから、憲法改正の発議のような特殊な規定のある場合は別として左程厳格に解する必要はなく、憲法自身の定める衆議院優越の場合以外にも法律が定めるならば、これを認めることも必ずしも憲法の精神に反するものではないと思われるし（註二二）、又、例えば、憲法の規定からいえば国の債務負担行為の議決は、憲法上は予算の議決とは別に規定されており、（憲八五条）、ただ財政法第十六条によつて、予算として議決されるものであるが、法律によつて予算とは別に議決を求めることにすることも憲法に予算と区別して規定されていることから当然できるのである。而して、予算として議決されれば憲法上衆議院の優越権が適用せられ、別の議決として行えばその優越権は適用されない。しかも、国の債務負担行為を予算として議決することとしているのは法律であり、法律によつていずれの議決によるかを定めることによつて衆議院の優越権の適用、不適用が決められるのである。従つて、若し憲法の衆議院優越の規定を余り厳重に解するときは、債務負担行為は予算と別に議決すべしということにもなるのであつて、しかく厳重に解する必要もないと思われる。又、憲法第八条にいう皇室に関する財産の譲渡、譲受、賜与等についての国会の議決も、憲法第八条の議決案とするときは、衆議院の優越性がないが、この議決は法律によることも差支えないから、法律として議決されれば、衆議院の優越権が認められる結果となるのも同様である。

（五）新憲法は第七条に、予算、決算の公布については何等の規定もないが、決算については、国会の議決を経たるときは、内閣はこれを官報に掲載公示すべきものと考える。

（六）会計検査院の検査官の任命には両議院の同意を必要とするが（会計検査院法四条）、人事官同様に、検査官の弾劾につき国会に訴追権を認めてはどうであろうか。かくすることによつて、幾分でも決算検査の適正を期す上に役立つのではなかろうか。

（七）最後に、決算の制度に関連して予算執行職員の責任の問題があるが、従来から出納官吏については弁償責任の制度があり、一は、会計検査院の検定前においても、各省各庁の長が、出納官吏の保管に係る現金又は物品の亡失毀損があつた場合にその出納官吏に対して弁償を命ずることができ（会計法四三条）、又、一方会計検査院は出納職員が現金又は物品を亡失毀損したときは、善良な管理者の注意を怠つたため国に損害を与えた事実があるかどうかを審理し、その弁償責任の有無を検定し、弁償責任ありと検定したときは、本属長がその検定に従つて弁償を命じなければならぬと規定されているが（会計検査院法三二条一項、二項）、而して、この弁償責任の減免は、国会の議決に基くことを要するものとして（同三二条三項）、ここにわずかに出納職員の責任について国会の関与を認めている。

而して、昭和二十五年法律第百七十二号予算執行職員等の責任に関する法律が制定され、単に出納職員のみならず広く予算執行の衝にあたる職員についても、同法第四条によつて出納職員についてと同様、会計検査院がその弁償責任の有無及び弁償額を検定し、これによつて予算執行職員の任命権者が弁償を命ずることにするとともに、同法第七条は、この弁償責任は、国会の議決に基かなければ減免されないものとすることになつたのである。しかし、これ等予算執行職員の責任については、国会は極めて間接的消極的に関与し得るに止まるのであるが年々不正、不当支出の巨額なるに思いを致すならば、将来の国会における決算審査の取扱いの改善がいかに急務であるか、又その改善に伴い更に積極的な責任追求の方途が併せ考えらるべきであろう。

（註一）　第一回国会、昭和二十二年七月三十日、衆議院決算委員会において、竹山委員長は政府委員に次の如く質問した。

〇竹山委員長……従来の議会におきましては、決算の提出は単なる報告の形において、政府が議会に出されておつた如く考えられております。過去のことをかれこれ論議する必要はないと思いますが、新たなる国会において、国の最高機関としての国会が政府行政官庁の使つた国の決算の最後において、これを単に政府の報告を受けるというような事であるならば、政府は自分で処理したらいいとも考えられるのであります。会計検査院が国会法と、また会計検査院法においても自ら進んで国会に向つて検査院の報告をされる。出席をして説明をするという事を法律の中にうたつておるという趣旨は、最高機関たる国会が、これに対して最後の決定をすべきものと考えられるのであります。これらについて政府及び会計検査院の見解は如何なるものであるか。従つてこれが単なる報告でないとすれば、現在の政府の決算に対する取扱いが、両院へ報告書を出して御審議をいただきたいというやり方は改むべきでないかと考えるのであります。予算同様にまず衆議院にこれを諮つて、しかる後に参議院に諮つて、国会としての意思の決定をすべきもののように考えられるのであります。この関連した問題を如何に考えられるか（昭二二、七、三〇第一回国会衆議院決算委員会議録第四号一三頁）。

昭二四・五・二二第五回国会官報号外衆議院会議録三五号八六四頁

昭二五・三・八第七回国会衆議院決算委員会議録七号七頁

（註三）　「決算は一会計年度間の国の歳入歳出の現実の計算表である」美濃部達吉・遂条憲法精義　七一二頁

「決算は歳入歳出の完了後に於いて其の現実の出納金額を算出表明したもの」美濃部達吉・日本国憲法原論三九六頁
「決算は一会計年度内の国の収入支出の現実の計算書であつて」入江俊郎・日本国憲法読本　一六四頁
「国法上決算とは、一会計年度間に於ける歳入歳出予算執行の結果を表示した計数表である」小峰　保栄・財政法会計法要綱　一二三頁
「憲法の規定によつて、会計検査院の検査を経て内閣から国会に提出される収入支出の決算を言う」平井　平治・予算決算制度要論　二五五—六頁
「決算とは一会計年度における国家現実の収入支出の実績を示す確定的計数を内容とする国家行為の一形式をいう」清宮　四郎・新憲法と財政　六一頁

(註四、五、六)　秘書類纂帝国議会資料上巻一五四頁、一四〇頁、一六三頁
(註七)　同　右　一六六頁、一五四頁
(註八)　美濃部達吉・日本国憲法原論　三九七頁
平井　平治・前　掲　二七六頁
小峰　保栄・前　掲　一二三頁、一三一頁
法学協会・註解日本国憲法　二六二頁
(註九)　帝国憲法義解（国家学会版）　一三二頁
(註一〇)　明二七・五・二五第六回帝国議会衆議院議事速記録九号二二八頁、二五一頁
(註一一)　明二八・三・二三第八回帝国議会衆議院議事速記録五二号九一八頁、九二五頁、九二一頁
(註一二)　浅井　清・国会概説　二五八頁
(註一三)　昭二五・三・八第七回国会衆議院決算委員会録七号五—七頁、一二—六頁

清宮　四郎・「国会の決算審査権」法学一四巻三号一〇頁

（註一四）田口　弼一・帝国議会の話　二一三頁

大池　真・国会早わかり　八五頁　同・新国会解説　八六頁

（註一五）入江　俊郎・前掲決算委員会議録一四頁

清宮　四郎・新憲法と財政　六頁、同・「国会の決算審査権」法学一四巻三号八頁

（註一六）浅井　清・前　掲　二五八頁

（註一七）清宮　四郎・新憲法と財政　八頁

（註一八）平井　平治・前　掲　二七三頁

小峰　保栄・前掲決算委員会議録一一頁、二〇頁

（註一九）入江　俊郎・右会議録　一三頁

（註二〇）美濃部達吉・前　掲　三九七頁

清宮　四郎・前　掲　六六頁

平井　平治・前　掲　二七七頁

小峰　保栄・前　掲　一三一頁

反　対　説（国会の承諾を求むべきものと解する説）

浅井　清・前　掲　二五八頁

（註二一）入江　俊郎・国会と地方議会　一二二頁　同・前掲決算委員会議録七号一五頁

（註二二）清宮　四郎・「国会の決算審査権」法学一四巻三号一四―五頁

第九章　委員会の国政調査

第一節　概　説

憲法は、その第六十二条に「両議院は、各々国政に関する調査を行ひ、これに関して、証人の出頭及び証言並びに記録の提出を要求することができる。」と規定し、特に各議院の国政調査権についての規定を新に設けた。

本来、国会の一院としての各議院が、その権限を行使するに当り、国政に関する必要な調査をすることは、その権限行使上、当然保有すべき固有の補助的権能であるといわねばならないが、諸外国において認められる所謂国政調査権というものは、調査の手段としての証人の訊問や、書類の提出を、その内容として当然に含むものとして認識されているのであるから、旧憲法下の帝国議会が、その憲法上与えられた権限を行使するに当つて、これに内在する固有の補助的権限として、何等かの必要な調査をなし得たとしても、議院が、人民に向つて告示を発し、或は審査のために人民を召喚し又は議員を派遣し、国務大臣及び政府委員の外、他の官庁及び地方議会に向つて照会往復すること等が、一切禁止されていた旧帝国議会においては（旧議七二条、七三条、七五条）、これをしも所謂国政調査権とはいい難く、寧ろ諸外国における如き国政調査権は否定せられていたものと見なければならない（註一）。

従つて、新憲法が、特に第六十二条において、証人の出頭及び証言並びに記録の提出要求権を含むところの国政に関する調査の権能を規定したことは、決して旧憲法下においても当然に有していた調査権を明文を以つて規定したということでなく、国会が国権の最高機関として規定されたその地位と性格から、新に諸外国におけると同様の国政調査権を各議院に与えたものであつて、旧憲法に比して極めて重要な意義をもつものといわなければならない。

而して、各議院の国政調査権については、憲法は単に、これを各議院の権能として規定したに止り、その行使の方法については、何等規定するところはなく、国会法も又、単に、国政調査のための議員の派遣(国一〇三条)、内閣、官公署その他に対する必要な報告又は記録の提出要求(国一〇四条)、及び証人の旅費、日当(国一〇六条)等について規定している外、各議院が憲法上与えられたこの国政調査権をいかにして行使するかという点については何の規定もなく、この調査権の行使の方法については、各議院が憲法上与えられている自律権に基いて、各議院が独自に決定し得る建前をとつているのである。而して、両院の規則は、いずれも、議院においても国政に関する調査をなす場合を予想して、本会議が調査のため必要のあるときは、議員を派遣し、又、内閣、官公署その他に対し報告又は記録の提出を求め、又、証人の出頭を要求する場合を規定しているが(衆規二五五条、二五六条、二五七条、参規一八〇条、一八二条)、一方、各議院の中心機関となつた常任委員会に対し、議長の承認を得て、その所管に属する事項につき、自主的に国政に関する調査をすることができるものと規定することによつて(衆規九四条、参規三四条)、各議院の有する国政調査権の行使を議長の承認を条件として、それぞれの所管に応じ各常任委員会に委譲し、各常任委員会を中心に国政に関する調査を行う建前をとつているのである。従つて、常任委員会における国政調査は、付託事件の審査と並んで委員会活動の最も重要な部分をなし、委員会の議院における地位をより重要なものたらしめているとともに、前述したように、委員会に法律案の提出権を認めたことと相俟つて、委員会をして実質的な立法の中心機関たらしめる結果となつている。参議院規則は、単に「委員会は、付託事件の外、議長の承認した事件について、調査をすることができる。」と規定して（参規三四条）、委員会一般の権限のように規定されているが、特別委員会の権限は、その性質上付託事件に限られるものであるから、本条は特別委員会には適用されないものと解されるし（註二）、又運営の実際においてもこの規定の適用によつて、自主的な国政調査を行うのは常任委員会に限られているから、実質は衆議院の場合と何等異るところはない。

次に、憲法は国政調査の方法というより寧ろ国政調査権に内在する権限として、国政調査に関して証人の出頭及び証言並びに記録の提出を要求する権限を与えているのであるが、憲法自身はこれ等の要求についての強制規定を設けることなく、国会法も亦単に証人に出頭を求めたときは、別に定めるところにより旅費及び日当を支給することだけを規定するに止り別段の強制規定を定めなかつた。而して、第一回国会においては、何等の強制規定のないままに国政に関する調査が行われたが、その実際の運営の経験に鑑み、各委員会における証人の証言の実情から、強制規定を伴わない証人の自発的な証言のみでは、憲法及び国会法の予期した効果をあげることができず、又証拠力に欠けるところがあるという理由で（註三）、第一回国会の最終日に、議院における証人の宣誓及び証言等に関する法律が制定され、これによつて証人の出頭、書類の提出、証言等に強制方法が定められることになつたのである。

もとより国政調査の実際の方法は、単に証人の出頭及び証言並びに記録の提出要求に限るものではなく、或は委員を派遣し、国務大臣、政府委員等の出席説明を求め、又必要があるときは他の委員会と連合審査会を開き、或は、他院の常任委員会と合同審査会を開き、参考人の意見を聴く等、委員会に与えられた各種の権限を行使することによつてなされるのであるが、これ等のうち、委員会の審査又は調査の特別形態と考えられるものは別にこれを論ずることとし、本章においては、委員会における国政調査に関連して国政調査権の本質及びその最も基本的な調査方法として所謂国政調査権の実質的な内容をなす証人の喚問等について考察することにしたい。

なお、国会法によつて新に採用された所謂公聴会が、後章において詳述するように、両院いずれにおいても国政に関する調査のためにはこれを認められず、単に議案の審査に限つてのみ許されるものであることは、公聴会が議案の審査のためには勿論、委員会における調査の重要な手段の一とされているアメリカの場合(註四)と対比して注目すべきことであるが、このことについては、完全な三権分立制を採るアメリカにおいては、議院内閣制を採用するわが国のように、内閣に対する質問権や、国務大臣、政府委員等の各議院における出席発言が当然には認められていないものである点を考慮すべきであり、又アメリカにおける議会の調査権の行使されることが世界において最も多いことは、アメリカの議会の調査権が、他の諸国の政治組織における質問の慣行に匹敵する唯一のアメリカの符合物であると考えられていること(註五)をも併せ考えるべきであろう。

(註一)　法学協会・註解日本国憲法中巻　一六四頁

(註二)　寺光　忠・国会の運営　五九頁

(註三)　昭和二十二年十二月六日、衆議院本会議における議院運営委員長浅沼稲次郎君の議院における証人の宣誓及び証言等に関する法律案の提案理由説明及び同会議における隠退蔵物資等に関する特別委員長加藤勘十君の調査の中間報告(昭二二・一二・七官報号外第一回国会衆議院会議録七三号一〇三一頁、一〇二七—三〇頁)

(註四)　Riddick, op. cit., p. 150. House Manual, p. 350

(註五)　斎藤　秀夫・国会と司法権の独立　九九頁

第二節　国政調査権の本質

国政調査権の本質に関しては、既にわが国でも若干の研究がなされており（註一）、これについて詳論することは本書の目的ではないが、委員会における国政調査について考察するに必要な限度において、一応調査権の及び得る範囲と、その本質について簡単に触れて置かなければならない。何故ならばそれによつて各委員会が、それぞれの所管に応じて、各議院の有する国政調査権を行使する場合における調査の限界の問題が明かにされるからである。

一、調査権の及び得る範囲

本来この国政調査権というものが、憲法上定められた国会の諸権限を行使するために認められた補助的権能であるか、或は憲法上認められた国会の権限の行使とは無関係の別箇の権限であるかの問題がある。憲法第六十二条は「国政に関する調査」(Investigation relating to Government) と規定しており、これは、政府の改正原案においては、「国務に関する調査」とあつたのを、衆議院において修正したものである。而して、憲法は本条の外、前文において「そもそも国政は、国民の厳粛な信託によるものであつて、」云々といい、第四条において「天皇は、この憲法の定める国事に関する行為のみを行い、国政に関する権能を有しない。」と規定し、又第十三条において「すべて国民は、個人として尊重される。生命、自由及び幸福追求に対する国民の権利については、公共の福祉に反しない限り、立法その他の国政の上で、最大の尊重を必要とする。」と規定し、この国政という語を国務又は国事等と区別して、極めて広い意味に用いていることは事実であり、それは国権発動の形態として、広く立法、行政、司法を含む国家の政治全般を意味するものとして考えられている。しかし、憲法上国政という言葉の意味がそうであつたとしても、各議院の国政調査権は国会の憲法上の諸権限を効果的に行使するために必須のものとして認められた補助的権能であるとするのが、一般に諸外国においても認められる調査権の性質であることからすれば（註二）、単に憲法第四十一条が国会を国権の最高機関であると規定していることを根拠として、本条の国政という語を憲法上規定された国会の諸権能と無関係に制限なく解するのは（註三）妥当でなく、憲法の全体的構造において、国会が憲法上有する地位と権能に基いて、考察し把握すべきことが正当であるというべきであろう。然し乍ら、国政調査権をこのように憲法上定められた国会の諸権能との関連において解するとしても、この調査権の範囲は、極めて広範囲なものであつて、単なる私事に関するものを除き、それは実質的には国家の政治全般にわたるものであり、その限界についても明かな一線を引き難いものといわねばならない。イギリス、アメリカにおける議会の調査権の範囲についても古くは Coleridge 卿が「下院の調査の範囲に限定の一線をひくことは難しいし、又強いてそうする必要もない。私は公共の福祉に関係あるすべての事について調査をなし得るということで十分であると考える」といい（註四）、又 Willoughby も議会の国政調査について、それは「一般の福祉に影響を及ぼすことに関する調査を遂行する」ものであると述べている（註五）。わが国の憲法改正に際して、この国政調査権の範囲について金森国務大臣が、「国務ト申シマスルコトハ、議会ガ行ワレル所ノ公ノ事務ノ全部ヲ指スモノト思ツテ居リマス、随テ謂ワバ個人的ノ仕事ハイケナイケレドモ、議会ノ働キニ必要ナル国ノ関係ノ仕事ハ何デモ出来ルト言ウノデアリマスガ故ニ、法律案ヲ作成スル為ニ必要デアルヨウナ調査デアルトカ、行政ヲ監督スル為ニ起ツテ来ル所ノ必要ナル調査、其他議会ノ担当セラルルコトニ関係ノアル一切ノ国ノ仕事ヲ含ンデ居ル、斯ウ云ウ風ニ諒解シテ居リマス」と述べているのも（註六）正にこのことを意味しているものといわねばならない。

而して、憲法は所謂議院内閣制を採用して、行政権の属する内閣の首長たる内閣総理大臣は、国会議員の中から国会の議決で指名されるものとし（憲六七条）、内閣は行政権の行使について国会に対し連帯して責任を負うものとし（憲六六条三項）、又衆議院が不信任の決議案を可決し、又は信任の決議案を否決したときは、十日以内に衆議院が解散されない限り、内閣は総辞職をしなければならないものとして（憲六九条）、国会が広く行政監督権をもつことを規定しているから、行政一般に対する全面的な調査権をもつことは当然であつて、およそ行政権の範囲に属するものについては、検察行政は勿論裁判所の司法行政についても監督権とは別に広く調査権が及び得るとともに、特に行政についての調査権は、国会のもつ行政監督権と関連して行使されることによつて、査問権的性格を有するものとなつている。而して行政に対する場合において査問権的性格をもつのは国会の有する行政監督権との関連においてであつて、それは、後述する調査の本質とも関連するところであるが、調査権そのものの本来の性質から生ずるものではないと考えられる。従つて、行政以外についての国政調査権には、本来かかる査問権的性質はあり得ないといわねばならぬ。

司法に関する各議院の国政調査権については、従来特に論議のなされたところであり（註七）、わが国における国政調査権の範囲の問題は、殆んど司法権との関係において論ぜられて来たといつても過言ではない。司法権は憲法上裁判所に属するものであり（憲七六条）、狭義の司法、即ち法律上の争訟を裁判すること（裁判所法三条）は、裁判所の専管事項であつて、国会がかかる権能をもたないことは当然であり、又行政とは異り、司法に関する監督権も国会に認められるところでないこともいうまでもない。従つて、各議院の国政調査が、裁判について監督的な目的を以つてなされ、又個々の判決の内容そのものを批判する目的を以つてなされ、或は具体的な裁判そのもののために裁判所が行う捜査と同様のことを調査権に籍口して調査することは、もとより議院の国政調査権の範囲外であるといわねばならないのであつて、諸外国においても、係属中の訴訟事件は調査し得ないものとされているのは(註八)、かかる意味からに外ならないと思われる。

然し乍ら、他方各議院は、国会の持つ立法の権能に関連して、極めて広範な調査権をもつものといわねばならない。即ち、国会は唯一の立法機関として、立法権の対象となるものは極めて広く、この立法に必要な調査である以上、議院の調査権の及び得る範囲に一定の限界を設けることは、殆んど困難といわねばならない。司法についても最高裁判所の規則制定権に属する事項は別として、実体法たると手続法たるとを問わず、司法に関する立法のために必要な限りにおいては、司法の運用も亦調査権の中に含まれることは当然である。これは国政の中に司法が含まれるという意味からでも、又司法に対する監督権を認める意味からでもなく、立法に必要な調査という意味において、司法に関する調査をもなし得ることを意味し、かかる点においては、司法権独立に対する侵害の問題は生じ得ないといわねばならない。これと同様の意味において、地方公共団体の行政も、所謂国政とは区別さるべきであり、又憲法上、地方公共団体の組織及び運営に関する事項は、地方自治の本旨に基いて、法律でこれを定めるものとされ(憲九二条)、又地方公共団体は憲法上、その財産を管理し、事務を処理し、及び行政を執行する権能を有するものであつて(憲九四条)、国会は、地方公共団体の行政については、国の行政と異り一般的な監督権を有せず、従つて立法権によつてのみ、その行政に影響を及ぼし得るに過ぎないが、しかし立法に必要な限りにおいては、地方公共団体の行政の運営についても、広く調査権をもつことは司法に対する場合と同様である。ただ、地方公共団体の行政については、一般的な監督権のない結果、国の行政に対する調査の場合のように査問権的な性質をもち得ないものであることはいうまでもない。国の行政に対する調査が、国会の行政監督権との関連において、特に査問権的な性質をもつことから、国政調査権を行使するに当つて、すべての場合に、査問的な権限があるように誤解され易い傾向があるが、行政監督権と国政調査権の本来の区別を認識することが、各議院の国政調査権の行使に当つて、最も考慮さるべきことでなければならない。

蓋し、かかる認識の欠如が、各議院の国政調査権と、司法権又は地方自治体との間の摩擦の原因となる虞が、多分にあるように考えられるからである。又、国政調査に関連して、場合によつては、特定の法人や個人についても調査の及ぶことがあり得ようが、法人の経営や個人の行動そのものを調査したり監督する権能はもとより国会の有するところではなく、これ等はあくまで、国政と関連のある一事例として調査の対象となる場合があるに過ぎないのであるから、特定の法人の経営や個人の行動について兎角の指示をしたり批判をしたりすることは、議院の調査権を逸脱するものであることはいうまでもない。

なお、議員の資格や議院の自律権に属する事項について調査できることは当然であろう。

二、国政調査権の本質

その調査は、事実の蒐集及びその精査のみに限らるべきであるとする事実蒐集説と、さらに進んで調査せられた事実に対する批判的判定も許されるとする判定可能説があり、前者は、調査はあくまでも憲法上許されている議決を準備するためのものでなければならないとし、この意味で調査は自己目的のものであつてはならず、換言すれば調査のための調査であつてはならないものであり、あくまで議決目的のための手段でなければならないものであると主張されるに対し、後者は、蒐集された事実に対し何等かの評価的批判的判定も当然に許されるものであるとされる（註九）。

而して、この両説は、ワイマール憲法下のドイツにおいて争われたものであつて、イギリス、アメリカ等においては、必ずしもこのような明瞭な形における論争は見られないようである。本来、国政調査権を議会の諸権能を行使するための補助的権能と見ることは、イギリス、アメリカ、ドイツ、等の諸外国においても、又わが国においても通説となつているところであるが、国政調査権を議会の権限を行使するための補助的権能であるとすることと、調査は事実の蒐集又は事実の発見に限るべきであるとすることとは、必ずしも論理的な関連をもつものではないのである。このことは調査権が補助的な権能であり、議会の権能を超えた機能ではないとすることが通説であるドイツにおいて、事実蒐集説と、判定可能説の両論が争われていることからも明かであり、又わが国においても、調査権を国会の補助的権能としつつ、調査には事実に対する判定も許されるとする説(註一〇)があることからも明かである。

又、同じく調査権を補助的権能なりとするイギリス、アメリカにおいても、必ずしも調査は事実の蒐集に限るものとされず、寧ろ最近においては、事実に対する何等かの判定が許されるべきことを認めるものが多いように思われる。例えば、イギリスにおいても Redlich は、調査は立法改善に価値ある資料を蒐集する (collect most valuable material for promotion of legislation)ものであるとしつつ、調査委員会の仕事は、殆んど事実問題の確定であるか、或は事実と専門家の意見に基いて、委員会の意見又は判断を形成することであり、しかもこの委員会の意見又は判断は、事実や専門家の意見とは反対のことさえあり得ると述べており(註一一)、アメリカにおいても Dimock は、調査委員会は事実発見の補助機関であるとして(註一二)、調査は事実の蒐集をその本質とするものであるものと見ているようであるが、Riddickは最近の著書において、「調査委員会は原則として立法一般について報告する権限はない。一般にその権能は、各種各様の勧告を附して結論を報告するために、特定の事件について研究し、分析し、又は調査することに限られる。」といい(註一三)、又アメリカ下院規則が非米活動委員会の権限について、「合衆国における反米宣伝活動の範囲、性格及び目的」について調査する権限があるものと規定しているところから見れば(註一四)、調査は単なる事実の蒐集又は発見に止まらず、当然に、蒐集された事実についての何等かの判定を含むものであることを認めているものであるといわねばならない。

思うに、本来調査は事実の蒐集又は事実の発見をその目的とするものであることは、諸外国の調査権の沿革に照しても首肯し得ることであるが、たとえ調査が自らの議決目的のためであつても、その蒐集された事実について何等かの価値判断をし、批判的判定をすることが、調査の本質上絶体に許されないものであるとはいい難い。もとより批判といい、判定といつても、それは他の機関を拘束する意味での批判や判定ではなく、あくまで議院自身の議決目的に資する意味での判定であり判断であるべきことは当然である。又、事実の発見といい、事実の確定という場合においても、多数人より構成される会議体である議院又は委員会が、何が事実であるかを発見し確定することについて、それ自体多数の意思によつて決するものである以上、議院又は委員会のなす調査には、何等かの判定を含むことを否定することは困難であるといわねばならない。

わが憲法、国会法及び両院の規則の規定の上からは、国政調査権について、調査が事実の蒐集又は発見に止まるか、或は何等かの判定が許されるかについて何等の解答も与えられていないが、衆議院が設置した不当財産取引調査特別委員会、考査特別委員会及び行政監察特別委員会が、それぞれその設置決議において、報告書に意見を附し得ることを認めていることは、調査について何等かの判定が許されることを認めたものといわねばならない(註一五)。何となれば、これが設置の決議が、憲法の定めた自律権による規則制定の法形式の一として、規則に対する停止的効力を有するものであるとしても（註一六）、決議によつて憲法の定める議院の権限を超えた権限を委員会に付与することのできないことは当然であるから、決議において調査の報告書に意見を附することを認めたことは、取りもなおさず議院の有する国政調査権が、その本来の性質として単に事実の蒐集又は発見に止まらず、蒐集された事実についての判定が許されるものであることの解釈に立脚しているものといわねばならないのである。

更に、委員会のなす国政調査の実際について見ると、普通、単に事実の蒐集又は発見に止まつていることが多いが、しかし、この場合においても何等かの判定を許さない趣旨でないことは、委員会が調査の報告書を作成する場合において、その事実の認定自体について議論の岐れるときには、報告書原案を議題として討論がなされ、又修正意見が提出されることが許されることからも知ることができよう（註一七）。

Redlich が、委員会の調査の報告書について、「提出された報告書草案は朗読せられ、そして委員長はそれを審議に移し、それに従つて修正案が提出される。議題となつている草案は章を追つて討論に付され、採決され、又修正案が提出されると、それについて何等かの決定がなされる。そして最後に委員会の報告書として妥当なりや否やにつき決定される」と述べているのは（註一八）、わが国の実際の運営と軌を一にするものであつて、調査にはかかる意味においても、単なる事実の蒐集又は発見に止まらず、何等かの判定が許されなければならぬことを認めているものということができよう。しかし、このことは、国政調査事件が当然に議題となるものであるかどうかという問題とは別箇の問題である。

現行法のもとでは、国政調査事件は当然には本会議の議題とはならないものと解すべきである。何となれば、各議院は、国政調査権を自ら直接に行使することを建前とせず規則をもつて各常任委員会にそれぞれ委譲して、会期中に限り議長の承認を得て、その所管に属する事項について、国政に関する調査をすることができると定めているからである（註一九）。

ただ、調査には蒐集された事実について、何等かの判定をなすことが許されるということは、前にも述べたようにあくまで、自らの判定乃至判断であり、議院の議決目的のための準備的な判定に止まり、対外的に拘束力をもつ意味のものではないから、調査権の当然の内容として外部の機関に対して何等かの要求をなし得ることを意味するものではない。衆議院における考査特別委員会又は行政監察特別委員会が、その設置決議によつて、調査の結果に基き必要と認めたときには、所管の機関に対し適宜の処置を求め、又は必要適切な措置に関し勧告することができることとされいるのは（註二〇）、調査が事実の蒐集に止まらず、これについての判定が許されるとすることから、当然に調査権に含まれる権限として規定されたものではなく、調査の結果に基いてなされ得る別箇の行為であり、それは調査権そのものに基くものではなくして、行政監督権に基いて認められたものと解すべきであり、その意味において、国会が監督権をもたない裁判所や地方公共団体は、ここの所謂所管の機関には含まれないものといわねばならない。蓋し、前にも述べたように、たとえ決議によつても、国会自体の権限の範囲外の権限を委員会に付与することはあり得ないからである。

（註一）　わが国における国政調査権に関する研究書又は資料の主なるものとしては次のようなものがある。

イ、最高裁判所事務局編・司法に関する国政調査権（一般裁判資料第三号）

ロ、斎藤　秀夫・前　掲

ハ、司法研修所・司法に関する国会の国政調査権の範囲及び限界（司法研究報告書第二輯第一号）寺尾　正二

ニ、法曹時報一巻五号

（註二）法学協会・註解日本国憲法中巻　一六九頁
斎藤　秀夫・前　掲　一二九頁

（註三）参議院法務委員長　伊藤　修・「国政調査権と司法権の独立について」法曹時報一巻五巻一九頁
参議院法務委員会・「浦和充子事件に関する最高裁判所の申入に対する声明書」同一七頁
入江　俊郎・前　掲　一一七頁

（註四）M. E. Dimock, Congressional Investigating Committees, 1929 p.52

（註五）Willoughby, The Government of Modern State, 1936 p.321

（註六）岡田亥之三朗・前　掲　三九九頁
なお、ここで「国務ト申シマスルコトハ」という国務は、後に修正されて国政となつたものである。

（註七）参議院法務委員会が浦和充子事件につき調査し、裁判を不当なりと断じたことから、最高裁判所及び参議院法務委員会との間に意見の対立があり、これを中心として次の如く幾多の意見が発表された。
イ、宮沢　俊義・「議院の国政調査権と司法権の独立」法律時報二一巻三号
ロ、高柳　賢三・「国政調査権問題」法律タイムズ三巻五号
ハ、奥野　健一・「国会の国政調査権と司法権の独立」法律タイムズ三巻六号
ニ、団藤　重光・「国会の国政調査権」法曹時報一巻五号
なお、前記註一の研究もこの問題を契機としてなされている。参議院法務委員会及び最高裁判所の意見はそれぞれ註一に掲げた法曹時報第一巻第五号に掲載されている。

（註八）斎藤　秀夫・前　掲　一四九頁

（註九、一〇）斎藤　秀夫・前　掲　　　四一頁・四二頁
（註一一）Redlich, The procedure of the House of Commons, vol. II., p. 188, p 193
（註一二）Dimock, op. cdit., p. 18
（註一三）Riddick, op. cit., p. 151
（註一四）House Manual, p. 350
（註一五、一六）拙　　稿・「わが国の委員会制度と特別委員会の性格」法律時報二二巻九号一三頁・一五頁
（註一七）衆議院において調査報告書の作成に当り報告書原案について賛否の討論の後決定された事例は次の如くである。

第五回国会

法務委員会平市警察署占拠事件に関する調査報告書（昭二四・七・二五　会議録三四号一一一二頁）
考査特別委員会第一回報告書（昭二四・五・三〇会議録九号一一三頁）
同　第二回報告書（昭二四・七・二七　会議録二六号一一四頁）
同　第五回報告書（昭二四・八・一〇　会議録三四号五一七頁）

第六回国会

考査特別委員会国電スト騒じよう事件調査報告書（昭二四・一〇・二七　会議録二号一一四〇頁）

第七回国会

考査特別委員会石川県下における耕地面積不正申告事件報告書（昭二四・一二・一七　会議録三号一頁）
同　永井隆君表彰の件調査報告書（昭二四・一二・二三　会議録六号一一二頁）
同　公団をめぐる不正事件（油糧配給公団関係）の中間報告書（昭二五・四・一四　会議録二六号一頁）
同　日本共産党の在外同胞引揚妨害問題中間報告書（昭二五・四・三〇　会議録二九号一一四頁）

同　土居良子君表彰の件調査報告書（昭二五・七・一一　会議録三三号七―八頁）
同　日本共産党の在外同胞引揚妨害問題調査報告書（同日　会議録同号八―九頁）
第十回国会
法務委員会神戸その他の地における騒じよう事件実情調査報告書（昭二六・二・一六　会議録四号四―八頁）

（註一八）　Redlich, op. cit., p. 195
（註一九）　拙稿・前掲　五頁
（註二〇）　衆議院における考査特別委員会設置決議の第三項は、「本委員会は、調査の結果に基き必要と認めたときは、所管の機関に対し、前項第一号の事項については、これが責任に関し、第二号の事項については、これが表彰に関し、適宜の処置を求めることができる」と規定し（昭二四・三・三〇官報号外第五回国会衆議院会議録七号四七頁）又行政監察特別委員会設置決議の第三項には「本委員会は、調査の結果に基き、必要と認めたときは、所管の機関に対し、必要適切な措置に関し勧告すろことができる。」と規定している。（昭二六・二・七官報号外第十回国会衆議院会議録一〇号一〇七頁）

第三節　委員会における国政調査

一　常任委員会の国政調査

国政調査権は、各議院が固有するものであることは憲法第六十二条の規定するところであるが、この調査権を行使する方法については、憲法も国会法も何等定めるところはなく、憲法によつて認められた各議院の自律権に委ねていることは既に述べた通りである。

而して、各議院はこの権限を自ら直接行使する方法を認めない趣旨ではないけれども（衆規二五五条、二五六条、二五七条、参規一八〇条、一八二条）、両院の規則は、いずれもその国政調査権の行使については、建前として、それぞれの所管に応じて各常任委員会に委譲する建前を採用した。即ち、衆議院規則第九十四条は、「常任委員会は、会期中に限り議長の承認を得てその所管に属する事項につき、国政に関する調査をすることができる。」云々と規定し、又参議院規則第三十四条は「委員会は、付託事件の外、議長の承認した事件について、調査をすることができる。」云々と規定し、各議院ともに、その国政調査権については、議長の承認を得て、会期中に限りそれぞれ所管事項について、常任委員会が自主的に調査し得ることとしているのである。このことは、諸外国における国政調査が、本来特別委員会としての所謂調査委員会（Select and special investigating committees）においてなされることが建前であることに比べると一つの大きな特色であるが、これは、国政をそれぞれの常任委員会に分割所管せしめたわが現行の常任委員会制度に最も適合するのみならず、憲法において認められた国政調査権の行使方法としても亦、最も妥当且つ有効なものと各議院が判断した結果に外ならない（註一）。

而して、両院の規則が、国政調査権の行使をそれぞれの所管に応じて、常任委員会に専属せしめているのは、議院と常任委員会との間に、一般の委任の如く、委任者と受任者の関係の存することを認める趣旨ではなく、規則そのものによつて、議院の有する国政調査権を常任委員会に委譲したものである。委譲といつても、もとより議院の固有する国政調査権を永久的に喪失することを意味するものでなく、単に議長の承認した事項について、会期中に限り、当該委員会に調査権を専属せしめたに過ぎなく、議長の承認を得た事項以外の事項についての調査権は、なお議院の固有するところであるとともに、議長の承認した事項についても、会期が終ると当然に、その調査権能は議院に復元するものと解するのである。しかし、一度び議長の承認を条件として調査権が常任委員会に委譲せられれば、その限りにおいて議院の有する調査権はそれぞれの常任委員会によつて代行せられることになり、議院と雖も常任委員会に対し委任者としての権限をもつものではない。一般の委任であれば、委任者と受任者との間に、受任者の報告義務、委任の解除等の一定の法律関係が生ずるが、調査権の委譲は、かかる委任とは異り、議院は常任委員会の調査について承認権をもつものではなく、承認権は議長の有するものであり、又議長の承認した限りにおいては、各常任委員会の調査事項を、議院が併行して自ら調査することは許されない。更に、常任委員会に委譲した調査権を、議院が自由に解除することのできないことは勿論、議院は委員会の調査に対して何等の指示権（Instruction）も有せず、又調査中の国政調査事件について、国会法第五十六条の三による中間報告を求める権限もなく、従つて調査中の事件を取り上げて直接調査する権能もない。委員会も調査の報告書を議院に提出すべき義務をもつものではないが、報告書については、別に委員会の報告の章において述べるところに譲ることとする。

而して、議院の固有する国政調査権の常任委員会に対する委譲の根拠は、憲法が各議院に与えた自律権にあるといわなければならない。何となれば、各議院は、その会議の手続及び内部の規律に関する内部規則制定権を有し（憲五八条二項）、この規則制定権に基いて、各院の有する権限をそれぞれ如何なる方法、手続で行使するかを定めることは各院の独自の権限に属するからである(註二)。

常任委員会は、かくして会期中に限り、その所管に属する事項について自主的に国政に関する調査をすることができるものであるが、その調査はもとより所管事項のすべてについて当然に調査し得るものではなく、その所管事項の中で議長の承認を得た範囲に限られることはいうまでもない。従つて、その範囲内で議院の国政調査権が常任委員会に委譲されたことになるのである。而して、常任委員会が、国政調査について議長の承認を求めるには、その調査しようとする事項、目的、利益、方法、期間及び費用等を記載した書面を議長に提出しなければならない（衆規九四条二項、参規三四条二項）。実際についてこれを見れば、各常任委員会からこれ等の事項を記載した国政調査承認要求書が提出され、議長は、委員会から提出されたこの要求書について、その承認を求める事項がそれぞれの委員会の所管事項に属するかどうか、その調査方法が合法妥当であるかどうか、又は費用を要するときには、予算上可能であるかどうか等について検討し、或は、議院運営委員会に諮り又は諮らないでこれを承認する例である。議長が承認したときには、これを議院に報告しなければならない（衆規九四条三項、参規三四条三項）。この報告は、両院ともに公報を以つてなされる例である。而して、この報告は、調査事項の承認が、議長の権限に属し、議院はこれについて何等の権限もなく、又、これに関与しないことから、議長の承認によつて、それらの事項についての議院の国政調査権が現実に常任委員会に委譲されたことを議院に知らせるものである。なお、常任委員会が自主的な調査権をもつといわれるのは、このように議長の承認によつて所管事項についての国政調査をなし得ることの外に、更に前述の如く議院から何等の干渉をうけないとともに、承認をうけた事項が特定の事件でなく、一定範囲の事項である場合においてはその範囲内において具体的にいかなる事項を調査するかは、常任委員会の自由裁量によるものであることを意味する。

然し乍ら、他方において常任委員会の自主的な国政調査は、会期中に限られるものであつて、議長の承認を得てなす調査は、その承認をうけた会期に限られ、閉会中は勿論、次の会期にわたるものではない。従つて、各常任委員会は毎会期の始めに国政調査の承認を議長からうけなければならないことはいうまでもない。しかも閉会中の常任委員会の調査については、会期中の調査と全然性質を異にし、議長の承認による自主的調査は認められず、議院の議決によつて付託せられたものであり、その調査事項も議院の議決で決まるものである点においては、寧ろ特別委員会と性質を同じくするものであることは、既に前にも述べた通りであつて、これは所謂委員会の閉会中審査の性質とも関連することではあるが、常任委員会のなす国政調査も会期中と閉会中とでは著しくその趣を異にすることを注意しなければならない。

二、特別委員会の国政調査

常任委員会の所管事項については、議長の承認を得て、各委員会に調査権が委譲されると、その限りにおいては、議院の国政調査権は行使できないことになるのであるが、常任委員会の所管に属しない事項及び常任委員会の所管に属しても、承認を与えていない事項についての調査権はもとより議院の固有するものであるから、議院がこれ等の事項についての国政調査権を自ら行使することも、或は、国会法及び規則の定めるところに従い特別委員会に付託して調査せしめることも、更に決議によつて一定事項の国政調査権を、特別委員会に委譲することも、議院の意思によつてなし得るところでなければならない。而して、特別委員会の国政調査は、常任委員会のそれと異り自主的なものでなく、議院の付託によつてなされるものであり、既に述べた特別委員会の性格によつて制約されるものであることはいうまでもなく、国会法又は規則の定めるところに従つて、特別委員会に一定の調査事項を付託する場合においては普通の議案の審査と調査の本来の区別から来る相違は別として、概ね一般の委員会に関する法規によつて運営されることは当然である。

しかし、特に議院の決議によつて設置される調査委員会は、一般の特別委員会と性質を異にし、その構成、性格、権限、予算等については、決議によつて特殊の定めがなされるのが普通である。諸外国における国政調査は、かかる決議による特殊な調査委員会によつてなされるのが寧ろ通常であることは前にも述べたが、わが国においても、衆議院において設置せられた、不当財産取引調査特別委員会、考査特別委員会及び行政監察特別委員会は、いずれも決議によつて設置され、その構成、権限、予算等について、一般の国会法又は規則に対して、特殊な決議がなされている（註三）。而して、これ等の特別委員会が、他の普通の場合の特別委員会と異る特色としては、第一に、単に普通の場合のような調査事件の付託に止まらず、決議によつて一定事項の国政調査権が、その特別委員会に委譲されている点であつて、その点においては、常任委員会の国政調査に寧ろ相似している。第二は、いずれも一般の委員会と異る特殊な権限が付与されている点であつて、例えば会期中に限らず、休会中又は閉会中でも、調査し得ること、議長を経由することなく、委員会限りで証人の出頭を求め、記録又は報告の提出を要求し得ること、委員会の必要な職員の任命を申出でること、一定の経費を支出し得ること及び調査の結果に基き、委員会から所管の機関に適宜の処置を求め得ること等がそれであつて、この点においては、常任委員会の国政調査よりも遥かに強力な権限を与えられているのであつて、諸外国の調査委員会の権限とその軌を一にしている。而して、決議によつて特別委員会に一定事項の国政調査権を委譲し、一般委員会の有しない特別の権限を付与し得ることについては、かかる決議の性質が究明されねばならないが、ここでは、議院のかかる決議が各院の自律権たる規則制定についての法形式の一つとして認識さるべきであり、しかもこの決議が一般規則に対して停止的な効力をもつものであることを指摘するに止めて置きたい（註四）。従つて、かかる決議による調査特別委員会こそ、特別委員会の国政調査としては極めて重要なものであり、又その実績から見ても大きい政治的役割を果したものであろうけれども、法律的な委員会の運営については、それぞれの設置決議の定める諸規定について検討する外はないが、委員会一般の運営に関する本書の性質上、これ以上個々の決議の内容について詳論することは差控える（註五）。

（註一）拙　稿・前　掲　五頁、一〇頁

（註二）各議院の規則制定権の本質及び規則の性質については、拙稿前掲・一一頁を参照されたい。

（註三）衆議院において設置された不当財産取引調査特別委員会、考査特別委員会及び行政監察特別委員会の設置決議は次のようである。

〇不当財産取引調査特別委員会設置に関する決議（昭二二・一二・一二官報号外第二回国会衆議院会議録二号一四頁）

一、衆議院に不当財産取引調査に関する超党派的特別委員会を設置し、衆議院議長の指名する三十人以下の委員を以て構成する。

二、不当財産取引調査特別委員会は、昭和二十年八月十四日以降における公有財産（但し、軍用物資に限らない。）、民間保有物資、過剰物資、隠退蔵物資、連合軍最高司令官より日本政府に移管された特殊財産、遊休物資、過度の貯蔵物資及びその他日本経済の復興に有用な一切の物資の処理、取扱及び取引並びに現存しない物資の虚偽の売買及びその収益につき全面的調査を行うものとする。

右調査の目的は、前述の財産に関し、直接又は間接に違法に転換をはかり、不当に私し又は詐欺をなして国民の信託に背いた公務員、会社、組合その他の団体の使用人及び自己又は他人のため活動する総ての個人の責任の所在を調査するにある。

なお、この調査は以上の者と各省又はその他中央地方政府機関との関係、国会の両院及び議員との関係並びに政党及び公職にあり、又は公職にあらざるも公然又はかくれて日本国民の利益及び財産を奪い、又は奪うのに寄与し乃至公益に反して行動をなした者との関係の調査を含むものとする。

三、不当財産取引調査特別委員会又はその小委員会は、国会の会期中たると休会中又は閉会中たるとを問わず、必要と認めた場合には証人の出頭又は帳簿、書類の提出を要求することができるものとする。

右に要する経費は、これを支出することができる。

議長は、委員会の申出により必要ありと認めたときは顧問、調査員、経験者、相談員、技術者及び事務補助員を臨時に任命し、その報酬を決定することができる。委員会の費用は二十五万円を超えてはならない。費用を支出する場合は、委員長又は委員長が指名する理事の請求により、議長は衆議院の予備費よりこれを支払うものとする。

右金額は第三回国会召集の日までの支出に充てるものとする。

委員会は、随時衆議院に対し少なくとも月一回その意見を附して調査報告書を提出しなければならない。

衆議院が、休会又は閉会中の場合は、右報告はこれを衆議院議長に提出するものとする。議長は、衆議院開会の際これを衆議院に報告するものとする。

委員会の報告は、公益に害ある場合を除き総て公開しなければならない。

○考査特別委員会設置に関する決議（昭二四・三・三〇官報号外第五回国会衆議院会議録七号四七頁）

一、本院に、三十人の委員からなる超党派的の考査特別委員会を設置する。

二、本委員会は、

(1) 昭和二十二年十二月十一日本院において議決した不当財産取引調査特別委員会設置に関する決議の二の調査をする外、不正に租税の賦課を免れさせ、納税を妨害する等納税意欲を低下させる行為、供出を阻害する行為、不法に労働争議を挑発させる行為、その他の諸行為で日本再建に重大な悪影響を与えたものと、その責任の所在を調査する。

(2)　文化、科学、技術等の発達に寄与しもつて日本再建のため多大の貢献をした諸行為を調査する。

三、本委員会は、調査の結果に基き必要と認めたときは、所管の機関に対し、前項第一号の事項については、これが責任に関し、第二号の事項については、これが表彰に関し、適宜の処置を求めることができる。

四、本委員会及びその小委員会は、国会の会期中たると休会中又は閉会中たるとを問わず、必要と認めた場合には、開会することができる。又本委員会及びその小委員会は、必要と認めたときは、何時でも証人の出頭又は帳簿、書類等の記録の提出を要求することができる。

議長は、本委員会の申出により、必要があると認めたときは、顧問、調査員、経験者、相談員、技術者及び事務補助員を臨時に任命し、その給与を決定することができる。

本委員会に要する経費は、第六回国会召集の日まで、月平均百万円以内とし、委員長又は委員長が指定する理事の請求により、議長が支出させる。

五、本委員会は、随時衆議院に対し少なくとも月一回その意見を附して調査報告書を提出しなければならない。

衆議院が休会又は閉会中の場合は、右報告は、これを議長に提出するものとする。議長は、衆議院開会の際これを衆議院に報告するものとする。委員会の報告は、公益に害ある場合を除き総て公開しなければならない。

○行政監察特別委員会設置に関する決議（昭二六・二・七官報号外第十回国会衆議院会議録一〇号一〇七頁）

一、本院に委員三十人をもつて構成する行政監察特別委員会を設置する。

二、本委員会は、国の行政が適正にして且つ能率的に行われているかどうかを監察し、以つて立法その他国政の審議に資するため、行政の運営上障害となつている各般の事情を総合的に調査し、且つ、その責任を調査する。

地方公共団体の行政については、国の行政と直接関連あるものに限り、特に必要があると認めた場合には、前項の趣旨によりこれを調査することができる。

なお、本委員会は、特に必要と認めるときは、国が直接又は間接に財政援助を与えている団体の事業運営についても、前二項の趣旨により、調査を行うことができる。
三、本委員会は、調査の結果に基き必要と認めたときは、所管の機関に対し、必要適切な措置に関し勧告することができる。
四、本委員会及びその小委員会は、国会の会期中たると休会中又は閉会中たるとを問わず、必要と認めた場合には、開会することができる。又本委員会及びその小委員会は、必要と認めたときは、何時でも証人の出頭又は帳簿、書類等の記録の提出を求めることができる。
本委員会の申出により、議長が必要と認めたときは、調査員その他必要な職員を臨時に任命し、その給与を決定することができる。

本委員会に要する経費は、月平均百五十万円以内とし、委員長又は委員長の指定する理事の請求により、議長が支出させる。
五、本委員会は、少なくとも月一回その意見を附して調査報告書を議長に提出しなければならない。委員会が必要と認めたときは、議院に口頭で報告することができる。
前項の報告書が提出されたときは、議長は、これを印刷し各議員に配付する。

（註四、五）決議の性質及び特殊な調査特別委員会については、拙稿・前掲八一一六頁を参照されたい。

第四節　証人の喚問

一、証人の出頭要求

委員会は、議長を経由して審査又は調査のため、証人の出頭を求めることができる（衆規五三条、参規一八二条二項）。証人の出頭を求め得るのはもとより委員会に止まらず、各議院は勿論、両院の常任委員会の合同審査会も、審査又は調査のためそれぞれ証人の出頭を求めることができる（衆規二五七条、参規一八二条一項、常任委員会合同審査会規程九条）。

委員会が証人の出頭を求めるのは、単に国政に関する調査のためのみに限らず、議案等の審査についても同様であるが、証人の喚問は、特に憲法第六十二条によつて、国政調査のための手段として新に認められたものであつて、国政調査のための最も重要にして且つ欠くことのできない手段であることは、既に述べたところから明かであろう。憲法は各議院が証人の出頭要求権をもつことを規定したが、両院の規則は、委員会が議長を経由して証人の出頭を要求することができるものとした。証人喚問権は各議院のみにあるのであつて、委員会は証人を訊問する権限があるだけで喚問権はなく、両院規則が委員会が議長を経由して証人の出頭を求めることができる旨を規定しているのは、この議院の喚問権を行使する形式をとつているのであるとして、委員会の証人喚問権を否定する説があるが（註一）、単に議長を経由するということと、議院自らが喚問するということは、本来全然異る手続であつて、若し憲法が、議院が直接に喚問権を行使することを要求するものならば、規則によつて議院が何等関知することなく、単に議長を経由することによつて、委員会に証人喚問権を与えることも許さるべきではないといわねばならない。しかし、各議院が憲法上与えられている証人喚問権を、議院の内部において議院自ら直接行使するか、或は委員会に行使させるかは、各議院の自律権の範囲に属することであるから、各院がその規則によつて、委員会に証人喚問権を認めることは何等否定さるべきことではない。先述の不当財産取引調査特別委員会等の特殊な委員会は、その設置決議によつて、特に議長を経由することなく委員会又はその小委員会が単独に証人を喚問する権限を付与されているのであつて、各院の自律権及び規則又は決議の性質からすれば、委員会が証人喚問権をもつことは何等怪しむに足りないのみならず、諸外国においても規則又は決議によつて、調査委員会に単独に証人喚問権を与えるのが寧ろ一般の例であり(註二)、アメリカ等では証人の召喚状は委員長、小委員長又はその指名した委員の署名の下に発せられている(註三)。アメリカで有名な下院の非米活動委員会の如きも、当初特別委員会であつたときには決議によつて、常任委員会となつた現在は規則によつて、単独に証人喚問権を与えられているのである(註四)。

わが国では、一般の委員会が証人の出頭を要求するときには、委員会の議決を経て議長を経由しなければならないこととなつており、直接委員会から証人に要求することはない。委員会が出頭を求むべき証人の決定を、委員長又は小委員会等に委任する場合においても、その要求は必ず委員会から議長を経由してなさなければならない。

なお、各議院、委員会又は両議院の合同審査会からの要求によつて、証人として出頭したときには一定の旅費及び日当が支給される。(国一〇六条、議院に出頭する証人等の旅費及び日当に関する法律)。

二、証人の出頭及び書類提出義務

何人でも、各議院又は委員会から議案その他の審査又は国政に関する調査のため、証人として出頭又は書類の提出を求められたときには、法律に別段の定めある場合を除いて、これに応じなければならない（議院における証人の宣誓及び証言等に関する法律一条）。ここで書類の提出といつているのは、後に述べる一般の記録又は報告の提出の場合と異り、証人としての書類の提出であつて、単なる記録又は報告の提出については、別段の強制規定が置かれていないことを注意しなければならない。この書類の提出要求は、委員会に出頭した証人に対しても、又出頭しない証人に対してもなされることがあり、更にその書類は、既存の書類であることも、或は委員会から求められた事項に対する回答であることもある。なお、正当の理由なくして証人が出頭せず、若しくは要求された書類を提出しないときには、後述するように罰則規定があるから、委員会から証人に出頭を要求するときには、証言を求むべき事項を明示するとともに、不出頭又は書類不提出の罰を警告して要求する例である。

証人の適格については、別段の規定がないが、民事訴訟法及び刑事訴訟法に規定する宣誓義務のない、十六歳未満の者、又は宣誓の趣旨を理解できない者（民訴二八九条、刑訴一五五条）の如きは、議案の審査又は国政調査のために喚問される議院における証人の性質上、普通考えられないことであり、立法の過程においてもかかる意味で別段の適格規定を設けなかつたものである（註五）。

三、証人の宣誓

委員長が出頭した証人に証言を求めるときは、その前に宣誓をさせなければならない（議院証人二条）。宣誓を行う場合には、証人に宣誓書を朗読させ、且つこれに署名捺印させる。宣誓書には、良心に従つて、真実を述べ、何事もかくさず、又、何事もつけ加えないことを誓う旨が記載されていなければならない（議院証人三条）。一定の場合には、後述するように証人は宣誓を拒むことができ、その場合には委員会は宣誓をさせないで証言を求めることができる

(議院証人二条)。宣誓の場合には、証人、委員その他委員会の事務を掌理する職員等起立の上厳粛に行うのを例とする。

四、宣誓、証言及び書類提出の拒絶

証人が宣誓、証言又は書類の提出を拒絶し得るのは、次の場合に限られる(議院証人四条)。

(一) 証言又は書類の提出が、証人の刑事上の訴追又は処罰を招く虞ある事項に関するとき、又は証人の恥辱に帰すべき事項に関するとき。

(二) 証言又は書類の提出が、証人の配偶者、四親等内の血族若しくは三親等内の姻族又は嘗つて証人とこれらの親族関係のあつた者及び証人の後見人又は証人の後見を受ける者の刑事上の訴追又は処罰を招く虞ある事項に関するとき、又はこれ等の者の恥辱に帰すべき事項に関するとき。

(三) 医師、歯科医師、薬剤師、薬種商、産婆、弁護士、弁理士、弁護人、公証人、宗教又は禱祀の職にある者又はこれ等の職に在つた者が、その職務上知つた事実であつて、黙秘すべきものについて訊問をうけるとき。

而して、これら以外の場合には、宣誓、証言、又は書類の提出を拒否することはできない。例えば、民事訴訟法上証言拒絶権を認められている、証人が主人として仕える者の刑事上の訴追、又は処罰を招く虞ある事項、又はその恥辱に帰すべき事項に関するとき及び技術又は職業の秘密に関する事項について訊問をうけるとき等(民訴二八〇条三号、二八一条一項三号)についても、宣誓、証言又は書類の提出を拒否することはできない。かくの如く一定の場合に限り、証人に宣誓、証言及び書類提出の拒絶権が認められているので、民事訴訟法のような明文の規定(民訴二八七条)はないが、委員会において証人に宣誓を求めるに先だつて、委員長は、宣誓の趣旨を諭示し、正当の理由なくして宣誓又は書類の提出を拒んだ場合及び宣誓した証人が虚偽の陳述をした場合の罰を警告するのが例である。

証人が以上の定められた場合について、宣誓、証言又は書類の提出を拒絶する場合においては、証人はその拒絶の理由を疏明しなければならない。証人が拒絶理由を疏明した場合において、委員会がその疏明を認めなかつた事例もあるが（註六）、拒絶の理由が正当であるかどうかの判定は、最終的には裁判所において決せられるべき問題である。なお、証人が公務員たる場合には、特別の定めがあつて（議院証人五条）、委員会に出頭した証人が、公務員である場合又は嘗て公務員であつた場合において（国務大臣以外の国会議員を除く）、その者が知り得た事実について、本人又はその公務員が、現に所属し或は嘗つて所属した公務所から、職務上の秘密に関するものであることを申し立てたときは、当該公務所又はその監督庁の承認がなければ、委員会は証言又は書類の提出を求めることができない。当該公務所又はその監督庁が、委員会からの承認要求を拒むときには、その拒絶理由を疏明しなければならない。その拒絶の理由を委員会において受諾するに決した場合には、その公務員たる証人は、証言又は書類を提出する義務を免除される。委員会がその拒絶理由を受諾することができない場合には、委員会は、更にその証言又は書類の提出が、国家の重大な利益に悪影響を及ぼす旨の内閣の声明を要求することができる。而して、内閣がこの声明をなした場合には、その公務員たる証人は、証言又は書類を提出する必要はないが、委員会から内閣に声明を要求した後十日以内に、内閣がその声明を出さないときは、証人は先に要求された証言をし、又は書類を提出しなければならない。但し、個人の通信の秘密は、憲法第二十一条によつて保護された基本的人権の一であるから、郵便官署が保管する通信は、本条の規定によつてこれが提出を求めることはできないといわねばならぬ（註七）。

五、証人の訊問

証人に証言を求めるものは、委員会である。議院における証人の宣誓及び証言等に関する法律第二条が「各議院の議長若くは委員長又は両議院の合同審査会の会長が出頭した証人に証言を求めるときは、この法律に別段の定めのある場合を除いて、その前に宣誓させなければならない。」と規定しているところから証人に証言を求める者が委員会においては委員長であつて、委員は委員長を通じてのみ証人に証言を求めることになるのであるとする者があるが(註八)、この規定は委員長が、委員会の代表者としての地位にあることから、委員会を代表して委員長が証人に宣誓をさせ、又証言を求めることを規定したに過ぎないものであつて、委員会が議院の機関として一つの会議体である以上、委員長が委員会の意思に反して証人に証言を求め得べきものではなく、単に委員会を代表してなすに過ぎない。委員会の実際において、委員長の外、各委員も証人に証言を求めることがあるが、これ等はすべて委員会の意思として証言を求めるものというべきであり、従つて委員長又は各委員の求めに応じてなした証言は、委員長又は個々の委員に対する証言ではなく、委員会に対してなした証言であることにおいて全然性質を同じくすることは当然であり、又委員長や個々の委員が、委員長又は委員個人として当然に証人に証言を求める権限を有するものではないから、いかなる点について証言を求むべきかについて各委員の間に意見の相違がある場合においては、結局すべての議事におけると同様多数の意思によつて決する外はないのであつて、運営の実際においても、委員長から証言を求める事項は予め印刷して各委員に配付し、或は事前に理事会等の了承を得ているのはそのために外ならない。委員会が同一事件について数人の証人の出頭を求めた場合には、普通証人の訊問は、一人宛順次これを行うのを例とするが、対決その他の必要のあるときには、同時に証人の証言を求め又後に訊問すべき証人を委員会に同席させることもある(註九)。証人の発言は、その証言を求められた範囲を超えてはならない。証人の発言が、求められた範囲を超え又は証人に不穏当な言動があつたときは、委員長は、その発言を禁止し又は退場を命ずることができる（衆規五四条、参規一八六条）。而して、一般の委員の場合のように、不穏当な発言の取消を命ずることができる旨を規定しなかつたのは、証人の証言は、宣誓の上でなされるものであり、証人の側から証言の取消又は訂正を申出でる場合は別として、委員長の方からその取消を命じ、或は取消を命じた事項について会議録に掲載しないこととすることは、証言の性質上妥当でないと考えられたからである。

なお、委員会の証人訊問については、民事訴訟法又は刑事訴訟法の受命裁判官、受託裁判官による証人訊問のような規定は存在しないが、委員会において決定した証人が、委員会に出頭できない場合に、証人の同意を得て委員を派遣し、その所在においてこれを訊問した事例がある。

六、証人に関する罰則と委員会の告発

議院における証人の宣誓及び証言等に関する法律においては、証人について、宣誓した証人の偽証、証人の不出頭、書類不提出、宣誓又は証言の拒絶に対する制裁規定が設けられている。即ち、第一に、宣誓した証人が虚偽の陳述をしたときは、三月以上十年以下の懲役に処せられる（議院証人六条一項）。ただこの偽証の罪を犯した者が、当該委員会の審査又は調査の終る前であつて、且つ犯罪の発覚する前に自白したときは、その刑を減軽又は免除することができることになつている（議院証人六条二項）。ここで委員会の審査又は調査の終る前というのは、証人が証言を求められた当該事件の審査又は調査の終る前であることが当然であり、犯罪の発覚する前とは、告発権をもつ当該委員会において、その事実を認定するか、或は捜査官憲において、その事実を探知する前をいうものと解すべきであろう（註一〇）。

第二には、正当の理由がなくして、証人が出頭せず、若しくは要求された書類を提出しないとき又は出頭した証人が宣誓若しくは証言を拒んだときは、一年以下の禁錮又は一万円以下の罰金に処せられ、又情状によつては禁錮及び罰金を併せ科せられる（議院証人七条）。このうち、書類の提出、宣誓又は証言を拒絶し得る正当の理由には、前述の如く、同法第四条の規定するいくつかの場合の外にも、証言を求める事項が、国政調査事件の範囲を超え、或はその委員会の調査権限の範囲外である場合の如きが含まれよう。ただ、証人が出頭を拒み得る場合については、特に特段の定めも、又何が正当な理由であるかについての規定も存しない。前述の第四条の場合は、いずれも、書類の提出、宣誓又は証言を拒み得る場合の正当な理由ではあるが、不出頭の場合の正当の理由とはされていないから、この場合でも出頭の義務だけは免除されないものと解すべきである。従来、委員会においては、証人が病気のため、医師の診断書を添えて出頭し得ない旨の申出をなした場合、或は証人が旅行等の事由によつて指定された日に出頭しなかつた場合等においては、これを正当の理由として認めている例である。いずれにしても、果して正当な理由であるか否かの最終的な判断は、裁判所によつてなされるものであることはいうまでもない。

而して、委員会は、証人が右に述べた二つの罪を犯したものと認めたとき、即ち宣誓した証人が虚偽の陳述をした場合及び正当の理由がなくて、証人が出頭せず、若しくは要求された書類を提出しないとき又は出頭した証人が宣誓若しくは証言を拒んだものと委員会が認定したときは、これを告発しなければならない（議院証人八条）。証人がこれ等の罪を犯したものと委員会が認定した場合には、法律上委員会に告発義務がある訳である。但し、虚偽の証言をした者についてだけは、当該委員会の審査又は調査の終る前であつて、且つ犯罪の発覚する前に自白したときは、当該議院は、告発しないことを議決することができる（議院証人八条但書）。従つて、当該委員会が証人が偽証の罪を犯したものと認定した場合でも、議院が告発しないことを議決したときには、委員会は、その告発義務を免除されることになる訳である。これは、議院における証人について偽証罪を認めることによつて、各議院の国政調査権の行使に遺憾なからしめんとするとともに、他方、その保護法益は各議院の調査権を保障することを主眼とするものであるから、議院の議決のある場合には必ずしも告発するを要しないものとしているものである。この議院における偽証罪等について、告発が起訴条件であるかどうかについては、議論の存するところであるが、最高裁判所は、この議院における証人の宣誓及び証言等に関する法律違反被告事件について、「本法は、その立法の経過に照し、各議院の国政に関する調査の必要上規定せられた議院内部の手続に関するものであり、議院における偽証罪の告発について、特に同法第八条本文及び但書の如き特別の規定を設けた趣旨に徴すれば、議院内部の事は議院の自治問題として取り扱い、同罪については、同条所定の告発を起訴条件としたものと解するを相当とする」との理由を以つて、本法に規定する偽証罪については、議院若しくは委員会又は両院の合同審査会の告発を起訴条件とする旨を判決し、本条違反の罪を親告罪としているのである(註一一)。この判決の理由は必ずしも詳細ではなく、又本法立案の過程において、この偽証罪を議院の請求を待つてこれを論ずる旨の明文を置こうとして削除された経緯から見て、本罪を親告罪と解することについて有力な反対論も考えられるのであるが(註一二)、この法律の定めた偽証罪等が、各議院の国政調査権の遺憾なき行使を保障せんとするものであることに鑑み、又この場合の告発が義務づけられていて選択の余地のないものとされているとともに、特に自白を重んじて、証人の自白によつて、所謂事実の発見乃至事実の蒐集を本質とする各議院の国政調査に何等の支障を及ぼすことがないと認めた場合においては、議院の議決を以つて告発しないことができるものとした趣旨から見ても、更には、議院の議決を以つて告発しないと決した場合において、この議院の意思に反して検察官が起訴するということは、議院の調査権の保障を目的とするこの法律の根本の趣旨に副うものではない点等から考えて、この法律による偽証罪等については、所定の告発を起訴条件とすべしとする最高裁判所の判決を支持したい。

(註一) 福原　忠男・「国会における証人喚問の諸問題」法律タイムズ三巻七号二三頁

(註二) 斎藤　秀夫・前　掲　一八頁

(註三) Riddick, op. cit., p. 152

(註四) House Manual, pp. 350—1

(註五) 昭二二・一二・四第一回国会衆議院議院運営委員会司法委員会連合審査会議録五号三〇頁

(註六) 第二回国会、昭和二十三年六月七日及び同年九月二十日、衆議院不当財産取引調査特別委員会において、委員会は証人地崎宇三郎及び麻生太賀吉の証言拒絶理由の疏明について、これを認めず再び証人として喚問することを決したことがある。

(註七、八) 福原　忠男・前　掲　二五頁、二四頁

(註九) 第十回国会、昭和二十六年六月二十七日、衆議院行政監察特別委員会において、不正入出国に関する調査の際、証言の喰違いのため、江川文彌及び永山正昭の両証人を対決せしめた。

(註一〇) 福原　忠男・前　掲　二五頁

(註一一) 昭二四・六・一昭和二十二年政令第三二八号違反議院における証人の宣誓及び証言等に関する法律違反被告事件判決。

(註一二) 福原　忠男・前　掲　二五頁—六頁

第五節　報告又は記録の提出要求

委員会は、議長を経由して審査又は調査のため、内閣、官公署その他に対し、必要な報告又は記録の提出を要求することができる（衆規五六条、参規一八一条）。報告又は記録の提出の要求が、国政調査の一手段としてのみならず、議案等の審査のためにもなし得るものであることは、証人の場合と同様である。旧議院法においては、前述の如く、「各議院ハ国務大臣及政府委員ノ外他ノ官庁及地方議会ニ向テ照会往復スルコトヲ得ス」と規定されていて（旧議七五条）、各議院が人民と直接の関係をもつことは許されない建前であり、報告又は記録等の提出についても、国務大臣及び政府委員を通じてなす外は、一般の行政官庁に対してさえも直接照会往復できなかつたが、しかし、憲法第六十二条が各議院の国政調査権を認め、これに関して証人の出頭及び証言を要求する権限とともに、記録の提出要求権を与えたことに基いて、旧議院法の場合とは全く反対に内閣、その他の行政官庁は勿論、広く何人に対しても記録の提出要求ができることになつたのである。而して、各議院から議案その他の審査又は国政に関する調査のため、内閣、官公署その他に対し、必要な報告又は記録の提出を求めたときは、求められたものは、その求めに応ずる義務を有する（国一〇四条）。各議院が報告又は記録の提出を要求するについては、議院自らその議決によつて要求する場合の外、各委員会も亦議長を経由してこれを要求することができるのであつて、その何れの場合においても対外的な効力においては何等異るところはない。又、既に述べた不当財産取引調査特別委員会等の特殊な調査委員会については、その設置決議によつてそれぞれ議長を経由することなく、委員会が直接、帳簿、書類等の記録の提出を求めることができるものとされている点は、証人について述べたところと同様である。

内閣、官公署その他というのは、内閣を始め各行政官庁、地方公共団体等は勿論、会社及び個人をも含むものであり(註一)、報告又は記録というのは、既存の帳簿、書類等の外、必要な事項についての新な書類の作成乃至報告をも広く含むものである。既存の記録については、その写である場合の外、その原本についても提出を要求することができる。更に旧議院法においては、「各議院ヨリ審査ノ為ニ政府ニ向テ必要ナル報告又ハ文書ヲ求ムルトキハ政府ハ秘密ニ渉ルモノヲ除ク外其ノ求ニ応スヘシ」と規定され(旧議七四条)、秘密を要するものについては提出することを要しなかつたのみならず、秘密であるか否かの認定は政府の判断するところであつて、各議院の容喙すべき範囲ではなかつたのであるが、新国会法の下にあつては、たとえ秘密な報告又は記録と雖も、その提出を求めることができるのであつて、若しその報告又は記録が秘密を要すると認めたときは、委員会又は議院は秘密会を開けば足りるものであつて、求められた側で秘密の故を以つてその提出を拒む権利はないものと解すべきである(註二)、(註三)。

ただ、国会法及び両院の規則によるこの報告又は記録の提出の要求については、特別の強制規定が存せず、又これに応じなかつた場合についての罰則もない。従つて、提出を求められた者は、その求めに応ずべき法律上の義務はあつても、この義務に違反して提出の要求に応じない者がある場合においては、これを強制することはできないのであつて、若し更に強制する必要のある場合においては、議院における証人の宣誓及び証言等に関する法律に基いて、証人として書類の提出を求める外はない。但し、証人として書類の提出を求め得る範囲は、証人の性格上、一般の記録及び報告の提出を求め得る範囲よりは当然狭くなるものであることは、已むを得ないであろう。

なお、特に問題のないときは、内閣その他の行政官庁に対してはこの国会法又は両院規則の規定する正規の手続によらないで、各委員会から適宜の方法で必要な資料の提出を求めているのが実際の慣例である。

（註一、二）昭二一・一二・一九第九十一回帝国議会衆議院国会法案委員会議録一回八頁

（註三）入江俊郎・前掲一一七頁は、本文に対し反対の立場をとり、秘密事項であるという理由で拒むことができるとされる。

第六節　委員の派遣

委員会は、審査又は調査のために委員を派遣することができる（衆規五五条、参規一八〇条）。旧議院法は「各議院ハ審査ノ為ニ人民ヲ召喚シ及議員ヲ派出スルコトヲ得ス」と規定し（旧議七三条）、各議院は人民と直接の関係をもち得ないものとされたため、議案を議するに先だつて、人民と直接に接し、又は実地についてこれを審査することを許されず、これ等の必要のあるときは政府に託して調査する外はなかつたのであるが、新憲法第六十二条によつて、国政に関する調査をなす権限を与えられたことから、国会法は、「各議院は、議案その他の審査若しくは国政に関する調査のために又は議院において必要と認めた場合に、議員を派遣することができる。」と規定した（国一〇三条）。従つて、各議院は議案の審査及び国政調査のための外、例えば慶弔、慰問等のためにも、議院において必要と認めた場合に、議員を派遣することができる。而して、委員会については、委員会の性質上議案等の審査及び国政調査のために限つて委員を派遣し、実地について調査することを認めているのであつて、衆議院の委員会にあつては、議院の場合のように、それ以外のことについて委員を派遣することはできない（衆規五五条）。委員会が委員を派遣するについ

ては、衆議院にあつては、議長に申請してその承認を得ることを要し（衆規五五条）、参議院にあつては、委員長の要求によつて議院の議決を経ることを必要としているけれども、これは委員の派遣ではなく議員として派遣することにおいて衆議院とは著しく異なる。なお、閉会中は議長において決定することになつているが（参規一八〇条）、衆議院では、会期中と閉会中とを問わず議長の承認になつている。

而して、両院とも、議長の承認又は議院の議決を経るに当つては、委員会から派遣の目的、派遣委員の氏名、派遣地及び日数等を記載した文書を以つて、その承認又は議決を求める例である。衆議院にあつては、議長は議院運営委員会に諮問し、その答申に基いてその承認、不承認を決する例であるが、会期中の委員派遣は、本会議又は委員会の定足数その他の関係から、原則として真に已むを得ざる場合の外はこれを認めないものとし、会期中の委員派遣を認める場合は、天災地変等の突発事項にして調査が緊急を要するもの及び立法上現地調査を絶対に必要とするものに限り、又は委員会の審査調査が、派遣調査以外の方法によつては不可能と考えられる場合に限定することに取扱われており、（註一）従つて会期中に委員を派遣する例は殆んど稀であつて、委員派遣は専ら閉会中になされる例であるが（註二）、その場合においても、派遣の重複、選挙運動等の誤解を招くことを避け、且つ費用等をも考慮して、委員の派遣調査を最も効果あらしめる見地から、閉会中の委員派遣についても、派遣先が自己の選挙区でないこと、派遣は一人一回、日数は原則として一人十日以内とし、その延日数は十日に委員の三分の一を乗じた日数の範囲とすることにその基準が定められていて、この基準によつて議長が委員の派遣を承認している例である（註三）。

審査又は調査のために、委員が派遣された場合には、当該派遣委員から実地調査の結果について委員会に報告される例であるが、委員の調査報告は、文書による場合もあり、口頭でなされる場合もある。而して、委員会が審査又は調査のために委員を派遣した場合においては、その報告をまつて当該議案の議決をなし、或は調査の結論を得べきであつて、委員の派遣中に、その派遣の目的となつている事件について議決し、調査の結論を出すことは、妥当でないといわねばならない。

なお、派遣委員の議院外における職務上の行動は、議員としての職権行使の行為であり、院内における議員としての活動の延長であるから、他の条件を具備する場合において懲罰事犯を構成する場合のあることは、懲罰事犯のところで述べた通りである。

(註一)　昭二二・一〇・一六第一回国会衆議院議院運営委員会議録三四号一五五頁
昭二四・三・二九第五回国会衆議院議院運営委員会議録八号一頁

(註二)　第一回国会以来第十四回国会までの衆議院における委員派遣は次の通りである。

(一)　会期中の委員派遣

会期	回数	員数
第一回国会	二五	一二一
第二回国会	一七	四一
第三回国会	五	二六
第四回国会	一	三
第五回国会	一三	五四
第六回国会	四	一三
第七回国会	二六	八六
第八回国会	―	―

第九回国会	—	—
第十回国会	二	五
第十一回国会	—	—
第十二回国会	—	—
第十三回国会	一一	三二
第十四回国会	—	—

（二）閉会中の委員派遣

会期	回数	員数
第二回国会	八四	三一三
第五回国会	六〇	一九七
第七回国会	—	—
第八回国会	九六	二〇七
第十回国会	九一	二一八
第十一回国会	三	一三
第十二回国会	二	四
第十三回国会	七九	一六九

（註三）昭二六・六・二第十回国会衆議院議院運営委員会議録五六号二頁

第十章　審査の特別形態

第一節　概説

委員会における付託事件の一般的な審査の手続及び国政に関する調査については、既に説明したところであるが、これ等の委員会における審査又は調査は、委員会が自らの構成員を以つて、且つ公開された会議においてなされるものである点において、審査手続の一般形態であるということができる。しかし、委員会がその審査の過程において必要のあるときには、或は会議の公開を停めて秘密会議においてその審査をなし、或はその委員の一部によつて構成される小委員会又は分科会によつて審査を分担せしめ、公聴会を開いて広く一般人の意見を聴き、更に他の委員会又は他院の委員会と連合又は合同して審査をなすことが認められている。而して、これ等はいずれも、委員会がその審査に当つて、一般形態の場合と異り、或は会議の公開を停め、或は構成員たる委員の一部のみによつて特定の審査を分担せしめ、更に構成員たる委員以外の他の委員会の委員若しくは他院の委員会の委員をも審査に参加せしめるものである点において、又、他方、秘密会、公聴会、連合審査会及び合同審査会等は、委員会とは別箇の独立の審査機関として存するものでも又委員会に附属する機関として存するものでもなく、等しく委員会がその審査の過程において採る一種の審査手続であるという点において、且つ、委員会が付託事件等の審査に際して必ず経なければならない一般的手続と異り、特別の場合に限つて附加される特殊な審査形態である点において、これ等を委員会審査の特別形態ということが妥当であろう。もとより、委員会の審査に当つて、通常経なければならない趣旨弁明、質疑、討論及び表決等の一般的手続と異り、委員会の審査の必要によつて附加される手続という点では、証人の喚問、報告又は記録の提出要求、委員の派遣等も広い意味では審査又は調査の特別形態ということができるものであるが、これ等については特に国政調査権に附随する最も基本的な調査の手段として既に述べたところである。

なお、国会法は、内閣が一の議院に議案を提出したときは、予備審査のため、提出の日から五日以内に他の議院に同一の案を送らなければならないものと規定し(国五八条)、議案の予備審査の制度を設け、後議の院が先議の院の送付をうけるに先立つて事前に予備審査をなし、以つて両院における審査の能率を上げる方法を規定した。この議案の予備審査は、その審査の手続について見れば、予備審査の議案について討論、表決を行うことができない外、概ね正式に提出された議案の審査と異るところはないが、審査の対象となるものが正式の議案でなく、従つてその審査も討論に入る前の段階で止まるべきものである点においては、一種の審査の特別形態ということができるが、既に付託及び審査案件の章においてそれぞれ若干の説明をなしており、特別に説明をつけ加えるべき事項も少いから、本章においては、審査の特別形態として秘密会議、小委員会、分科会、公聴会、連合審査会及び合同審査会について、以下それぞれ節を分つて説明しよう。

第二節　秘密会議

国会法上、委員会の会議が、所謂不完全公開の建前をとり、議員の外、委員長の許可を得たものだけがこれを傍聴できるものとされるとともに、その会議録は一般に公刊されることなく、単に印刷して議員に配付されるに過ぎないものであることは、委員会の会議原則の章において説明した通りである。而して、委員会を公開して傍聴を許すことが、審査の秘密を要するために妥当でない場合には、特に委員会の決議によつて秘密会とすることができる（国五二条一項但書）。秘密会は、特に委員会の決議という一定の手続によつて、その公開を停止し、傍聴を禁止した委員会の特別の審査形態であり、これがためには秘密会とするという委員会の決議が必要である。秘密会の決議は、本会議の場合においては、出席議員三分の二以上の多数による議決を必要とするが（憲五七条一項但書）、委員会にあつては、一般の議事と同様、出席委員の過半数によつてなされ、特別の多数を必要としない。

いかなる場合に秘密会議とすべきかについては、別段の規定はなく、委員会が審査の必要上秘密を要するものと認定する場合は、いつでも秘密会とすることができ、又委員会の審査のいかなる段階においても、更に小委員会又は分科会、連合審査会又は合同審査会等にあつても秘密会とすることができる。旧帝国議会においては、懲罰事犯の議事は秘密会議を以つてすることになつていたが（旧衆規二〇六条、旧貴規一八一条）、新国会においては、懲罰委員会も公開を原則とするものであり、秘密会とするためには委員会の決議によるものであることは一般の委員会と同様である。又、旧議院法の場合のように（旧議三七条）政府より要求をうけたときに当然に秘密会とするものではなく、たとえ、内閣から秘密会の希望があつても、秘密会とするかどうかは委員会自身の決定するところである。国会法は委員会の公開を建前としているため、実際においては、議員の逮捕に関する問題や外交上の機密に関する事項以外には、委員会を秘密会とすることは殆んど稀である（註一）。アメリカにおいては、委員会は、公聴会（Hearing）を開く場合の外は、公開せられることはなく、その議事はすべて秘密に（in secret）処理され、ただ公聴会が過半数による決議を以つて秘密会とされ、又、法案を選り分け又は表決に付するために秘密会とされる場合がある外は、一般の委員会には審査の特別形態として特に秘密会議というものはないようである（註二）。

なお、イギリスにおいては、別に秘密委員会というものが認められているが、これは委員会の秘密会議ではなく、議院が秘密保持の必要があると認めたときは特に秘密委員（Secret Committees）が指名され、その委員会の審査は傍聴を許さずに行われるものとされている（註三）。

委員会が、秘密会とする決議をしたときには、すべての一般傍聴人は退場しなければならない（衆規六四条、二三一条、参規二三〇条、二三一条）。秘密会の決議のあつた場合にも、議員の傍聴はそのままこれを許すのが例であるが、委員会が特に必要と認めるときは、委員以外の議員の退場をも求めることができる。なお、秘密会とは別に、委員長は、秩序保持のために、傍聴人の退場を命ずることができ（国五二条二項）、傍聴人が退場せしめられたときには、秘密会の場合と同様、傍聴人は存在しないのであるが、これは、単に秩序保持上傍聴人を退場せしめたに過ぎず、秘密会となつた結果傍聴人が退場せしめられたのとは全然性質が異るものである。従つて、秩序保持のために委員長が傍聴を許可せず、或はすべての傍聴人を退場させても、委員会の公開性は何等影響をうけるものではなく、委員会はただ秘密会とする決議によつてのみその公開性を停止されるのである。

委員会が、その会議を秘密会とした場合においても、その会議録は当然に印刷配付されないものではなく、原則としては印刷配付するのを建前とし、ただ秘密会議の記録中特に秘密を要するものと委員会で決議した部分について、印刷配付しないに過ぎない（衆規六三条）。実際は、秘密会議の記録は、委員会においてこれを特に秘密を要するものと決議して、印刷配付されない例である（註四）。今でもなお「政府より速記を附せないようにとの要求があれば速記者をも退席せしめる。速記は用いてもその速記を反文浄書して密封保存することになつている。」と説く者があるが（註五）、このことは全く現在の事実と異つており、恐らくは何かの間違いであろう。

（註一）第一回国会以来第十四回国会まで衆議院において秘密会議を開いた例は次の通りである。

国会	委員会	開会月日	秘密会を開いた事件
一	海外同胞引揚に関する特別委員会	昭二二、一〇、二三	ソ連領邦人引揚促進状況等
二	議院運営委員会	昭二三、一、二八	議員原侑君の逮捕について許諾を求めるの件
〃	不当財産取引調査特別委員会	昭二三、六、二	委員長、理事と総司部首脳部との会談顛末報告
三	議院運営委員会	昭二三、一一、一九	政府職員の給与繰上げ支給決議案の取扱に関する件
〃	災害地対策特別委員会	昭二三、一一、二三	災害復旧予算に関する総司令部との交渉経過報告
〃	議院運営委員会	昭二三、一一、二八	議員芦田均君外二名の逮捕について許諾を求めるの件
〃	同右	昭二三、一一、二九	同右
〃	同右	昭二三、一一、三〇	同右
四	同右	昭二三、一二、八	議員田中角栄君の逮捕について許諾を求めるの件
〃	同右	昭二三、一二、九	同右
〃	大蔵委員会	昭二三、一二、一七	公認会計士法案の成立に関する贈収賄に関する件
〃	同右	昭二三、一二、一九	同右
〃	議院運営委員会	昭二三、一二、二一	総司令部民政局長からのメッセージに関する件
〃	予算委員会	昭二三、一二、二一	価格調整費の予備費の内容に関する質疑
五	文部委員会	昭二四、三、二四	文部省所管の予算に関する件
〃	議院運営委員会	昭二四、四、六	阿波丸事件に基く日本国の請求権の放棄に関する決議案の取扱の件
〃	経済安定委員会	昭二四、四、一一	経済五ケ年計画と昭和二十四年度物資需給計画に関する件

五	農林委員会	昭二四、五、三一	一九五〇米会計年度における食糧輸入計画に関する件
〃	同右	昭二四、六、一八（閉会中）	滞貨生糸買上に関する件
〃	議院運営委員会	昭二四、八、四（閉会中）	最近の治安状況について
八	農林委員会	昭二五、一一、一六（閉会中）	肥料の輸出に関する日台協定について
十	外務委員会	昭二六、二、二〇	国際情勢等に関する件
十三	法務委員会	昭二七、四、二三	恩赦に関する件

（註二） House Manual, p. 138, p. 491
（註三） May, op. cit., p. 610
（註四） 秘密会議の記録中印刷配付された例は衆議院においては第一回国会以来今日まで未だ一度もない。
（註五） 田中 彌一・地方議会運営論 二二七頁、三一七頁

第三節 小委員会及び分科会

一、小委員会

委員会の審査は、その委員会の構成員たる委員全部が一体となつてなされるのが建前であるが、必要のある場合には、少数の委員を以つて構成する小委員会を設けることができる（衆規四三条、四八条、参規五一条）。常任委員会が各議院の審査の中心機構となり、しかもその所管は相当広範囲であり、且つ、各委員会はこの広い所管の範囲内で付

託される数多くの議案、請願、陳情書等の審査及びそれぞれの所管に属する事項についての国政の調査、並びに委員会提出法律案の起草等を併行して行うものであつて、その審査又は調査すべき事項は極めて多い。従つて、委員会が最も能率的にその職務を果すためには、小委員会の活用によつて、特別の関心と知識をもつ少数の委員をして、第一次の詳細な審議をなさしめ、或は幾つかの議案を同時に審議させることが考えられ、又それが必要となるであろう（註一）。衆議院規則が特に小委員会についての明文の規定を新に設けた趣旨もそこにあつたものと思われる。従つて、小委員会は、特に審査又は調査事項の多い常任委員会について、重要な役割を果すことになるのであつて、第一回国会以来今日まで、各委員会を通じて小委員会の設置された数は極めて多く、その目的も或は付託議案の審査のために、或は国政に関する調査を分担するために、或は法律案等の起草のために、或は修正案を起草するために、或は委員会の報告書起草のために、或は請願、陳情書等の審査のために、或は閉会中の審査のために設けられる等、極めて多岐にわたつている（註二）。

一委員会が設置し得る小委員会の数については別段の制限はないが、小委員会を設ける目的が、要するに委員会の審査をより効果的にすることにあり、且つ、常任委員会の場合において、議員が、特殊な場合を除き、原則として常任委員を兼任することを認めない趣旨からいえば、一人の委員が数箇の小委員を兼ねる結果になるような小委員会の設置の仕方は、小委員会を認めた本来の目的に副わないものといわねばならない。

小委員会は、委員会の決議によつて設けられるのであつて、小委員会の構成、権限、廃止等については別段の規定がある訳ではないから、すべて委員会の意思によつて定められる。小委員の員数は、その設置の際に定められ、小委員の選任は委員長の指名によるのが例である。小委員会には小委員長を置くのを例とするが、小委員長の選任は、委員会で決定することも、或は小委員の互選に委ねることもできる。

委員会と本会議の関係については、国会法又は規則の上で、委員会の各種の権限が保障されていて、本会議の意思によつてもこれを左右することは出来ない建前であるが、小委員会と委員会の関係については、特に小委員会について何等の規定もないから、すべて委員会の意思によつて決定される。小委員会を併合又は廃止し、小委員を増減、又は改選し、審査に期限を付し、審査について指示し、或は審査中のものをとり上げて直接審査する等のこともとより差支えないと思われる。小委員会における審査の手続等については、委員会が特別の定をしない限り、概ね委員会に準じて取扱われる。

又、小委員会は、委員会が対外的に有する権限について、当然に代行する権限をもつものではないから、自ら直接に議長を経由して、国務大臣や政府委員等の出席を要求し、或は証人、参考人等の出頭、報告又は記録の提出を求める等の権限をもつものではなく、委員会が、小委員会にこれ等の権限を委任することがあつても、その要求は委員会から議長を経由してなさるべきことは当然である。但し、委員会が証人や参考人の決定を小委員会に一任し、委員会の決議によつて、出頭した証人の訊問を小委員会になさしめ、参考人の意見を小委員会をして徴せしめる等のことは許されるものといわねばならない。なお、衆議院における不当財産取引調査、考査及び行政監察の各特別委員会の設置する小委員会については、それぞれ単独に証人の出頭又は帳簿、書類の提出を要求する権限が、その設置決議によつて与えられていることは、前述した通りであつて、これ等の特殊な委員会にあつては、委員会と雖も一度小委員会を設けた以上は、決議によつて与えられた小委員会のこの権限を奪うことはできない。アメリカでは上院の各常任委員会の小委員会及び下院の行政官庁経費委員会 (Committee on Expenditure in the Executive Departmeants)

及び非米活動委員会(Committee on Un-American Activities)の小委員会は、それぞれ規則の定めるところによつて、単独に公聴会を開き、証人の出頭を求め、或は図書、書類の提出、証言を求める権限が与えられており、この場合の召喚状は小委員長から発せられることになつている(註三)。

小委員会が委員会から付託された事件について審査又は調査を終つたときには、報告書を作り、小委員長から委員長に報告しなければならない。この報告書は、これを印刷して委員に配付する(衆規九〇条)。又、審査が終了しない前において、委員会から中間報告を求められた場合でも、小委員会の側から中間報告をする場合でも小委員会から委員会に対して報告書が提出されることは稀で、普通の場合は小委員長の口頭報告に止まることが多い。なお、委員会が付託事件について小委員会に審査させたときには、その付託事件が議院の会議の議題となつたとき、小委員長は委員長の報告について補足することができることになつている(衆規八七条)。

三、分　科　会

予算委員会及び決算委員会は、その審査の必要により、これを数箇の分科会に分つことができる(衆規九七条、参規七五条)。

分科会も委員の一部を以つて構成される点では、小委員会と同様であるが、小委員会はすべての委員会がこれを設けることができるに反し、分科会に分つことのできるのは、予算委員会と決算委員会のみである。又、分科会は予算又は決算の審査に当り、事務を捷速ならしめるため、分担してそれぞれ詳細な審議に当らせることを目的とする点では小委員会と同様であるが、小委員会と異り、各々異つた事件を審査せしめるものではなく、予算又は決算という一つの議案の審査に当り、委員会を数科に分つものであつて、同じ予算又は決算を各分科が分担して審査するものである。従つて、予算委員会又は決算委員会においても、分科会の外に小委員会を設けることは勿論できるが、小委員会は、例えば総予算と補正予算が同時に付託され、その外に特定の調査事件があるような場合において、そのうちの補正予算について審査するためとか、或は特定事件の調査をするためにこれを設けることはできるが、かかる目的のために委員会を分科に分つことはできないのであつて、分科はただこれ等の各予算をそれぞれ数科に分割して、分担審査せしめるためにのみ設けられるものであることは前述の通りである。この点が分科会と小委員会の異る点である。従つて、小委員会は委員のうちの一部のものによつて構成され、小委員にならない委員が外に多く存することがあり得るが、分科会は、全委員を数科に分つものであるから、分科の数のいかんによらず委員は必ず何れかの分科に属することになつている。但し、委員長は分科に属しないのが例である（註四）。分科の区分は同一会期中これを変更しないのを例とし、分科員の配置は略同数とする例である。各委員の所属分科は、各委員の希望を参酌して委員長がこれを決するのが例であり、分科員の他の分科に兼務することも許され、各分科兼務員の数もこれを制限しない。委員に異動のあつた場合における補欠委員の所属分科会は、前委員の本務員として所属した分科とし、補欠委員の兼務すべき分科は新にその希望に依つてこれを定める。

各分科会には主査を置く（衆規九七条）。参議院においては主査と副主査各々一人を置くことに定められているが（参規七五条二項）、衆議院でも副主査を置いた例がある。分科には、理事はこれを置かない例である。主査は先例上分科会所属の本務員からこれを選定すべきものとされており、主査はその分科員の互選によるものと定められているが（衆規九七条、参規七五条二項）、実際には、委員会の決議によつて委員長の指名に一任する例である。主査に事故あるときは、副主査を置く場合を除いて、本務員のうちから主査代理を選定するが、主査の代理は主査がこれを指名し、又は分科員がこれを協議選定する。その辞任は委員長がこれを決し又は委員会に諮つてこれを決する。

分科会は、委員会における討論及び表決の段階ではこれを設けることはできないものと解すべきであつて、普通委員会において大体の質疑の終了した段階で設けられるのが例である。分科会における審査の手続も、概ね委員会における審査の手続に準じてなされ、それぞれの分科に属する事項について、必要のあるときは更に詳細な趣旨の説明を聴き、質疑応答をなし、討論採決の後、主査より報告書を委員長に提出するのであるが、分科においては質疑のみに止め、討論採決は本委員会に譲るべきものとすることが多い。

委員会においては、主査は分科会における審査の経過及び結果について口頭の報告をするのであるが、更に本会議において、委員長の報告について補足することができることは小委員長の場合と同様である（衆規八七条、参規七五条四項）。

衆議院においては、第一回国会以来決算委員会において分科会に分つたことは未だ一度もなく、予算委員会においては、総予算については分科会を設けるのを例とし、補正予算については分科を設けた例がない。

（註一）　Willoughby, Principle of Legislative Organization and Administration, p. 340

（註二）　第一回国会以来第十四回国会まで各委員会を通じて設置された小委員会の数は四八〇である。なお、連合審査会の設置した小委員会が二ある。

（註三）　House Manual, p. 335, p. 350, p. 492

（註四）　第二回国会衆議院予算委員会においては、委員長も分科に属したことがある。

第四節　公聴会

一、公聴会の意義

国会法は、「委員会は、一般的関必及び目的を有する重要な案件について、公聴会を開き、真に利害関係を有する者又は学識経験者等から意見を聴くことができる。総予算及び重要な歳入法案については、前項の公聴会を開かなければならない。」と規定し（国五一条）、委員会の審査方法として新に公聴会の制度を設けた。わが国においては、三権分立制度をとつているが、他方又議院内閣制が併用されている結果、議員は内閣に対する質問権をもち（国七四条）委員会は議長を経由して国務大臣、及び政府委員の出席を求めることができ（国七一条）、更に会計検査院長及び検査官の出席説明を求めることができるのみならず、最高裁判所長官又はその指定する代理者は、その要求により、委員会の承認を得て委員会に出席説明することができることになつている（国七二条）。

従つて、わが国の公聴会は、かかる者以外に、特に一般国民のうちの利害関係者又は学識経験者から意見を聴こうとするものであるから、アメリカ議会における公聴会（Hearing）とはその制度上の意義も異り、従つて又、委員会の審査の過程において占める重要性も異ることは当然といわねばならない。アメリカ議会においては、厳格な三権分立制の建前の下に、政府の官吏が当然に議院に出席、発言することは認められていないから、これ等の者が議会で発言するには、一般の利害関係者又は学識経験者と同様、委員会の公聴会の段階においてなされるより外はなく、公聴会に召喚される証人（Witness）の観念も亦、従つてわが国の証人の観念よりも広く、わが国の政府委員、説明員、公述人、参考人等に該当すべき者までも広く証人として取扱われている関係上、わが国の公聴会のように特別の場合にのみ付加される審査の特別形態であるというよりも、寧ろ委員会の審査の過程においてとられる普通の順序として考えられているものであるから、わが国の場合に比して公聴会の開かれることが遙かに多く、且つ、委員会の審査に当つて、わが国の場合より一層重要な審査過程をなしていることは当然であるといい得よう。

国会法が新に委員会に認めた公聴会の制度は、アメリカ議会の委員会における公聴会（Hearing）とはその趣旨を異にし、議案については国務大臣、政府委員等の説明を聴き、これに対して質疑をなすことが普通の手続であるわが委員会において、特に重要な案件に限り、一般国民中の利害関係者又は学識経験者等から意見を聴くために設けられた制度であつて、従つてその制度上においてもつ意義も、アメリカの場合とは異らざるを得ないが、この委員会の公聴会によつて、一般国民をして立法の過程においてその意見を述べる機会を与えることにより、一般国民の立法に対する関心を深めるとともに、利害関係者又は学識経験者等からその専門的な意見を聴くことにより、委員会における審査に一段の深度を加えることができ、又、立法に際して社会公共の利益と個人の利益との調整に役立つことが多いと思われる外、ひいては国民一般の世論の向うところを、より正確に、立法に反映させることができるであろうと思われる点等に、わが公聴会制度の意義を認めることができよう。

而して、わが委員会の公聴会は、法律的には、委員会と別箇の独立の会議ではなく、委員会が重要な議案の審査過程において、特に利害関係者等から意見を聴く審査の一つの形態に過ぎず、その点では、委員会が証人の証言を求め、後述する参考人の意見を聴取するのと何等異るものではなく、ただ特にかかる審査の形態を公聴会と呼ぶに過ぎないから、公聴会といつても、それは委員会と何等異るものでないことは当然である。従つて、委員会を議院外において開き得ない限り公聴会も外部において開くことのできないのは当然であつて、派遣委員が派遣地において利害関係人や学識経験者から意見を聴く会合をもつことはあつても、それは法律上の所謂公聴会ではないことはいうまでもない。

二、公聴会を開く場合

国会法は、「委員会は、一般的関心及び目的を有する重要な案件について、公聴会を開き、」云々と規定しているが(国五一条)、この規定をうけて衆議院規則は、「公聴会は、議院又は議長から付託された議案の審査のためにこれを開くことができる。」と規定し(衆規七六条)、又参議院規則も、「公聴会は、議案の審査のために、これを開くことができる。」と規定しているので(参規六〇条)、公聴会を開くのは、委員会が、議院又は議長から付託された一般的関心及び目的を有する重要な議案の審査のためであることを要する。即ち、委員会が公聴会を開くのは、

先ず第一に、議院又は議長から付託をうけた議案審査の場合に限られる。従つて議案と区別されるべき請願、陳情書の審査又は懲罰事犯及び資格争訟事件の審査のためには、公聴会を開くことはできないのみならず、議案の審査と並んで、委員会活動の極めて重要な部分である国政に関する調査のためにも、或は委員会における法律案起草の段階においても、公聴会を開くことは両院の規則上できないことになつている。但し、議案であれば、予備審査のものであつても公聴会を開くことができる(衆規七八条、参規六三条)。この点は前にも述べたように、公聴会が、国政調査のための重要な手段の一とされているアメリカ議会等の場合に比べれば、わが国の委員会の公聴会は極めてその範囲が局限されているものといわねばならない。両院ともに公聴会の開会を特に議案の審査に限つた理由は必ずしも明瞭ではないが、恐らくは、アメリカのような厳密な三権分立制ではなく、議院内閣制をとつているわが憲法の下においては、国情からいつても国政調査の方法として必ずしも公聴会を認めることが妥当でないと判断したからではなかろ

うか(註一)。

第二に、公聴会を開くのは、付託されたすべての議案についてではなくして、特に一般的関心及び目的を有する重要な議案の審査のためであることを要する。或る議案が、一般的関心及び目的を有するものであるかどうか、又重要であるかどうかは一定の標準はないから、一応は委員会の認定によつて決定せられる。

第三に、総予算及び重要な歳入法案については、委員会は、必ず公聴会を開くことを要する(国五一条二項)。いかなる歳入法案が重要であるかどうかも一応委員会の認定するところによるが、ここで歳入法案とは国の歳入法案であることはいうまでもない。なお、補正予算は一般の議案と同様に扱われるから、その内容が一般的関心及び目的を有する重要なものであるかどうかによつて、公聴会を開くかどうかが決せられる。委員会が公聴会を開くのは、このように付託された議案の審査のために限られているが、その時期については、委員会がその議案の討論採決に入る前でなければならないことは当然である。

三、公聴会開会の手続

委員会において、公聴会を開こうとするときは、予め議長の承認を得た後に、その決議をしなければならない(衆規七七条)。公聴会を開くについては、予め議長の承認を必要とするから、委員会は、或る議案について公聴会を開きたいと思えば、先ず議長にその承認を求めなければならない。国会法によつて公聴会を開くべきものとされている総予算及び重要な歳入法案についても、同様に承認を求めなければならない。議長が果して公聴会を開く必要のあるものであるかどうかを検討した上で、これに承認を与えた後、委員会は正式に公聴会を開くことを決議しなければならない。衆議院では、このように公聴会を開くについて、予め議長の承認を要すること及び委員会の決議を要することとを要件としているが、参議院では、委員会の決議による外、委員の過半数の要求があるときには、特に決議をしなくとも開き得ることとなつており、議長の承認も衆議院のように決議の前であることを要求していない(参規六二条)。衆、参いずれの院においても、議長の承認がなければ、公聴会を開くことはできないから、総予算の場合を除いては、公聴会を開く必要がある毎に、重要な議案であるかどうかは、最終的には、議長に認定権があることになる。従つて、議長は公聴会の開会を承認するか否かを決するについては、単独に決定せず、議院運営委員会に諮問し、その答申に基いて承認、不承認を決する例であるが、普通委員会から重要な議案として公聴会開会の承認を求められたときは、これを承認するのが例である。

公聴会開会に関する議長の承認のあつた後、委員会において公聴会を開くことを決議したときは、その旨を議長に報告するとともに、その日時及び公聴会で意見を聴こうとする案件を公示せねばならぬ(衆規七九条、参規六五条)。公聴会で意見を聴こうとする案件は或る議案全体でも、又は、その議案のうちの特定の問題でも差支えなく、そのいずれにするかは委員会において決定する(参規六四条)。日時及び案件公示の方法は、官報に掲載するとともに、新聞に広告されるのが例であるが、必要のあるときにはラジオ放送によることもある。

四、公聴会に対する申出と公述人の決定

一般の人々は、公聴会について二種類の申出をすることができる。その一は、委員会に対して或る議案のために公聴会の開会を希望することの申出であり、他の一は、委員会が公聴会を開くに決した場合に、公聴会に出席して意見を述べることを申し出る場合である(衆規八〇条、参規六一条、六六条)。前者の場合に、公聴会開会を希望するとともに、併せて公聴会が開かれる場合には、出席して意見を述べたい旨を申し出ることもできる。いずれの場合でも申

出は、文書を以つて予めその理由及び案件に対する賛否を明かにして、その委員会に対してなされねばならない。公聴会において、その意見を聴こうとする利害関係者及び学識経験者（これを公述人という）は、先に予め申し出た者及びその他の者のうちから委員会がこれを選定して、その旨を本人に通知するのである（衆規八一条一項、参規六七条一項）。公述人の選定に当つては、予め申し出た者の中に、その案件に対して、賛成者及び反対者があるときは、その両方から公述人を選ばねばならないし（衆規八一条二項）、その数も賛否双方大体同数とする趣旨である（参規六七条三項）。参議院規則には明かに、公聴会においては、賛成者と反対者との数は、これを公平に定めなければならないとあるが、衆議院にあつては、かかる規則がなくとも、別に取扱内規があつて、同様のことが定めてある。而して、公聴会の公述人としては、一般応募者のうちから主として選び、それに利害関係人と、学識経験者から同数ずつ（賛成、反対ともに）選ぶのが最も妥当ではなかろうか。公述人を選定するときに特定の人に任せたり反対者を多く選んでおくと、若し委員会が公述人から意見を聴取した案件を可決した場合には、公述人の意見が片寄つたり或は世論に逆行して案件の可決を強行した如く見えるから、その選定には十分周到なる用意と注意がなければ、却つて、公聴会を開いても世論に悪影響を及ぼすことになろう（註二）。

なお、公述人の選定については、参議院規則は、議員又は公務員も公述人となることを妨げないものとしているが（参規六七条二項）、わが国の公聴会の意義が前述したようにアメリカの場合と著しく趣を異にし、特に一般国民のうちの利害関係者又は学識経験者から意見を聴くことを目的としたものであり、且つ、委員会はかかる公聴会を開く権限とは別箇に、議長を経由して、国務大臣及び政府委員の出席を求め、会計検査院長及び検査官の出席説明を求めることができ、又最高裁判所長官又はその指定する代理者は、委員会の承認を得てその委員会に出席説明することが許されるとともに(国七一条、七二条)、更に一般官吏も説明員としてその所管事項について、以上の者の説明を補足して発言することが認められている慣例であるから、これ等の者をその所管に係る議案の公聴会の公述人として選定する必要はないように思われるし、又公聴会を設けた趣旨にも合致しないように思われる(註三)。又議員については、委員会は、その付託をうけた事件に関して意見を有する議員があるときは、その出席を求めて意見を聴くことができるのみならず(衆規四六条、参規四四条)、本来、議員は議案について当然に自ら審議権を有し、当該委員会の委員でなくとも、本会議における審議の権限を固有しているのであるから、議員を公述人とすることは公聴会の趣旨に相反するものであるといわねばならない。他の議院の議員を公述人とすることも、二院制度の本旨及び両院殊別組織の原則(憲四八条)(註四)の趣旨からいつて妥当ではない。前述の委員会が付託事件に関して意見を有する議員があるときという場合の議員も、その院の議員を指すものと解すべきである。かかる見地から衆議院においては、これ等の者は公述人として選定しない例である。

委員会の要求により、公聴会に出席した公述人には、証人と同様に旅費及び日当が支給される(議院に出頭する証人等の旅費及び日当に関する法律六条)。

五、公聴会の議事

公聴会といつても、委員会における審査手続の一形態に過ぎないことは前述した通りであるから、公聴会の議事も普通の委員会と何等異るところはない。従つて、両院の規則も単に公聴会における公述人の発言について若干の規定を設けているに過ぎない。公述人が発言しようとするときは、委員長の許可を得ることを要し、公述人の発言は、その意見を聴こうとする事件の範囲を超えてはならない。公述人の発言が、その意見を聴こうとする事件の範囲を超え又は公述人に不穏当な言動があつたときは、委員長は、公述人の発言を禁止し又は退場を命ずることができる（衆規八二条、八三条、参規六八条）。委員は公述人の意見陳述に対して質疑することができるが、公述人の方から委員に質疑することはできない（衆規八四条、参規六九条）。公述人にも委員に対する質疑を許すときは、双方質疑の応酬によつて、討議にわたる結果となるからである。公述人の意見陳述は、自ら委員会に出席して口頭でなすことを建前とするが、公述人が病気その他已むを得ない事情のため委員会に出席できない場合等においては、特に委員会の同意があつた場合に限り、代理人をして意見を述べさせ、又は文書で意見を提示することができることになつている（衆規八五条、参規七一条）。

六、参　考　人

既に述べたように、公聴会の開会は議案の審査のためにのみ限られており、又その開会手続も簡単でなく、新聞に公示する関係から、一定の期間の余裕のある場合でなければ実際上これを開くことが困難であり、更に証人を喚問する場合は法律に基いて宣誓の上証言し、それについては法律上の罰則が定められているものであるから、委員会がその審査又は調査の必要上一般国民のうちから何等かの意見を聴いて、その参考としようとする場合に、公聴会か、証人喚問かの何れかによる外ないとすれば実際上極めて不便である。かかる点から、最近までは法規上は別段の規定はなかつたが、先例として確立され、しかも極めて頻繁に活用せられる制度に委員会における参考人がある。参考人は、公述人のように正式の公聴会で意見を述べるものでもなく、又証人のように宣誓して証言するものでもなく、委員会の決議によつて参考意見を述べるに過ぎない。参考人の意見を聴く場合については別段の規定はないから、その範囲も極めて広く、付託議案の審査についても、国政に関する調査についても、起草中の法律案に関しても、委員会は自由に参考人から意見を聴き、又その知り得た事実についての説明を聴くことができる。又、国会法では、他院から提出された議案については、他院の委員長又は発議者から提案理由の説明を聴くことができることになつているが(国六〇条)、内閣提出議案を先議の議院で修正した場合においては、先議の院の委員長又は議員は、後議の議院で、その修正の理由について説明することは認められるところでなく、又一院の議決の理由をその院を代表して他院において説明することは、両院協議会の場合を除いては、二院制度の趣旨から許さるべきことではないから、かかる場合においても、先議の院の委員長又はその他の議員からその院の代表者としてではなく、個人の資格で、修正の趣旨の説明を聴くために、これを参考人として委員会に出席説明を求めることがある(註五)。又、委員会がその付託事件について意見のある議員の出席を求めてその意見を聴く場合の議員は、その院の議員を指すものと解すべきことは前述した通りであるが、特殊な場合に他院の議員の意見を聴く必要のあるときには、参考人としてその意見を聴くべきである(註六)。而して参考人制度は、第十三回国会において慣例上の制度から一歩前進して今や法規上許された制度となり、その旅費及び日当の支給も、証人や公述人に準じてなされるようになつた(昭和二十七年法律第一五四号議院に出頭する証人等の旅費及び日当に関する法律の一部を改正する法律、昭和二十七年五月二十九日両院議長決定の議院に出頭する証人等の旅費及び日当支給規程中改正規程)。従つて、今後委員会においては、参考人の意見を聴く場合が公聴会の開会や証人の喚問に比して極めて多くなり(註七)、委員会の審査又は調査の上に大きい役割を果すようになることであろう。しかし、これとても決して委員会における審査の正常な形態ではないのであるから、便宜のために乱用されることがあつてはならないことは当然である。

而して、参考人から意見を聴く場合においては、概ね公聴会における公述人に準ずる取扱がなされる例である。

（註一）昭二一・一二・一九第九十一回帝国議会衆議院国会法案委員会議録一回一四頁
（註二）昭二七・六・二七日毎日新聞
（註三、五）拙　稿・前　掲　一九頁
（註四）美濃部達吉・日本国憲法原論二八一頁
（註六）第十回国会衆議院厚生委員会において、内閣提出参議院送付の医師法、歯科医師法及び薬事法の一部を改正する法律案の審査に当り、参議院厚生委員長谷口彌三郎君を参考人として、参議院における修正の趣旨の説明を聴取した。
（註七）衆議院において第一回国会から第十四回国会までに公聴会を開いた回数は八〇回、公述人の数は七四三人、更に参考人から意見を聞いた回数は二五二回、参考人の数は八九九人に達している。

第五節　連合審査会

委員会は、審査又は調査のため必要があるときは、他の委員会と協議して、連合審査会を開くことができることになつている（衆規六〇条、参規三六条）。連合審査会は、常任委員会たると特別委員会たるとを問わず、その議院の他の委員会と互に協議の上、連合して審査又は調査をなすものである。委員会の審査又は調査の一般手続はすべて一の委員会の構成員によつてなされるのが建前であるが、この場合は他の委員会と連合して審査会を開き、他の委員会をして、審査手続の一部に参加せしめるものであるが、連合審査会は、独立の審査機関として審査案件についての議決能力を有するものではなく、従つて審査案件の討論採決は、その案件を所管する委員会の固有するものであるから、連合審査会は単に趣旨の説明を聴き、これについて質疑する等、案件の討論に入るまでの審査手続に他の委員会を参加せしめて、その意見を徴するに過ぎないものであり、かかる点から見れば、委員会の審査の特別形態の一に過ぎない。

委員会が、審査又は調査の必要上、連合審査会を開くには、委員会相互の協議によるのであるが、この場合には、その旨を決議して他の委員会に申し入れるのである。申し入れは、案件をもつている委員会の方から他の委員会に対してなされる場合もあり、他の委員会から案件をもつている委員会に対してなされる場合もあるが、普通は後者の場合が多い。申し入れを受けた委員会の方でこれに応じた場合に、連合審査会が開かれる。しかし、連合審査会は案件を所管する委員会が必要と認めて開くものであるから、他の委員会から申し入れがあつても、これに応ずる義務はなく、不必要と認めて申し入れを拒絶した例もある（註一）。拒絶された場合や連合審査会を開くまでもない場合には、その案件に対する他の委員会の意見を書面で申し入れ、或は他の委員長が出席して意見を述べることができる。

連合審査会は、一院の委員会相互の間であれば、常任委員会相互の間でも、又は特別委員会と連合して開いても差支えない許りでなく、連合する委員会の数についても何等制限がないから、必要があれば、同時にいくつの委員会と連合審査会を開くことも、又各別に連合審査会を開くこともできる。

審査会開会の日時は、双方の委員会の決議又は委員長間の協議によつて決定される。連合審査会の委員長の職務は、案件を所管する委員会の委員長がこれを行う例である。連合審査会は討論に入る前までの段階で開かれるのであるが、審査会における審査の手続は、普通の委員会の場合に準じてなされる。公聴会の開会や参考人の意見聴取等を連合審査会でなすことも、連合審査会に小委員会を設け、又審査会を秘密会とすることも差支えない。ただ、かかる手続についてはその案件を所管する委員会の意思によるべきものであつて、その意思に反して連合した他の委員会を含めた審査会における多数によつて決すべき事ではないことは、連合審査会の性質上当然のことである。

第一回国会から第十四回国会まで連合審査会を開いた回数は一八七回である。

（註一）第一回国会以来第十四回国会までに衆議院において連合審査会開会の申し入れを拒絶した事例は次の通りである。

国会	案件	開会要求委員会	要求年月日	拒絶した委員会	拒絶した年月日
五	大蔵省設置法案	大蔵	昭二四、五、一六	内閣	昭二四、五、一六
七	経済調査庁法一部改正案	経済安定	昭二五、四、二五	内閣	昭二五、四、二五
十	北海道開発法一部改正案	地方、大蔵	昭二六、五、二六	内閣	昭二六、五、二七
十	戸籍法改正に関する件	文部	昭二六、三、二九	内閣	昭二六、三、二九

第六節　合同審査会

各議院の常任委員会は、他の議院の常任委員会と協議して合同審査会を開くことができることになつている（国四四条）。

合同審査会は一院の委員会相互の間に開かれるものでなくて、必ず他院の委員会と合同するものであり、且つ、それは常任委員会のみがなし得るものである点において、連合審査会と異る。従つて、一院の特別委員会と他院の特別委員会との間に合同審査会が開けないことはいうまでもない。アメリカ、イギリスの議会における所謂合同委員会（Joint committees）は、常任委員会や特別委員会とともに、委員会の一種とされているのであつて、例えば、アメリカ議会

において は、合同委員会は法律によつて定められている合同委員会 (Statutory joint committees) と両院の共同決議(concurrent Resolutions)によつて特に設置される合同委員会(Special joint committees) の両者ともに、それ自身独立の構成と権限をもち、本来議決能力を有する両院の一機関としての合同委員会である(註一)。わが国には、かかる性格の合同委員会に相当する機関は存在せず、常任委員会の合同審査会はこれとは全く性質を異にし、原則として一院の常任委員会がその審査又は調査のため必要ある場合に、他の院の常任委員会と協議して、自らなすべき一定範囲の審査手続にこれを参加せしめるものであり、それは特に定められた場合を除き、全く常任委員会自身の意思によるものであるとともに、合同審査の範囲も亦常任委員会が自ら有する案件の討論に入る前の段階において、審査をともにするに過ぎないものであるから、アメリカ、イギリスの議会のように常任委員会や特別委員会と並んで、別箇の審査機関としての委員会の一種であるのではなく、常任委員会がその審査の過程において採るところの、審査手続の一に過ぎないものである。合同審査会を委員会審査の特別形態の一であるとする所以も、この点から来るものに外ならない。

甲議院の常任委員会が、乙議院の常任委員会と合同審査会を開こうとする場合には、先ず自らその決議をし、委員長から合同して審査又は調査すべき件名とその理由を示して、乙議院の常任委員長に合同審査会を開くことを求めなければならない。乙議院の常任委員会がこの求めに同意したときは、その委員長から甲議院の常任委員長にその旨を通知する(常任委員会合同審査会規程一条)。これで両者の協議が成立する訳であるが、法律上合同審査会を開かねばならない場合の外は、合同審査会の求に応ずるか否かは、求められた委員会の自由である。合同審査会は、原則として、一院の常任委員会がその付託された議案の審査に当り、又その所管に属する国政の調査のために、他院の常任委員会と協議して開かれるものであるが、特に若干の法律によつて特定の常任委員会の合同審査会の議を経なければならぬものとされている場合がある。例えば、議院に出頭する証人等の旅費及び日当に関する法律第五条によつて、議院に出頭する証人等に支給される車馬賃及び日当の定額が、両議院の議院運営委員会の合同審査会で定めらるべきものとされている如きがそれである。かかる場合には、両議院の議長が協議して、合同審査会の開会を両議院の常任委員長に求めることができる(同規程二条)。

合同審査会には、両議院の常任委員長の協議に基いて、両院の常任委員の全部が合同して開く場合と、各議院の常任委員会で選定された一部の委員が合同して開く場合の二つがあり、一部の委員が合同する場合には、各議院の常任委員長又は理事は、必ず合同審査会の委員にならなければならないことになつている(同規程三条)。而して、合同審査会の会長は、各議院の常任委員長又は理事が協議してこれに当り、合同審査会の初会の日時及び場所は、両議院の常任委員長が協議してこれを定め、その後の会議の日時及び場所は合同審査会がこれを定める(同規程四条、五条)。

合同審査会の委員は、議題について自由に質疑し及び意見を述べることができる(同規程七条)。但し、所謂討論はできない。又その審査又は調査する事件については、法律に特別の定のある場合を除いては、表決をすることができない(同規程八条一項)。これは先に述べたわが国の合同審査会の性質上当然である。特別の定めのある場合において表決をする場合は、各議院の常任委員の各々半数以上が出席していなければならぬが(同規程八条二項)、その他の場合には別段の定足数は要求されていない。合同審査会は、その会長の属する議院の議長を経由して、議案の発議者、国務大臣及び政府委員の出席を求め、証人の出頭を要求し、又内閣、官公署その他に対し、必要な報告又は記録の提出を求めることができる(同規程六条、九条、一一条)。証人の発言は、その証言を求められた範囲を超えてはならないし、その範囲を超え又は証人に不穏当な言動があつたときは、会長はその発言を禁止し又は退場を命ずることができる（同規程十条）。その他証人の喚問についてはすべて委員会における場合と同様であるが、ただ告発免除の議決には、両議院の議決を要する（議院における証人の宣誓及び証言等に関する法律八条）。又、合同審査会は、委員会と同様に議案の審査に限り公聴会を開くことができる（同規程一二条）。合同審査会において公聴会を開こうとするときは、予め両議院の議長の承認を得るを要し、又公聴会を開くに決したときは、会長からその旨両議院の議長に報告する外は（同規程一三条、一四条）、すべて委員会の公聴会について述べたと同様である（同規程一五条乃至一九条）。

なお、常任委員会は、合同審査会に付した案件について、その合同審査会が終るまで表決を行うことができない（衆規九九条、参規七七条）。

合同審査会を終つたときは、各議院の常任委員長又は理事から審査の経過及び結果を、委員会に報告しなければならない。但し、委員会は特に文書の報告を求めることができる（同規程二〇条）。

合同審査会は、会議録二部を作り、両議院の常任委員長（又はその代理者）がこれに署名して、各議院にそれぞれ一部を保存する。その会議録には、出席者の氏名、表決の数、公聴会、証人、委員の派遣、報告又は記録の提出要求、その他重要な事項を記載しなければならない。会議録は、これを印刷して両議院の議員に配付する。但し、秘密会議を開いた場合には、秘密会議の記録中特に秘密を要するものと合同審査会で決議した部分については印刷配付しない（同規程二一条乃至二三条）。

合同審査会において懲罰事犯があるときは、会長は、これをその委員の属する議院の議長に報告して処分を求めなければならない（同規程二四条）。

第一回国会から第十四回国会までに、合同審査会を開いた回数は一四回である。

(註一)　Riddick, op. cit., pp. 147—8
House Manual, p. 147, p. 544, p. 555
Campion, op, cit., p. 249

第十一章　委員会の報告

第一節　概　説

国会法は、「委員長は、委員会の経過及び結果を議院に報告しなければならない。」と規定している（国五三条）。既に第一章において述べたように、委員会は、議院の議決を要する事件について、議長又は議院から付託を受けて、その予備的審査をなすとともに、国政に関する調査をなすものである。而して、付託事件を委員会が予備的に審査するとは、その審査の結果を議院の議決のための判断の資料に供するとの意義であつて、更にこれを詳言すれば、ここで判断の資料とは議院の会議において、その審査の結果が、原案となつて議決に供せられることがないとの意味である。しかし、常任委員会の国政に関する調査は、議長の承認の下に、議院の有する国政調査権を、それぞれの所管に応じて代行するものであり、又特定の常任委員会に法律を以つて、或は特別委員会に決議の形式を以つて付与した如き特殊の権限については、議院が、その限度においてそれらの事項について議決する権限を委員会に委譲したものと見るべきである（註一）。従つて、委員会の国政調査については、議院にその結果が報告されたとしても、先に述べた付託事件の報告の意義とは天地霄壊の差異があることに注意せねばならない。即ち、議長又は議院から付託をうけた事件の審査の結果報告は、必ず議院がそれをそのまま採用すると否とに拘わらず、付託事件を議題にするときはこれを判断の資料に供しなければならないのであつて、そのために、両院規則は、衆議院にあつては「委員会の審査した事件が議題となつたときは、先ず委員長がその経過及び結果を報告し、」と定め（衆規一一五条）、又参議院にあつては「委員会に付託した議案の会議においては、議案の質疑に入る前に、先ず委員長が、議案の内容について説明した後、委員会の経過及び結果を報告する。」と定めている（参規一〇四条）のである。なお、これらの関係については、さきに、第八章の修正又は表決の節において述べたところを参照されたい。殊に国会になつてからは、委員会中心主義になつて、旧憲法時代の委員会制度とは全くその趣を異にして、議案はすべて特別の場合（委員会審査省略の議決があつたとき）を除いては、本会議の議題に供せられることなく、発議又は提出後直ちにその所管の委員会に付託されるのであつて、委員会の審査を経て始めて本会議に付せられるものであるから（国五六条二項）、その経過及び結果の報告といつても、古い時代の委員会の報告よりは、その重要性において比較にならない程の差異がある。なお、両議院の規則は、右の委員長の報告の外に、いずれも委員会が付託事件について審査又は調査が終つたときは、委員会の報告書を提出すべきものとした（衆規八六条、参規七二条）。

かくして、委員会が付託事件の審査を終了したときは、所謂報告の段階（report stage）に入り、この委員会報告書の提出によつて、その付託事件は議長のもとに還付され委員会の審査から議院の会議に移されることになるものである。即ち、報告の段階では、先ず委員長から、委員会の議決を経た報告書が議長に提出され、議長はこれを印刷して各議員に配付し、委員会の審査の結果を一般議員に予め知らせるとともに、委員会から報告のあつた事件を議事日程に掲載することになるのである。而して、本会議において付託事件が議題となつたときは、さきに述べたように委員長から委員会の審査の経過及び結果が口頭で報告され、次いでこれについて本会議において質疑がなされ、討論、表決が行われるのである。しかし、この場合議院の会議において議題となるものは、常に付託事件そのものであつて、いかなる場合においても、委員会報告書又は委員長報告そのものが議題となるべきものではない。このことは、本会議における議決が「本案は、委員長（又は委員会）報告の通り議決する」ものとされていることから見ても当然であつて、例えば議案の場合のように、既にそれ自身一の議決対象として、これを可決又は否決すべしというような報告ではなく、懲罰事犯や資格争訟事件の報告のように、委員会の報告自体が一種の新な提議を内容とするようなものであつても、この報告が議題となるものではないことを注意しなければならない。

而して、委員会の付託事件に関する審査は、本来議院における審議の予備的審査であつて、ただ判断の資料又は新なる提案たるに止まり、委員会の審査が最終的なものでもなく、従つてそれが議院の議決を拘束するものでもないことはいうまでもない。委員会において少数で廃棄された意見も、本会議において多数の支持をうけることがないではない。従つて、最終的な議決機関としての議院の会議に、委員会における多数の意見とともに少数の意見をも併せ報告して、その審議の参考に供することを認めることは、委員会がその最終的な議決能力をもたない事件については当然のことであり、これは、一方においては少数意見者を保護することにもなり、他方においては議院が最終的な審議をなすに当つての判断の資料を豊富にすることにも役立つものと思われる。かくして、国会法及び両院規則は、委員会において少数で廃棄された意見の報告を認め、少数意見の報告書を提出することができるとするとともに、付託事件が議題となつたときには、委員長の報告に次いで、少数意見者が少数意見の報告をするものとしている（国五四条、衆規八八条、一一五条、参規七二条、一〇六条）。

委員会の報告と少数意見の報告は、いずれも付託事件の審査が終つた場合においてなされるものであるが、本章においては、この報告の段階における付託事件の委員会の報告及び少数意見の報告の外に、未だその審査の終了しない前においてなされる委員会の中間報告及び付託事件以外の委員会の報告等についても、法規又は慣例によつて認められるものについてそれぞれ述べてみよう。

（註一）拙稿・前掲　三頁

第二節　委員会の報告書

一、報告書の重要性とその記載事項

委員会が付託事件について、審査又は調査を終つたときは、議決の理由を附した報告書を作り、委員長からこれを議長に提出しなければならない（衆規八六条、参規七二条）。従来においては、議案が発議又は提出されると、先ず本会議において議案の趣旨説明を聴き、大体の質疑の後、委員会に付託されたのであるが、国会法は委員会中心主義を採用した結果、議案が発議又は提出されると先ず委員会に付託され、委員会において第一次的に審査した後、始めて本会議に移されるから、一般の議員は、特に議院運営委員会の議決によつて、本会議において議案の趣旨説明を聴く例外的な場合を除いては、議案の内容やその提案の理由について何等説明を聴く機会がなく、しかも各議員は、それぞれ二十二の常任委員会のいずれかの一箇の委員として、それぞれの分野に応じて、専門的な常任委員会の審査又は調査に当るものであるから、自己の委員会以外の他の委員会の審査議案についてまで、予め充分な知識をもつことは極めて困難とならざるを得ない。このような新しい委員会制度の在り方から、委員会報告書のもつ重要性と、その役割は極めて大きいものとならざるを得ないのであつて、一般の議員は自己の委員会の審査議案の外は、この委員会報

告書によつて、その内容及び立案の趣旨を始めてよく知り得ることになり、委員会報告書は、議員にとつて自ら議院の会議において審議する場合の最も重要な資料となる訳である。

ここにおいてか、従来の委員会報告書は、単に「本案は本院において可決（又は修正、否決）すべきものと議決した。」というように、委員会の結論のみを報告するに止まつて、何等議決の理由を明示するものではなかつたのであるが、新しい委員会の報告書は、両院ともに、いずれも可否又は修正の議決理由を附すべきことを要求しているのである（衆規八六条、参規七二条）。のみならず、前述した報告書の性質から、委員会の報告書は、議案の要旨及び提案の理由、議案の利害得失、並びに成立した場合における費用の見積等を記載して、議員がこれを一読して直ちにその賛否を判断し得るに足る好箇の資料でなければならない（註一）。参議院規則は、これ等報告書に記載すべき事項を明文を以つて規定しているのであるが明文のない衆議院においても、同様であるべきことは、新しい委員会報告書の性質上当然のことでなければならない。然るに、この委員会報告書が往々にして後に述べる委員長報告より寧ろ軽視され易い傾向にあることは、従前の本会議中心主義の議会運営に慣れて、新しい委員会制度に対する正しい認識を欠くものといわざるを得ない。わが国と同様の委員会中心主義を採用するアメリカ議会の委員会の報告書について、Willoughbyが、「もし議案が重要なものであるか、又は深刻な意見の相異を来すようなものである場合には、報告は屢々相当の長さのものとなつて、推奨される措置について諸々の賛成論拠を詳細にわたつて述べることになり、特に、議案についてなされることを推奨する一切の修正を説明し正当化することを求めるものである。」といい、又「これ等の委員会報告書及び少数意見報告書が、彼等の関係する諸議案の討議に当つて大いにこれを利用する議員たちにとつても、乃至は、諸議案の主要事項について関心を有する一般研究者たちにとつても、屢々極めて貴重な文書をなすものであることは、殆んどいうまでもないところである。」といつて（註二）、委員会報告書のもつべき重要性を説明していることは、わが国においても参考とすべきことであろう。

二、報告書の作成提出

委員会の報告書は、以上のように重要な性質をもつものであるから、その作成は単に委員長がこれをなすものでなく、委員会の議決を経たものでなければならない。衆議院規則は、「委員会が……報告書を作り」云々と規定して（衆規八六条）、報告書は委員会の議決によるべきものであることを明かにしている。参議院規則においては、委員長が報告書を作成することになつているが、これには多数意見者の署名を附すべきことが要求されている（参規七二条）。委員会報告書の作成は、委員会の議決によつて委員長又は委員長及び理事に委任される場合が多いが、委員会自らその作成に当る場合には、委員長、又はその指示をうけた委員が報告書案を委員会に提示し、これを委員会において議決するのである。必要のあるときは、報告書案について討論されることも、又何等かの修正がなされることも許される。報告書案について討論採決が行われたことの事例については既に述べたところである。更に、報告書に附すべき議決の理由を特に委員会に諮つて決し、他の記載事項について委員長に一任する場合もある（註三）。いずれにしても委員会の報告書は、委員会の議を経て作成されなければならぬ。

作成された報告書は、委員長から議長に提出される（衆規八六条）。而して、これと同時にさきに付託された事件はこの報告書とともに議長の手元に還付されるのである。参議院規則は、議院に提出するものと規定しているが（参規七二条）、実際は衆議院と同様に議長に提出されている（註四）。

委員会が報告書を作成するのは、付託事件について審査又は調査を終つたときであるから、付託事件を可決、修正又は否決した場合の外、議案については、国会法第五十六条第三項の規定によつて、議院の会議に付するを要しないと決定した場合においても報告書の作成提出を要する。請願について議院の会議に付するを要しないものと決した場合も同様である(衆規一七八条、参規一七〇条)。但し、審査又は調査を終つた場合であるから、委員会において審議未了となつた場合には、報告書の作成提出を要しないことは当然である。

委員長から報告書が提出されると、議長は、委員会において特に秘密と認めた部分を除き、委員会の報告書を印刷して、各議員に配付する(衆規八九条)。委員会は秘密会議を開いた場合においても、その秘密会議における事項を報告書に記載することはもとより差支えなく、ただ委員会において秘密を要するものと認めた部分については、報告書にその旨を附記すれば足りる。

委員会報告書を議長に提出した後、その訂正を要するときは、これを訂正することができ、又一度提出した委員会の報告書を撤回することもできる。しかし撤回はその議案が本会議の議題となる前は議長の許可により、議題となつた後は議院の許可によつてなされる。而して、報告書の撤回のときは、さきに議長に還付した付託事件の還付を撤回したことになつて、事件が再び当該委員会に付託されていることになるのである。委員会が一度議決した事件を再議に付する場合において、報告書が既に提出されているときは、必ずこれを撤回してからでなければならないこともこの理由からであり再議の後には新に報告書を提出しなければならないことは勿論である。再議は、前の議決を取消して、新に審査を更新するものだからである。再議が再付託と異ることは、既に述べたからここではこれを再び繰り返さない。

三、国政調査の報告書

衆議院規則によると、委員会報告書は、委員会が付託事件について審査又は調査を終つたときに、これを作成提出すべきものと規定されているのであるから（衆規八六条）、常任委員会がその所管に属する事項について、議長の承認を得て自主的に行う国政に関する調査については、委員会報告書の作成提出は、法規上これを要求されていないものといわねばならない。これは、付託事件に関する委員会の審査が本会議の予備的審査の性質を有するのとは異り、既に詳述した如く、常任委員会の国政調査は、議長の承認に基いて、議院の国政調査権を、それぞれの所管に応じて委譲されたものであり、常任委員会が、議院の有する国政調査権の代行的機関たる性質を有する結果によるものである。従つて、常任委員会は、国政調査については、議院に代つて調査するものであるから、その調査の結果を議院に報告してその判断の資料に供することもないのである。かくのごとく、国政調査については委員会報告書を提出すべき法規上の義務がないため、新国会の当初においては、委員会の国政調査については何等の報告もうけない実情であつたが、折角の各常任委員会の調査の結果を、一般議員にも参考に供したいとの見地から、第二回国会の末期に、議長から議院運営委員会の答申に基いて、各常任委員長に対し、次のような通牒が出された。

国政調査に関する報告書提出の件

従来各常任委員会から要求の国政調査承認の件については、その都度議院運営委員会に諮問してこれを承認して来たが、その国政調査の結果について遺憾ながら殆んど報告をうけていない実情である。

各常任委員会の国政調査の結果はこれが報告によつて、その常任委員会の調査を権威あらしめるのみでなく、更に全議員の参考となることが極めて多いと考えられるので、今会期において国政の調査承認をうけたもの及び将来調査承認をうけるものについては、議院運営委員会の答申もありましたので会期の終了までに、必ず国政調査の結果に関する報告書を議長に提出せられる様取計られたい。

然し、この通牒にも拘らず常任委員会の国政調査の報告書は、現在でも殆んど提出されることはなく、時々特殊な問題に関する調査報告書が、委員会から自発的に提出されることがある程度で、これはもとより衆議院規則第八十六条の所謂委員会報告書でないことはいうまでもない。但し、参議院規則は、「委員会が付託又は承認された事件について審査又は調査を終えたときは、委員長は、報告書を作り」云々と規定しているから(参規七二条)、参議院では、委員会の国政調査についても、その調査を終つたときは報告書だけは提出することになつている。

衆議院においても、普通の特別委員会に対して調査事件が付託された場合には、その調査が終つたときは、衆議院規則第八十六条の規定によつて報告書を提出すべきものといわねばならない。

なお、衆議院における不当財産取引調査、考査及び行政監察の各特別委員会の如き特殊な決議によつて設置された特別委員会は、決議によつて一定範囲の調査権能を委譲されていて、普通の特別委員会のような単なる付託事件とは異るから、衆議院規則第八十六条の報告書の適用は全然なく、別にそれぞれの決議によつて月一回の報告書の提出が規定されているが(註五)、これは、調査の終了、未了にかかわらず提出すべきものであつて、規則の規定する調査の終了した場合の報告書とは別箇のものであることを注意しなければならない。

(註一)　拙　稿・「国会法解説」　法律時報一九巻五号七二頁

(註二)　Willoughby, op. cit., pp. 374—5

(註三)　第一回国会、昭和二十二年八月七日、厚生委員会において、伝染病予防法等の一部を改正する法律案及び保健所法を改正する法律案の委員会報告書について、特にその議決の理由を委員会に諮つて決定し、その他の記載事項については委員長に一任したことがある。

（註四）　寺光忠・前掲九五頁は、参議院規則第七十二条に報告書は「議院に提出しなければならない」とされているのは、あきらかに「議長に提出しなければならない」の誤りであるとし、更に同条第二項に「委員長の報告書」とあるのも、あきらかに「委員会の報告書」の誤りであるとして、報告書に関する参議院規則の規定の仕方が妥当でないことを指摘している。

（註五）　第九章第三節（註三）の設置決議を参照されたい。

第三節　委員長報告

委員長報告というのは、委員会に付託された事件が議院の会議の議題となつたときに、その委員会における当該事件の審査の経過及び結果について行う委員長の口頭報告のことである。国会法は、単に「委員長は、委員会の経過及び結果を議院に報告しなければならない。」と規定しているに止るが（国五三条）、両院規則は、それぞれ「委員長は、付託事件が議院の会議の議題となつたとき、委員会の経過及び結果を議院に報告する。」、「委員会に付託した議案の会議においては、議案の質疑に入る前に、先ず委員長が、議案の内容について説明した後、委員会の経過及び結果を報告する。」と規定している（衆規八七条、参規一〇四条）。従つて、委員長報告は、付託事件が議院の会議の議題となつたときに行われるものであるが、付託事件が議院の議題となるのは次の三つの場合が考えられる。

第一は、委員会が付託事件について審査を終り、委員長から付託事件の還付とともに委員会の報告書が議長に提出され、議長がその報告書を印刷配付した後、その報告のあつた付託事件を議事日程に掲載し、それが会議の議題となる場合である。この場合は委員会報告書は、宛も委員長報告の前哨をなしているものというべく、これが最も普通の場合であるが、この外に所謂緊急上程と称せられて、審査終了事件を日程に追加して、議題とする例も屡々ある。但しこの場合には、委員会の報告書は、その事件の議決後に配布されることになるから、その本来の使命が達成されないことになる。従つて、緊急上程はなるべくこれをさけるべきである。

第二は、委員会において議院の会議に付するを要しないと決定した議案及び請願が、この委員会決定の日から休会中の期間を除いて、七日以内に議員二十人以上の要求があつたことに基いて、議院の会議の議題となる場合である（国五六条三項、衆規一七九条、参規一七二条）。委員会が、議案について議院の会議に付するを要しないと決定するのも、委員会の審査終了の一つの場合であつて、従つて審査未了の場合とは異り、委員会報告書が提出されることは前節に述べた通りであるが、この場合の委員会報告書は、必ずしも第一の場合のように委員長報告の前哨をなすものではない。即ち、若し委員会の決定の日から七日以内に議員二十人以上の要求のないときは、その委員会の決定が確定して、その議案は廃案となり、従つて議院の会議の議題となることはない。ただ七日以内に議員二十人以上から要求のあつた場合にのみ、この要求に基いて、委員会で会議に付するを要しないと決定した付託議案又は請願が議題となるのである。この場合もやはり付託事件が議院の会議の議題となる場合の一つであるから、委員長は、会議に付するを要しないと決するまでの委員会の経過を報告すべきものと解さなければならない。

第三は、国会法第五十六条の三の規定によつて、委員会の審査中の事件について、各議院が中間報告を求め、その中間報告のあつた事件について特に緊急を要すると認めて、直ちに議院の会議においてこれを自ら審議するために、これを議題とする場合及び中間報告を聴いた後、委員会の審査に期限を附け、委員会がその期間内に審査を終らなかつたときに、議院の会議で直接審議するために、これを議題とする場合である。ここで所謂審査事件の意味は既に述べたところに譲るが、この場合はいずれも前の二つの場合と異り、付託事件について委員会の審査が終了しない場合でありながら、付託事件が議院の会議の議題となる場合である。しかし、この場合には、その事件が未だ議題となる前に中間報告がなされているから、中間報告後、議院が直ちに自ら審議する場合においては、委員長報告は、普通これを省略することになるであろうと思われるが、中間報告後、審査期限を附けた場合に、その期間内に審査が終らなかつたため、議院の会議で審議することとなり、議題に供されたときは、委員長はやはり先の中間報告後の審査の経過を報告すべきものと解するのが妥当であろう。

委員長報告については、衆議院規則は、「付託事件が議院の会議の議題となつたとき、」云々と規定し（衆規八七条）、参議院規則は、「委員会に付託した議案の会議においては、」云々と規定しているから（参規一〇四条）、両院の規則で規定されている委員長報告は、付託事件に限り、又それが議院の会議の議題となり得るものでなければならない。従つて、常任委員会が議長の承認を得て自主的に行う国政調査は、付託事件ではないとともに、既に述べたように議院の国政調査を委譲されているものと解するのであるから、その結果について報告する義務もなく、国政調査そのものが当然に議題となることはない。又、一般の特別委員会に国政調査事件が付託された場合においては、付託事件の調査が終つたときに報告書を提出し、それが議題となつたときは、所謂委員長報告をすることも何ら変りがない。但し、常任委員会のなす国政調査について、その調査の途中、或は調査を終了した場合において、規則上のものとしてではなくして、事実問題として委員長が議院の会議において口頭報告をすることがあつても、それは、ここに所謂法規上の委員長報告ではなく、従つて又報告義務のあるものでもないことはいうまでもない。

委員長報告は、付託事件が議題となつたときに、先ず最初になされるものであつて、次いで少数意見者のあるときは、少数意見の報告をなし、修正案のあるときは、その趣旨弁明がなされ、それから委員長報告又は議案について質疑があれば、質疑をなし、質疑が終つて討論採決が行われるのが、本会議における委員長報告後の議事順序である（衆規一一五条、一一六条、一一八条、参規一〇四条、一〇六条、一〇八条、一一二条、一一三条）。

同一委員会に付託された数箇の議案が一括して議題となつたときは、委員長は一括して報告するのが例である。

委員長に事故ある場合に、理事が委員長に代つて報告するのは当然であるが、委員長は特にこの報告を他の委員に依託することができる（衆規八七条二項）。

なお、委員会がその付託事件の審査に当つて、小委員会を設け又は分科に分つたときは、小委員長又は分科の主査は、委員長の報告について補足することができる（衆規八七条三項、参規七五条四項）。

委員長のこの口頭報告は、委員会報告書のように、委員会の議決を要するものでなく、委員長がなすものであるが、委員会の経過と結果を客観的に報告することを要し、報告に当つては自己の意見を加えてはならないことになつている（衆規一一五条二項、参規一〇五条）。

参議院においては、委員長の口頭報告の内容についても、予め多数意見者の承認を要するものとされている（参規一〇四条）。委員長報告の内容は、概ね議案の要旨及びその提案の理由について報告し、次に委員会における審査の経過の概要とその結果について報告するのが例である。

委員会の報告書はこれを省略することは許されないが、委員長報告は、会期の切迫とか、議案輻輳の場合に議院の決議によつて省略されることがあるが、これは嘗つて旧憲法時代において、議案が最初に本会議の議題となつて、それから委員会に付託されたときの先例をそのまま踏襲しているのであつて、面白からぬ事例である。請願についても毎会期委員長報告が省略されることが多いが、請願の軽視を廃して今後改めるべきものの一つと思われる。

第四節　少数意見の報告

一、少数意見の意義

国会法及び両院規則は、委員会において少数で廃棄せられた意見は、これを議院に報告することができることとし、少数意見の報告について、少数意見の報告書と、少数意見者の本会議における口頭報告について規定している(国五四条、衆規八八条、一一五条、参規七二条、一〇六条)。

本来会議体の意思は、その構成員の多数によつて決せられ、多数決の原則によつて一度び会議体の意思が決定されるとその会議体の意思は、単なる多数の意思とは切離された別箇の会議体自体の意思とされ、かかる会議体の意思の形成に反対した少数者と雖も、一度びその属する会議体の意思が決定された以上は、この会議体の意思に従わなければならないものであることが、多数決の原理であり、会議体の意思決定に関する常識である。この場合において、会議体の意思の形成の過程において、反対であつた少数の者が、会議体の意思が既に決定されたにも拘らず、なお自己の反対意見を固執し、これを外部に対して、或はその属する団体自体に対して、主張する権利を保留し得るとするならば、それは正に多数決原理を破壊するものであり、民主政治の基礎を根本から否認するものといわねばならない。若しそうであるとするならば、等しく会議体の一つとして多数決原理の支配する委員会において、少数を以つて廃棄された意見を、議院に報告することを認めた所以のものは、一に委員会が議院の意思決定を要すべき事件についての予備審査の機関たる性質によるものといわねばならない。即ち、委員会は議院の議決を要する事件に関する限り、予備審査の機関であり、かかる事件についての委員会の議決は、あくまで議院の議決の準備的なものであつて、それ自体最終的な効力も、対外的な拘束力をもつことはなく、議院の議決も亦必ずしも付託委員会の議決に拘束されるものではないことは屢々述べた通りである。法律的には、委員会の多数が必ずしも議院の多数を意味せず、委員会の少数が必ずしも議院の少数を意味しない。従つて、委員会における少数の意見が本会議において多数の支持をうけることもあり得る訳であつて、実際においても委員会において否決されたものが本会議において可決され、委員会において可決されたものが本会議において否決された例も往々にして見られるところである。かかる委員会の予備的審査の機関としての性格から、多数によつて決せられた委員会自身の意思の外に、少数で廃棄された意見をもともに本会議に報告せしめて、一方において委員会における少数意見を擁護すると同時に、最終的な議決権能を有する本会議における審議に資することを目的とするものが、少数意見の報告を認めた趣旨に外ならない。

従つて、かかる方法は、団体意思の最後的決定機関としての会議体において認められるべきものでないことは、理論上当然のことでなければならないのであつて、最終的な議決権能をもつ本会議において、少数で廃棄された意見が擁護されることのないのはそのためである。かくして、委員会の少数意見の報告は、議院の議決を要する事件について認められるものであり、いわば議院の議決と結びつくものでなければならぬことを建前としていることは、多数決原理から来る当然の理論的帰結でなければならない。従つて、法律の定めるところによつて、議院の議決とは関係なく、委員会の議決によつて最終的に決定されるものとされている事項については、委員会における少数意見の報告が認められるべきものでないことは当然であり、又議院の有する国政調査権の委譲をうけて、常任委員会が行う国政調査についても、それが議院の調査の予備的調査をなすものでもなく、更に議院の議決を要するものでない以上、理論的に、少数意見が認められるべきものでないことはいうまでもない。

衆議院において国政調査の報告書の作成に当つて、廃棄された少数意見についてその報告書の提出を認めた例があるが（註一）、これは、本来の意義における少数意見の報告書ではない。何となれば、少数意見の報告は、委員会の報告と同様に、委員会においてその付託事件の審査を終つた場合の報告の段階において許されるものであり、少数意見の報告書は、委員会報告書に伴つて、それが提出されるまでに提出されることを要し、少数意見者の報告は、その事件が本会議の議題となつたとき、委員長の報告に次いでなされるものとされていること、及び少数意見が修正意見であれば、これに対し二十人以上の賛成者があつたときは修正案として議題となる（参規一一七条）等の点から見れば、

第一に、既に述べたように常任委員会の国政調査に関する委員会の報告書は、何等規則の定めるところでなく、単に委員会が任意になす先例上の報告書に過ぎないものであり、又委員長が国政調査の結果について、本会議において報告することがあつても、それは前述した如く議決の対象となるものではないから、それは付託事件が議題となつた場合の正規の委員長報告とは異る。然るに衆議院が、かかる常任委員会の国政調査について、少数意見の報告書を認めたのは、前述したように国政調査の報告書自体、法規の定めるところでないにも拘らず、議長から各常任委員長に対してその提出を通牒した理由が、委員会の調査の結果を一般議員にも参考に供しようとする趣旨であつたと同じく、国政調査についての少数意見も、一般議員の何等かの参考に供すべくこれを認めたものに過ぎないものと解すべきであつて、本来の意義における少数意見者の当然の権利として認めたものではないと思われる。従つて、今後も国政調

査についての少数意見の報告書を認めるか否かは、それが一般議員にとつて何等かの参考となるかどうかの判断によつて、議長がこれを決するものと思われる。このことは、国政調査の報告書提出とともに、少数意見の報告書提出を認めつつ、議院の会議において委員長報告がなされた際、少数意見者の報告が認められなかつたことによつても明かであつて（註二）、本来の少数意見報告が、少数意見者の権利として保護され、何人もこれを拒否することのできないものであることを考えれば、両者が著しくその趣を異にしていることが理解されよう。

第二に、委員会において廃棄された少数意見とは、本来議院の議決を要する付託事件そのものについての少数意見であるから、その性質からいえば報告書作成以前のものであるべきであり、付託事件そのものについての委員会の決定に際して廃棄された少数意見であることを要する。付託事件自体についての少数意見の外に、更に付託事件の委員会報告書に対する少数意見というものが別にあり得ないことは、委員会報告書が議院の議決の対象となるべきものでない以上当然のことである。然るに前記の少数意見は、付託事件ではないにしても、報告書作成に当つて廃棄されたものであつて、この点からいつても、正規の少数意見というべきものではないことは明かである。

二、少数意見の報告書

委員会において少数で廃棄された意見を議院に報告しようとする者は、少数意見の報告書を作り、これを議長に提出することができる（衆規八八条一項）。

少数で廃棄された意見は、そのときの委員会の決定により区々であつて、委員会が可決のときに少数意見が修正又は否決のこともあり、委員会が否決のときに少数意見が可決又は修正のこともあろう。ただ少数意見が修正であるとする場合においては、単に委員会において修正意見を述べたというに止まらず、修正案として委員長に提出し、それが採決によつて否決されたものであることを要する。

少数意見は、委員会において少数のために廃棄されたものであればよいから、少数意見者が数名のときもあろうが、一名であつても差支えない。数人ある場合には連名で報告書を作らねばならない(参規七二条)。委員長も少数意見者に加わることができる。

旧規則では、少数意見の提出には、出席委員の三分の一の支持を必要としたため(旧衆規五九条)、委員会においてその提出を予告すべきものとされていたが、現行規則は、一人でも提出できるから、必ずしも委員会で少数意見書の提出を予告する必要はない。ただ少数意見の報告書は、委員会の報告書が提出されるまでに、これを議長に提出しなければならない(衆規八八条二項)。

少数意見の報告書は簡明なものであることを要する。少数意見の報告書は、委員会報告書とともに、議長はこれを印刷して、各議員に配付することを要し、且つ、委員会の報告書とともにこれを会議録に掲載することになつている(国五四条三項、衆規八九条)。

少数意見の報告書は、一度これを提出した後でも撤回することができるが、本会議において報告する前には議長の、報告後は議院の許可を要し、又数名連名のときはその者全部から撤回の要求をしなければならない。

三、少数意見者の報告

委員会の審査した事件が、議題となつたときには、委員長の報告に次いで少数意見者が、その少数意見を報告する。数箇の少数意見のあるときは、その順序は議長がこれを定める(国五四条一項、衆規一一五条、参規一〇六条)。委員長が少数意見者である場合には、委員長報告に次いで、少数意見を報告することも、又は、委員長報告を他の委員に依託して自ら少数意見を報告することもできる。

少数意見者の報告は、その事件が議題となつたときになされるものであるから、議題たり得ない国政調査事件については、この点からも少数意見者の報告はあり得ない。

なお、少数意見が修正意見である場合に、これに対して二十人以上の賛成者があつたときは、本会議で修正案として議題となることについては前に述べた通りである（参規一一七条）。

（註一）　第五回国会、昭和二十四年七月二十五日法務委員会における平市警察署占拠事件に関する調査報告書及び第六回国会、昭和二十四年十月二十七日考査特別委員会における国電スト騒じよう事件調査報告書作成に当つて廃棄された少数意見の報告書の提出をそれぞれ認めた。

（註二）　昭二四・一〇・二七第六回国会衆議院議院運営委員会議録三号七頁

第五節　委員会の中間報告

委員会の報告は、委員会の報告書にしても委員長報告にしても、付託事件の審査の終了したときにおいてなされるものであり、又少数意見の報告も必ず委員会の報告と併行してなされるものであるが、未だ委員会の審査の終了しない場合において、委員会がその審査の経過について報告することがある。これを委員会の中間報告という。委員会の中間報告には二つの場合があつて、その一は法規によつて規定された中間報告であり、他の一は、慣例によつて認められた中間報告である。前者は正規の中間報告であり、後者は任意の中間報告である。

法規上の所謂正規の中間報告は、国会法第五十六条の三に規定されるものであつて、各議院は、委員会の審査中の事件について特に必要があるときは、中間報告を求めることができることとなつている。この委員会の中間報告に関する規定は、新国会の当初は、規則にあつただけであつたが、第二回国会の末に行われた国会法改正によつて新に法律で規定することになつたものであることは、既に委員会付託について述べた通りである。

この規定による中間報告の形式については、文書による報告書の提出によるものであるか、或は議院の会議における口頭報告によるものであるかについては、別段の規定がないから、議院はそのいずれでもこれを求めることができるものといわねばならないが、普通は、議院の会議における口頭報告が求められるものというべく、その場合には、更に、別に報告書の作成提出は要しないものと思われる。嘗つて、この中間報告の規定が、国会法でなく規則に規定されていた第一回国会の昭和二十二年十一月二十二日の本会議において、当時鉱工業委員会において審査中の臨時石炭鉱業管理法案について、委員長の中間報告を求める動議が可決せられ、これに基いて委員長から口頭で中間報告がなされたことがあるが、別に報告書は提出されなかつた。議院がこの中間報告を求めるのは、委員会の審査中の事件についてであつて、常任委員会の国政調査については、度々述べたように、議院の国政調査権を委譲されて、これを代行するものであり、その限りにおいて議院の調査権は停止されているものであるから、この規定によつて中間報告を求めることはできないものといわねばならない（註一）。

この規定によつて、委員会の中間報告のあつた事件については、議院が特に緊急を要すると認めたときは、議院の会議において直接これを審議し得る道が開かれていることは前述したが、国会法は、懲罰事犯については、必ず懲罰委員会に付託して審査させ、然る後に議院の議を経てこれを宣告するものとし（国一二一条）、又請願についても各議院において委員会の審査を経た後、これを議決するものと規定し（国八〇条）、更に議員資格争訟事件についても、委員会の審査を経た後、これを議決するものと規定しているだけで（国一一一条）、別に国会法第五十六条第二項の但書の如きものがないから、これ等は委員会の審査終了を待つて議院の会議に付することを建前としているものと解することができるから、従つて単に中間報告を求めることはできるとしても、これを直接とり上げて委員会の審査終了前に、本会議で審議することができないものと解すべきであることは、既に述べた通りであり、又国会法第五十一条第二項によつて、公聴会を開かねばならないとされている総予算及び重要な歳入法案についても、委員会が未だ公聴会を開かない前に、この規定による中間報告を求め、更にこれを直接本会議で審議することには多少の疑義がある（註二）。

今一つの委員会の中間報告は、慣例上認められたものであつて、委員会がその審査終了前に、委員長が必要と認めて進んで報告をしても、又委員会の決議、若しくは議院の要望によつて報告しても差支えない。又、法規上の中間報告ではないから、審査事件に限らず、国政調査事件についても適当と認められるときは、委員会から進んで報告することもできる。

この中間報告は、文書によつて中間報告書として議長に提出されることもあれば、又口頭を以て議院の会議において報告されたこともある。しかし、何れにしても、慣例によつて認められた任意のものであるから、法規上の義務を負うものでもなく、又この中間報告がなされても、これに基いて、本会議が直接審議することが許されるものでもないことは当然である。

（註一、二）拙　稿・「わが国における委員会制度と特別委員会の性格」法律時報二二巻九号五頁

第十二章　委員会の秩序保持

第一節　概　説

国会法は、「委員長は、委員会の議事を整理し、秩序を保持する。」と規定して（国四八条）、委員長が委員会の秩序保持の責任と権限を有することを明かにしているが、更に、両院の規則は、それぞれ、委員長の秩序保持権の内容について若干の規定を設けた（衆規五四条、六四条、七一条乃至七五条、八三条、参規四〇条、四一条、六八条、二三一条、二三三条、二三五条二項）。

而して、国会法及び両院規則の規定した委員長の秩序保持権は、委員会の議事の平穏にして円満且つ品位ある運営を期するために、委員会の主宰者である委員長に与えられた権限であつて、委員会の円満なる会議運営上の秩序を保持するためには、一方において委員会を構成する委員に対して及ぶ権限であるに止まらず、広く委員外の議員、国務大臣、政府委員、或は証人、公述人、参考人等のように、何等かの意味において委員会の会議に参加する者にも及び得るとともに、更に委員会を傍聴する者に対しても及ぶものであるが、他面、又それは委員会の議事運営上の秩序保持を目的とすることに止まるから、その権限は、委員会の外には及ばないことを建前としているのであつて、この点において、議員のみを対象とする懲罰権と異り、又広く議院内部の秩序を保持すべき議長の秩序保持権とも異る。

然し乍ら、委員長の秩序保持権は、委員会におけるあらゆる秩序の保持を内容とするものであるとはいいがたいのであつて、委員会の秩序といつても、広く議院全体の秩序の一部をなすものとして考察しなければならないとともに、委員長の秩序保持権には一定の限界が存在するものであるから、委員会の秩序については、委員長の秩序保持権とともに、議長の秩序保持権も亦作用するものである点を見逃してはならない。従つて、委員会の秩序保持の問題については、先ず委員会の秩序に対して委員長と議長のもつ権限の相互の関係を考慮する必要がある。

次に、委員長のもつ秩序保持権の内容については、委員会における反秩序的言動をなすものが、構成員たる委員であるか、或は証人、公述人等の如く単に委員会の会議に参加する者であるか、或は又委員会の傍聴人であるかによつてその内容を異にするとともに、委員長の秩序保持権の対象となる委員会における反秩序的言動も亦、委員であるかどうかによつて若干異るが、特に委員又は議員は一般的に法規上、委員会の秩序と議院の品位を保持すべき義務を負うものとされているから、委員会における委員の反秩序的言動については、特別の考慮が払われているものということができる。

以下、先ず委員会の秩序に関する委員長と議長の権限の相互関係を考え、次いで、委員会における反秩序的言動に対する委員長の秩序保持権について、構成員たる委員に対する場合及び委員以外に委員会の会議に参加する者に対する場合に関してそれぞれ説明し、これに委員会の傍聴を併せて委員会の秩序に関する一般的考察としたい。

第二節　委員会の秩序に関する委員長と議長の権限

本来、各議院の内部規律に関する問題については、憲法第五十八条が、役員の選任権及び議員の懲罰権と並んで議院の自律権の一として、会議その他の手続及び内部の規律に関する規則制定権を認めているのであつて、各議院の委員会の秩序についても、この憲法の条項に基いて、各議院の自律権の範囲に委ねられるところである。

而して、国会法及び両院規則は、委員長に委員会の秩序保持権を与えるとともに、一方議長に広く議院の秩序を保持する権限と責任とを付与している(国一九条)。しかも、議長の秩序乃至紀律の保持権は、委員長の委員会秩序保持権に比して、その範囲において極めて広いのみならず、その性質においても異質的なものを包含している。即ち、議長の秩序保持権の内容には、宛も委員会における委員長の秩序保持権と同じく、本会議の議事運営上の秩序を保持する権限を含むことは勿論であるが、広い意味における議長の秩序保持権には、所謂内部警察の権を含むものであるとともに、その秩序保持権の範囲も亦単に本会議のみならず、広く議院内部の秩序と紀律を保持する権限と責任をもつものであつて、それは本会議又は委員会のみならず、広く議院構内全般に及ぶものであり、しかもすべて議院の秩序に関する問題は、議長がこれを決するものとされているのである(衆規二一〇条、参規二一六条)。

従つて、議長の秩序保持権と委員長の秩序保持権との関係については、本来同質的な秩序保持権について、委員会に関するものを委員長に、委員会以外に関するものを議長に、それぞれ分担的に付与したものと解することはできないのであつて、委員会における秩序に関しては、委員長のもつ秩序保持権の内容と限界とを知ると同時に、議長の秩序保持権が委員会の秩序について関与し得る限界と範囲についても考察しなければならない。

先ず第一に、国会法及び両院規則によれば、委員長は、委員会の秩序保持の権限として、委員会において反秩序的言動があつた場合においては、委員に対しては制止、発言取消、発言禁止及び退場命令等の権限を有し(衆規七一条、参規四一条)、証人、公述人等に対しては発言を禁止し、退場を命じ(衆規五四条、八三条、参規六八条)、一般傍聴人に対しては退場を命じ(国五二条二項、衆規七四条)、或は委員会の議事を整理しがたいとき、又は懲罰事犯があるときは、休憩を宣告し、又は散会する権限を有し(衆規七二条、参規四〇条、一三三条)、更に、委員会において懲罰事犯があると認めたときは、これを議長に報告して処分を求める(衆規七五条、参規一三五条二項)等の権限を有するのであるが、これは議長が本会議の主宰者としてもつている権限と同様であつて、委員会の主宰者たる委員長に与えられたものであるから、かかる権限の行使は、何が所謂反秩序的言動であるかの認定とともに、全く委員長に専属すべきものであつて、議長又は議院の容喙すべきものではない。従つて、議長の秩序保持権は、これ等の点については委員会に何ら及ぶべき性質のものでない。

第二に、しかし、かかる委員長の秩序保持権は、いずれの場合においても、委員会において反秩序的言動をなす者に対する下命行為に止まつて、これを強制する権能をもつものではない。国会法は、「国会の会期中各議院の紀律を保持するため、内部警察の権は、この法律及び各議院の定める規則に従い、議長が、これを行う。」と規定し(国一一四条)、各議院の内部警察権は、議長に属することを明かにしており、従つて、議院内部において議員及びその他の者に対して、強制作用をなし得るのは議長の専権に属する。従つて、委員会において、委員長が、反秩序的言動をなした委員、証人、公述人その他傍聴人に対して退場を命ずることはできても、これを強制する権限は委員長の有するところではなく、その強制作用は議長の権限であるから、若し強制の必要があると認めたときは、議長にその強制権の発動を請わなければならない。

かくして、委員会における秩序について、強制の必要ある場合については、議長の秩序保持権が直接委員会に及ぶことになるのであつて、しかもこの場合、議長は委員長の要請通りに従うべき法規上の義務を負うものではないから、強制作用を必要とするか否かについては、議長の認定によつて決定されるものといわねばならない。従つて、この場合においては、委員会の秩序に関する議長の秩序乃至紀律保持権は、委員長の秩序保持権より遙かに強い比重において、委員会に作用するものであるということができよう。

第三に、国会法は、「委員会において懲罰事犯があるときは、委員長は、これを議長に報告し処分を求めなければならない。」と規定しているが（国一二一条二項）、懲罰事犯ありとして、これを懲罰委員会に付する権限は、議長にのみ認められるところであつて（国一二一条一項）、委員長にはただ処分を求める権限が与えられているに過ぎない。しかも法律的には、委員長から処分を求められた場合に、議長は、必ずこれを懲罰事犯として、懲罰委員会に付すべき義務を負うものではなく、懲罰事犯と認めて、これを委員会に付するか否かは、議長の権限内である。更に又、両院規則は、それぞれ会議及び委員会の外、議院内部において懲罰事犯があるときは、議長は、これを懲罰委員会に付する旨を規定しているから（衆規二三四条、参規二三四条）、委員長から委員会における懲罰事犯としてその処分を求めない場合においても、議長は自らの認定によつて、委員会において生起した議員の秩序攪乱行為について、これを懲罰事犯として、懲罰委員会に付することもできるといわねばならない。しかも、懲罰事犯と認めるか否かの問題は、先に述べたように、要するに、委員会において「院内の秩序をみだした」と思われる議員の言動があつたかどうかの問題であるから、懲罰事犯の問題が、たとえ過去において秩序をみだした議員に対する処罰の問題であり、所謂秩序保持権とは区別さるべき性質のものではあつても、この点に関する限り、委員会における委員の反秩序的言動の認識について、委員長よりも議長に、優越的な権限が認められているといわねばならない。このことは、広く議院における秩序の問題に関連して見逃してはならないところであるとともに、委員会において委員が守るべき秩序も亦、議院の秩序の一環として、統一的に把握さるべきものであることを認識しなければならない。

このように、委員会の秩序については、委員長の与えられている秩序保持権に一定の限界があり、その限界を超えたところに、議長の有する秩序保持権が、議院の一部である委員会にも及んで来ることによつて、委員会の秩序は、委員長と議長の双方によつて、その保持の完全を期し得られることになつている。これまで述べて来たように、委員会における審査が、議長又は議院に対して強い独立性と自主性をもつものであることに想い比べれば、秩序の問題についてだけは、大いにその趣を異にしていることを見逃し得ないのであるが、これは議院における秩序の問題の特殊性と議長の有する秩序乃至紀律保持の権限の特質に由来するものというべきであり、而してこれ等の問題については、それぞれ別途研究さるべき題目でなければならない。

第二節　委員に関する秩序

一、委員の反秩序的言動

両院規則は、いずれも「委員が国会法又はこの規則に違いその他委員会の秩序をみだし又は議院の品位を傷つけたときは、」それぞれ委員会における反秩序的言動として、委員長がこれを制止し、又は発言を取り消させ、この命に従わないときは、当日の委員会を終るまで発言を禁止し、又は退場を命ずることができる旨を規定している（衆規七一条、参規四一条）。これは、本会議の場合について国会法に、「会議中議員がこの法律又は議事規則に違いその他議場の秩序をみだし又は議院の品位を傷つけるときは、議長は、これを警戒し、又は制止し、又は発言を取り消させる。命に従わないときは、議長は、当日の会議を終るまで発言を禁止し、又は議場の外に退去させることができる。」と規定している（国一一六条）のと同趣旨のものであつて、要するに、委員会において、国会法又は規則に違いその他委員会の秩序をみだし、又は議院の品位を傷つけるような委員の言動が、委員の反秩序的言動として委員長の秩序保持権によつて取締られるものであるとともに、委員は、国会法及び規則に遵つて委員会の秩序を守り、又議院の品位を重んずべき義務を有することを意味する。

従つて、委員の反秩序的言動の内容が如何なるものであるかについては、先ず国会法又は規則の定めるところにより、次で規定のない場合においては、委員長が委員会の善良平穏な秩序に有害であるかどうかを認定して、決定されるものといわねばならない。而して、これ等の反秩序的言動は、委員の言論に関するものと、その行為に関するものとがあるが、国会法及び規則の規定するところについて、いかなるものが、委員の反秩序的な言動とされているかを説明してみよう。

第一に、委員の言論に関するもののうち、委員の発言は、すべて委員長の許可を得てなすべきであり、許可を得ない発言は、不規則発言として許さるべきではなく、又発言はすべて議題外に渉り、又はその範囲を超えてはならないし、更に委員会の決定した発言時間の制限を超えることはできないのであつて、これに違反することはもとより反秩序的なものであるが、これ等は既に発言について述べたところである。

国会法は、「各議院において、無礼の言を用い、又は他人の私生活にわたる言論をしてはならない。」と規定し（国一一九条）、両院の規則はいずれも「議員は、互に敬称を用いなければならない。」と規定している（衆規二一一条、参規二〇八条）。又この外に、両院規則は、議員は、議院の品位を重んじなければならないことを規定しているから、委員の発言についても、議院の品位を傷つけるような不穏当な発言をすることは許されない。このように、特に委員又は議員の発言について、国会法及び規則が、特に規定している所以は、憲法の所謂議員の免責特権によつて、議員が議院で行つた演説、討論又は表決について、院外で責任を問われないものとされていることに鑑みて（憲五一条）、院内の反秩序的な言論に特別の考慮を払つているものということができる。

第二に、委員の行動に関するものについて見ると、本会議における規定が準用せられている。両院規則の規定するところによれば、議場に入る者は、病気その他の理由によつて、議長の許可を得た場合の外は、帽子、外とう、えり巻、かさ、つえの類を著用又は携帯してはならない（衆規二一三条、参規二〇九条）。又、議場で喫煙すること、議事中に参考のためにするものを除き新聞紙及び書籍等を閲読すること、及び、議事中に濫りに発言し又は騒いで他人の演説を妨げることは、いずれも禁止されている（衆規二一四乃至二一六条、参規二一〇条乃至二一二条）。而して、これ等のことは概ね委員会においても準用されていて、喫煙に関する事項を除いては、委員会においてもかかる行為は、すべて反秩序的な行為と見なされる。従前の規則においては、議員の服装に関して、詳細な規定を置いていたが、現行の両院規則はいずれもこれを削除している。しかし一方、議員は議院の品位を重んじなければならないことが規定されていて、議員は、その言論についてのみならず、服装、態度、行動のすべてについて、院内において議院の品位を重んじなければならないから、苟も議院の品位を傷つけると思われるような服装、行動、態度等も広く反秩序的なものということができよう。

二、反秩序的言動に対する処分

委員が委員会において以上述べたような反秩序的言動をなした場合、即ち、国会法又は規則に違い、その他委員会の秩序をみだし又は議院の品位を傷つけるような言動があつた場合においては、「委員長は、これを制止し、又は発言を取り消させる。命に従わないときは、委員長は、当日の委員会を終るまで発言を禁止し、又は退場を命ずることができる。」ものとされている（衆規七一条、参規四一条）。

即ち、委員の反秩序的言動に対しては、委員長は先ず、これを制止し又は発言を取り消させる。会議中の議員の反秩序的言動に関する議長の権限には、制止の外に、更に「警戒」も規定されているが(国一一六条、委員長の場合においてもこれを認めない趣旨ではない。而して、委員が、この委員長の命に従わないときには、当日の委員会を終るまで発言を禁止し、又は退場を命ずることができる。この場合には、発言を禁止しても、或は退場を命じても、いずれでも差支えないが、これは委員長の制止又は発言取消の命に従わない場合の処分であるから、一応、制止又は発言取消を命ずることなく直ちに発言を禁止し、又は退場を命ずることはできない。発言の禁止も、当日の委員会を終るまでであつて、それ以上にわたることはできない。なお一度発言を禁止し又は退場を命じた場合においても、その際の議事が終了した場合や休憩後再開した場合等には、その日の中に発言の禁止を解き、又退場命令を解いて入室を許可することは、もとより差支えなく、委員長の権限に属することである。而して「制止」又は「発言の取消」は、委員会において屢々用いられるところであり、制止又は取消の命に応じないため発言を禁止され、又発言禁止の命に応じないため、退場を命ぜられた例もある(註一)。

しかし、委員長は警察権をもたないから、委員に退場を命じても、これを強制することができないのであつて、強制の必要ある場合には、議長の強制権の発動を求めなければならないことは、既に述べた通りである。

次に、委員会における委員又は議員の反秩序的言動が、懲罰事犯に該当すると認めたときは、委員長は、これを議長に報告して処分を求めることになつている(国一二一条二項)。参議院規則は、「委員長の制止又は発言取消の命令に従わない者に対しては、委員長は、本規則第四十一条によりこれを処分するの外、なお、懲罰事犯として、これを議長に報告し処分を求めることができる。」と規定して(参規二三五条二項)、委員長が懲罰事犯として議長に報告し、その処分を求める場合を限定している。これは、本会議の場合において、議長の制止又は発言取消の命令に従わない者に対しては、議長は、発言を禁止し又は退去させる外、なお懲罰事犯として、これを懲罰委員会に付することができるものとされている(衆規二三八条、参規二三五条一項)ことに対応したものであろうが、本会議におけるこの規定は、議長の制止又は発言取消の命に従わない議員に対しては、発言を禁止し又は議場の外に退去させる外に、この議長の命令に抗拒したという事実が懲罰事犯となり得ることを規定したに過ぎないのであつて、議長が制止した言動又は取消を命じた発言そのものが、懲罰事犯を構成することがあることを何等否定するものではない。

しかし、委員会においても、委員長の制止又は発言取消の命に従わない行為だけが、懲罰事犯に該当するものではない。衆議院規則が、委員会における懲罰事犯について、委員長が議長の処分を求めるについて、参議院のように特定の場合に限定していないのはその故であると思われる。従つて、衆議院においては、委員長の制止又は発言取消の命に従わない場合は勿論、それ以外においても広く委員又は議員の反秩序的言動が懲罰事犯に該当するものと認められるときは、委員長は、これを議長に報告して、その処分を求めることができる。

更に、委員長の秩序保持のための処分として、両院規則は、それぞれ委員長は、委員会の議事を整理しがたいとき又は委員会において懲罰事犯があるときは、休憩を宣告し又は散会することができる旨を規定している(衆規七一条、参規四〇条、二三三条)。この場合において、懲罰事犯は常に委員又は議員の反秩序的行為によつて生起されるものであるが、一方委員会の議事を整理しがたいという委員会の秩序攪乱状態は、委員又は議員のみならず、その他何等かの意味で委員会の会議に参加する者、若しくは傍聴人の言動に原因する場合もあり得る。従つて委員長は、その原因が委員又は議員の行為に基くものであつても、又その他の者の行為によるものであつても、要するに委員会の議事が、委員長の他の処分によつては整理しがたいと認めたときは、休憩又は散会することができる。

(註一)　第六回国会、昭和二十四年十一月十七日、衆議院予算委員会において、委員長植原悦二郎君は委員西村栄一君の発言を禁止したが、同君がこれに従わなかつたため更に退場を命じた。

第四節　委員会参加者に関する秩序

委員以外の者であつて、何等かの意味で、委員会の会議に参加する者については、既に発言に関連して詳しく述べたところであるが、これ等の者のうち、委員外の議員が、委員会の許可を得て、委員会に出席し発言する場合においては、その議員も委員と同様に、委員会の秩序を守るべき義務をもち、その反秩序的言動の内容及びこれに対する委員長の処分については、委員の場合と大体同様である。

議員以外の国務大臣、政府委員を始め、証人、公述人又は参考人等に至るまで、すべて委員会に出席して発言する者についても、その発言、服装、行為又は態度等が委員会の秩序をみだし議院の品位を傷つけるようなものであるときは、委員会における反秩序的言動として、委員長の秩序保持権による取締の対象となるべきものであることは当然である。

而して、これ等の者のいかなる言動が、所謂反秩序的言動となるものであるかについては、特別の規定はないが、要するに、委員会の秩序をみだし、議院の品位を傷つけるような言動を意味する点においては、委員について述べたところと本質的には異るものではない。既に発言について述べたように、これ等の者と雖も、すべて発言は委員長の許可を要し、又その発言が議題外に渉り、或はその範囲を超えることを得ず、更に又制限された時間はこれを守らなければならない。服装について特に許可された場合の外は、帽子、外とう、えり巻、かさ、つえの類を著用又は携帯してはならないことや、議事中に新聞紙及び書籍等を閲読してはならないこと等は、単に委員に限らず、すべて議場に入る者にも適用される規定であるから、かかる規定に反するこれ等の者の言動が、委員会にとつて反秩序的なものであることは当然であるが、その他については、委員会の秩序と議院の品位ということを基準として、委員長がこれを認定することになるであろう。

両院の規則は、これ等の者のうち特に証人及び公述人について若干の規定を設けた。即ち、公述人の発言は、その意見を聴こうとする事件の範囲を超えてはならないものとされ、公述人の発言がこの範囲を超え又は公述人に不穏当な言動があつたときは、委員長は、その発言を禁止し、又は退場を命ずることができるものとされている（衆規八三条、参規六八条）。又、証人についても、証人の発言は、その証言を求められた範囲を超えてはならないものとされ、証人の発言がその範囲を超え又は証人に不穏当な言動があつたときは、委員長は、その発言を禁止し、又は退場を命ずることができるものとされているのである（衆規五四条、参規一八六条）。

而して、この場合における証人及び公述人の言動が、不穏当であるかどうかも、先に述べたような委員会の秩序と議院の品位を基準として、委員長が認定すべきものであることはいうまでもない。

証人及び公述人に対する委員長の処分については、委員の場合と異り、発言の禁止と退場のみを規定し、制止又は発言取消については規定していない。しかし、発言を禁止し、退場を命ずる前に、委員長が証人又は公述人の不穏当な言動についてこれを警戒し、又は制止することは、もとよりできないという意味ではない。ただ、発言の取消は、証人及び公述人の性質からいえば、委員長の処分として認めることは妥当でないために、特にこれを規定しなかつたものである。

証人が、証言を求められた範囲を超えたために、委員長から発言を禁止され、退場を命ぜられたこともその例がある（註一）。

証人及び公述人以外の者の反秩序的言動に対する委員長の処分については、特別の規定はないが、苟も委員会に出席し、発言するすべての者の反秩序的言動に対しては、委員長が、その秩序保持権によつて、その反秩序的言動の程度に応じて、必要な処分をなし得ることは、国会法及び規則が、委員長が委員会の秩序を保持すると規定していることからいつても、多く説明を要しないであろう。

なお、委員が委員会において、委員又は議員以外の者から侮辱をかうむつたときは、国会法第百二十条によつて、議院に訴えてその処分を求めることができることは既に述べたとおりである。

（註一）　第五回国会、昭和二十四年七月二十五日、衆議院考査特別委員会において証人田中政司君の発言が証言を求められた範囲を超えたため、委員長鍛治良作君はその発言を禁止し退場を命じた。

第五節　委員会の傍聴

委員会の傍聴については、先に会議の原則を述べるに際して、委員会の半公開性として若干の説明を試みたのであるが、更にここでは、主として秩序の問題を中心としてこれを考察したい。

委員会は、議員の外、委員長の許可を得た者が、これを傍聴することができるものとされている（国五二条一項）。従つて、委員会の傍聴には、議員の傍聴と、一般の者の傍聴の二種類がある。

なお、委員会における新聞通信記者の傍聴については、法律上は議員以外の傍聴人に属する訳であるが、これは、両院ともに、一会期に通ずる傍聴章が交付されることになつているから（衆規二二三条、参規二二三条）、特に委員長の許可をうけることなく、傍聴席にあつて報道に従事しているが、委員会の秩序に関しては、一般傍聴人と同様である。

議員は、国会法上、委員長の許可を得ることなく、当然にその属する議院の委員会及び他の議院の委員会を傍聴することができる。議員以外の者の傍聴は、委員長がこれを許可するのであるが（国五二条一項、衆規七三条）、委員室の広狭に応じて、その員数は委員長がこれを定めることができる。委員会の秘密会は、委員会の決議によつてのみ、これを開き得るものであるから、委員長は、委員会の秘密保持の見地から、傍聴を許さないことはできないけれども、委員会の秩序保持の見地からなら傍聴を許可しないことはできる。

而して、委員長が許可した議員以外の者の委員会の傍聴については、両院規則はいずれも、本会議の傍聴に関する規定の一部を準用することとしている（衆規六四条、参規二三一条）。この結果、委員会においては、本会議の場合のように、議場と傍聴席のように明瞭な区劃はしないけれども、いかなる場合でも一般傍聴人は、委員席に入ることはできない（衆規二二六条、参規二二九条）。又、議長は、委員長の許可した傍聴人について必要と認めるときは、衛視又は警察官吏をしてその身体検査をさせることができる（衆規二二八条、参規二二四条）。委員長には、自ら衛視又は警察官吏をして身体検査をなさしめる権限はない。銃器その他危険なものを持つている者、酒気を帯びている者その他議長において取締上必要があると認めた者は、たとえ委員長から傍聴を許可されていても、委員室に入ることはできない（衆規二二九条、参規二二五条）。又、議長において、取締上必要があると認めたときは、傍聴人の員数を制限することができるから（衆規二三〇条、参規二二六条）、委員長が許可した傍聴人についても、議院全体の秩序の上から取締上必要と認めたときは、議長は更にこれを制限することができるし、或は同様の見地から、予め委員長に通告して傍聴人の員数を制限することもできるといわねばならない。

一般傍聴人は、議長の定める傍聴規則を守らなければならない（衆規二二七条、参規二二八条）。衆議院の傍聴規則によると、一般傍聴人は委員会の傍聴中は、次の事項を守らなければならぬこととされている（衆議院傍聴規則一〇条）。

（一）　異様な服装をしないこと

（二）　帽子、外とう、かさ、つえ、かばん、包物等を著用又は携帯しないこと

(三) 飲食又は喫煙をしないこと
(四) 議場における言論に対して賛否を表明し、又は拍手をしないこと
(五) 静粛を旨とし議事の妨害になるような行為をしないこと
(六) 他人に迷惑をかけ又は不体裁な行為をしないこと

而して、一般傍聴人が、この規則に違反し、その他委員会の秩序をみだし、議院の品位を傷けるような反秩序的言動をなした場合においては、委員長は、委員会の秩序を保持するために、必要に応じて傍聴人の退場を命ずることができる(国五二条二項、衆規七四条)。傍聴人の退場は、反秩序的言動をなした特定の傍聴人に対して命ぜられる場合もあるが、委員長は、秩序保持上必要と認めれば、すべての傍聴人に退場を命ずることももとよりできる(註一)。退場は、一般傍聴人のみならず、議員の傍聴人に対しても、秩序保持のため必要のあるときは、これを命ずることができる(註二)。又、傍聴議員が委員会の秩序をみだしたときには、この外に、委員長は、懲罰事犯として議長に報告してその処分を求めることができる。

傍聴人は、この外に、秘密会議を開くに決した場合にも退場を命ぜられることがあるが、これは秩序保持のためにする退場とは性質を異にすることは、既に秘密会議について述べたところである。

退場命令に従わない傍聴人に対して強制の必要のある場合においては、委員長から議長に要請して、これを執行することは、既に説明した通りであり、議長は又必要と認めたときは、傍聴人を警察官庁に引渡すことができる(国一一八条)。

(註一) 第三回国会、昭和二十三年十一月十六日、衆議院人事委員会において、委員室の窓から、院外のデモ行進に手を振っ

て呼応した傍聴人に対し委員長角田幸吉君は、退場を命じた。しかし、秩序保持のために、すべての傍聴人に退場を命じた例は未だない。

（註二）第六回国会、昭和二十四年十一月九日、衆議院議院運営委員会において傍聴中の議員に退場を命じたことがある。
又、第七回国会、昭和二十五年三月十六日、参議院在外同胞引揚問題に関する特別委員会において、傍聴中の衆議院議員徳田球一君が退場を命ぜられた例がある。

第十三章　委員会議録

第一節　会議録の作成

委員会は、委員会議録を作成する（衆規六一条、参規五六条）。委員会議録はいわば委員会の会議の記録であるが、委員会は、必ずこれを作成しなければならない。

委員会議録には左の事項を記載する（衆規六一条）。

一　開会、休憩及び散会の年月日時刻
二　出席した委員の氏名
三　出席した委員外議員の氏名
四　出席した国務大臣及び政府委員の氏名
五　委員の異動
六　付託事件の件名
七　会議に付した事件の件名
八　議　事
九　表決の数

十　決議の要領
十一　公　聴　会
十二　証　　人
十三　委員の派遣
十四　報告又は記録の提出の要求
十五　報　告　書
十六　その他重要な事項

右の記載事項のうち、委員会の議事については、本会議録の場合のように、速記法によつてこれを速記するという規定（衆規二〇一条）がないから、必ずしも速記法によつて速記することは要件でなく、筆記によることも差支えない。但し、参議院においては、委員会議録については、本会議の規定を準用することになつていて（参規五九条）、すべての議事は速記法によらねばならぬこととされている（参規一五六条）。かくすると速記者がいなければ、実際上委員会の会議は開けない結果となるのであつて、衆議院規則が速記法による速記を要件としなかつたのは、已むを得ない場合には速記を付さないでも、委員会の会議を開き得る方法を予め考慮したからである。

表決の数とは、記名投票を行つた場合における表決の数のことであつて、その他の起立又は異議の有無を諮る表決方法については、その数を記載するものではない。

公聴会のことは、規則では委員会議録の一記載事項とされているが、実際公聴会を開いた場合には、便宜上、公聴会議録として別に作成している例である。連合審査会を開いた場合も同様である。勿論公聴会は、委員会の一審査形態であるから、規則が、委員会議録の一記載事項としているのであつて、公聴会議録又は連合審査会議録と称しても法規上は委員会議録であることはいうまでもない。

その他の重要な事項としては、参考人等のことが記載される例であるが、その他に、簡単な参考書の類を会議録に掲載しようとするときは、委員長の許可によつて、或は委員長が委員会に諮つてこれを掲載する(衆規二〇二条)。

委員会議録は、委員長及び理事がこれに署名して議院に保存する。

合同審査会を開いた場合には、合同審査会は、会議録二部を作り、両議院の常任委員長又はその代理者がこれに署名して、各議院にそれぞれ一部を保存する(合同審査会規程二二条)。その記載事項も委員会議録の場合と概ね同様である(同規程二三条)。

第二節　会議録の印刷配付

委員会が作成した委員会議録は、これを印刷して各議員に配付する(衆規六三条本文、参規五八条)。但し、秘密会議の記録中、特に秘密を要するものと委員会で決議した部分については、印刷配付はしない(衆規六三条但書)。

委員会議録というのは本来委員会が作成した原本を意味し、これは普通の委員会では一部、合同審査会にあつては二部であつて、それぞれ議院に保存されるものであり、この原本には、秘密会議の記録もすべて記載されねばならない。ただこれを印刷して議員に配付するに当つて、秘密会議の記録中特に秘密を要するものと委員会で決議した部分だけが除外されるものである。従つて、特に秘密とされないときには、秘密会議の記録も印刷配付すべきことが建前である。ただ、秘密会議を開いた場合においてこれを印刷配付した例は未だなく、常に秘密を要するものとして、印刷配付しないのが今日までの例であることは前述した。

更に、秘密とされたものの外、委員長が、委員会の秩序をみだし又は議院の品位を傷つけるような不穏当なものとして、委員の発言を取消させた場合においては、その発言も印刷配付されない(衆規二〇六条、参規一六一条)。ここで取消させたというのは、委員長が取消を命じた場合というのと同義であつて、その委員が、これに応ずると否とにかかわらず、一度取消を命じた場合においては、その発言は印刷配付されない。この発言も会議録の原本には記載されるものであつて、ただ印刷配付の際に除かれるものであることは、秘密会議の記録に関する場合と同様である。

委員会議録は印刷してこれを議員に配付するものとされているが、議員以外に国務大臣及び政府委員にも配付されている。

会議録に記載された事項で、発言者その他の関係者から、その訂正を求められたときは、委員長において、又は委員会に諮つて、これを決することになつている。但し、その発言の趣旨を変更するものであつてはならない(衆規二〇三条、参規一五八条一項)。

なお、会議録に記載した事項及び会議録の訂正に対して異議を申立てる者があるときは、委員長は、討論を用いないで委員会に諮つてこれを決するのである(衆規二〇四条、参規一五八条二項)。

委員会は議員の外、委員長の許可を得て一般の者もこれを傍聴できるものとされてはいるが、その会議録は本会議と異り、一般に頒布されるものではなく、単に印刷して議員に配付されるものであるから、所謂完全な公開性をもつものではないが、さればといつて必ずしも非公開を原則とするというものではなく、不完全ながら公開を建前としているものであることについては、既に委員会の会議原則を述べるに当つて詳述したところであるから、ここでは重複することを避けたい。

ただその際にも触れたように、著作権の問題に関して、委員会における委員の発言等が、著作権法第十一条第三号に規定する「公開セル裁判所、議会竝政談集会ニ於テ為シタル演説」として著作権の目的となることができないものであるかどうかについては、既に国会法制定の当時、国会法第五十二条の「委員会は、議員の外、委員長の許可を得た者が、これを傍聴することができる。」との規定が、委員会の公開を規定したものであるか非公開を規定したものであるかの解釈とともに論議されたところである。而して、国会法のこの規定は、必ずしも非公開を原則とするものではなく、所謂不完全公開主義をとつたものであると解するのであるが、前述のように会議の公開というときは通常傍聴の許可と会議録の公刊を意味するものであるから、著作権法に所謂公開せる議会というのもかかる意味に用いられていると解するならば、委員会が傍聴について委員長の許可を要するとともに、特にその会議録については一般にこれを公刊することなく、ただ議員にのみ印刷配付するに止ることからいえば、著作権法に所謂「公開セル議会」とはいいがたいというべきであり、従つて、委員会における委員の発言等は、発言者である委員に著作権が存することにならざるを得ない（註一）。

然し乍ら、本来、著作権の目的である著作物とは、精神的労作の所産である思想感情の独創的表白であつて、客観的存在を有し、しかも文学、学術若しくは美術の範囲に属するものであることを要し、更に著作物として法律の保護をうけるためには、競合によつて不法な侵害が可能であることを要するものとされている（註二）点からいつても、又著作権法が、特に文学、学術に関するものばかりでない点において、「法律命令及官公文書」並びに「新聞紙又ハ雑誌ニ掲載シタル雑報及時事ヲ報道スル記事」とともに規定しているところから見れば、同法に所謂「公開セル議会」というのも、必ずしも、議会制度上の本来の意義における公開に限つているものと解さねばならない理由に乏しいというべく、国会法第五十二条が規定した程度の不完全公開の委員会も、著作権法に所謂「公開セル議会」の中に含むものと見て差支えないものと思われる。而して、かく解することが、現在の委員会の公開性の程度からいつても、又著作権法の精神及び著作権の目的たるべき著作物の性質からいつても、より妥当ではあるまいか。

委員会は、議員から委員会議録その他の参考資料の閲覧を求められたときは、委員会の審査又は調査に支障のない限り、これを許さなければならないものとされている（衆規五七条）。而して、この委員会議録その他の参考資料の類は、何人も、これを議院の外に持ち出すことができない（衆規五八条）。ここで委員会議録というのは、委員会が作成し、委員長及び理事が署名して議院に保存される会議録の原本を意味するものであることはいうまでもない。而して、普通は、会議録は議員に印刷配付されるものであるから、本条によつて会議録の閲覧を求める必要のあるのは、秘密会議の記録中特に委員会が秘密と認めた部分について、印刷配付がなされない場合及び、委員長が発言の取消を命じた部分が印刷配付から除かれている場合において、その会議録の原本の閲覧を求める場合であると言わねばならない。

而して、委員会において審査又は調査に支障があると認める場合には、必ずしもこれを許す必要はないが、支障がない限りはこれを許さねばならない。

なお、裁判所から秘密事項又は取消した発言を含む会議録の原本の閲覧又は写の提出を求められた場合においては、刑事訴訟法第百四条及び第百四十四条等の規定の精神から、国の重大な利益を害する場合を除いては、これを承諸すべきものと解するのが正当であろう。

（註一）　昭二一・一二・二四第九十一回帝国議会貴族院国会法案特別委員会議事速記録三号七頁、九頁

（註二）　勝本　正晃・日本著作権法　八六頁、九一頁

第十四章　委員会の閉会中審査

第一節　概　　説

国会法第四十七条第一項は、「常任委員会及び特別委員会は、会期中に限り付託された事件を審査する。」と規定し、又衆議院規則第九十四条第一項は、「常任委員会は、会期中に限り議長の承認を得てその所管に属する事項につき、国政に関する調査をすることができる。」と規定して、常任委員会及び特別委員会が付託事件の審査又は調査をなし、又常任委員会が、議長の承認を得て、自主的に国政に関する調査をなし得るのは、いずれも会期中に限ることを明かにしている。

会期というのは、国会が有効に活動し得る期間を意味するのであるが、それは、歴史的には、何か事のあるに国王によつて召集され、会議を開いたイギリスの議会の伝統に基き、実際的には、一年中国会が活動状態にあることが必ずしも必要でなく、寧ろ一定期間を限つて活動能力をもたせることの方が、国の立法機関と行政機関との綜合的調整と、国政運営の全体的効果の上から望ましいことから、認められているものであるといい得よう。即ち、美濃部博士が、その「議会制度論」において指摘されているように、議会が単なる立法機関であるに止まらず、議院内閣制の結果として、行政監督権をもつことから、政府の絶えざる活動に伴つて、議会も亦不断の開会を要求するに至るのは自然の勢であろうが、しかし他面から見れば、「議会が絶えず開会して、政府の施政に関与することの結果は、政府は徒に議会との交渉に忙殺せられて、必要なる政策を考慮する時間に乏しく、その行動が余りに束縛せられて、自由の活動が甚だ困難となると共に、議会の絶えざる論戦に依つて、政争は一層激成せられる患が有る等に於いて、これを有害なりとする主張は、相当根拠あるものと謂わねばならぬ」からである（註一）。かくして、諸外国の議会においても会期が認められ、議会の活動はこの会期中に限られるものとしているのが常である。

議会が活動状態に入るについては、議会自身に自主的な集会権を与え、毎年一定の期日に自ら集会することとする場合と、議会の自主的な集会権を認めず、他の国家機関によつて召集されて活動能力を与えられる場合とがあるが、わが国の国会は、旧帝国議会の場合と同様、国会自らが自主的に集会することを認めず、天皇召集主義をとり（註二）、天皇が内閣の助言と承認に基いて、国会を召集することを原則としている（憲七条、国一条）。而して、会期は、この召集の日から起算して、通常会にあつては、国会法の定めた期間、即ち百五十日間、特別会及び臨時会にあつては両議院一致の議決を以つて定めた期間であつて（国一〇条、一一条、一四条）、この期間は、いずれも両議院一致の議決でこれを延長することができるものとされている（国一二条）。

国会が有効に活動し得る期間は、例外なく文字通り会期中に限られるから、国会の、或は国会を構成する一院の権限を行使する場合の常任委員会及び特別委員会の審査又は調査をなし得る期間も、原則として会期中に限られなければならない。而して、会期中に議決に至らなかつた案件は、すべて後会（次の会期）に継続しないのが、わが国会法の建前となつている（国六八条）。従つて、一の会期の終了した翌日から次の会期の始まる前日までの間、即ち国会の閉会中の期間においてなされたる審査、又は調査は、憲法上の国会、又は国会を構成する一院の有効なる活動行為ということはできないわけである。それにも拘わらず、国会法は、常任委員会及び特別委員会は、各議院の議決で特に付託された事件については、閉会中もなお、これを審査することができると規定し（国四七条二項）、特に閉会中における委員会の活動を認めたかの如くであるが、しかしこれは、会期中における委員会の活動能力と全く同じ能力の延長を認めたものでないことは、衆議院規則が、委員会が閉会中の審査をする場合には委員会の章の規定を準用する旨を定めたことからでも理解できよう（衆規六五条）。

旧帝国議会においても、旧議院法第二十五条は、「各議院ハ政府ノ要求ニ依リ又ハ其ノ同意ヲ経テ議会閉会ノ間委員ヲシテ議案ノ審査ヲ継続セシムコトヲ得」と規定し、法規上は継続審査の制度を認めていたが、実際行われたことは一度もなかつた。

新憲法及び国会法は、国会の内閣に対する優越性を認め、旧議院法のように政府の要求や同意を条件とすることなく、各議院の全く自主的な意思によつて、委員会に閉会中もなお、会期中に準じて審査をすることを得しめているのであつて、これによつて、国会の活動が停止している期間においても、委員会のみは会期中の活動に準じた活動が許され、閉会中も政府に対して国会の意思を反映せしめることによつて、旧帝国議会から衆議院の主張していた常置委員会の目的をも達することにするとともに（註三）、又、委員会が国会運営の中心となつたこととも関連して、次の会期における国会活動に対する準備行為として、重要な役割を果すことになり、新国会以来この委員会の閉会中審査は、大いに活用され、閉会毎に殆んどすべての委員会がその審査をなす例となつている。

而して、会期は、前述した如く、国会の有効に活動しうる期間であり、その期間計算は召集の日から起算して会期末日を以つて終るものであるが、一の会期における国会の意思は、その前の会期における国会の意思からは全く独立しているばかりでなく、次の会期にも継続しない。普通に会期不継続の原則というときは、国会の意思活動が会期毎に独立していて次の会期に継続しないことをいうのである。国会法第六十八条本文に「会期中に議決に至らなかつた案件は、後会に継続しない。」とあるのは、この会期不継続の原則を直接に規定したものでなくそのコロラリーとして案件不継続を規定したものと解すべきである。しかも、委員会の閉会中の審査が行われた場合においては、この案件不継続の例外として、委員会の閉会中審査に付された案件が後会に継続するものとされているのである（国六八条但書）。この国会法第六十八条但書の「但し、第四十七条第二項の場合は、この限りでない。」との規定は、国会法制定当初には存せず、委員会が閉会中審査をしても、その閉会中審査に付された案件が、必ずしも後会に継続することを明かにしてはいなかつたが、昭和二十三年七月五日に公布された国会法の一部を改正する法律（法律第八十七号）によつて、新に同条に附加されたものである。この規定は、沿革的には、旧議院法第三十五条但書の規定を復活せしめたものであるが、これによつて委員会の閉会中審査に付された案件は、後会に継続することになつたため、委員会の閉会中審査の問題は、単に閉会中の審査の手続の問題の外に、案件の後会継続の態様を巡つて、幾多の究明せらるべき問題を提起するに至つた。従つて、本章においては、委員会の閉会中審査を論ずるに当つて、先ず会期不継続の原則及び会期不継続と案件不継続の関係について、それぞれこれを明かにするとともに、閉会中の審査に付された案件の後会継続の態様について説明することとしたい。

（註一）美濃部達吉・議会制度論　三八三頁

（註二）拙　稿・「国会法解説」法律時報一九巻五号六二頁

（註三）昭二一・一二・一九官報号外第九十一回帝国議会衆議院議事速記録一二号一三五頁

第二節　会期不継続の原則

前節で述べたように、わが憲法は、国会に会期の制度を認めているが、この国会の会期は、国会が有効に活動し得る期間であるとともに、それぞれの会期は独立したものとして、一の会期中における各議院の意思活動が、次の会期にわたつて継続しないことを意味する。これが所謂会期不継続の原則である。

本来会期の制度が、歴史的には、国王の諮問機関として必要ある毎に召集されて会議を開いた、イギリスの議会の伝統に基くものであると同様に、会期不継続の原則も亦、イギリス議会の歴史的沿革によるものであり、会期毎に国王から諮問される事項が異り、それぞれの会期は議会としての独立性をもつて、前の会期の意思が、後の会期に何等わたるものでなかつたことに由来するものである(註一)。

わが新憲法は、旧憲法と同様に、この会期不継続の原則を特に明文を以つて規定することはないのであるが、しかし憲法が国会について通常会、臨時会及び特別会をそれぞれ規定し(憲五二条、五三条、五四条一項)、国会に会期の制度を認めたこと自体が、一つの会期における国会に独立性を与えたものと解すべきであつて(註二)、国会は、会期毎にそれぞれ独立な意思をもつべきであり、前会の意思によつて後会が拘束されるものではないことを建前としているものということができる。このことは、新憲法の審議に際して、金森国務大臣が、「大体此ノ憲法モ、現在ノ憲法ト同ジヨウナ建前デ、議会ハ一会期毎ニ、議事ニ関スル限リ運命ヲ異ニシテ居ルト考エマス、」云々と述べている点から見ても、新憲法が会期制度を設けたこと自体の中に、国会の意思が、会期毎に独立することをその建前としているものであると見ることができよう(註三)。

かくして、会期不継続の原則は、わが憲法上認められた不文の原則ということができるのであるが、この原則の内容とするところは、国会の一会期における意思は、それが法律、規則その他の形式によつて、確定された場合等を除き、国会の一会期における各議院の意思は、各々会期毎に独立して、次の会期に継続することなく、一会期の終了とともに段落し、従つて後の会期の意思が、前の会期の意思に拘束されないことを意味するものである。

従来一般に会期不継続の原則を論ずるに当つては、国会法第六十八条本文の「会期中に議決に至らなかつた案件は、後会に継続しない。」との規定が引用され、この規定が所謂会期不継続の原則を規定したものであるとされるのが常であり、従つて又同条但書の「但し、第四十七条第二項の場合は、この限りではない。」との規定を以つて、所謂会期不継続の原則に対する例外であるとされている(註四)。然し乍ら会期不継続の原則は、この国会法の規定によつて始めて認められたものではなく、憲法上会期制度を設けたこと自体から由来すべき不文の大原則であると解すべきものであり、従つて国会法のこの規定は、会期不継続の原則を直接規定したものではない。

憲法上不文の原則として、会期不継続の原則が認められる以上、国会の意思活動が、会期の終了とともに段落し、その結果、一定の形式を以つて確定せられたもの即ち後会までその効力の及ぶもの以外は、すべての議事、議決は勿論のこと、未だ議決に至らなかつた案件も亦、後会に継続するものでないことは、必ずしも特別の規定をまつまでもなく当然のことでなければならない。従つて、国会法第六十八条本文の規定は、会期不継続の原則の適用から当然に生れる一態様として、単に一の会期中に議決に至らなかつた所謂未決案件は、後会には継続しないことを、注意的に規定したものであつて、換言すれば未決案件不継続を原則とすることを規定したに過ぎないものと解すべきであり(註五)、本条の意義は寧ろ「但し、第四十七条第二項の場合は、この限りでない。」という但書の規定に求められなければならない。即ち、この但書は、委員会の閉会中審査に付された前会期における未決案件は、例外として、後会に継続することを規定したものであつて、この場合例外的に後会に継続するのは未決案件のみであつて、国会の各議院の意思そのものではないことに注意せねばならぬ。この憲法上認められている不文の会期不継続の原則と、国会法の規定した案件不継続の原則とを区別して認識することが、委員会の閉会中審査に付された案件の後会継続の問題を究明するに当つて、極めて重要な点であるが、これについては後節において改めて論ずることとしよう。

このように、会期中に議決に至らなかつた案件が後会に継続しないことは、会期不継続の原則から生ずる一態様というべきものであるから、特に国会法又は規則によつてそれに関連する事項について何等特別の定がないが、国会の両院におけるそれらについての取扱の実際は次のようである。

先ず、会期不継続の原則から、国会は各会期毎に、独立して活動するため、国会の種類の如何によることなく、会期の順を追うて、「第何回国会」と称せられており、その間に委員会が閉会中審査を行つたとしても、もとより何等の影響をうけることはない。

又、特別委員会は、各議院の議決によつて設置せられるものであるから、その会期に限つて存続することを原則とし、会期の終了によつて消滅するのが建前である。特別委員会が、閉会中の審査を付託された場合においても、その案件のみは国会法第六十八条但書の規定によつて後会に継続するが、特別委員会はその会期における議院の議決で設けられたものであるから、後会にまで継続して存続することはなく、次の会期の開始される前日までしか存続することを許されない。従つて、第一回国会以来今日まで、同一の特別委員会が引続き設けられているが、これは常に毎会期の始めに、新な議決によつて設けられているものであつて、閉会中の審査を行つたからといつて当然に次の会期に存続するものではない。

常任委員会は、国会法によつて議員としての任期中存続するものであるが、各委員会の行う国政に関する調査は、会期中に限り議長の承認を得てこれをなすものとされているために(衆規九四条)、毎会期同一事項の調査をなす場合でも、各常任委員会は、それぞれ各会期の始めに、その所管に属する国政調査事項について議長の承認を得なければならぬものとされているのであつて、前の会期において議長の承認を得ても、その効力は次の会期には及ばないことも当然である。

各委員会は、審査又は調査のため小委員会を設けることができ、又予算及び決算委員会は分科会を設けることができるが、一の会期において設けられた小委員会又は分科会は、その会期に限り効力を有するもので、小委員会又は分科会において審査された案件が、後会に継続する場合においても、次の会期においては改めて、小委員会又は分科会を設けなければそのままに存続するものではない。

会期中に議決に至らなかつた案件で、委員会の閉会中審査に付されなかつたものは、その会期において当然に消滅するから、次の会期において再びその審議を要するときには、改めて発議又は提出の手続をとらなければならぬことはいうまでもない。

又、既に懲罰について述べた通り、除名のように将来に向つて議員の身分を失わせる場合は別として、一会期において科せられた登院停止の効力は、次の会期には及ばないから、会期終了の日に、仮に三十日の登院停止を命ぜられた場合でも、次の会期がその翌日から開始されるときは、新な会期の開始と同時に、先に登院停止を命ぜられた議員も、登院することが許されるし、又前の会期において決定された陳謝文の朗読を次の会期において命ぜられることもあり得ない。

更に、一の会期と次の会期が事実上相接続する場合においても、前会期中に、各議院又は委員会は、次の会期における本会議又は委員会の証人の出頭を要求し、報告記録の提出を要求する等のことは許されない。

以上の如きは、すべて、会期不継続の原則から来る実際の取扱であるが、これ等はその例示に過ぎないのであつて国会における一切の意思活動は悉くこの原則によつて、会期毎に段落し、次の会期に継続しないものとして取扱われているのである。かかる点から見ても、会期不継続の原則は、憲法が会期制度を設けたことから由来する不文の原則として認められたものと解すべきであつて、国会法第六十八条の案件不継続の規定が、会期不継続そのものを規定したものでないことを理解することができよう。

(註一)　美濃部達吉・前　掲　三九一頁
(註二)　浅井　清・国会概説　一七四頁
(註三)　昭二一・九・二〇第九十回帝国議会貴族院帝国憲法改正案特別委員会議事速記録一八号三九頁
(註四)　美濃部達吉・日本国憲法原論　四一七頁
宮沢　俊義・憲法大意　二七六頁
法学協会・註解日本国憲法中巻　九〇頁
佐々木惣一・日本国憲法論　二五〇頁、二五一頁
(註五)　拙　稿・「わが国の委員会制度と特別委員会の性格」法律時報二二巻九号七頁

第三節　閉会中審査の付託

国会法第四十七条第二項が、「常任委員会及び特別委員会は、各議院の議決で特に付託された事件については、閉会中もなお、これを審査することができる。」と規定するところから、常任委員会及び特別委員会に閉会中審査事件を付託するには、各議院の議決を以つてしなければならない。会期中における委員会付託については、既に述べたように、常任委員会については、議院の議決で付託されることは例外であつて、議案はすべて、議長がそれぞれの所管に応じて付託するものであり、且つ国政調査については、単に議長の承認を得て、常任委員会が自主的にこれを行うものであるが、閉会中審査については、議案も国政調査事件もすべて、議院の議決によつてのみ付託されなければならない。この点においては、宛も会期中における特別委員会に対する付託と同一であつて、これは委員会に閉会中審査をさせるかどうかは、専ら各議院の認定によるものであり、閉会中は常任委員と雖も、その自主的な活動が認められない建前だからである。従つて、閉会中の審査に関する限り、すべて議院の意思によるべきものである点においては、常任委員会も特別委員会も全く同様であり、所管についても会期中の場合と異り、特別委員会が常任委員会に優先することなく、又常任委員会も相互にその所管を争うことができないものであるが、これ等については、既に委員会の所管又は付託についてそれぞれ述べた通りである。

閉会中審査の付託は、既に述べた如く必ず議院の議決で行われるものであるから、それは、会期中になされることを必要とすることは当然であつて、会期終了後においては、新に、又は追加して閉会中の審査を付託する方法は存しない。閉会中審査の議決は、通常、会期の終りになされることを例とし、各委員会からそれぞれ閉会中審査を希望する事件を議長に申し出で、議長がこれを議院に諮り、議院の議決によつて付託される。しかし閉会中審査の議決は、法律的には、会期中でさえあれば必ずしも会期末であることを要せず、又議決の形式についても特別の制限がある訳ではない。衆議院において設置された不当財産取引調査、考査、行政監察等の特殊な特別委員会は、それぞれその設置決議において、閉会中も開会し得る権限が規定されているが、これも閉会中の審査を付託した議決の一の形式であつて、これ等の委員会については、会期の末に改めて閉会中審査の議決はなされていない。

閉会中審査の対象となるものは、「各議院の議決で特に付託された事件」であつて、その中には、議案のみならず国政調査事件も含まれる。又、旧議院法第二十五条の場合のように議案とは限つていないから、請願、陳情書等も理論的には除外されるべき理由はないが、これ等は従来閉会中審査には付さない例である。ただ、懲罰事犯については、その性質上閉会中審査の適用がないものと解するのが妥当であるが、この点については、衆議院と参議院とはその見解を異にし、参議院においては、懲罰事犯を閉会中審査に付した例のあることについては、懲罰について既に述べた通りである。予備審査の議案については、先議の議院において、その議案が閉会中審査に付された場合に限り、後議の議院においても閉会中の審査に付することができる。

而して、閉会中審査に付せられる事件が、会期中、委員会において審査又は調査中のものであることを要するかどうかについては、参議院規則は、「委員会が、閉会中もなお特定の事件の審査又は調査を継続することを要求したときは、議長は、これを議院に諮らなければならない。」と規定し（参規五三条）、閉会中審査に付される事件は、会期中委員会において審査又は調査中の事件であることを要するとともに、委員会の要求によつてのみ議院が閉会中審査を付託するものとしている（註一）。衆議院規則は、かかる規定を設けていない。それは、委員会の閉会中審査を規定した国会法第四十七条第二項の「閉会中もなお、」というのは、第一項の「会期中に限り」に対する例外として、閉会中もなお審査し得ることを意味するに止まり、旧議院法第二十五条が「委員ヲシテ議案ノ審査ヲ継続セシムルコトヲ得」と規定していたのとは、大いに趣を異にするから、国会法第四十七条自体は、閉会中審査に付される事件が必ずしも、会期中の審査事件であることを要求しているものとはいい得ないのみならず、閉会中審査に付すべき事件は、委員会において審査中の事件に限らず、場合によつては、議院の会議において審議中のものであつても、何等差支えないからである。従つて、規則に特に制限規定を設けない衆議院においては、会期中委員会において審査又は調査中の事件に限らなければならぬ理由は存在しない。もとより、衆議院においても、閉会中審査に付される事件の多くは、会期中の審査又は調査事件であるが、会期中に議長の承認を得なかつた調査事件について、閉会中審査に付された事例もないではない（註二）。

なお、閉会中というのは前述したように一の会期とその次の会期の間の期間を指すのであるが、衆議院議員の任期満了及び衆議院の解散による会期終了後は、衆議院の存在が一時なくなるものであるから、衆議院において閉会中審査をなし得ないことは当然である。この場合において参議院がなお閉会中審査をなし得るかどうかについては問題があろう。この点は第四回国会の終りにおいて、衆議院の解散を予想して、衆、参両院において論議されたものであつて、当時衆議院においては、憲法第五十四条第二項に、衆議院が解散されたときは、参議院は、同時に閉会となるものと規定されている場合の閉会とは、国会法第四十七条第二項にいう閉会とはその性質を異にし、国会の一院たる衆議院がその存在を失えば、国会の一切の機能は停止されるものであり、この場合には憲法の例外として規定した参議院の緊急集会のみが許されるものであつて、国会法第四十七条第二項による閉会中審査をなすことは許されないとの見解であり、参議院においても同様の意見があつたが、結局若干の委員会について参議院は、閉会中の審査を議決した（註三）。なお、参議院議員の任期満了によつて会期が終了する場合においては、参議院議員の半数のみの改選が行われるに過ぎず、参議院の存在そのものは失われるものではないから、衆議院において閉会中審査をなし得ることは勿論、参議院においても法律的には、閉会中審査を否定すべきものではないと思われる（註四）。

各議院において閉会中審査の議決のあつたときは、議長から直ちにこれを他の議院及び内閣に通知する。この点については参議院規則は明文の規定を設けているが（参規五四条）、規定のない衆議院においても同様に取扱われている。

（註一）寺光　忠・前　掲　八一頁

（註二）第二回国会、衆議院において、司法委員会、運輸及び交通委員会の両委員会は、いずれも会期中議長の承認を得て国政調査を行うことはなかつたが、議院は、司法委員会に対して、弁護士に関する件、青年補導法案に関する件、少年犯罪防止対策の件、司法保護団体の全面的調査及びその他、司法制度改善等に関する件につき、又運輸及び交通委員会に対しては、戦時中に買収せし鉄道の払下に関する件、省営バスの請願、国鉄電化に関する請願の取扱に関する件、運輸省外郭団体の調査及び運輸省直轄工場等に関する調査につき、それぞれ閉会中の審査を付託した。又同じく、財政及び金融委員会は、会期中は復興金融金庫の業務内容並びに徴税状況及び税制改革に関する意見について、議長の承認を得て調査をなしたが、議院は、新に中小企業金融に関する件について閉会中審査を付託した。

（註三）衆議院解散の場合における参議院の閉会中の審査の問題については、既にこれを行つた事例があるとはいえ、それが果して妥当であるかどうかは、なお充分検討の余地があり、又法律問題としても興味のある問題であるから、第四回国会において参議院が閉会中審査を議決するに至つた経緯についてその概略を記して置こう。

（イ）　昭和二十三年十二月十一日の参議院議院運営委員会において、事務局から「現在各委員会で行つている調査事件は、衆議院が解散されて参議院が閉会になると、そのままでは法的根拠がなくなるので、調査を継続するには打合会によらねばならず、従つてこれを救済するに立法的措置を講ずるか或はそれが困難ならば、便法として、参議院規則第五十三条でやることも考えられる」と説明して、委員会に諮つたが、委員会としては法律改正を妥当として、立方的措置を講ずるに決定した。

（ロ）　翌十二月十二日の同委員会において、奥野法制局長から前日の決定に基いて、次の如き国会法改正の試案が説明され、委員会は大体これを了承し、衆議院の意向を打診することに決定した。

国会法の一部を次のように改正する。

国会法第四十七条に次の一項を加える。

参議院の常任委員会及び特別委員会は、衆議院が解散された場合において、閉会前に審査中の事件で両議院の議決を要しないものについて議長が特に指定したものに限り、閉会中もなお、これを審査することができる。

附　則

この法律は、公布の日から施行する。

（ハ）　同日の衆議院の議院運営委員会において、大池事務総長から、参議院側からの右の申入れについて説明し、これに関する見解を個人の考として、概ね次のように述べ委員会もこれを了承した。

即ち、その見解によれば、この問題は単なる国会法第四十七条の改正というより憲法第五十四条第二項の解釈であつて、憲法第五十四条の目的が、衆議院が解散された場合には、国会そのものの一院を失つてしまつて参議院は何もできない。但し、緊急集会だけは特にできるのだということであるならば、解散中に参議院が閉会中審査をやらせるという規定自体憲法違反ではないか。又、第五十四条第二項の規定では、「衆議院が解散されたときは、参議院は、同時に閉会となる。」とあり、国会法第四十七条第二項にいう「閉会中もなお、これを審査することができる。」の規定から見て、憲法第五十四条のいう「閉会」も国会法第四十七条第二項の閉会に入るのではないかとの点については、国会は、衆、参両院より構成されており、その一院が存在を失えば国会の行動というものはなく、旧憲法では衆議院解散のときは貴族院は同時に停会されることになつていた点から考えても、解散中は緊急集会のみで、この場合になお、国会法第四十七条第二項にいう「閉会」に入るものと考えられないというのである。

（ニ）　同日の参議院の休憩後の議院運営委員会において、衆議院の議院運営委員長の見解からすれば、衆議院の通過は極めて困難であることが報告され、これに対処する方法が議せられた。

この際、同院の法制局長は、大池衆議院事務総長から「両院の議決を必要とするような法律案とか、そういつたものを除いて、単に調査案件だけについて、閉会中もやれる。しかし、それは議長が特に指定したものに限るという様な案なら一案であろう」という話があつたとして、先の試案を若干改めた案を提示した。その内容は、次の通りである。

第四十七条ノ二　衆議院の解散により参議院が閉会となつた場合において、参議院の常任委員会及び特別委員会は、閉会前に調査中の事件で議長が特に指定したものに限り、その閉会中これを調査することができる。

而して、衆議院の通過が困難とすれば便宜的措置として、現在の法規の下でやるべしとの論と、解散がいつか分らないのに予め解散後の閉会中審査を決議することはあり得ず、憲法上疑問のあるものは、立法的に解決すべく、已むを得ない場合には、極めて限られたもののみの調査を認むべしとの論があり、委員会としては一応正式に改正案として、衆議院に提出し、衆議院で否決されれば特別のものに限り継続審査の便法をとることに決定した。

（ホ）　十二月十三日の参議院議員運営委員会において、（ニ）に述べた案を共産党を除く各派共同提案で提出することに決定した。それは、一方において、参議院が衆議院解散の場合の閉会中の委員会の審査については、国会法第四十七条によつてはできないということであるとともに、他方において、憲法上衆議院解散の場合の参議院の閉会は所謂機能停止であつて緊急集会以外は認められないという考を排除し、衆議院解散の場合における参議院の閉会中の活動は普通の閉会の場合と異るが、両院の議決を必要としない、参議院だけで出来るような調査ならば法律を以つてすれば差支えないという考え方によつたものであつた。

（ヘ）　同日参議院本会議は右の国会法の一部を改正する法律案を可決、衆議院に提出した。同日の衆議院議院運営委員会において、社会党の田中織之進君より、憲法第五十四条第二項の閉会とは、衆参両院を含めて国会の機能を停止するということであつて、かかる立法は不可であるとの意見が述べられた。各派の意見も大体同様であつて、衆議院解散の際に参議院が閉会中審査をすることはできないということであつたが、議院運営委員会としては、参議院提出案であるとの理由でこれを否決せず審議未了にした。かくて、衆議院解散中、参議院がなお審査するということの立法は、衆議院において阻止された。

（ト）　かくて、衆議院において、右法案の握りつぶし必至となつたため、解散のあつた二十三日の午後の参議院議院運営委員会において、改正案不成立の場合の処置について協議し、国会法第四十七条第二項では出来ないとの理由で出した改正案が不成立になれば、第四十七条第二項で閉会中審査をするのはおかしいとの議論もあつたが、第四十七条第二項の範囲を極力狭めることにして、第四十七条第二項の院議を以つて閉会中の審査をすることとし、その範囲は、法務、厚生、議院運営の三とすべきものと決定した。

（チ）　二十三日参議院本会議は午後七時五十八分再開し、

○　検察及び裁判の運営等に関する調査を閉会中も継続するの件（法務委員長提出）

○　社会保障制度に関する調査を閉会中も継続するの件（厚生委員長提出）

○　議院の運営に関する審査を閉会中も継続するの件（議院運営委員長提出）

の三件につき、閉会中審査及び調査することに決した。

（註四）　第七回国会は、半数の参議院議員の任期満了とともに終了したが、衆議院においても、参議院においても、閉会中審査を行つた。

第四節　閉会中審査の手続

委員会が、閉会中審査をする場合の手続については、すべて会期中における委員会に関する規定が準用されることになつている（衆規六五条）。ただ、閉会中の委員会の活動は、会期中のそれに準じて許されるだけであつて、議院としての活動は認められるところではないから、議院と委員会との関係に関する諸規定、例えば、委員会の法律案提出、本会議における討論者の指名、本会議開会の要求、常任委員会の所管争いに関する議院の裁定等に関する規定の如きは、もとより準用され得ないが、それ以外の付託事件の審査又は調査の手続については、既に説明した手続と何等異るものではない。従つてここでは、特に閉会中の委員会の審査に当つて、考えなければならない若干の問題について述べるに止めたい。

第一に、憲法第五十条の規定する議員の不逮捕の特権は、国会の会期中に限り認められたものであるから、議員が閉会中審査を付託された委員会の委員として、閉会中その審査に当る場合においても、この特権の保護は受けない。しかし憲法第五十一条の規定する議院で行つた演説、討論又は表決に関する議員の免責特権については、本来その趣旨が、各議院における議員の発言についての責任は、ただその議院自身においてのみ問わるべきであるとするものであるから、会期中に限られることはなく、閉会中に準じて閉会中の審査に当つても保障せられるものといわねばならない。

第二に、議長が、各議院の紀律を保持するために与えられている内部警察の権は、国会法第百十四条によつて、特に会期中に限り認められるものであるから、閉会中はこれを有せず、従つて、閉会中は、議長と雖も、単に国会法第十九条の規定する議院の秩序保持権を有するだけである。

第三に、議員に対する懲罰権は、院内の秩序をみだした議員に対して議院が行使する権限であるから、議院としての活動の認められない閉会中は、懲罰権を行使することはできない。従つて、閉会中委員会又は院内において懲罰事犯に該当する行為があつたとしても、国会法第百二十一条によつて、議員から懲罰動議を提出する方法はなく、又議長が職権を以つて懲罰委員会に付することもあり得ない。閉会中の委員会において懲罰事犯があつたとして、委員長から議長に処分を求めることもできない。

第四に、閉会中の審査に付された議案は、内閣提出に係るものでも、又議員発議に係るものでも、これを撤回し又は修正することはできないといわねばならない。何となれば、内閣提出議案については、各議院の会議又は委員会において議題となつたものは、その院の承諾なくしてはこれを修正し又は撤回することはできないものとされ（国五九条）、又議員提出議案についても、会議の議題となつた後にこれを撤回するには、議院の許可を要するものとされているが（衆規三六条、参規二八条）、閉会中審査は、必ず議院の議決で付託されるものであり、しかも閉会中は、議院の活動は停止されるから、その修正又は撤回について、議院の許可を受けることはあり得ないからである。従つて、修正又は撤回を要するときは、次の会期において議院の許可を得る外、その方法はないといわねばならない。

第五に、閉会中の審査に当つて、委員会が他の委員会と連合審査会を開くことは、連合審査会が一院内の委員会相互の間に開かれるものである性質から見て許されるべきであるが、閉会中は国会としての意思活動は停止されていて、両院が相互に相交渉する途は全く閉されているものであり、委員会の閉会中審査もそれぞれ各議院独自の議決によつてなされるものであるから、偶々両議院が同一の事件について委員会に閉会中審査を付託した場合でも、他院の常任委員会と合同審査会を開くことは認められないものといわねばならない。

第六に、委員会が閉会中に審査を終らなかつた場合には、次の会期の始めに、その旨の報告書を議長に提出しなければならないことを、両院の規則は規定しているが（衆規九一条、参規五五条）、この報告書は、単なる事実の報告に止るものであるから、その作成については、委員会の決議を必要としない。閉会中に審査を終了したときには、一般の付託事件の場合と同様、委員会の議決を経た報告書を提出しなければならない（衆規八六条、参規七二条）。この場合において委員会は法律案を具えて報告書を提出することはできるが、閉会中は法律案の提出は認められないから、この法律案は、次の会期の始めに提出されることになろう。

以上委員会の閉会中審査について、特に会期中に比して考慮すべき若干の問題について説明したのであるが、なお、委員会に閉会中審査を付託する場合においては、閉会中における委員会の審査をして、より効果的且つ能率的ならしめる見地から、議長は議院運営委員会に諮つて、委員会の閉会中審査に関する基準を定め、各委員会はこの基準に従つて、閉会中の審査をなす例となつている。この基準は閉会中審査を付託する会期毎に決定されているが、ここに第十回国会において決定されたものを示せば次の通りである。

閉会中の委員会の審査に関する件

一、閉会中の委員会の開会日数は十日以内とすること。（国政調査のための閉会中の開会はなるべくこれを避けること。）

但し、議案の継続審査を付託された委員会で特に必要ある場合はこの限りではない。

なお、土曜日の午後は原則として委員会を開かないこと。

二、閉会中の委員派遣については、特に必要ある場合に限り、且つ一人一回、派遣日数は原則として一人十日以内（その延日数は、これに委員三分の一を乗じた日数の範囲）とし派遣先が自己の選挙区にならないようにすること。

三、各委員会定足数のないため開会のできないことのないよう、なるべく出席可能の小委員を選任して閉会中の審査に当らせること。

第五節　閉会中審査案件の後会継続

会期不続継の原則の一態様として、会期中に議決に至らなかつた案件は、その会期の終了とともに消滅し、後会に継続しないものであることは、既に述べたところであるが、委員会の閉会中審査に付された案件については、例外として後会に継続するものとされる。この点について、国会法は「会期中に議決に至らなかつた案件は、後会に継続しない。但し、第四十七条第二項の場合は、この限りでない。」と規定している（国六八条）。而して、この但書の規定は、閉会中審査に付された会期中の未決案件の後会継続を規定したものであることについては既に述べたが、この規定の意義については特に注意すべき二つの点がある。その第一は、この但書の規定は、会期不継続の原則に対する例外規定即ち会期の継続すべき例外の場合を定めたのではなく、単に案件不継続に対する例外を規定したものである点であり、第二は、例外的に後会に継続するものは、委員会の閉会中審査に付された前会期における未決案件に限られる点である。なお、これ等の場合、閉会中審査の付託があれば、委員会が実際に審査をしたかどうかは問うところではない。

先ず第一に、憲法は会期不継続を不文の原則としているから、国会法は、これを受けて、会期中に議決に至らなかつた案件は、後会に継続しないと規定した。しかし、これは会期不継続を正面から規定したものではなく、未了案件の不継続を規定したものであることは、既にこれを述べた。而して、その但書は、この案件不継続に対する例外として、単に閉会中審査に付された未決案件だけが後会に継続するに過ぎず会期そのものはあくまで不継続であるから、議院の意思は、この案件の継続に伴つて当然に後会に継続されることはない。従つて、甲議院から送付された議案について、乙議院において閉会中審査に付し、これを後会において議決した場合においても、それだけでは憲法第五十九条第一項に所謂両議院の可決にはならない。なんとなれば、後会に継続したものは単にその議案のみであつて、その議案に伴つて会期そのものが会期不継続の例外として次の会期に継続するものではないから、先の会期における甲議院の議決は、先の会期の終了とともに段落して、乙議院において次の会期にその議案に対して議決してもそれは先の会期における甲議院の議決とは何のかかわりもないからである。若し、この国会法六十八条の規定を会期不継続の原則そのものを規定したものとし、その但書によつて会期が例外的に継続するものとするならば、先の会期における甲議院の議決が効力を有することとなり、乙議院において幾回も引続き閉会中審査に付して、数会期を経た後においてそれが議決されても、憲法第五十九条第一項に所謂両議院で可決したことにならざるを得ない。しかし、憲法は会期不継続を原則としているのであるから、憲法第五十九条第一項にいう両議院の可決とは、当然同一会期でなければならない。従つて、かかる場合においては、それが内閣提出案であつても、議員提出案であつても、それを閉会中審査した院が次の会期においてその案件を議決したときは、先議の院としてこれを改めて後議の院に送付することを必要とするものといわねばならぬ。この点については、第五回国会において、参議院から衆議院に送付された内閣提出の食糧確保臨時措置法の一部を改正する法律案、及び参議院から衆議院に提出された食糧増産確保基本法案の両案が、衆議院において閉会中審査に付され、第六回国会において衆議院でこれを議決し、改めてこれを参議院に送付したことによつて、既に先例としても確立されているところである。憲法第五十九条第二項の規定する法律案に関する衆議院の再議決の権能も亦これと同様の趣旨から、同一会期中に限らるべきものであつて、会期を異にしては行使できないというべきである。

なお、予算について、参議院において閉会中審査を認め、後会で議決して衆議院に送付することとすれば、予算の衆議院先議権に関する憲法第六十条第一項の規定に違反する結果となるから、予算については、参議院はこれを閉会中審査に付することができないものと解さねばならない。

第二に、後会に継続するものは、閉会中審査に付された事件のうち、先の会期において議決に至らなかつた案件に限られるものといわねばならない。国会法第四十七条第二項の規定からいえば、閉会中審査に付される事件は、議案であることもあり、国政調査事件であることもあり、又それは必ずしも会期中に委員会の調査した事件に限ることを要しないことは前に述べた通りであるが、国会法第六十八条の規定は、会期中に議決に至らなかつた案件が、第四十七条第二項によつて閉会中の審査に付された場合において、後会に継続することを規定したものであるから、厳格にいえば後会に継続するものは、閉会中審査に付された先会期の未決案件に限られるものといわねばならない。もとより議案については、委員会に付託されていたかどうか、又審査に着手していたかどうかは別として、いずれにしても必ず先の会期において発議又は提出されているものであるから、閉会中審査に付された議案が、先会期において議決に至らなかつた案件であることは何等疑問はない。国政調査事件は、先の会期において調査中のものについても、或は新な事件についても、閉会中審査に付されることがあるが、いずれにしても、それは所謂要議決案件ではないから、法律的には後会に継続するものではない。このことは、後に後会継続の態様について説明するように、議案については改めて提出又は発議を要しないに反し、国政調査事件が閉会中審査に付されても次の会期においては、その事件について特別の取扱がなされることなく、同一事件の調査について、各常任委員会がそれぞれ改めて議長の承認を得ている点から見ても理解できよう。

第六節　後会継続の態様

委員会の閉会中審査に付された案件が後会に継続する場合においては、その案件は、具体的には、閉会中審査を議決した当該議院において次の国会に継続されるのであるから、その案件については改めて発議又は提出の必要はなく、それが国会の議決を要する内閣提出の議案である場合には、閉会中審査に付した議院が先の会期において先議であつても後議であつても、後会においては先議の院としてその継続案件を処理することとなる、又、案件は議院において継続するのであるから閉会中に委員会がその審査を終つたかどうかに拘らず、或は、その委員会が常任委員会であるか特別委員会であるかに拘らず、次の会期の開始によつて、継続された案件は、その報告書とともに議長のもとに還付されて、委員会を離れて、それぞれの議院に係属することになる(衆規九一条、参規五五条)。従つて、案件が継続する態様は、その案件が閉会中常任委員会に付託されたものであるか、特別委員会に付託されたものかによつて、法律上異るものではあり得ないが、後会に継続された案件の処理については、常任委員会の場合と特別委員会の場合とによつて、その取扱に若干異るものがあるから、その意味において、以下便宜常任委員会と特別委員分に分つて説明して見よう。

一、常任委員会の場合

閉会中常任委員会の審査に付された案件は、閉会中にその審査を終了したかどうかに拘らず、未了案件不継続の原則の例外として、その委員会を離れて議院に係属することになるが、先の会期及び閉会中における審査の効力そのものは、理論的には、会期不継続の原則によつて、当然に後会においてその効力を継続するものではない。従つて、継続した案件は、次の会期の始めにおいてそれぞれ適当の委員会に付託されることになるのであるが、これが再付託でないことは、会期を異にする点から改めて説明するまでもなかろう。

故に、閉会中、審査を終つた場合においては、未だその実例はないが、後会の初めにその案件は改めて当該常任委員会に付託されることになり、その常任委員会においては、改めて審査をやりなおすことなく、即決して議院に報告することになるであろうが、この場合便宜上後会において再び委員会に付託することなく、その審査を省略して、直ちに本会議において議題とする先例を開くことも考えられる。

次に閉会中、審査を終らなかつた案件も同様に議長から改めて同一の委員会に付託さるべきであつて参議院においては改めて付託することなく当然に当該常任委員会に継続するものとして取扱つているが衆議院においては後会の始めに議長から改めて付託している例である。この場合、例えば閉会中に質疑を終了しているときは、普通これを省略して、討論から始めることになるであろうが、最初から審査をやり直し得ることは、閉会中の審査自体が継続しないことからいえば、寧ろ当然であろう。改めて付託された案件の審査を終了したときの報告その他については、会期中における一般の審査の場合に立ち戻るのであるから、その手続については改めて述べるまでもない。

なお、国政調査事件については、前に述べたように、当然に後会に継続さるべきものではないから、委員会がその事件について調査しようとするときは、改めて後会の始めに議長の承認を得ることになるのであつて、それ以外に別段の取扱がなされない。ただ閉会中調査を終つた事件について、委員長から本会議に報告したいとの申出がある場合には、これを許すことがあり得るが、これは、事実問題としての報告に過ぎないことは、会期中における調査の委員長報告と同様であつて、法律上の効果のあるものではない。ただ調査終了の報告書に法律案が具えられている場合においては、後会の始めに委員会から提出されたものとして取扱われるべきであることは前述した通りである。

二、特別委員会の場合

閉会中特別委員会の審査に付された案件が後会に継続しても、特別委員会自体は常任委員会の場合と異り後会の開始とともに消滅するから、閉会中審査が終了しなかつた案件は、改めて特別委員会を設けて付託しなければならない。この場合の特別委員会は前の会期の特別委員会とは何等同一性を有するものではないから、付託案件の審査は当初から、始められることはいうまでもない。

閉会中審査を終了した場合にも、その特別委員会は存在しないのであるから、理論的には改めて特別委員会を設置しその報告をまつて本会議の議題とすべきであるが、この場合においても常任委員会について述べたと同様に、便宜上改めて特別委員会を設けて付託することなく、委員会の審査を省略して、直ちに本会議の議題とし得る途を開くことが考えられる。

調査を終了した事件について、元委員長から本会議における発言を求めて、閉会中の調査について報告することがあつても、それは単なる事実問題としての報告であることは常任委員会の場合と異ならない。調査終了の報告書に法律案が具えられているときは、後会の始めにもとの特別委員会の委員長又は委員であつて議員から、発議されたものとして取扱わるべきであろう。

第十五章　両院協議会

第一節　概　説

両院協議会（Joint Committee of Both Houses）なるものは、二院制（bicameral legislature）という両翼の建物の上にうち建てられた装飾的というよりも、寧ろ実質的なものであり、力学上からも必要な法律上の調整機関であるということができる。Willoughby はその著書のなかに、George W. Norris の言葉を引用しながら、「二院制の立法府のかわりに一院制を採れば、両院協議会（Conference）は全く必要でなく、又二院制の立法府において、両院とも或ることについて、何らの措置を講ずることが好ましいということについては、原則的に意見の一致を見ているとしても、少くともその部分的な点において、両院の意見が一致しない場合には、その相違点を調整しようとする諸規定が設けられることは当然のことであり、もしわれわれが二つの議院から成る一つの立法府をもたねばならない以上は、両院協議会なるものは、絶対に必要なものである。」と書いている（註一）。また実際においても、二院制を採るイギリス、アメリカ両国にあつては、両院協議会が必要に応じて設けられうるようになつている（註二）。

議会の二院制がその起源を英国に発したことは、改めていうまでもないことであり、またその史的発展及び得失等についてはこれを省略して（註三）、本章では専らわが国の両院協議会についての簡単な輪廓を画いてみることにする。

まず、両院協議会が二院制の議会制度においては、不可欠の調整機関であるといつても、それは如何なる二院制を採るかによつて、またその機能が異つてくるものといわねばならぬ。

換言すれば、両院制度の三つの型、即ち、(1)両院平等主義、(2)上院優越主義、(3)下院優越主義の何れを採るかによつて、その上に組み立てられる両院協議機関の性格が異つてくることも理論上当然でなければならぬ。従つて、わが国の旧憲法の下では、貴、衆両院平等主義であつたものが、新憲法になつてからは、明らかに衆議院優越主義を採用したので、その結果として、古い両院協議会の性格と、今日のそれとは全くその趣きを異にするに至つたのも蓋し当然のことであろう。

即ち、旧憲法時代の両院協議会は、特定の（旧議院法で定められた）場合に、議会の議決を要する案件に対して両院の意思が一致しないときに、その調整妥結を図るために設けられた両院の機関ではあるが、しかしそれは、両院平等主義に立つていたので、両院の意思が、既に、しかも明白に、妥協の余地を残していない場合、即ち両院のいずれかにおいて否決されたものについては、両院協議会を開くことができず、開きうるのは、妥協の余地が存する他院の修正に不同意の場合のみに限られていたのであつたが(旧議五五条)、新憲法は衆議院に優越性を認めたので、旧来のような回付案に不同意の場合のみでなく、参議院が衆議院で可決した法律案を否決した場合及び参議院が衆議院の可決した法律案を受け取つた後、国会休会中の期間を除いて六十日以内に議決しないときに、衆議院が参議院はその法律案を否決したものとみなした場合にも、両院協議会を開くことができるようになつた(憲五九条三項・四項)。

これは、両院協議会に関する従来の理論に大きな変革をもたらしたものである。更にこれを詳言するならば、旧憲法時代にあつては、両院協議会を開くことを求めることができたのは、甲議院で可決した議案を乙議院に送付して、乙議院がこれを修正して甲議院に回付したときに、甲議院はこの回付案に同意しない場合に限られておつたのであり、而してこの場合には、甲議院は乙議院に対して協議会を開くことを求めなければならない義務があり、一旦求められれば乙議院は必ずこの求めに応じなければならず、今日の如く例外の場合であろうとこれを拒むことは許されなかつた。

これを要するに、旧帝国議会における両院協議会の性格を理解する上において、見逃してはならない六つの重要なる原則があつた。

その第一は、協議会を開きうる案件は、回付の議案に限られたこと（旧議五五条）

第二は、両院協議会を求めることのできる院は、いかなる場合でも協議会にかかるべき議案を先議した院であること（旧議五五条）

第三は、協議会の成案は、協議会を求めた院、即ち先議の院において、先ず議してから、これを他院に送付すること（旧議五六条）

第四に、協議会を求めることも、これに応ずることも、ともに義務的であつて、任意的でなかつたこと（旧議五五条）

第五に、協議会における原案は、つねに回付案であつたこと。

第六は、協議会で成立した成案に対しては、更にこれを修正することを許さないこと（旧議五六条）

而して、右の第一の原則から、両院のうち、いずれの一院においてでも議案が否決されれば、他院は、それに対して協議会を開くことを求めることが許されないから、両院協議会を開くことを許される範囲は、一は、両院の意思の相異の限度（否決の場合を除く）と、他はその議決の対象（回付案に限る）とから、旧両院協議会は回付案限定主義を採つていたということができよう。

　また、第二、第三の原則から、旧協議会は議案を先議した院に、両院協議会開会請求権と成案先議権を与えて、議案先議と、協議会請求権と、成案先議との三つの関係を不可分的なものとして取扱つていたから、これを議案先議不可分主義、或は議案先議主義を採つていたということができよう。

　しかし、この議案先議主義は他面からいうと、議案を所持している院（House is possessed of the Original Bill）が、常に協議会の請求をなし、成案を先議するものであるから、議案所持主義によつていたということもできよう。

　第四の原則は、協議会を求める場合は、法律上必ず回付案に同意しない場合には「両院協議会ヲ開クコトヲ求ムヘシ」とあつて、「できる」（können）のではなく、「しなければならぬ」（müssen）のであつた。又、求められた場合には求められた院はこれを拒むことができないから、ともに義務づけている点からいつて、任意的に対蹠する意味で、強制主義又は義務主義を採用していたということができよう。

　第五の原則は、協議会を求めることは、とりもなおさず回付案に反対即ち、それに対する修正の意見として取扱われた。これは要するに両院平等主義に基く、コロラリーとして、協議会においては、回付案は原案として、それから、先議の院の議決案は修正案として取扱われた。然し、後述するが如く、両院の平衡を破つて衆議院に優越権を認めたものについては、両院協議会においては、衆議院の議決案を原案とし、参議院の議決案を修正案として取扱うべきである。

　而して、第六の原則は、協議会成案に対しては、ただ賛否を決するだけで、これが修正を許さないから、成案修正不許可主義を採用していたということができる。

以上述べた六つの主義、原則が、旧両院協議会の理論を構成していたのであるが、国会になつてからは衆議院優越主義に従つて著しくその原則が変つてきたので、その大様を次に列挙してみよう。

第一に、両院協議会を求めることができるのは、議案を所持している院とは限らない。換言すれば議案を先議した院とは限らず、後議の院も協議会を求めることができるようになつたから、議案先議主義、又は議案所持主義のみを以つて協議会の理論は説明できなくなつた。

第二に、旧憲法時代は、回付案に同意しないときは、必ず両院協議会を求めなければならないように義務づけられていたのに、新憲法になつてからは寧ろ権利と認められて、これを義務づけられない場合が多くなつた。また協議会を求められても、必ずしもこれに応じる義務なく、拒むことができる場合も認められたから、ここでも又、義務主義又は強制主義のみによつて説明できなくなつた。

第三に、従つて成案を先議する院が、必ずしも議案の先議の院でなくなつたことは、議案先議不可分主義によらなくなつた当然の帰結でもある。

第四に、憲法上衆議院に優越権が認められた結果、協議会を求めうるのは、回付の議案に不同意の場合に限らず、否決又は法定期間内に議決しない場合にも認められるようになつたから、回付案限定主義は採用されなくなつたのみならず、国会の議決を要する案件であれば、議案に限らず、両院協議会を求めることができるようになつたから、議案主義も採用されない結果になつた。

第五に、両院協議会は、旧憲法時代にあつては、憲法以下の、換言すれば、旧議院法上に認められた機関にすぎず、しかも旧憲法は両院平等主義に立つていたから、両院協議会を開いて意見が一致しなくとも、何等の法的効果が発生することなく、その議案は単に不成立となるにすぎなかつたが、新憲法になつてからは、協議会は憲法上の機関となり、しかも憲法自身が協議会を開いても意見が一致しないときの法的効果を規定するに至つた。即ち、新憲法は衆議院優越主義に基いて、明らかに予算、条約、内閣総理大臣の指名等について両院協議会を開いても意見が一致しないときは衆議院の議決を以つて国会の議決となると定めた(憲六〇条、六一条、六七条)。

ここにおいて、旧来の両院協議会の中心理論を構成していた議案先議不可分主義は、今や全くその価値を失つてしまつたので、これに代つて、これから両院協議会理論の基礎をなすものは衆議院優越主義であり、これによつて首尾一貫されなければならないことはいうまでもなかろう。従つて、今後の協議会理論の原則としては、憲法、国会法その他の法律で、衆議院に優越権を認めた国会の議決を要する案件については、衆議院に協議会を求める権利を与え、協議会においては、衆議院の議決案を原案として取扱うとともに、協議会成案をも先議せしめ、衆議院が、それを可決したときは、直ちに国会の議決となるものとするか、又は参議院は否決できないものとすべきであり、而して、衆議院に優越を認めない案件については、従来の如く、案件先議主義に則るべきではなかろうか(註四)。

次に二院制度上における両院協議会の価値判断については、長短両面について論議が交されているので、その大意を述べれば、「二院制の議会制度を採る限りにおいては、両院の間における意見の調整を図る機関の必要なことは当然のことであり、それについて異論を述べるものはない。しかし、その反面において両院協議会で最後案ともいうべき成案が決定されることになるのであるが、これは国民の代表者たちの全機関によつて公然と決定されるのではなく、実際には秘密会で彼ら自身の意思以前のいかなる意思にも服従することのない一小群によつて決定されるものである」という主張がある。しかも協議会の重要性と、その危険性について、実に巧みな表現によつてその本質をば第三院的であると喝破して「もしわれわれが、われわれの現在の政治を分析してみるならば、われわれは憲法上二院ではなく、第三院を持つていることを発見するであろう。この憲法上必須の附属物である両院協議会は、実は第三院的な存在で、立法上は頗る重要な役割を果すものであるから、誰がこの協議員になるかは、従つて重大な事柄である」と論じられている（註五）。

さればこそ、各国においても協議委員の選定については、非常な注意がはらわれているのである。

アメリカの下院では、協議委員は議長が指名するが、その数は普通は三名で重要な案件の場合にはそれ以上のこともある。ただ指名するにあたつては、問題について意見を異にしている多数派と少数派との現勢がそのまま協議会に再現できるように協議委員を選任するとか、又は選定するにあたつて、その議案担当の議員に相談するとか、或は当該議案を審査した委員会の委員から選ぶとかの方法を採用している（註六）。

また、イギリスにおいては、嘗ては下院の協議委員は上院の二倍であつたが、最近は必ずしもその数が特定されない慣行のようである。しかし、協議会を請求した議院の協議委員には、普通はその請求の理由を起草した委員が選ばれて、他の者がそれに追加されるようであり、而して、協議会を求められた他院においても、その議案に直接関係した議員から主として選び、その他はそこに偶々在席した議員から選ぶようである。しかし、協議会の目的について反対の意見を有する者を協議委員に選ぶことは、何といつても両院協議会の原則に合わないといわれている（註七）。

わが国でも、両院の規則は、ともに協議委員の選挙は、連記無名投票でこれを行うことになつているので（衆規二五〇条、参規一七六条）、本会議の議決を構成した多数の勢力がそのまま協議会に再現できるようになつている点では、アメリカ、イギリスと同様である。実際においても、衆議院でも参議院でも、通常その案件について院議を構成した党派からのみ選出されるのが例となつており、院議を構成した党派が複数の場合においては、各派について所属議員数に按分して選出されることになつている。衆議院においては、その案件について、反対の立場をとつた党派から協議委員を選出したことも一度ある（註八）。

（註一）Willouhby, op. cit., p. 418, p. 425, p. 426

（註二）May, op. cit, . p. 588
Campion, op. cit. , p. 199
House Manual, p256

（註三）美濃部達吉・議会制度論　一一一頁以下

（註四）拙稿・「国会法解説」法律時報一九巻五号六七頁

（註五）Willoughby, op. cit, pp. 424―6

（註六）House Manual, p. 258, p. 536

（註七）May, op. cit. , p. 589

（註八）第十回国会、地方公共団体の議員及び長の選挙期日等の臨時特例に関する法律案の衆議院両院協議委員の選出に当つては、先に同案に反対した党派の議員からも委員を選出している。

第二節　両院協議会の性格

わが国の両院協議会は、二院制度をとる議会機構（bicameral system）にあつて、国会の権限事項について、両院の議決が異つた特定の場合に、法律の定めるところにより、両院の意思の不一致を調整し、成案を作成することを目的とし、両院からそれぞれ選挙された委員を以つて組織せられ、委員会的審査をなす、憲法上の両議院の機関であるということができる。

今、順次これを分説してみよう。

一、両院協議会は各議院において選挙された委員を以つて組織される両議院の機関である。

国会法には「両院協議会は、各議院において選挙された各〻十人の委員でこれを組織する。」（国八九条）とあるから、各議院で選挙された各十名の委員を以つて組織される機関であるが、これは次章で述べる両院法規委員会が、衆、参両院から選挙された委員で組織されている点及び国会に附置された機関ではなく、あくまでも両議院の機関とされている点では、両者は全く同じである。同じく両議院の機関とされていても、両院法規委員会は、国会法で定められたものであり、両院協議会は憲法に明らかに「両議院の協議会」と定められたものであるから、両院協議会については、法律を以つてするも、これを国会の附置機関とすることはできないものと解さねばならない。

而して、各議院で選挙した十人の委員は、それぞれ各院毎に、一つの委員会のような協議委員団の如きものを構成するものと考えられるのである。それは各院の協議委員が、それぞれ議長と副議長を一名宛互選することからでも、その一端は窺い知ることができよう（国九〇条、両院協議会規程五条）。なお、各議院の協議委員議長が毎会交代して両院協議会の議長をつとめることになつている点（国九〇条）、両院協議会において成案を得なかつたときは各議院の協議委員議長（両院協議会の議長ではない）は、おのおのその旨を議院に報告しなければならない点（国九四条）、又成案を得たときも、各議院の協議委員議長は、おのおの文書を以つてこれをその議院に報告しなければならない点

(両院協議会規程一〇条)、協議会議録は二部を作つて両院の協議委員議長がこれに署名して、各議院にそれぞれ一部を保存するようになつている点(両院協議会規程一一条)及び議長、副議長ともに事故があるときは、その院の委員の中から仮議長を選定して議長の職務を行わせることになつている点(両院協議会規程六条)等から推しても、協議会を国会の機関とせず、両院の機関として取扱つていることが容易に察知できよう。アメリカにおいては、協議委員(manager)は、実際的には二つの異つた委員会を構成し、そのおのおのは多数決によつて行動しているが、これはわが国の両院の協議委員が、それぞれ協議委員、議長、副議長をもつていて行動していることに類似しているように思われる(註一)。なお、わが国の両院協議会を内閣発表の英文日本国憲法において、Conference と訳さずに、joint-committee of Both Houses と訳しているのもこの辺に意味があるのかも知れない。

二、両院協議会は、国会の権限事項について、両院の議決が異つた場合に開かれる調整の機関である。

二院制の議会制度をとるわが国会にあつては、国会の意思は、衆、参両院の意思が合致して、はじめて成立するのであつて、国会の権限に属しないことについて、例えば憲法上各院の権限として認められたことについて、偶々両院の議決が一致しても、それは国会の議決とはならないことは既に詳説した通りである。

両院制度といつても、各院は互いに独立を原則とし、殊別組織を原則としているのであるから、国会の権限でない各院の単独権限について、意思が異ることがあつても、それは当然であつて、これについて他院の干渉なり制肘を排すべきことはいうまでもない。従つて、各院の権限事項について、両院の意思の不一致を調整する必要は毛頭ないわけであるから、それについて両院協議会が開かるべき筋合のものでない。故に、両院協議会が開かるべき事項は、特別の規定のない限りつねに必ず国会の権限に属し、両院の意思の合致によつて決せらるべき事項でなければならない。

しかし、国会の権限に属する事項についても、憲法に規定する特別の場合を除いては、それについていまだ両院の議決がないのに協議会を開くことは許されない。この点はアメリカの如く両院がいまだ議決しなくとも協議会を開きうるのとは異る（註二）。

三、両院協議会は、国会の権限に属する事項について、両院の意思が合致しない場合に、法律の定めるところによつて開く機関である。

両院協議会は、国会の権限に属する事案について、両院の意思が合致しない場合に開くのであるが、それはその都度、両院が相談、協議して開くのではなく、予め法律の定めるところに従つて開くのであつて、一院が他院に対して両院協議会を開くべきことを求めたときは、他院は国会法第八十四条第二項の但書の場合を除いては、これを拒むことができない（国八八条）。

しからば、法律はいかなる場合にこれを開くことを規定していかといえば、大体において、これを四つの場合に限定している。国会の議決を要する案件の種類によつて分けているのである。

国会の議決を要する案件のいかなるものかについては、既にこれを述べたので、ここでは、その案件に対する両院の交渉段階についての原則を述べれば、まず国会の議決を要する案件を甲議院において可決し、又は修正したときは、これを乙議院に送付し、否決したときは、その旨を乙議院に通知する（国八三条一項）、これが第一段階である。

しかして、乙議院において、さきの甲議院からの送付案に同意し、又はこれを否決したときは、その旨を甲議院に通知することになつている（国八三条二項）。

しかし、乙議院において、さきの甲議院の送付案を修正したときは、これを甲議院に回付しなければならない（国八三条三項）。これが第二段階である。

しかして、もし甲議院において、その乙議院の回付案に同意し、又は同意しなかつたときは、その旨を乙議院に通知するのである（国八三条四項）。これが第三段階である。

憲法に規定する特別の場合を除いては、この両院の交渉関係の第三段階において始めて両院協議会を求めることができることになつているから、普通にはこれが両院協議会請求の時期的段階であるということができよう。

而して、両院協議会で成案を得た場合及び得ない場合における衆議院の措置が、両院関係における最後の第四段階となるわけである（附録両院交渉関係図表参照）。

国会法は、協議会の請求時期について、案件の種類によつて五つの場合と、その場合における請求権者を規定しているので、それについて簡単に述べてみよう。

(一)　法律案の場合

国会法は、法律案については、大体において衆議院にだけ、両院協議会を求める権利を与えたと解してよい。これは憲法において、衆議院に法律案審議について、特に優越権を与え、衆議院で可決し、参議院でこれと異つた議決をしたものについては、衆議院で出席議員の三分の二以上の多数で再び可決したときは法律となるいわゆる再議決権なるものを規定した結果である。

しかして、協議会を求めるその時期は、次のいづれかが決定した後でなければならない。

(イ)　参議院の回付案に同意しないこと（国八四条一項）

(ロ)　参議院が衆議院の送付案を否決すること（同）
(ハ)　参議院が衆議院の回付案に同意しないこと（同）
(ニ)　憲法第五十九条第四項により参議院が否決したものとみなすこと
但し、右の（ハ）の場合においては、特に参議院にも両院協議会を求めうることを認めたが、この場合には衆議院は、これを拒むことができることになつているので（国八四条二項）、法律案については衆議院だけが実質的には協議会を求める権利があるものといわねばならない。

なお、（ニ）の場合については、別にこれを論ずる。

(二)　予算の場合

予算は憲法によつて、衆議院に先議権が認められているので（憲六〇条一項）、参議院が先議することはなく、従つて、予算が閉会中の審査に付されることがないことは既に述べたところである。

かくの如く、予算については、衆議院に先議の優先権があるばかりでなく、憲法は更に衆議院の議決を以つて国会の議決となる場合を認めているので、予算について両院協議会を求めるのは国会法では衆議院だけと定めた。

しかして、その時期は次のいづれかが決定したときである。
(イ)　参議院の回付案に同意しないこと（国八五条一項）
(ロ)　参議院が衆議院の送付案を否決すること（同）
しかして、右の場合における規定は、義務規定であるから衆議院は必ず両院協議会を求めなければならない。何となれば憲法に両院協議会を開いても意見が一致しないときは、衆議院の議決を以つて国会の議決とするとあるからである（憲六〇条二項）。

勿論、両院協議会を開いても意見が一致しないときは、その議案を不成立とすることが各国の例であり、わが旧憲法時代も亦そうであつたのであるが、今度の新憲法によつて、衆議院に優越権を認めた結果として協議会を開いても意見が一致しないときは衆議院の議決を以つて国会の議決としたのである。ここで協議会を開いても意見が一致しないときとは、協議会において成案を得ることができなかつた場合は勿論、成案を得て衆議院でこれを可決したが参議院で否決した場合の双方を含むものであつてその何れの場合においても、衆議院の議決が国会の議決となるのであつて、この関係は条約及び内閣総理大臣の指名についても同様である。

しかし、法律案の場合には、両院協議会を開いて意見が一致しない場合でも、衆議院の議決が直ちに国会の議決となるのではなく、それが法律となるためには更に別の議決を必要とすることは改めていうまでもないことである。

（三） 条約の場合

条約の締結に必要な国会の承認については、法律案と同様に、予算の如く衆議院に先議権を認めていないので、衆参のいずれの院に先に提出しようとそれは全く内閣の自由であるが、その審議にあたつては、予算に関する憲法の規定を準用することになつている（憲六一条）。

従つて、条約についても、衆議院に予算と同様の優越権を憲法が認めているのであるから、その先議、後議に関係なく両院協議会を求めうるのは衆議院だけとし、且つ、これを義務づければ、理論としては法律案や予算の場合と平仄が合うのであるが、国会法は、その平仄を破つて優越権の認められたものについて、優越権の認められない場合の平等主義に立脚した議案先議不可分主義の理論を適用して両院協議会を求める義務を先議の院に課した。その結果として、先議の院において協議会を求める時期は、次のいずれかが決定したときでなければならない。

衆議院が先議の場合は

（イ）参議院の回付案に同意しないこと（国八五条一項）

（ロ）参議院が衆議院の送付案を否決すること（同）

参議院が先議の場合は

（イ）衆議院の回付案に同意しないこと（国八五条二項）

（ロ）衆議院が参議院の送付案を否決すること（同）

若し国会法を改正する機会があれば当然に条約に対する協議会を求める場合について、更に考慮さるべきであろう。

（四）内閣総理大臣の指名の場合

内閣総理大臣は、国会議員の中から国会の議決で、これを指名することになつている（憲六七条一項）従つて、指名は国会の議決でなければならないから、これは両院の交渉関係事案であつて、各院の単独権限に属するものではない。

よつて指名の議決については、国会の議決を要する一般の事件のように先議と後議の院があつて差し支えないわけであるが、国会法は特にこの場合に限つて、各院別々に指名の議決をして、これを他院に通知し、その議決が一致したときはそれを以つて国会の議決とし、もし両議院の議決が一致しないときは、参議院から両院協議会を求めなければならないと規定した（国八六条二項）。

何故、参議院にのみ協議会を求めることを義務づけたか。憲法は指名の議決については、両院協議会を開いても意見が一致しないとき、又は衆議院が指名の議決をした後、国会の休会中の期間を除いて十日以内に、参議院が、指名の議決をしないときは、衆議院の議決を国会の議決とする（憲六七条二項）と衆議院に優越権を認めたことからするならば、寧ろ衆議院のみに協議会を求めることを義務づけるべきではなかつたろうか。

何となれば、憲法上同様の趣旨を以つて規定された予算の場合には、衆議院に協議会を求めるよう義務づけているからである。故に、指名の場合に参議院にのみ協議会を求めることを義務づけたことは、衆議院の優越性からいつても、又先議、後議のないことからいつてもこれを納得することは容易でないように思われる。

しかし、これは、内閣が国会に従属し、国会にあつては、衆議院が優越的立場にあることからいえば、衆議院の意向を参議院が最終的なものとして尊重する意味と解する外はない。言い換えれば、帝国議会時代においては、両院協議会の原案は常に協議会を求められた院の議決案とする慣しであつたので、常に参議院が協議会を求めるとすれば、衆議院の指名した者が一応協議会の原案となるからであると解すべきであろう。

しかし、この場合は、衆議院の優越案件の一つであるから当然に衆議院の議決案を協議会の原案とすべきことは先きに述べたとおりである。協議会の原案についての原則は後述する。

なお、警察法及び会計検査院法によれば、国家公安委員及び検査官の任命については、両議院の同意を経て、内閣総理大臣及び内閣がそれぞれこれを任命するものとされているが（警察法五条二項、会計検査院法四条一項）、この両者の任命に必要な両議院の同意については、それぞれ「衆議院が同意して参議院が同意しない場合においては、日本国憲法第六十七条第二項の場合の例により、衆議院の同意を以つて両議院の同意とする。」ものと定められている

（警察法五条三項、会計検査院法四条二項）。本来実質的に国会の権限に属する事項についても、その権限を行使する形式が、国会の議決という議決形態による場合と、両議院の議決という議決形態による場合とでは、全然異るものであつて、両院協議会によつて両院の議決の不一致を調整するのは、このうちの国会の議決を要する案件であり、両議院の議決による場合は、両院協議会を開く途のないのが建前であることは既に度々述べたところである。これに対する唯一の例外として法律で特別の規定を設けたものが、この両者任命についての両議院の同意のときの、両院の議決の不一致の場合であつて、この場合に限つて、法律は特に憲法第六十七条第二項の場合即ち内閣総理大臣の指名の議決の場合の例によることとしているのであつて、従つて、この両者の任命の同意の場合には、内閣総理大臣の指名の議決についての国会法第八十六条の規定が準用されることになるが、たゞ警察法及び会計検査院法の定めるところによれば、国家公務員及び検査官の任命の同意の場合において、内閣総理大臣の指名の議決の例によるのは、衆議院が同意して参議院が同意しない場合にのみ限られ、反対に参議院が同意して衆議院が同意しない場合においては、両院協議会を開くことは認められない。これは、内閣総理大臣の指名の議決について衆議院に優越性を認めたと同じ趣旨によるものである。

（五）　その他の場合

以上述べた特別の場合の外は、国会の権限事項について、換言すれば、国会の議決を要する事件について、両院の意思が一致しない場合には、先議の議院が両院協議会を求めることができることになつている（国八七条）。

これが即ち、旧来の両院協議会を求める典型的な場合である。

従来は、前述した如く、両院協議会請求の義務を議案を先議した院に与え、而して成案の先議権をも同じく議案を先議した院に与えたので、議案の先議と、協議会請求権と、成案先議権との三者の関係を不可分的なものと考えていた。この議案先議不可分主義は、換言すれば議案を所持している議院が両院協議会を求めることであつて、イギリスアメリカの議会においても両院協議会を求める院は、原則としては議案を所持している院ということに定められている。なお、アメリカでは協議会の報告も、議案を所持している院から先になされることになつている(註三)。

しかし、国会になつてからは、議案所持の院が両院協議会を求める所謂議案先議不可分主義の原則が、必ずしも一貫されているわけではなく、既に述べたように或る場合には議案先議不可分主義により、又或る場合には後議の院にも、協議会を求めることを認めている等、理論的に見て甚だ腑に落ちないところが多々ある。この点は、他日国会法を改める機会に、憲法又は国会法その他の法律で、衆議院に優越権を認めた案件については、例外なくすべて衆議院に協議会請求権と成案先議権を与えるべきであることについては度々これを繰り返えして述べる通りである。

もしそうでないとすると、折角憲法で法律案の場合に、衆議院に優越権を認めていても、その効果が半減するようなことになるからである。何となれば、法律案については、予算、条約、或いは内閣総理大臣の指名等の場合の如く協議会を開いても意見が一致しないときは、衆議院の議決が直ちに国会の議決となるのではないから、両院協議会を開いても意見が一致しないときは、成案を得ないままに再議決をもしないでその法律案を不成立にしてしまうこともできれば、或いは再議決をして出席議員の三分の二以上の賛成を得て法律とすることものできるである。而して、この再議決をする場合に、後述するごとく協議会を求めてからする場合と、協議会を求めずに直ちに再議決する場合とがあるが、衆議院が協議会を求めてから、しかも協議会で得た成案を可決して参議院に送付した場合に、参議院がそれを否決、又は法定期間内に議決しないときに、衆議院が再議決するとすれば、その時の議題に供すべき衆議院の議決案なるものは、最初に参議院に送付したときの議決案なのか、それとも参議院に送付した成案そのものであろうかここに一つの問題がある。

いまこの問題に関連しつつ、以下少しく法律案の再議決の場合に関する若干の問題を取扱つてみよう。

憲法第五十九条は、「法律案は、この憲法に特別の定のある場合を除いては、両議院で可決したとき法律となる。

衆議院で可決し、参議院でこれと異なつた議決をした法律案は、衆議院で出席議員の三分の二以上の多数で再び可決したときは、法律となる。

前項の規定は、法律の定めるところにより、衆議院が、両議院の協議会を開くことを妨げない。

参議院が、衆議院の可決した法律案を受け取つた後、国会休会中の期間を除いて六十日以内に、議決しないときは衆議院は、参議院がその法律案を否決したものとみなすことができる。」と規定している。

論ずるまでもなく、本条は、法律成立に関する基本原則を規定したものであるが、註解日本国憲法によれば、本条については特に注意すべきこととして、第一に、旧憲法の如く、国会は、天皇の単なる協賛機関ではなく、国の唯一の立法機関となつて、法律案は、天皇の裁可を必要とすることなく、両議院で可決すれば、それだけで、完全に法律として確立する点及び第二に、法律案の議決に関して、衆議院の優越的地位が認められた点、換言すれば衆議院中心主義が確立された点を挙げている。(註四)。

そこで、第一の点には問題がないのであるが、第二の点、即ち、法律案に対する衆議院中心主義の確立に関する部分については問題が残されている。つまり、端的にいえば憲法第五十九条の第二項、第三項、第四項については、なお研究されるべき点が残されているということである。

まず、その第一は、結論を先にいえば、憲法第五十九条第二項の場合に、衆議院が再び議決するときの対象は何んであるかの問題である。通説は、はじめに参議院に送付したときの法律案であると、たやすく片附けているのであるが(註五)、同条の第三項は、憲法改正案の審議に際して、貴族院で修正追加せられた結果、衆議院が可決して送付した案と、参議院の議決が異なつた場合には、衆議院は両院協議会を開くことを求めてもよいことになつたので、そこに問題が生起してくる。若し第三項が修正によつて追加されなかつたものとすれば、通説の如く、衆議院の議決案は一つしかないから、別に問題は生じないのであるが、追加された結果、協議会を開いて成案をえた場合に、衆議院は、それを先議可決して、参議院に送付したときに、参議院がそれを否決したとすると、衆議院は、同条第二項にかえつて、再議決権を行使できることになる。そのとき再議決の対象となるのは、果して「註解日本国憲法」のいうがごとく、最初の議決案であろうか、これには少しく疑問なしとしないのである。

何となれば、衆議院優位の原則からいつても衆議院が成案を先議可決すれば、そのときは、さきに参議院に送付したときの法律案(送付案)は参議院で修正されること(修正されて衆議院にかえされたものを回付案という。)により更には協議会で回付案を修正したとすれば(勿論修正しない場合もあるが、その何れを問わず協議会の議決したものを成案という。)その限度において既に修正されたものと解さねばならぬ。何となれば、さきの回付案と、成案とは全く別個の二つの法律案とは考えられず、成案のうちには、さきの回付案が包含されているものといわねばならないからである。「註解日本国憲法」に「しかし、協議会の成案は両院の承認を前提として意味を有するので、成案が、いずれかの院で否決されたときは、成案自身が存在の意味を失つて廃棄され、成案を得られなかつたときと同様に考え、いずれの場合も、再議決の対象は、はじめの法律案であると解すべきであろう。」とあるのは、いささか成案を最初の議決案の附属議案であるかのごとく誤解したからではなかろうか。

さきに引用したごとく、「註解日本国憲法」は、憲法第五十九条には、特に注意すべきことがあつて、それは衆議院の優位の確立、換言すれば、衆議院中心主義の確立を規定したものであると強調しているに拘らず、一方においては成案は、両院の承認を前提として意味があるので云々と述べていることはまことに奇異な感を抱かざるをえない。

何故なれば、本条第一項に、法律案は特別の場合を除いては、両議院で可決したときに法律となるとあつて、これは法律案が両院の承認を前提としていることは勿論であろう。しかし、憲法は、それがために第一項にわざわざ「この憲法に特別の定のある場合を除いては」と断つてあるのであつて、本条の第二項の場合が、即ち、その特別の定のある場合の一に該当することはここにあらためて論ずるまでもなかろう。

若しそうであるならば、両院の議決が異つている場合でも、第二項の再議決権が行使されるまえに、第三項が適用され、而して、成案が両院を通過したときは、同条の第一項が適用されて法律となるのであつて、特別の場合である第二項が適用されて法律となるのではない。これに反して、再議決の場合は、成案が一院を通過しているといないとに拘わらず、第二項によつて法律となるのである。而して、第二項は元来衆議院に優越を認めた規定なのであるから、衆議院が成案を先議可決して、これを参議院に送付した場合に、参議院がこれを否決するときは、本条第二項の衆議院が可決し、参議院がこれと異つた議決をした場合に該当することはいうまでもなく、また後述するが如く、成案とはじめの議決案とが別個にいつまでも存在するものではなく、成案が先議の院、即ち、衆議院で可決された瞬間において、はじめの衆議院議決案も、参議院の回付案も成案の中に統合、包蔵されてしまつて成案だけしかないことになるのであるから、この場合、再議決の対象となるのは、成案といわなければならないのである。

この理論は、例えば内閣が衆議院に法律案を提出したとすると、衆議院がそれを議決するまでは、それが原案として取扱われるが、一度それが、修正議決されて、参議院に送付されると、最早原案たる政府提出案なるものは存しなくなつて、両院の間に議決の対象として存するものは、衆議院送付案だけとなるのである。従つて、参議院では最初の政府提出案と、衆議院から送付した案とを審議の対象とするのではなく、議決の対象たるべきもの、即ち、議題に供するものは、飽くまで衆議院の送付案でなければならない。又、参議院でその送付案を修正して衆議院に回付してきた場合に、衆議院において議決の対象となるものに、衆議院のさきの議決案と、参議院の回付案との二案があるのではなく、唯一案、参議院の回付案が存するのみである。而して、その回付案を議題に供して、それに同意できないと決したときに、始めて衆議院が協議会を求めることになるのである。かくの如くして両院協議会において、議決の対象となるものが何であるかは推して知るべきである。後述するが如く、両院協議会において、議決の対象となるべき原案はつねに回付案、即ち、協議会を求められた議院の議決案でなければならないものとして、過去において取扱われてきたのみならず、国会になつてからも実際としては、従来のごとく取扱われている。しかし、理論的には、協議会においては、如何なる場合であろうと、先議、後議の別なく、つねに衆議院に優越権が認められている案件、つまり、法律案、予算、条約、内閣総理大臣の指名のごときものについては、回付案に同意しないことによつてそこで一段落して回付案を原案とすることなく衆議院の議決案を原案とすべきであり、然らざるものについては、従来の如く、回付案を原案とすべきものと思われる。しかして、協議会において両院の妥協ができ、成案が得られたときは協議会を求めた議院において、先ず議することになつている。この場合において、協議会の成案は、必らずしも、両院の議決の異つた部分にのみ限られるものではなく、むしろ、その他の部分についても言及されているのが普通であり、理論的には、衆議院議決案と、参議院議決案との二案を併合して一案としたものと解する方法が妥当かもしれぬ。例えば、「その他は、某院議決案の通りとする」とか、「某院の議決案中次のごとく改める」とか表現されていることから見ても、その一半を理解できよう。かくして、衆議院において成案が可決されれば、さきの参議院からの回付案は、成案に統合されてしまつて、国会の議決を要する案件の審議段階は、最早成案審議の第四段階に入つて、両議の議事交渉関係としては、成案だけが正当な議案として、換言すれば、国会の議決の対象として取扱われることになるのである（国九三条）。

従つて、憲法第五十九条第二項によつて、法律案に対して衆議院が再議決権を行使する場合の議決の対象は、両院協議会を開いて成案を得た場合に、それを可決して、参議院に送付したとき、参議院がそれを否決したときは、成案そのものであり、成案を得ても衆議院で否決された場合、及び両院協議会を求めないで、直ちに再議決するときは、参議院の回付案に同意しないことによつて、参議院の修正部分は、削除されたことと同じ結果になるから、その参議院の修正を削除した案について再議決するので、再議決の対象はつまり、初めの議決案であるということになるのである。

この点に関して宮沢教授が「協議会の成案が、衆議院で可決され、参議院が否決した場合は、もちろん衆議院はその成案について再び三分の二の多数で議決することができよう。」と解していられることは、まことに正当なる議論であるといわなければならない（註六）。

第二は、これに関連する国会法規の不備に関する問題である。

衆議院が両院協議会を求めることができるのは、参議院からの回付案に不同意の場合だけでなく、前述した如く参議院が、衆議院からの送付案を否決し、又は法定期間内にその送付案を議決しないとき及び衆議院からの回付案に不同意のときも同様であるに拘わらず、現行国会法規では、衆議院からの送付案を参議院が否決したときは、単にその旨を衆議院に通知すれば足り、否決した議案を衆議院に返付しなくともよいことになつている（国八三条二項）。しかし、この場合に衆議院は憲法第五十九条によつて、両院協議会を求めることもできれば、又再議決権を行使することもできるのに、議決の対象又は協議会を求むべき案件を所持しないことになるわけである。これは、両院関係において、つねに議決の対象案件を所持していることが、即ち、正当な権利に基いて審議している証左となり、ひいては権限移動の表徴とさえなつていたことに思いをいたすとき、これを単に法の盲点として看過するわけにはいかないので、これを会議録から抜萃して事例を挙げつつ説明してみよう。

先ず第十三回国会（昭和二十七年六月十七日）公益事業令の一部を改正する法律案（衆議院提出参議院回付案）の再議決の場合の例を示してみると（註七）、

○議長（林讓治君）　参議院から、本院提出、公益事業令の一部を改正する法律案が回付されております。この際議事日程に追加して右回付案を議題となすに御異議ありませんか。

〔「異議なし」と呼ぶ者あり〕

○議長（林讓治君）　御異議なしと認めます。よつて日程は追加せられました。

公益事業令の一部を改正する法律案の参議院回付案を議題といたします。

○議長（林讓治君）　採決いたします。

本案の参議院の修正に同意の諸君の起立を求めます。

〔起立者なし〕

○議長(林譲治君)　起立者はありません。よつて参議院の修正に同意せざることに決しました。

○福永健司君　憲法第五十九条第二項に基いて再議決のため、公益事業令の一部を改正する法律案を議題とせられんことを望みます。

○議長(林譲治君)　福永君の動議に御異議ありませんか。

〔「異議なし」と呼ぶ者あり〕

○議長(林譲治君)　御異議なしと認めます。よつて公益事業令の一部を改正する法律案の本院議決案を議題といたします。

ただちに採決いたします。本案はさきに本院において議決の通り可決するに賛成の諸君の御起立を求めます。

〔起立総員〕

○議長(林譲治君)　起立総員。よつて本案はさきの議決の通り可決せられました。

右の速記録でわかるように、回付案について再議決する場合は、いつでも、衆議院が、議決の対象とする議案を必ず所持しているのであるから、回付案に不同意の議決後、直ちに再議決しても、何等問題の起きる余地がないのであるが、次の場合は、少しくそれとは趣きを異にしていることを注意すべきである。

即ち、同じく第十三回国会(昭和二十七年七月三十日)において、参議院の厚生委員会において審査中の内閣提出、国立病院特別会計所属の資産の譲渡等に関する特別措置法案の再議決の場合の例であるが(註八)、

○山本猛夫君　内閣提出、国立病院特別会計所属の資産の譲渡等に関する特別措置法案は、五月三十一日に参議院に

送付の後六十日以上を経過いたしましたが、同院はいまだ議決に至らず、よつて本院においては、憲法第五十九条第四項により、参議院がこれを否決したものとみなすこととせられんことを望みます。
○議長（林讓治君）　山本君提出の動議を採決いたします。山本君提出の動議に賛成の諸君の起立を求めます。
〔賛成者起立〕
○議長（林讓治君）　起立多数。よつて国立病院特別会計所属の資産の譲渡等に関する特別措置法は参議院が否決したものとみなします。
○山本猛夫君　憲法第五十九条第二項に基いて再議決のため、国立病院特別会計所属の資産の譲渡等に関する特別措置法案の本院議決案を議題にせられんことを望みます。
○議長（林讓治君）　山本君の動議に御異議ありませんか。
〔「異議なし」と呼ぶものあり〕
○議長（林讓治君）　御異議なしと認めます。よつて国立病院特別会計所属の資産の譲渡等に関する特別措置法案の本院議決案を議題といたします。
ただちに採決いたします。本案はさきに本院において議決の通り可決するに賛成の諸君の起立を求めます。

〔賛成者起立〕
○議長（林讓治君）　起立者出席議員の三分の二以上の多数と認めます。よつて可決せられました。
さきの場合と、後の例とは、同じく再議決の事例であつても、再議決の対象となるべき議案の所持の有無によつて、国会の審議手続が、本筋に副つてなされているかどうかの相違が生じてくる。つまり前者の場合には、再議決の対象たるべき議案を所持していて、それについて議決するのであるから正しい手続によつて再議決されたことになり、後者の場合には、再議決の対象議案は参議院において審議中のものであり、それにも拘わらず、参議院に一言半句のことわりもなく、また手もとに議決の対象たる議案を所持することなく、いわば空の議決をしているにも等しいから、これは正しい手続とはいい難く、又議案を所持することなく議案を議決する場合は、この再議決の場合だけであるから、それには何か手続上に欠けるところがあるのではないかとの疑いが起きることも強ち無理ではなかろう。殊に、憲法第五十九条第四項によつて、参議院が否決したものとみなす場合には、法定期間が経過することによつて法律上当然に否決したものとみなされるのではなく、否決したものとみなすための議決がなされなければならないのであるから、その議決があつたことを参議院に通知すべきが当然であり、その旨を通知すべきことを規定していない現在の手続法規に再考を要すべきものがあるのではなかろうか。

何となれば、法定期間経過の法律案について、両院間に何等の交渉なしとするならば、すでに一院を通過した法律案を、両院同時に審議するがごときことなしとしないからであり、かくすることは両院制度の本旨に反するばかりでなく、両院議決の場合におけるその効力問題にまで発展する可能性があるからである。従つて、国会の議決を要すべき議案については、その審議の対象となるべき正しい議案を保有する議院が、正当な審議権を行使しているものと断ぜざるを得ない。国会法は予備審査の制度を設けているが、それは本審査の議院と、予備審査の議院とが、同一権能のもとに審議しているものでないことは、本審査の議案には提出といい、予備審査のための議案には送付といい、あるいは予備審査のための送付日が本審査の議案の提出日から数日間遅れることがありうること(国五八条)、及び予備審査のための議案は表決に付することができない等の点からも察知することができよう。つまり予備審査の対象たる議案は、原本（Original）ではなく、写本（Copy）なのである。しかし、上述したごとく、衆議院が再議決する場合には、衆議院先議の法律案について再議決権を行使する場合でも又衆議院後議の法律案について参議院が衆議院の回付案に同意しないため再議決権を行使する場合でも、いずれも原本は参議院にあつて、衆議院は写本すら保有しないのである。

かく考えてくるならば、現在の規定で改めるべきところは自ら分明であろう。即ち、参議院が衆議院の送付案を否決したり、回付案に同意しない場合には、その旨を衆議院に通知すると同時に、その法律案を衆議院に返付すべきものとし、又衆議院が憲法第五十九条第四項によつて、参議院審議中の法律案にして、法定期間内に議決しないものについて、参議院がこれを否決したものとみなす議決をした場合には、その旨を参議院に通知することとし、参議院は、その通知を受けとつたときは、ただちにその法律案の審議を中止して、その法律案を衆議院に返付すべきものとすることが妥当ではなかろうか。。

かくすることによつて、両院同時審議の問題も消え、再議決の場合における対象に関する論争をも避けられ、協議会を求める議院は国会の議決を要する案件を保有する議院となつて、国会の運営を正常分明ならしめる上に非常に役立つことと思われる。

さて、ここまで論旨を進めてくると、さきに述べた衆議院が成案先議した場合における再議決の対象は何であるかは、これ以上更に論ずるまでもなく、その成案でなければならないことが一層明らかであろう。何となれば、衆議院が成案を可決して参議院に送付した場合に、これを否決すれば、前述した例にならつて、当然に否決の通知とともにその成案を衆議院に返付してこなければならないし、衆議院はその返付を待つて再議決するのであるから、再議決の対象となるものは当然に成案とならなければならないからである。

これは、他面においては国会法に、「両議院の議決を要する議案について、最後の議決があつた場合、及び衆議院の議決が国会の議決となつた場合には、衆議院議長から、その公布を要するものは、内閣を経由して奏上し、その他のものは、これを内閣に送付する。」と規定されている（国六五条）ことから見ても当然のことであるといわなければならない。

次に、第三に問題となる点は、憲法第五十九条第四項の場合における法定期間たる六十日の計算方法に関するものである。

法定期間は衆議院で可決した法律案を参議院が受取つた当日から起算することは、国会法が会期の期間計算について当日起算主義によつている（国一四条）ことからでも明らかでなければならない。ただ、両院協議会の成案の審期間については、さきの送付案の法定期間中に包含されるのか、それとも、別箇に計算されるのかが問題なのである。

「註解日本国憲法」及び宮沢教授は、「両院協議会の成案を衆議院が可決して参議院に送付した後、右の期間内に、参議院が議決しないときも、衆議院は参議院がその成案を否決したものとみなすことができると解すべきである。」と論じられているが(註九)、同書に、右の期間内とか、同じ期間とかいうのが少しく意味曖昧でどちらにも解釈できる。それは、参議院が衆議院の送付案をその法定期間内に修正議決して衆議院に回付した際に、衆議院がそれに不同意で両院協議会を求め、成案を可決して参議院にこれを送付した場合に、参議院はその成案をさきに送付された法律案の受領の日から数えて六十日以内に議決しないときはという意味なのか、それとも、送付案に対しては、その法定期間内に一度議決しているのであるから、その期間内に議決がなかつたとはいえないので、成案を受取つた日から、また六十日の法定期間を計算するという意味か、いささか不明である。しかし、これは、送付案受領の日から通算してという意味に解すべきであろう。何となれば、参議院が一度議決した場合には、憲法第五十九条第四項の期間計算の問題は生じないからである。而して、第四項の期間が生ずるのは、参議院で衆議院から送付された法律案に対していまだ一度も議決しない場合でなければならない。従つて、成案を参議院に送付した場合は、成案をさきの送付案の附属議案と見るか、或いはこれを単独法律案と見るかによつてその見解も異つてくるであろうが、成案はこれを送付案の附属議案とみるよりも、むしろこれを単独議案と解すべきことは前に述べたところである。しかし、成案を単独議案と解するからといつて直ちに法定期間を成案受領の日から更新して計算すべきものと主張するものではない。

もし成案を単独の法律案と見るならば、それを参議院が受取つた日から六十日以内に議決しないときに初めて、それを否決したものとみなすべきであるが、成案を得たる法律案、即ち、さきの送付案に附属するものと見るならば、その法定期間は、送付案の議決期間となるであろう。従つて、その期間内に参議院が成案を議決しないときは、これを否決したものとみなす議決ができるものと解すべきであることはいうまでもない。しかし、かく解することによつて、この問題がすべて解決されたわけではなく、むしろ、法定期間内の計算に関する困難な問題は、衆議院がその法定期間経過後において、参議院が審議中の法案を否決したものとみなす議決をして、両院協議会を求め成案を得て、これを可決送付した場合にあるのである。即ち、この場合には、衆議院からの送付案を参議院は法定期間内に議決をしていないのであるから、その法定期間内に、成案の審議期間を含めることはできないから、これを如何に取扱うかが問題なのである。勿論、さきに成案の審議期間は、送付案の法定期間であるといつた場合でも、既に成案を送付した時に、その法定期間が経過しているときは、これと同じ問題が生じて来るわけである。

何となれば、両院規則には、成案の上程については、何等の規定もないからである。換言すれば、国会法には「両院協議会において成案を得なかつたときは、各議院の協議委員議長は、各々その旨を議院に報告しなければならない。」とあるが（国九四条）、成案を得たときに関しては、両院協議会規程に、「各議院の協議委員議長は、各々文書を以つてこれをその議院に報告しなければならない。」とあるだけで（両院協議会規程一〇条）、委員会の場合のように「委員会の審査した事件が議題となつたときは、先ず委員長がその経過及び結果を報告し、」云々の規定（衆規一一五条、参規一〇四条）がないのである。法律上はただ成案をえない場合の報告義務が協議委員議長にあるだけで、最も大切な成案を得た場合の規定がないので成案を得た場合に文書報告をしただけで、成案の口頭報告、換言すれば、成案の審議を無期延期できるかの疑問なしとしないのである。

アメリカの上院においては、両院協議会の報告延期（Tabling of conference report）は規則の認めるところであり、下院においては、上院の場合と異なり、協議会の報告を無期延期する古い慣行を正式にとり止めたことになつている（註一〇）。

これを要するに、わが国においては、両院協議会における成案を得た場合の報告及びその審議については、後述するがごとく、両院の規則には何等の規定が存しないにも拘わらず、協議会の成案については憲法第五十九条第四項の法定期間の適用がないものと解するのみでなく、法律以外の予算、条約、内閣総理大臣の指名の場合における協議会の成案についても、その案件の何たるやを問うことなく、成案は、なるべく速かにこれを議決すべきものと解するものであり、又諸外国のごとく協議会において成案を得たときの報告を無期延期することはできないものと解するものである。このように解さなければ憲法の運用に非常なる障害を来たすからである。

何となれば、予算、条約、内閣総理大臣の指名等の、衆議院に優越権を認められた事案に関して見るに、憲法第六十条、第六十一条及び第六十七条は、いずれも、これ等の案件について、両院の議決が異つた場合には、法律の定めるところにより、両議院の協議会を開いても意見が一致しないときは、衆議院の議決を国会の議決とするものとして衆議院の優越性を強く貫いているから、現在の国会法規との関連において解釈するときは、これ等の案件について、両院協議会において、成案を得るに至らなかつた場合は勿論のこと、予算及び衆議院先議の条約について、協議会の成案を得て、成案を先議する衆議院においてこれを否決した場合又は衆議院で可決し、参議院これを否決した場合、参議院先議の条約及び内閣総理大臣の指名について、協議会の成案を得て、成案を先議する参議院において成案を否決したとき並びに参議院が成案を可決したが衆議院がこれを否決した場合等は、いずれも、両院の協議会を開いても意見の一致が得られないときであるから衆議院の議決が国会の議決となることになる。このうち、予算及び衆議院先議の条約について、協議会の成案が衆議院で可決し、参議院に送付されて否決された場合において衆議院の議決が国会の議決となるという衆議院の議決は、先に法律案の再議決について述べたと同様の趣旨から、最初の衆議院の議決でなくして、協議会成案の議決であると解すべきである(註一一)。

然るに、これと反対に成案が得られてもこれが議決されない場合特に予算及び衆議院先議の条約について成案を衆議院で可決したが、参議院これを握つて議決せず、或いは、参議院先議の条約及び内閣総理大臣の指名について、成案を先議する参議院が、これを握つて議決しない場合には、憲法及び現在の国会法規上会期終了するまではこれを救う方途なく、衆議院が、これ等の案件について憲法上与えられた優越性を貫くことができないことになり、国政はここに全く停頓するに至るであろう。

かくて、参議院における成案の審議期間については、法定期間の有無にかかわらず、成案の性格からいつて条理上おのずから制限がついてくるものと思う。すなわち、法律案の成案の場合には適当の期間が経過しても、正当の理由がなく、なお、参議院が議決をしないときは、衆議院は、法定期間経過後であれば、何時でもこれを否決したものと議決して再議決することができるものと解する。而して、その適当の期間とは、客観的に見て妥当であればよく、従つて予め参議院から理由を述べて、一定期間の猶予を求め衆議院がこれに諒解を与えた場合のごときは、その期間内に、特殊の事情が生じたとしても否決とみなす議決をしてこれを再議決することは、穏当ではない。

更に、予算、条約及び内閣総理大臣の指名については、憲法が、これ等の場合に、法律の場合よりも遥かに強い優越性を認めている趣旨からいつても、参議院は速かに成案を議決すべきものであつて、これを握ることは憲法上許されないといわねばならない。
四、両院協議会は、国会の権限事項について、両院の議決が異なつた場合に、両院の意思の合致を図り、成案を得ることを目的とする両議院の機関である。
両院協議会は、国会の議決を要する案件について、両院の意思が一致しない時に開かれるものであるから、両院の意思の調整を図つて、何等かの妥協案即ち成案を作り出すことを目的とする両院の機関ではあるが、必ずしも両院の意見が一致するまで、換言すれば成案を得るまで継続審議することを要しないものである。

前述したごとく、国会法は、「両院協議会において、成案を得なかつたときは、各議院の協議委員議長は、各々その旨を議院に報告しなければならない。」と規定しているだけであるから（国九四条）、口頭報告でもよいが、文書をもつてする場合が多い。しかし、成案を得たときは、必ず文書で報告する（協議会規程一〇条）外に、協議委員議長がそれぞれその所属する議院において、成案が議題となつたときに、両院協議会の経過及び結果を委員長の例にならつて報告するのが例である。

もし、会期中に協議会において成案を得ないときは、会期不継続の原則によつて、協議会に付託された案件はすべて不成立となる。但し、憲法に特別の定めがある予算、条約、内閣総理大臣の指名のごときものは、会期中に成案を得なくとも、会期が終了することによつて、法律上当然に衆議院の議決が国会の議決となることはいうまでもない。しかし、憲法に特別の規定がないものについては、会期中に成案を得ることができない場合でも協議会の案件を閉会中の審査に付することはできないものといわねばならぬ。何となれば、国会法第四十七条第二項の規定は、各院の常任委員会及び特別委員会に適用される規定であつて、両院協議会は、各院の常任委員会でも特別委員会でもないのみならず、両院の機関であるから同条の適用はなく、従つて閉会中の審査は許されないから、成案を得ない案件でも次の会期に継続することはない。

五、両院協議会は、憲法が定める特別の場合には必ず開かねばならぬ両議院の機関である。

予算、条約、内閣総理大臣の指名のごとき、国会の議決を要すべき重要案件について両議院の議決が異なるか、或は一院が議決しても他院は議決しないで未決のままとなつては、国政上その及ぼす影響が甚大であることはいうまでもない。旧憲法では、条約の締結、内閣総理大臣の任命はともに天皇の大権事項であつて、議院の協賛すら要しないものであつた。又予算については、議会において予算を議決しないか、或は予算が成立に至らなかつたときは、政府は前年度の予算を施行できたから（旧憲七一条）、国政に及ぼす影響は殆んどなかつたといつても過言ではなかつた。

しかし、新憲法になつてからは、国会は、国権の最高機関であり、国の唯一の立法機関となつたのであるから、予算条約、或は内閣総理大臣の指名のごとき重要案件について両議院の議決が異なつたまま未決状態に放置しておくことが国家目的からみて妥当でないので、かかる場合には、両院協議会を開いて、その意見の一致を図る以外に道はなくもし開いても意見が一致しないときは、法の擬制によつてどちらかの意見をもつて国会の議決とせねば、国政に支障を来すので、それを避けるために憲法は衆議院に優越的地位を認めて、両院協議会を開いても意見が一致しないときは、衆議院の議決を以つて国会の議決とすると定めた。又、一院が議決しても、他院が議決しない場合もあるので、憲法はかかる場合にも備えて、衆議院が議決した後、参議院が憲法で定めた特定の案件について、法定期間内に議決しないときは、衆議院の議決を以つて国会の議決とすると定めた。

従つて、憲法が定めた特別の場合には、両院協議会を開くことが憲法上の義務であると解さねばならないので、国会法はかかる案件については、すべて両院協議会を求めなければならないと規定してこれを義務づけ、その他の案件については、両院協議会を求めることができると規定して、これをその自由意志に任かしたので、前者の場合における両院協議会を義務的協議会或は強制的協議会、而して後者の場合を任意的協議会といつて、協議会を分類することができる（註二）。

六、両院協議会は委員会的審査機関である。

委員会的審査機関とは、両院協議会の本質は各院の委員会とは全く異なるものであるが、その審査手続等は、国会法及び両院協議会規程に定める以外の事項については、すべて委員会の手続に準じて議事が進められていることを意味する。従つて、前述したごとく各院の規則には、成案を得た場合の協議委員議長の報告については何等規定するところがないが、委員長の報告に準じて行われている外、質疑、討論に至るまで、規定のない場合はすべて委員会に関する規定を準用する慣習である。

なお、現在では両院ともに、両院協議会の成案に何等拘束を受けないで、成案を否決することができる点等も、委員会と本会議との関係と全く同じであるが、これについては上述した成案の性質に鑑みて、拘束の規定はなくとも、両院の代表者が作製した成案は、これを可決するのが、妥当であり、参議院は衆議院から送付された成案、殊に憲法上衆議院に優越権が認められている案件に関する成案については、特別の場合以外はこれを尊重して否決しないことが望ましい。

（註一） House Manual, p. 257,

（註二） アメリカにおいては、両院協議会は両院の間に修正の問題が生じた場合に要求されるのが普通であるが、然し両院の間に未決になつている問題について意見の相違をきたしたときは何時でも協議会を要求することができる。而して、協議会を要求するのは、書類 Papers（これは Original Bill, Amendment, Report 等を意味する）を所持している議院がなすことになつている（House Manual, p. 256）。なお、議院は反対、主張、固執等の決議をなす前であつても協議会を要求することができるし（House Manual, p. 264）、その他議案に限らず、他院の議員の不法、又は怠慢について、或は他院の行動が議会の正常な運営からかけ離れたものと考えられた如き場合には、その院に対して協議会を求めることができる（House Manual, p 267）。

イギリスにおいても、又、協議会を要求しうる場合を、必ずしも、一院が可決し又は修正して送付した法律案に、他院が修正を加え又は不同意を議決したときに限らず、一院のなした決議、又は請願に対して、他院の同意を求める

とき、或は議会の特権に関するものとか、議会の議事手続に関するもの等についてもこれを許すことになつている
(May, op. cit, p. 558)。

(註三) House Manual, p. 266
(註四) 法学協会・註解日本国憲法中巻　一四〇頁
(註五) 法学協会・註解日本国憲法中巻　一四七頁
(註六) 宮沢　俊義・新憲法と国会　一七九頁
(註七) 昭二七・六・一七官報号外第十三回国会衆議院会議録五五号一一五六—七頁
(註八) 昭二七・七・三〇官報号外第十三回国会衆議院会議録六九号一三七五頁
(註九) 法学協会・註解日本国憲法中巻　一四七頁
宮沢　俊義・前掲　一七九頁
(註一〇) Senate Manual, 81st Congress, p 292
(註一一) 鵜飼信成・「国会法」国家学会雑誌六一巻四号五六頁
(註一二) 法学協会・註解日本国憲法中巻　一四五頁
(必要的協議会と任意的協議会とに分けている)

第三節　両院協議会の設置及び消滅

両院協議会は、国会法第八十四条に規定する特別の場合を除いては、一の議院から請求があれば、他の院はこれを拒むことができないのが原則であるから（国八八条）、両院協議会を請求する院が、いかなる両院協議会を求めるか

を議決することによつて、その協議会の審議の対象案件が決定するとともに、両院協議会の設置が決定されるものといわなければならない。換言すれば、協議会を求める動議の中には、これを分ければ、協議会設置の動議と、その協議会にいかなる案件を付託するかの付託の動議が包含されているものといわなければならない。

従つて、普通には両院協議会において審議の対象とする案件の付託時期と、両院協議会設置の時期は、大体において同時期であると解してよい。但し、併託の場合には既に設置されている協議会に付託するのであるから理論的には設置の時期の後であることはいうまでもない。また、両院協議会設置の時期は、協議会請求の議決があつた時である。

ただ、ここで一言注意しておかなければならないことは、特別委員会を設置する場合には、何々の案件の審査を付託すべき特別委員会を設置する議決がなされるのが普通であるが、両院協議会の場合には、何々の案件について協議会を求める議決がなされて、別に設置に関する議決がなされないことである。

従つて、協議会を求めるの議決が、即ち設置の議決であり、何々の案件についてということが、即ち何々の案件を付託するという意味に解すべきである。然るときは、協議会を設置する議決は、協議会を求める議院だけで足り、他院はこれに対して何等の議決も必要としないわけである。実際における手続も亦その通りである。かかるが故に、いかなる、又いくつの協議会を設けるかは、全くこれを求める院の意思にかかつており、これに応ずべき義務ある院の関与するところではないのである。

第十三回国会において、衆議院が十箇の法律案について、一箇の協議会を求めたのに、参議院が、これを二つの協議会に分けて応じたことは、国会法に違反するものであつて、正しい受け方であつたとはいうことができない。いま参考のために、両院の会議録に徴しながら、これらに説明を加えてみよう。

両院協議会を求めた衆議院の会議録は次の通りである（註一）。

○山本猛夫君　憲法第五十九条第三項及び国会法第八十四条第一項の規定により、通商産業省設置法案、通商産業省設置法の施行に伴う関係法令の整理に関する法律案、農林省設置法等の一部を改正する法律案、大蔵省設置法の一部を改正する法律案、大蔵省設置法の施行に伴う関係法令の整理に関する法律案、保安庁法案、海上公安局法案、運輸省設置法の一部を改正する法律案、国家行政組織法の一部を改正する法律案及び行政機関職員定員法の一部を改正する法律案の十案について、両院協議会を求められんことを望みます。

○副議長（岩本信行君）　山本君の動議に賛成の諸君の起立を求めます。

〔賛成者起立〕

○副議長（岩本信行君）　起立多数。よつて両院協議会を求めることに決しました。

○副議長（岩本信行君）　これより両院協議会協議委員の選挙を行います。

○山本猛夫君　両院協議会協議委員の選挙は、その手続を省略して、議長においてただちに指名されんことを望みます。

○副議長（岩本信行君）　山本君の動議に御異議ありませんか。

〔「異議なし」と呼ぶ者あり〕

○副議長（岩本信行君）　御異議なしと認めます。よつて協議委員は議長において指名するに決しました。ただちに指名いたします。

通商産業省設置法案外九件両院協議会協議委員

倉石　忠雄君　福永　健司君　田中　元君

西村　久之君　八木　一郎君　青木　正君

江花　静君　小坂善太郎君　池田正之輔君

木村　公平君

ただいま指名いたしました協議委員諸君は、後刻議長応接室に御参集の上、議長、副議長おのおの一名を互選せられんことを望みます。

これを受けた参議院の会議録は、次の如くである（註二）。

○議長（佐藤尚武君）　休憩前に引続き、これより会議を開きます。

参事に報告させます。

〔参事朗読〕

本日衆議院から左の内閣提出案は同院において本院の修正に同意しないことを議決し、両院協議会を開く旨の請求を受領した。

（法案名省略）

○議長（佐藤尚武君）　この際、日程に追加して、通商産業省設置法案、通商産業省設置法の施行に伴う関係法令の整理に関する法律案、農林省設置法等の一部を改正する法律案、大蔵省設置法の一部を改正する法律案及び大蔵省設置法の一部を改正する法律の施行に伴う関係法令の整理に関する法律案両院協議会協議委員の選挙を行いたいと存じますが、御異議ございませんか。

〔「異議なし」と呼ぶ者あり〕

○議長(佐藤尚武君)　御異議ないと認めます。協議委員の数は十人でございます。

○高橋道男君　只今の両院協議会協議委員の選挙は、成規の手続を省略いたしまして、議長において指名せられんことの動議を提出いたします。

○安井謙君　只今の高橋君の動議に賛成いたします。

○議長(佐藤尚武君)　御異議ないと認めます。協議委員の氏名を参事に朗読させます。

〔参事朗読〕

通商産業省設置法案外四件両院協議会協議委員

河井　彌八君　　楠見　義男君　　竹下　豊次君
高田　寛君　　佐多　忠隆君　　成瀬　幡次君
小松　正雄君　　波多野　鼎君　　菊田　七平君
松原　一彦君

○議長(佐藤尚武君)　これより直ちに協議委員の正副議長を選挙せられんことを望みます。

○議長(佐藤尚武君)　この際、日程に追加して、保安庁法案、海上公安局法案、運輸省設置法の一部を改正する法律案、国家行政組織法の一部を改正する法律案及び行政機関職員定員法の一部を改正する法律案両院協議会協議委員の選挙を行いたいと存じますが、御異議ございませんか。

〔「異議なし」と呼ぶ者あり〕

○議長（佐藤尚武君）　御異議ないものと認めます。

〔中略〕

○議長（佐藤尚武君）　御異議ないものと認めます。協議委員の氏名を参事に朗読させます。

〔参事朗読〕

保安庁法案外四件両院協議会協議委員

中川　幸平君　　郡　祐一君　　岡田　信次君
草葉　隆圓君　　木村　守江君　　河井　彌八君
楠見　義男君　　竹下　豊次君　　高田　寛君
油井賢太郎君

○議長（佐藤尚武君）　これより直ちに協議委員の正副議長を選挙せられんことを望みます。

これを見ても明らかなように、衆議院は十箇の法律案を一括して一の両院協議会に付託しているのにも拘らず、参議院においては、これを二つの協議会に分けて五つづつ法律案を付託しているのである。言い換えると、衆議院が通商産業省設置法案外九件両院協議会を開くことを求めたのに対して、参議院は通商産業省設置法案外四件両院協議会と、保安庁法案外四件両院協議会の二つの協議会を作つたことになるのであるが、これは前述したように単に応諾の義務しかない議院が、却つて新しい両院協議会を請求、換言すれば、設置した結果となつて、国会法第八十八条に反しないかどうか疑わしい。

しかし、衆議院が二つの両院協議会を設けた場合に、参議院がこれに応ずるのに、二つの協議会の協議委員に同一人を選挙したとしても、これは国会法に違反するものでないことは論ずるまでもなかろう。何となれば、それは単に同一人で構成されるとしても、一つの協議会の協議委員が、他の協議会の協議委員を兼ねることが法律上禁止されていない限りにおいては、二つの両院協議会は全く別箇の協議会であるからである。

この委員兼務の場合に似て非なるものに、併託の場合がある。併託の場合は、先ず最初に一つの案件について両院協議会を開くことが決して、その協議委員を選挙した後において、更に他の案件について両院協議会を求めることが決した場合に、その協議委員を選挙しないでさきに選挙した同一協議委員に兼務させることではなく、最初からその案件についての両院協議会を設置しないで、さきに設置した両院協議会にその案件を併託することである。

しかるに、両院における運営の実際は、この両者の区別を混同して、協議委員兼務の場合を併託と称しているが、これは今後截然と区別されて然るべきもののように思われる。いま、参考までにこれが実例を衆議院の会議録に求めてみよう（註三）。

○福永健司君　憲法第五十九条第三項及び国会法第八十四条第一項の規定により、日本国有鉄道法の一部を改正する法律案について両院協議会を求められんことを望みます。

○議長（林譲治君）　福永君の動議に御異議ありませんか。

〔「異議なし」と呼ぶ者あり〕

○議長（林譲治君）　御異議なしと認めます。よつて両院協議会を求めることに決しました。

○議長（林譲治君）　これより両院協議会協議委員の選挙を行います。

〔中略〕

○議長（林讓治君） 御異議なしと認めます。よつて協議委員は議長において指名するに決しました。ただちに指名いたします。

日本国有鉄道法の一部を改正する法律案両院協議会協議委員

石田 博英君　倉石 忠雄君　佐々木秀世君
福永 健司君　吉武 恵市君　橋本 龍伍君
田中 啓一君　前田 郁君　西村 直巳君
岡延右衛門君

ただいま指名いたしました協議委員諸君は、議長応接室に御参集の上、議長、副議長おのおの一名を互選せられんことを望みます。

○議長（林讓治君） 次に議事日程に追加して関税定率法の一部を改正する法律案の参議院回付案を議題となすに御異議ありませんか。

〔「異議なし」と呼ぶ者あり〕

○議長（林讓治君） 御異議なしと認めます。よつて日程は追加せられました。関税定率法の一部を改正する法律案の回付案を議題といたします。

○議長（林讓治君） 採決いたします。本案の参議院の修正に同意の諸君の起立を求めます。

〔賛成者起立〕

○議長（林譲治君）　起立少数。よつて参議院の修正に同意せざることに決しました。

○福永健司君　憲法第五十九条第三項及び国会法第八十四条第一項の規定により関税定率法の一部を改正する法律案について両院協議会を求められんことを望みます。

○議長（林譲治君）　福永君の動議に御異議ありませんか。

〔「異議なし」と呼ぶ者あり〕

○議長（林譲治君）　御異議なしと認めます。よつて両院協議会を求めることに決しました。

○議長（林譲治君）　これより両院協議会協議委員の選挙を行います。

○福永健司君　本案は日本国有鉄道法の一部を改正する法律案両院協議会協議委員にあわせ付託せられんことを望みます。

○議長（林譲治君）　福永君の動議に御異議ありませんか。

〔「異議なし」と呼ぶ者あり〕

○議長（林譲治君）　御異議なしと認めます。よつて本案は日本国有鉄道法の一部を改正する法律案両院協議会協議委員にあわせ付託するに決しました。

○議長（林譲治君）　参議院から、本院送付の食糧管理法の一部を改正する法律案は同院において否決した旨の通知を受領しました。

○福永健司君　憲法第五十九条第三項及び国会法第八十四条第一項の規定により、食糧管理法の一部を改正する法律案について両院協議会を求められんことを望みます。

○議長（林讓治君） 福永君の動議に賛成の諸君の起立を求めます。

〔賛成者起立〕

○議長（林讓治君） 起立多数。よつて両院協議会を求めることに決しました。

○議長（林讓治君） これより両院協議会協議委員の選挙を行います。

○福永健司君 本案は日本国有鉄道法の一部を改正する法律案両院協議会協議委員にあわせ付託せられんことを望みます。

○議長（林讓治君） 福永君の動議に御異議ありませんか。

〔「異議なし」と呼ぶ者あり〕

○議長（林讓治君） 御異議なしと認めます。よつて本案は日本国有鉄道法の一部を改正する法律案両院協議会協議委員にあわせて付託するに決しました。

この場合における手続をよく検討してみると、二つの点において疑問がある。その一つは、この場合に併託でいこうとしているのか、それとも協議委員の兼務でいこうとしているのかが不明であること、他の一つは、併託といつても、旧い明治憲法時代の併託理論、即ち案件をすべて委員会を構成している委員に付託する理論を踏襲していることである。新憲法になつてからは、委員会に付託するのであつて、それを構成している委員に付託することは絶対にない。それは、新旧の国会法規を対照すれば自ら明らかである（註四）。そこで、もし併託でいくとするならば、両院協議会に併託すべきである。而して、併託の理論は、委員会における併託の理論と同じであるべきである。

しかし、これに対しては異論なしとしない。それは、委員会の場合には既に委員会が設置されているので、それに案件が併託されるのであるが、両院協議会の場合には、両院協議会を求めることに決した瞬間において、その案件を付託すべき両院協議会が設置されたことになるのであるから、併託ということはありえないのであつて、そこには、ただ協議委員の兼務の問題があるだけであるというのである。両院協議会が常設のものでなく、一件一協議会が原則であるとしても、いまだ一箇の両院協議会も存しないときのことはしばらくこれを措くとするも、一箇以上の協議会が既に設置されているときは、更に協議会を設けることとなしに、新しく付託さるべき案件と同種又は関連ある案件を協議している協議会にこれを併託することは理論において矛盾するところがないものと思う。

かく考えてくると、前掲の場合においては、三つの法律案について、それぞれ各別に両院協議会を求めることを議決していることは、とりもなおさず三つの両院協議会を設置することを議決したものと解さねばならぬ。しかるときは、第二回以後において、両院協議会を求めるに決した直後に、その協議委員の選挙を行うにあたつて、「本両院協議会の協議委員には、さきに指名した日本国有鉄道法の一部を改正する法律案両院協議会協議委員を指名せられんことを望む」旨の動議か、或いは「さきに指名した日本国有鉄道法の一部を改正する法律案両院協議会協議委員に、本両院協議会協議委員を併せ兼ねしめられんことを望む」旨の動議が提出されるべきである。

しかるに「本案はさきに設けるに決した日本国有鉄道法の一部を改正する法律案両院協議会にあわせ付託せられんことを望む」旨の動議を提出していることは、まことにちぐはぐな感じがしてならない。何となれば、議題は選挙について諮つているのに、議決は本案（法律案）の併託に関することになつているからである。

しかし、これは、さきにも述べたように案件の併託よりも、同一協議委員の兼務に関する動議のあやまりと解するのが妥当のようである。何となれば、参議院ではこの場合に衆議院が三法律案各別に協議会を設けたものとして取扱つているからである（註五）。

なお、両院協議会において成案を得るに至らなかつた報告があつた後に、同一案件について再び両院協議会を求めることができるかどうかについては、国会法規に、委員会の再付託の場合のように「議院は、常任委員会の報告を受けた後、更にその事件を同一の委員会に付託することができる。特別委員会の報告があつたものについては、その委員会又は他の委員会に付託することができる。」というがごとき明文（衆規一一九条）がないから、これはできないものと解さねばならぬ（註六）。

両院協議会の存続期間については、国会法規に何等の規定するところがないが、特別委員会の存続期間と同様にその会期中に限るものと解しなければならない。何となれば、憲法及び国会法規は、会期不継続を不文律としているからである。従つて、協議会は会期が終了すれば当然に消滅することが原則である。しかし、会期中であつても、付託された案件について成案を得て、その成案が一院で可決されれば他院の議了をまたずに自然に消滅する。また、会期中であつても、成案を得ないことに協議会で決して、その旨を協議会を求めた議院の協議会議長からその院に報告（国九四条）があれば、そのときにその両院協議会は消滅するものといわなければならない。

しかし、一の両院協議会に併託された案件が数件ある場合には、最初に付託された案件が成案をえて一の院で議了されても、他の付託の案件が残つている限りにおいては、消滅しないで存続することは、特別委員会の場合と同じである。

（註一）　昭二七・七・二九官報号外第十三回国会衆議院会議録六八号一三七一頁

(註二)　昭二七・七・二九官報号外第十三回国会参議院会議録七一号一八五六―七頁

(註三)　昭二六・四・一官報号外第十回国会衆議院会議録二九号五八九―九一頁

(註四)　旧議院法第二十条に「特別委員会ハ一事件ヲ審査スル為ニ議院ノ選挙ヲ以ツテ特ニ付託ヲ受クルモノトス」とあるのみでなく、旧衆議院規則第六十六条には「議院ハ特別委員ニ付託シタル事件ニ連繋スル他ノ事件ヲ併セテ之ニ付託スルコトヲ得」とあり、又同第六十七条には「議院ハ特別委員ノ報告ヲ受ケタル後更ニ其ノ事件ヲ同一委員ニ付託シ又ハ他ノ委員ニ付託スルコトヲ得」とあるが、国会法はその第四十五条において、「特別委員は、常任委員会の所管に属しない特定の事件を審査するため、議院において選任し、その委員会に付託された事件が、その院で議決されるまでその任にあるものとする。」また、同第四十七条には「常任委員会及び特別委員会は、会期中に限り付託された事件を審査する。」とあり、衆議院規則第三十三条には「常任委員会の所管に属しない事件については、議長は、議院に諮り特別委員会を設けこれを付託する。」また、同第三十四条には「特別委員会に付託した事件に関連がある他の事件については、議長は、議院に諮りその委員会に併せて付託することができる。」と規定してあるばかりでなく、同第百十九条には「議院は、常任委員会の報告を受けた後、更にその事件を同一の委員会に付託することができる。特別委員会の報告があつたものについては、その委員会又は他の委員会に付託することができる。」とあつて、これを以つて見るも、委員に付託することは旧い時代の理論であることがわかる。

(註五)　昭二六・四・一官報号外第十回国会参議院会議録三五号六六九―七〇頁

(註六)　アメリカでは、協議会の意見が一致しないとき、或いはその報告書が可決されないときは、更に別の両院協議会を請求することができる。(Senate Manual, p. 284)

第四節　両院協議会の構成

両院協議会の構成については、国会法第八十九条によつて、両院協議会は各議院において選挙された各々十人の委員でこれを組織することになつている。

両院の規則は、ともに「協議委員の選挙は、連記無名投票でこれを行う。投票の最多数を得た者を当選人とする。但し、得票数が同じときは、くじで当選人を定める。議院は、選挙の手続を省略して、その指名を議長に委任することができる。」と定めているが(衆規二五〇条、参規一七六条一項・二項・三項)、両院の実際は、選挙の手続を省略して、議長の指名に依る例であつて、衆議院でも参議院でも通常その案件について院議を構成した党派からのみ選出されており、院議を構成した党派が複数の場合においては、各派について所属議員数に按分して選出されることになつているが、衆議院においては、その案件について反対の立場をとつた党派から協議委員を選出したことが一度あることは前述した通りである。しかし、参議院が法定期間内に法律案について議決しない場合に、衆議院が憲法第五十九条第四項によつて、参議院が否決したものと議決した場合に、両院協議会を求めたときは、参議院においてはその案について院議なるものはないから、このときは全会派から按分比例で指名される例である(註一)。

なお、協議委員の補欠は、その選任と同じ方法によつている(衆規二五一条、参規一七六条第四項)。

両院協議会の理事機関としては、両院協議会議長があるだけである。両院協議会議長は、各議院の協議委員においてそれぞれ互選された議長が、毎回交代してこれに当り、その初会の議長は、くじでこれを定めることになつている（国九〇条）。協議会の議長は、協議会の議事を整理し、秩序を保持する（両院協議会規程四条）。ここで注意すべきことは、両院協議会には副議長、仮議長なる理事機関はないことである。この点に関しては、両院法規委員会に会長だけあつて、副会長がないのと同じである（国一〇〇条）。両院協議会規程に、「両議院の協議委員は、各々副議長一人を選定する。議長に故障があるときは、副議長が、議長の職務を行う。」とあるが（同規程五条）、これは両院協議会の副議長に関する規定ではなく、前述した如く両議院の協議委員が、それぞれ一つのグループを作つているので、その理事機関に関する規定にすぎない。従つて、甲議院の協議委員議長が、両院協議会の議長の職をとつているときに、若し故障があるときは、乙議院の協議委員議長がこれに代るのではなく、甲議院の協議委員の副議長が両院協議会規程第五条によつて両院協議会の議長の職務をとるのであるが、この規程は、協議委員議長が両院協議会議長の職をとつていないときに故障がある場合にも適用されるのであるから、副議長は、両院協議会の理事機関ではなく、一院の協議委員団の理事機関と解すべきである。

仮議長についても、規程は、「議長及び副議長に共に事故があるときは、その院の委員の中から、仮議長を選定して、議長の職務を行わせる。」と定めているが（同規程六条）、これとて副議長の場合と同様で両院協議会の仮議長ではなく、一院の協議委員団の仮議長にすぎない。それは、両院協議会において仮議長が選定されるのではなく、事故ある議長の属する協議委員団によつてその中から選定されることによつても明らかであろう。

協議委員の議長の互選は、協議委員選挙の当日又は翌日これを行うことになつており、その日時は、その院の議長が指定する例である。而して、両院ともに協議委員の議長の互選は、協議委員中の年長者がこれを管理することになつている(衆規二五二条、参規一七七条)。互選は、衆議院にあつては推薦の方法により、参議院においては選挙による例である。副議長及び仮議長の選定についても同様である。

協議委員の補充については、前述したようにこれに関する規定はあるが、それは協議委員の自発的辞任の場合にのみ適用あるものと解され、一部解任又は全部解任すなわち改選については、何等の規定もないのでこれについては消極に解されているが、これに対しては疑問なしとしない。即ち、第十三回国会(昭和二十七年七月三十一日)の国家公務員法の一部を改正する法律案外一件両院協議会において、参議院側の協議委員十名中四名が、突如として退席した結果、会議の定足数を欠くに至り、当日の午後三時二十分以後は遂に会議を開くに至らなかつたのである。かかる場合について、国会法規に何等の規定も存しないので、協議委員が自発的に辞任しない限り、これが入替補充、すなわち一部解任はできないものと解されているが、しかるときには、国会法上、両院協議会を求められたときは、これを拒むことはできないと定めてあるにも拘わらず、実際においては欠席することによつて、事実上両院協議会の開会を拒みうる結果となるのみでなく、憲法上、両院協議会を開いても意見が一致しないときは、衆議院の議決を以つて国会の議決とする如き場合に、後述するが如く、両院協議会の定足数は両院の協議委員を全体として、その何分の一とかいうように規定されているのではなく、各院の協議委員各々について定められているので、両院のうちいずれかの協議委員の定足数を欠いても、両院協議会を開くことは不可能なので、かかる場合については、条理上当然に、かかる欠席協議委員については改選できるものと解さなければならない。この点に関しては、当日の両院協議会議長小澤佐重喜君から、林衆議院議長に宛てた提議書中に委細をつくしてかかる欠席の場合に関する所見を述べられているが、これには全く同意見である(註二)。今後国会法が改正されるが如き機会あらば、この点について何らかの考慮がはらわれて然るべきではなかろうか。

（註一）　第十三回国会における国家公務員法の一部を改正する法律案外一件両院協議会の協議委員の選任の方法が即ちそれである。

（註二）　昭和二十七年七月三十一日附で、国家公務員法の一部を改正する法律案外一件両院協議会議長小澤佐重喜君から林衆議院議長に宛てられた提議書の全文を参考のために左に掲載する。

提　議　書

本日国家公務員法の一部を改正する法律案外一件両院協議会において、内閣提出の行政機構改革法案の一環たる国家公務員法の一部を改正する法律案の審議中、参議院側の協議委員千葉信君、森崎隆君、紅露みつ君、村尾重雄君の四名が、如何なる理由があるにせよ突如として退席された結果、参議院側の協議委員の定足数を欠くに至り、ために同日午後三時二十分以後は協議会を現実に開くことができなくなつたことはまことに遺憾であつた。

議会史上稀に見るような重要案件が山積した会期最終日の両院協議会において、かくの如く時間を空費することはその及ぼす影響が決して少くないことを痛感して、両院協議会長としては、之が再開のため凡ゆる努力を尽し、譲歩に譲歩を重ね、参議院協議委員議長草葉隆圓君からの午後九時五十分迄には必ず参議院側の定足数を充すようにするからそれ迄お待ち願い度いとの申入をも了承して、衆議院側協議委員全員は協議室に参集待機して居つたのであるが同時刻を経過すること二十分に及ぶも遂に上記の四君は出席せず従つて協議会を再開する運びに至らなかつたことは、国会運営の上からみて真に由々しい問題を包蔵しているので、深憂に堪え難く直ちに之が打開のため佐藤参議院議長に面接の上、此の間の事情を逐一説明し、会期の切迫に鑑み早急にこの事態に対処されて将来に禍根を残さないため協議会の再開できるよう格別の御配慮を仰ぐと共に、四君に対して懲罰事犯としてその処分を併せ求むる旨別紙の如き申入を行つたのであるが、これが実現を見るに至らず、国会史上空前の悪例を残したことはかえすがえすも両院協議会の議長としてまことに遺憾に堪えないところである。

おもうに両院協議会の制度の本質が那辺に存し、それが両院制度の上において如何に重要なる役目を果すかについては今更ここに呶々するまでもない。

新憲法は両院制度を採りながら重要案件については衆議院に優越権を認めているが、然しかかる場合においても衆議院の意思が直ちに参議院の意思に優越するのではなく両院制度の本質に鑑みてなるべく両院の意思を合致せしめて国会の意思の円満なる成立を期待して両院協議会を開くことを憲法上の要件としている場合すらあるのである。

然るにかかる場合に備えて、国会法は、一の議院から両院協議会を求められたときは、他の議院はこれを拒むことはできない（国会法第八十八条）と規定しているにも拘わらず、実際においては、協議会の議長が協議会を召集しても他院の協議委員が出席せず、ために開会することができないときはこれで果して他院が協議会の求めに応じたと言いうるであろうか。疑問なしとしないのである。之が問題の第一点である。

一院が協議会を求めた場合に他院がこれに応ずることは現実に会議を開会しうるように応ずることを意味して単にその協議委員を選任するだけに止まらないことは言うまでもない。

従つて国会法第九十一条が協議会の定足数を各院の協議委員各々三分の二以上と規定したからには、少くとも三分の二だけの協議委員は常に出席しなければならない責務が各院に負わされていると言わねばならない。

次に第二の問題として、選任された協議委員が協議会に出席しないで、協議会の定足数を欠き開会を不能ならしめた場合においては現行法規上如何なる処置をなしうるやについては何等の規定も存しないので明瞭をかくが、規定なきの故を以て単に之を法規の盲点として看過すべきものでない。

何となれば、前述の如く一院から協議会の要求があれば他院は必ず之に応じなければならないことになつており、その要求に応ずるものは議院それ自体であるから欠席協議委員に対する最終的な責任も自らその院に帰属すると言わねばならない。

従つて、議院としては各々その院の協議委員の定足数をかけないように、若し欠員あるときは遅滞なくこれが補充をすることは勿論、協議委員より当日の会議に欠席する旨の届出があつたときも又同様にすべきであろう。若し協議会議長からその所属協議員が再三の召集があつたにも拘わらず出席しないため開会ができないとか或いは会議の続行が不能になつたから早急に協議委員の交替を願いたい旨の申入があつたときは、さきの欠員補充又は欠席の場合に準じて直ちにこれと交替の協議委員を選任すべき責務があるものと思われる。然かも、参議院規則は、会議中に定足数を欠くに至る虞があると認めたときは、議長は議員の退席を禁じ、又は議場外の議員に出席を要求することができる（参規八四条）と規定していることから類推しても参議院議長においては両院協議会議長から、その所属協議委員がみだりに欠席しているからその出席方につき申入れがあつたときは、その出席をしようようすべき責務ありと信ずる。

而して他面、故なく欠席して応招せざることが国会法第百二十四条の規定からも懲罰事犯に該当することは明白で本協議会議長としても、再三の招請にも拘わらず、さきの四君が出席せず遂に協議会を流会せしめたことは由々しい院議無視、出席義務違反としてその処分を求めたのである。

若しそれ一度協議委員が選任されれば、欠席の故を以てその者の意思に反しては院議を以てするも交替不可能とせんか、将来の国会の運営上多大の支障なしとせず。

試みに一例を挙げれば、憲法で両院協議会を開くことを要件としている案件（予算、条約、総理の指名の如き）の場合に、両院協議会を開いても意見が一致しないときは衆議院の議決を国会の議決とすると憲法が規定しても「開いても」とは協議会の協議委員を選任するだけでなく現実に開くことを要するものとすれば、他院の協議委員が欠席戦術に出て、つねにその定足数を欠くときは、かかる憲法の規定すら空文ならしめることになるのである。

欠席戦術の如きは、国権の最高機関にして、且つ、国の唯一の立法機関たる国会の両院において行われてはならないことなのである。

それ故にこそ、国会法は故なき欠席者に対しては懲罰委員会に付することになつているのであるが、これは議会が単に天皇の協賛機関にすぎなかつた帝国議会時代に於いては、尚更強く議長限りでかかる者を除名すらできたことを知るならば思い半ばに過ぎるものがあろう。

新憲法になつて国会法はかかる場合における議長の権限を縮少したかのように見えるが決してこれはそうではなく寧ろ国権の最高機関を構成する議員諸君の職責の自覚に頼つたと同時に、その判定を議長一人よりも院議を以てしたことは、その権限の行使を一層厳粛荘重ならしめた結果である。

而して、議員各位が国民の代表者として国会の権限を行使するにあたつては、最も慎重、且つ、誠実でなければならないことは言うまでもない。

かくすることが国民の厳粛なる信頼に報ゆる所以であり、人類の普遍の原理に基く国政の運用なのである。これにはずれては民主主義政治は成り立たない。

仍つて、国会の名誉と威信にかけても将来再びかかることの起らないように本院として厳重に抗議し、以つて参議院に充分なる注意を喚起するようここに報告を兼ねて提議するものである。

昭和二十七年七月三十一日

議長　小澤佐重喜

国家公務員法の一部を改正する法律案外一件両院協議会

衆議院議長　林　讓治殿

（別　紙）

申　入

本協議会において、国家公務員法の一部を改正する法律案を協議中、貴院の協議委員千葉信、森崎隆、紅露みつ、村尾重雄の四君が急に退席されたため定足数を欠くに至り、爾後の会議を続行できなくなつたことは、両院協議会の性格と、国会の威信の上からまことに遺憾に堪えない。

ついては、会期も切迫していることであるから早急に本会が再開できるよう特別の御配慮を願いたい。

なお、再参の召集に応じないので両院協議会規程第十三条によつて懲罰事犯としての処分を併せ求める。

右申入れる。

昭和二十七年七月三十一日

国家公務員法の一部を改正する法律案外一件両院協議会

議長　小澤佐重喜

参議院議長　佐藤尚武殿

第五節　両院協議会の権限

両院協議会は、前述したる如く、国会の議決を要する案件について、両院の議決が一致しないときに、その案件について、調整を図り、一つの成案を得ることを目的とする両院の協議機関ではあるが、常置の機関ではなく、原則としては両院の議決が異つた案件毎に設けられる機関であるから、両院協議会には各院の常任委員会の如く所管というものはなく、両院の議決が異なつた案件について、両院の意見を調整して成案を作る権限を有するだけにすぎない。

論ずるまでもなく、一の案件の成案をうるために設けられた協議会に、併託された案件があるときは、その案件についても、成案を作る権限があることは当然である。また、両院協議会には成案を作るために必要な附随的権限が認められている。

しかし、両院協議会においては、両院の議決が異なつた案件が付託されるのではあるが、委員会の如くその全部について審査協議する権限があるわけではなく、その案件のうち両院の議決が異ならない部分即ち両院の意見が一致している点については、何等協議の対象とする権限はないものとされている。両院協議会規程は、その点に関して、協議会の議事は、両議院の議決が異なつた事項及び当然影響をうける事項の範囲を超えてはならないと定めている（同規程八条）。

アメリカにあつては、協議委員は、両院で同意又は可決した法案中のいかなる部分についても、両院協議会において、これを削除してはならないと定められている（註一）。

従つて、付託されない案件に関するものを付託された案件の中に挿入することもできないものと解さねばならない。

問題は、内閣総理大臣の指名の議決の場合に、甲議院はAを指名し、乙議院はBを指名して、両院協議会が開かれたときに、両院協議会は、A、Bの外に新しい第三者即ちCを成案として指名できるかどうかであるが、これは第二回国会において、衆議院は芦田均君を参議院は吉田茂君を指名して、両院協議会が開かれたときに、協議会においては、両院が指名した以外の第三者を指名すべきものとすることは、両院の議決の異なつた範囲を超えるものとして、また憲法が、内閣総理大臣の指名について、両院協議会を開いても意見が一致しないときは、衆議院の議決を国会の議決とするとしている（憲六七条二項）精神からいつても、消極に解するのが正しいとの見解に到達した（註二）。

アメリカにおいても、協議委員が変更しうる限度は両院の議決の相違した範囲内とされており（註三）、新しい立法は許されず、従つて、理論的にこれをいえば、協議委員は、両院の議決を両極端として、その範囲内で妥協に達するより仕方ないのである。例えば、歳出法案の場合に、下院が或る費目を五千ドルと定めたときに上院はこれを一万ドルと決めた結果、両院協議会が開かれたとすれば、協議委員は五千ドルから一万ドルの間で妥協するか、さもなければ、五千ドルと一万ドルのうち、どちらかを採る以外には何等の権限も有しないとされている（註四）。

わが国では、両院協議会の権限は、両院の議決の一致しない事項に限らず、当然影響を受くべき範囲にまで及びうることになつているので、この点の解釈如何によつては、相当程度まで制限規定の不便を救うことができる。

例えば、或る法律案の或る条項について両院の議決が異つているが、その法案の施行日の点に関しては両院ともそのまま可決している場合に、両院協議会において、その施行日を変更できるかは一の問題ではあるが、前述した如く協議会における議事の範囲を両院の議決の一致せざる事項に限るときは、協議会はこれを修正する権限がないものといわねばならぬが、それは余りに厳格すぎて却つて両院協議会の設けた趣旨に反する場合もあるので、これを、当然影響を受くべき事項の範囲に属するものとして、修正した場合がある（註五）。

また、両院協議会には、成案作成権以外に、その権限行使に必要な権限が与えられている。国務大臣及び政府委員の出席を要求する権限が即ちそれである（国九六条）。これは、委員会の場合には、議長を経由するのであるが、両院協議会においては、両院の議長を経由することなしに直接にできるところに相違がある。

なお、各院の委員会に認められているが如き権限、例えば国政調査権の如きについては、何等の規定も存しないから、できないものと解さねばならぬ。従つて、協議委員の派遣とか、証人の出頭、書類の提出等の要求は勿論のこと、公聴会の開会、参考人からの意見聴取などもできないものといわねばならぬ。何となれば、これらの権限は、一院の意思決定たる表決権に欠くべからざる補助的権限として認められているのであつて、一たび院議が決定したる以上は、院議尊重の建前から両院の議決の異なつた事項に関してのみ、協議会は成案を作成すべきものであるから、両院の相異なつた主張の調節は、両院の議決案を基本としてなさるべきであり、それ以外のものを基本とすべきでないからである。

ただ、ここで問題となるのは、両院協議会が一度び成案をえて、文書による報告が各院の協議委員議長からそれぞれその院に提出された後において、両院協議会から、その報告書の撤回ができるかどうかである。委員会の報告書の撤回は、付託案件がその院の議題となる前であればできるように、両院協議会の報告書も亦、成案が協議会を請求した院の議題となる前であれば、差支えないものと解される。アメリカでは、両院協議会の報告書は、上院ではその許可を得て、下院では全会一致の同意で撤回できる（註六）。

また、各院は協議委員を選任するときに、成案作成に関する期間を限定したり、その他の指示（instruction）を与えうるやについては、何等の明文もないのみならず、協議会は両院の機関であるから、これに対して各院は何等の指示権を有しないものと解さねばならぬ。

しかし、アメリカでは、前述した如く各院のグループごとに表決するので指示ができることになつている（註七）。

（註一） Senate Manual, p 287,

（註二） 拙　稿・「内閣総理大臣の指名手続について」法律時報二〇巻九号三四頁

（註三）House Manual, p. 262,
（註四）Riddick, op. cit., p. 412
（註五）昭二六・三・三一第十回国会関税定率法の一部を改正する法律案両院協議会会議録第一号二頁
（註六）Senate Manual, p. 292,
（註七）Riddick, op. cit., p. 277

第六節　両院協議会の会議

一、開会、日時及び場所

甲議院において、両院協議会を求めるに決したときは、その件名及び理由を記し文書を以つてこれを乙議院に通知しなければならない（同規程一条）。

協議会を求むべき案件と、その理由を文書を以つて通知することは、イギリス、アメリカ両国においても亦同じようであり、若し協議会を要求するときに、その主題が明示してなければ、これに同意してはならないことになつている（註一）。

而して、甲議院から両院協議会を求められたときは、国会法第八十四条第二項の但書以外のときは、乙議院はこれを拒むことができないことについては既に述べた通りである（国八八条）。協議会に応ずるといつても、わが国では、会期不継続の原則によつて、次の会期に応ずることは許されないものといわなければならぬ（註二）、

両院協議会の初会の日時は、両議院の議長が協議して定めることになつているが（同規程二条）、実際は両院の議長

が協議して定めるのではなく、両院で協議委員が指名されて、各々その議長、副議長が選定されると、両院の協議委員議長の間に協議がかわされて初会の日時が決定される例である。その後の会議の日時は、協議会がこれを定める（同規程二条）。

協議会の場所は、両院協議会規程に、協議会は、両院協議室においてこれを開くと定められているが（同規程三条）、しかし、両院協議室はいまの国会議事堂では一室しか設けられていないので、幾つもの両院協議会が設けられたときは、所定の両院協議室以外の場所で開会せられることもありうる。

協議会の開会については、委員会と同じように、予めその日時を衆議院公報、参議院彙報によつて協議委員に通知する例である。

イギリスにあつては、両院のいずれが協議会を請求しようと、その会議の日時及び場所を指定する特権を上院が有するものとされている。また、アメリカでは、国会議事堂の上院側で協議会が開かれる例である（註三）。

二、会議の定足数

両院協議会の定足数については、国会法は、「両院協議会は、各議院の協議委員の各々三分の二以上の出席がなければ、議事を開き議決することができない。」と定めている（国九一条）。従つて、会議の定足数は、各議院の協議委員の各々三分の二以上であるから、協議会を構成する協議委員の総数の三分の二、即ち二十名の十四名以上が出席すればよいのではなく、各議院の協議委員の総数の三分の二、即ち十名のうち七名づつがともに出席するのでなければ、定足数を充たしているとはいえないのである。

而して、この定足数は、議事能力と議決能力についてともに必要とするが故に、若し一院の協議委員中四名が欠席するときは、他院の協議委員全員が出席して、しかも協議委員総数の三分の二以上の出席があるにも拘らず、会議は続行できないことになる。従つて、かかる場合に対して何等かの措置が必要であることについては、既に構成に関する節でこれを述べた。

アメリカにおいては、協議委員が欠席すれば欠員とみて議長はこれが補充を指名することができるものとされている(註四)。

旧憲法時代における議院法は、両院協議会の定足数を、各議院の協議委員の各々三分の二以上としている点では同じであるが、表決の場合に、甲議院の出席委員の数が、乙議院の出席委員よりも多いときは、抽籤を以つてその超過したる数だけ甲議院の出席委員から減除することになつていた(旧両院協議会規程六条)。これは両院の協議委員の出席者数が異なつた場合に、少い方の委員の補充をすると同じ意味で多い方の委員を減じて、つねにそれによつて均衡を保とうとしたのであろうが、いまはかかる規程がないから欠席したり、欠員を生じたときは速かにこれが補充をすることの先例を確立するようにしなければならない。

また、国会法第九十二条には「両院協議会においては、協議案が出席協議委員の三分の二以上の多数で議決されたときは成案となる。両院協議会の議事は、前項の場合を除いては、出席協議委員の過半数でこれを決し、可否同数のときは、議長の決するところによる。」と定めているから、協議会における議決の方法は、協議案については、特定多数主義を採り、その他の議事については、過半数主義によつているので可否同数の場合には、議長の決するところによる。

アメリカでは、実際上、両院の協議委員が、それぞれ二つの異なつた委員会を作つて、多数決によつて行動していることは、先に述べた通りである（註五）。

三、会議の原案

会議の主題たる案件、即ち原案がなければならぬことはいうまでもない。

而して、協議会における主題たる案件は、国会の議決を要する案件であつて、しかも両院の議決が異つたものであるから、その点から見るならば、相対立する二案があると同じである。故に、協議会において、そのいずれの案を原案とすべきかの問題が生じてくるのである。国会法規にはこれに関する何等の規定もない。国会法には、協議案が出席協議委員の三分の二以上の多数で議決されたときに成案となるとあるだけである。ここで協議案というのは、何を意味するかは不明であるが、おそらくは表決の対象となる案の総称と解するより外はない。従つて、原案、修正案、ともに含むものといわなければならない。而して、協議会において、両院の議決案がともに協議案となりうることは勿論であるが、そのいずれを原案とすべきかによつて、その採決の順序が異なつてくるので、まずこの問題が解決されなければ議事の順序が定まらないことになる。

いま迄の議院法時代の古い理論からするならば、両院協議会を求める議院は必ず先議の院であり、他院からの回付案に不同意の結果として協議会を求めるのであるから、協議会に付託されるのは、その不同意の回付案である。従つて、協議会における原案はその回付案、つまり、協議会を求められた議院の議決案であつた。而して、協議会を求めた院の議決案は、それに対する修正案として取扱われる例であつた。かくすることは、後議の院の議決の対象は、つねに先議の院から送付された案件であり、協議会を求める議院は、つねに両議院の議決を要する案件を保有する議院でなければならないとの理論にも合致することであつた。

然るに、国会になつてからは、必ずしも案件を保有している議院が両院協議会を求めるとは限らず、案件を保有しない議院も、換言すれば、その案件を他院が保有しているに拘わらず両院協議会を求める場合がありうるようになつた。例えば、参議院が衆議院の送付の法律案を否決したり、或いは法定期間内に衆議院から送付の法律案を議決しなかつたり、又は衆議院からの回付の法律案に同意しないときに、衆議院が参議院に対して協議会を求めるが如き場合である。否決又は不同意の場合は、いずれも現行法規によつては、単に通知を受けるだけで、法律案そのものは参議院に保有されているのである。しかも、参議院が法定期間内に議決しないで、衆議院がこれを否決とみなす議決をした場合には、この旨を通知することになつていないので、その法律案は参議院がそのまま保有していることはいうまでもない。

従つて、かかる場合には、さきに述べた理論からすれば、協議会に応じた議院の議決案を原案とすることになるのであるが、参議院は全然議決しないか、又はこれを否決した場合には、原案とすべき案件がないと等しく、又協議会を求めた議院の議決案を修正案として取扱うとすれば、衆議院が無修正可決して、参議院に送付したときに、参議院がこれを否決し、又は全然議決しない場合に、原案となるべきものがないのにも拘わらず衆議院の送付案を修正案として取扱う不合理を生ずることになるから、以上の場合には各々その旨を通知するとともに案件を衆議院に返付するように改めるとともに、なお、百尺竿頭一歩を進めて、憲法が衆議院に優越権を認めた案件については、協議会における原案はつねに衆議院の議決案たるべきことを主張するものである。そうでなければ優越主義の理論がとらないばかりでなく、さきに述べた諸々の不合理を救うことはできないからである。

内閣総理大臣の指名の場合に、両院の指名の議決が異なつて両院協議会を開いたときは、会議の原案は、以上述べた理論から見ても、衆議院の指名の議決であることは当然である。

この点については、国会法は、旧議院法時代の理論に合せて内閣総理大臣の指名について、両議院の議決が一致しないときは、参議院は両院協議会を求めなければならないと定めたことによつて、協議会を求められた議院の議決案、即ち、衆議院の指名の議決が協議会の原案となつている。

四、会議の通則

協議会における会議の通則も委員会における通則と大体において同じである。

まず、議事の順序として、両院協議会に付託された案件を議題に供して、それに対する両院の議決が異なつているのであるから、協議会を求めた議院が、協議会を求むるに至つた理由、即ち、協議会の求めに応じた議院の議決に不同意の理由を逐一説明し、次に、協議会に応じた側の議決理由を述べて、これらの説明に対して両院の協議委員から、質疑、応答がなされる。而して、この場合協議委員は、同一の事件について、制限はなく何回でも発言ができることになつている(同規程九条)。これは、協議会の目的から見て当然のことである。

この場合の説明者は、その時の情勢にもよるが、協議委員中にその案件を審議した委員会の委員長又は委員がいる場合にはこれらの者がなす例であり、或いはその院の協議委員議長、又は副議長がなす例である。

以上の説明と、それに対する質疑、応答が終ると、委員会では討論、採決に入る順序であるが、協議会においては、成案を作成することが目的であるから、成案を得る見込ありや否やについて、両院の協議委員の間に腹臓なき意見が交換されなければならない。

各協議委員は、各々その院の議決を絶対的に尊重する建前から自院の院議を主張、固執して譲らない場合には、到底成案を得る見込がなく、従つて、爾後の会議を継続することに意味がないことになるので、協議会の議長は、質疑が終了した段階において、一旦会議を休憩して、懇談会の形式において相互の意見の調節を図り、両院の歩み寄りができればこの懇談会において協議案を作成し、休憩後の会議において、協議委員からの動議の形で協議会に提案されて、それについて討論されることになる。

討論が終れば採決される順序であるが、協議案の表決には、特定多数主義によつて、出席協議委員の三分の二以上の多数で議決されなければ、成案として成立しない。

なお、ここで注意すべきことは、出席協議委員の三分の二以上の多数であつて、各院の出席協議委員の三分の二以上でないことである。而して、協議会における採決の順序は、委員の提出した修正案があるときは、先ずこれを採決し、次に協議会を請求した議院の議決案について採決し、最後に協議会の請求に応じた議院の議決案、即ち原案について採決する例であるが、さきにも述べた如く、衆議院に優越権が認められている案件については、衆議院の議決案を原案として取扱うべきである。第十回帝国議会において両院議長の間に、協議会における採決の順序に関して次の如き協定がなされた。「成案ニ関シ新ナル意見ノ提出ナキカ、又ハ之ヲ否決シタルトキハ先ツ協議会ヲ求メルノ議院の議決案ニ付採決シ其結果否決セラレタルトキハ協議会ノ請求ニ応シタル議院ノ議決案ニ付採決スルコト」この原則は、回付案が付託される限りにおいては今日もなお踏襲されている。なお、表決の方法は、委員会の例による。

しかし、それ以前の議事、即ち開会の日時、大臣、政府委員の出席を求める等の動議の採決には、過半数の賛成があればよい（国九二条二項）。

協議会における発言について、時間の制限ができるかどうかについては、本会議及び委員会のように時間制限に関する規定がないから、これはできないものと解すべきである。

また、協議会において、成案作成のために必要と認めるときは、小委員を設けることがあるが、これは協議会の性質から見て当然のことであろう。

若し協議会の議長が討論に加わろうとするときは、その院の副議長をして議長席に着かせなければならない(規程七条)。各議院の議長は、両院協議会に出席して意見を述べることができるが(国九五条)、しかし各院の委員長は、協議会は各院の委員会ではないから協議会に出席して発言することはできない。

各院の副議長については、何等の規定も存しないが、出席したときは、議長に代つて出席したものと解さねばならぬ。

旧憲法時代の議院法には、国務大臣及び政府委員は何時たりとも両院協議会に出席して意見を述べることができるものと定められていたが(旧議五七条)、今は要求がなければ自由には出席することはできない。内閣が国会に従属した結果である。

五、協議会の成案

両院協議会においては、原案は、従来から協議会を求められた議院の議決案であり、協議会を求めた議院の議決案は、修正案として取扱われているが、参議院において衆議院の送付案を否決した場合及び法定期間内に議決をしない場合には、衆議院の議決案を原案とすべきであることについては、既にこれを述べた。

なお、この二案の外に協議会議長の発議又は協議委員からの動議の形式で、修正案が提出されることがある。

それらの案中、出席協議委員の三分の二以上の多数で議決されたものが、即ち協議会の成案となるのである(国九二条一項）。而して何れの案も、出席協議委員の三分の二以上の多数を得られなかつたときは、成案を得なかつたものとして、各議院の協議委員議長から各院に報告することになり、それを以つて、その両院協議会は消滅するのである。成案を得たときは、協議会を求めた議院において、その成案が議決されたときに、その両院協議会は消滅することについては、さきに述べたところである（註六）。

協議会を求めた議院が、協議会に応じた議院の議決案に、一度院議を以つて不同意の意思を表明しておきながら、協議会においてその反対した他院の議決案に賛成して、成案として本会議に付議することについては、一事不再議の問題として、或いは政治道義に反するとの見地から、これに反対する論者もあるが、これは妥当な見解ではない。何となれば、一事不再議の原則は、同一段階（Same Stage）において適用されるものであるから、本会議における協議会を求める以前の段階と、両院協議会における段階と、また、成案を本会議において議決する段階とは、各々その段階を異にするから、これらの段階における議決が、重複、或いは反対になつても一事不再議の問題は起らない。

また、両院協議会は、両院の議決が異つた案件について、成案を得るために設けられた段階であつて、しかも両院協議会は、その権限からしても、成案を得るためには、両院の議決を両極としてその中間の新しい妥協案を作るか、さもなければ両院議決のいずれかに決するより外に道はなく、若しそれらについていずれも出席委員の三分の二以上の多数が得られなければ、成案を得なかつたものとして、憲法に定める特別の場合を除いては両院協議会に付託された案件は成立しないことになる。

従つて、一度甲議院で反対の意思を表示した乙議院の議決案を、協議会の成案として甲議院に持ち帰つて、これを可決して乙議院に送付しても何等おかしくはなく、否これが却つて正常の国会の運営といわねばならぬ。何となれば、乙議院の議決案も協議会において採決の対象たるにおいては、それが可決されることがあるは当然であるからである。而して、かかる事例は、帝国議会のみならず国会になつてからも幾多ある。なお、協議会において成案を得た結果、条文その他について整理を要するものがあるときは、協議会議長から協議会に諮つて、その整理を議長に一任してもらう例である。

両院協議会の成案は、両院協議会を求めた議院から先ずこれを議して他の議院に送付するのであるが（国九三条一項）、この成案については、更に修正することは許されない（国九三条二項）。また、成案は回付案と同じように委員会に付託されないし、これに対する質疑及び討論は成案の範囲に限られているが（衆規二五三条、参規一七八条）、この成案の範囲という意味が明瞭でないのである。何となれば、ここに所謂成案なるものが、国会法、両院協議会規程及び両院規則にいう成案と、果して、同一内容のものであるかどうか疑わしいからである。少くとも、両院規則で、成案に対する質疑及び討論は、成案の範囲に限ると定めたその成案と、国会法において、両院協議会における成案は、協議会を求めた議院において先ずこれを議すると定めたときの成案とは、その内容が異なるものであるように思われる。しかし、それは成案の本質をどうみるかによつて決まることである。

思うに、成案とは、協議会において、出席協議委員の三分の二以上の多数で議決された協議案であることに、間違いはない。而して、その協議案たるや、両議院の議決案そのものか或いは両議院の議決案のうち、異なつた部分に関して修正されたものであることも多言を要しない。然らば、成案といえば、両院の議決案の異なつた部分に対する修正案だけが議決されてその他の部分については議決されていないのか、それともその成案は、両議院の議決で一致した部分も当然に包含されたものとして議決されているかによつて、成案に対する定義が異なつてくるわけである。これを実際に徴してみるに、両院の議決が一致している部分についても表決されるのが例であるから、成案は異つた部分に対する修正案の形のみで議決されるのではなく、議案全体として議決されるものであることは、既に、法律案の再議決のところで述べた通りである。また、かく解することによつて、成案だけが各議院において議題に供せられる所以も了解できるであろう。つまり、協議会における成案なるものは、委員会で決定したる議決案が、本会議では、修正案として取扱われるが如く従属的議案ではなく、独立的議案といわなければならぬのであり、成案が、協議会を求めた議院で議決されて、他の院に送付されるときは、国会の議決を要する案件そのものが送付されるので、それに対する修正案又は改正案の形で送付されるものでない。

従つて、かかる見地からすれば、両院規則に、成案に対する質疑及び討論は、成案の範囲に限るとあるのを改めて、成案中、本院の議決と異なる範囲に限ると規定すべきものと思われる。これは、成案の概念をはつきりすることによつて、ひとりでにかくの如く解釈されることになるであろう。然らざるときは、二度、討論及び質疑を繰り返すことになるからである。

六、会議の秩序及び傍聴

両院協議会の秩序は、協議会の議長がこれを保持する定めである(同規程四条)。而して、両院協議会の議長には、各議院の協議委員議長が毎会交代してこれに当ることになつているので（国九〇条)、ここにいわゆる議長とは、当日の議長であることは勿論のことである。協議会に関する規程には、各院の委員長の場合の如く、協議会の秩序をみだし、又は議院の品位を傷つける協議委員に対して、協議会の議長がこれを制止し、又は発言を取り消させたり、発言を禁止できる旨の規定はないが、協議会の本質に反しない限りにおいては、委員会の規定を準用して差支えないものと解すべきである。なお、協議会において、懲罰事犯があるときは、協議会の議長は、これをその協議委員の属する議院の議長に報告して、処分を求めなければならない（同規程一三条）。

国会法は協議会の傍聴は、これを許さないと定めているので（国九七条）、一般公衆の傍聴は勿論のこと、協議委員以外の両院議員、報道関係者もこれを許さない。

従つて、両院事務局の職員であつても、協議会の事務に関係ある者以外は在席することは許されない。

協議会の会議を公開しないことについては、憲法第五十七条第一項の、「両議院の会議は公開とする。」との条文に反するのではないかとの疑いを抱くものがあるかもしれないが、協議会は各院の会議ではないから、本条の適用はないものと解さねばならぬ（註七）。

七、会議の報告書及び会議録

協議会において、成案を得たときは、各院の協議会議長は、各々文書を以つてこれをその議院に報告しなければならない（同規程一〇条）。

而して、その報告の形式は一定しないが、成案の全文を書くを以つて正しいものとする。

しかし、便宜のために全文を書かずに修正の箇所だけ書いて、その他は某議院議決案通りの書くのが多い。いま、過去における成案成立の過程によつて、これ迄の報告書の書方を分類してみよう。

A、某院議決通り協議会において議決したとき、

一、協議会を請求した議院の議決案通りのとき、

イ、全文を書いたものもあれば、

ロ、協議会を請求した議院の議決案通りと書いたものもある。
二、協議会の請求に応じた議院の議決案通りのとき、
イ、全文を書いたものはなく、
ロ、協議会の請求に応じた議院の議決案通りと書いたものだけ。
B、某院議決案を基礎として一部修正したとき、
イ、全文を書いたものもあり、
ロ、修正した部分だけ全文を書き、その他を某院議決案通りと書いたものもある。
C、某議院の議決案を主として他の議院の議決案を併合したとき、
イ、全文を書かずに、甲議院の議決案通りとし、その他を乙議院議決案通りと書いたものがある。
要するにこれらは、成案の採決の順序をそのまま抽象文で便宜上書いたに過ぎないものであるから、その全文を書くのが正しいことは先に述べた通りである。

而して、成案を得ないときの報告については、旧憲法時代にあつては、何等の規定も存しなかつたが、新憲法になつてからは、協議会を開いても意見が一致しないとき、即ち成案を得るに至らないことを条件として、憲法が衆議院の議決を以つて当然に国会の議決と定めている場合もあれば、また衆議院が憲法第五十九条第二項の再議決権を行使する場合もあるから、国会法は、両院協議会において成案を得なかつたときは、必ず各議院の協議委員議長から、その旨を各々の議院に報告しなられればならないとしている(国九四条)。

成案を得たときの報告書については、委員会の報告書のごとく、委員会において特に秘密と認めた部分を除いて

は、議長はこれを印刷して各議員に配付する旨の規定（衆規八九条、参規七二条三項）はないが、これと同じく、印刷して各議員に配付すべきものと思われる（註八）。

なお、協議会においては、協議会議録二部を作り、両議院の協議委員議長がこれに署名して、各議院にそれぞれ一部を保存することになつている（同規程一一条）。

而して、その会議録には、会議に出席した者の氏名、議事、表決の数、成案その他重要な事項を記載しなければならない（同規程一二条）。協議会議録は委員会議録と同じく、これを印刷して各議員に配付されている。但し、協議会の記録中特に秘密を要するものとして、協議会にて議決した部分についてはこの限りでない。また、会議録に記載した事項及び会議録の訂正について、異議を申立てる者があるときは、協議会がこれを決することになるから、協議会が消滅してからはこれが異議を申立てることはできない。

協議会の事務は、各議院の参事がこれを掌理する（同規程一四条）。

八、両院協議会規程

両院協議会に関する規程は、国会法に定めるものの外は、両議院の議決でこれを定めることになつている（国九八条）。両院協議会規程が、即ちそれである。両院協議会規程にない事項については、両院規則を参酌して、協議会の本質に反しない限り、これを準用している。

昔の議院法は、両議院の関係については、議院法に定めるところの外、両議院の交渉事務の規程はその協議によつてこれを定むべき旨定めていたので（旧議六一条）、それに基いて、両院協議会議長の権限を、両院の協議委員が協議して、これをその都度定めることもできたが（旧衆規二二一条）、新国会になつてからは、国会法は、この法律に定めるものの外、両院協議会に関する規程は、両議院の議決によりこれを定めると規定しているから、両院協議会規程によらざる限り、その都度両院の協議委員が協議して、協議会議長の権限を定めるがごときことは許されないものといわなければならない。

（註一） May, op. cit., 1924 p. 588
House Manual, p. 267, p. 259,
（註二） アメリカでは次の会期に協議会を開くことに同意した例がある（House Manual, p. 256）。
（註三） May, op cit., p. 589
House Manual, p. 263
（註四） House Manual, p. 258
（註五） House Manual, p. 257
（註六） 第一回国会以降第十四回国会までに両院協議会において成案が成立した事例及び成案を得なかつた事例は左表の通りである。

両院協議会経過一覧表（自第一回国会 至第十四回国会）

回次	件名	結果		
		両院協議会	衆議院	参議院
第二回国会	内閣総理大臣の指名	成案を得なかつた		
	国家行政組織法案	成案成立	可決	可決
	刑事訴訟法を改正する法律案	同右	同右	同右

第七回国会	地方税法案	成案を得なかつた		
	地方公共団体の議員及び長の選挙期日等の臨時特例に関する法律案	成案成立	可決	可決
第十回国会	日本国有鉄道法の一部を改正する法律案	同右	同右	同右
	関税定率法の一部を改正する法律案	同右	同右	同右
	食糧管理法の一部を改正する法律案	成案を得なかつた		
	教育公務員特例法の一部を改正する法律案	成案成立	可決	可決
第十三回国会	一般職の職員の給与に関する法律の一部を改正する法律案	同右	同右	同右
	通商産業省設置法案	同右	同右	同右
	通商産業省設置法の施行に伴う関係法令の整理に関する法律案	同右	同右	同右
	農林省設置法等の一部を改正する法律案	同右	同右	同右
	大蔵省設置法の一部を改正する法律案	同右	同右	同右
	大蔵省設置法の一部を改正する法律等の施行に伴う関係法令の整理に関する法律案	同右	同右	同右
	保安庁法案	同右	同右	同右
	海上公安局法案	同右	同右	同右

第十三回国会			
運輸省設置法の一部を改正する法律案	同右	同右	同右
国家行政組織法の一部を改正する法律案	同右	同右	同右
行政機関職員定員法の一部を改正する法律案	同右	同右	同右
日本電信電話公社法案	同右	同右	同右
労働関係調整法等の一部を改正する法律案	同右	同右	同右
地方公営企業労働関係法案	同右	同右	同右
国家公務員法の一部を改正する法律案	参議院の協議委員四名が退場したため爾後両院協議会の定足数を欠き議事を開くことができなかつた。		
保安庁職員給与法案	成案成立	可決	可決

（註七）　アメリカにおいても、協議会は非公開が原則であつて、稀には意見を述べさせるために、議員及びその他の者を入れることもある（House Manual, p. 263）

（註八）　アメリカにおいては、協議会の報告書は本会議で審議される一日前に Record に掲載されなければならない（Riddick, op. cit., p. 274）

第十六章　両院法規委員会

第一節　概　説

両院法規委員会は、衆議院及び参議院からそれぞれ選挙せられ、議員の任期中その任にある委員によつて構成され、(一)、国政に関し問題となるべき事案につき、(二)、新立法の提案又は現行の法律及び政令に関し、及び(三)、国会関係法規の改正について両議院に勧告する両議院の機関たる委員会である(国九九条一項)。

両院法規委員会は、両院の機関としての委員会である点において、両院協議会と性質を同じくし、各議院の機関たる常任委員会や特別委員会と異るものであるが、一方、法律によつて設けられる常設的の勧告機関である点において、両院の議決が異つた特定の場合に、両院の意思合致を図るために、その都度設けられる両院協議会と性質を異にする。いま、両院法規委員会の性質を理解するために、各院の委員会及び両院協議会とをそれぞれ比較してみよう。

先ず、各議院の委員会と比較すると、第一に、その構成において異つている。即ち、各院の委員会がそれぞれその院の議員によつて構成されるものであるに反し、両院法規委員会は、衆議院から選挙された委員及び参議院から選挙された委員によつて組織される。第二に、その性質において異つている。即ち、各院の委員会は、議院の議決を要する事件の予備的審査機関であり、議院の有する国政調査権の代行機関たる性質をもつものであるに対し、両院法規委員会は、一定事項についての両議院に対する独立の勧告機関であり、各議院に対する予備的審査機関たる性格や、又各議院の権限の代行機関たる性格は、これを有しない。第三に、その存続期間において常任委員会と同じく、特別委員会と異る。即ち、両院法規委員の任期は議員の任期によるものであり、議員の任期中存続する点において常任委員会と相似しており、いかなる場合でも会期を超えて存続することを許されない特別委員会と異つている。

次に、両院協議会と比較すれば、第一に、いずれも両院の機関たる点、及びその構成がそれぞれ両議院から選挙された委員からなる点については同様であり、ただ両院協議会は、各議院から選挙された各々十人の委員でこれを組織されるに対し、両院法規委員会は、衆議院から選挙された十人の委員及び参議院から選挙された八人の委員で組織されるものであるが、同じく両議院の機関とされていても、両院法規委員会は国会法で定められたものであり、両院協議会は憲法に明らかに「両議院の協議会」と定められたものであるから、両院協議会については法律を以つてするも、これを国会の附置機関とすることはできないことは前章において述べた通りである。第二に、両者は、その性格において全然異つている。即ち、両院協議会が、両院の議決が異つた特定の場合に、両院の意思の不一致を調整し、成案を作成することを目的とするものであつて、成案は両院の議決を得べきものであるから、その点において、やはり両院の議決に対する一種の準備的予備活動をなすものであるが、両院法規委員会は、両議院の議決とは何等直接の関係なく、専ら独立して一定事項につき両議院に勧告することをその任務としている。従つて、第三に、その設置の時期乃至存続期間において異つている。即ち、両院協議会は、前章において述べたように、その開会が憲法又は法律によつて要求されている場合であろうと、そうでない場合であろうと、要するに両議院の議決が異つた場合に、その都度設けられるものであり、従つて又、議院に対する報告の段階を以つて、その任務を終了するものであるに対し、両院法規委員会は、国会法によつて定められた常任的の機関であり、委員の任期は議員の任期によることになつている。

両院法規委員会は、国会法によつて始めて設けられたものであるが、それは、国会法制定の当初においては、両議院及び内閣に対して、新立法の提案、現行法の改廃等を勧告し、かつ国会法、両院議事規則及びその他の国会関係法規を常に調査研究し、その改正について両議院に対して勧告することを使命として設けられたものであり、而して、この制度によつて、立法事項及び国会の運営に関して、終始関心をもちつつ、公正な立場より批判的に諸法令の実施状況を監査、監督せしめ、この委員会の運営によつて、常任委員会の運営と相俟つて、国会の機能増進に寄与するところ多かるべきことが期待され（註一）、又この委員会の活発な運用は、一方において両院制度の短所を補いながら、他方においては、新憲法によつて唯一の立法機関として、認められた国会の権威を一層昂揚するものと考えられたものであつた（註二）。

然し乍ら、両院法規委員会が、両議院に対する単なる勧告機関に過ぎない性格と、一方において、常任委員会中心主義の確立に伴い、各議院の常任委員会が、それぞれ所管の分野において、あらゆる面から見て国会における審議の中心となつている現状の下において、この両院法規委員会の制度が、果してその所期の目的を果し得て来たかどうかについては、多大の疑問があり、今日まで両院法規委員会の行つた勧告が、各常任委員会においても、殆んど具体的な実を結んでいない従来の実績に鑑みても、常任委員会制度との関係において、この両院法規委員会制度は、将来検討さるべき余地があるものと思われる。

両院法規委員会類似の制度は、アメリカの連邦議会には見られず、州議会における立法評議会（Legislative Council）がこれに相当するものと思われるが、立法評議会は、閉会中有能な調査スタッフの援助を得て、次の会期に問題となりそうな案件について情報を蒐集し、調査研究を行い、次の会期に実行可能な立法計画を準備し、勧告することをその目的とし、その構成員も必ずしも議員のみに限らないものであり(註三)、閉会中主として活動するという点において、又有能な調査スタッフを持ち、且つ議員以外の者をもその構成員としている点において、わが国の両院法規委員会とは、その制度上の意義においても、又その運用上果し得る役割においても著しく異つているものがあるといわねばならない。

しかも、アメリカの州議会において、かかる立法評議会が置かれるに至つた原因は、そもそも、州議会の機構上及び運営上の根本的な欠陥を是正しようとすることにその端を発しているものであることは、わが両院法規委員会制度との比較検討において見逃し得ない点であろう。即ち、州議会は、憲法上その召集の回数及びその会期について、極めて大きい制限を受けており、四十八州のうち、毎年の召集を規定しているものは、僅かにマサチユセッツ、ニユージャーシー、ニユーヨーク、ロード・アイランド及びサウス・カロライナの五州であり、四十二州は僅かに二年目毎の召集を規定し、アラバマ州のごときは四年目毎の召集を規定する。しかも、その会期の長さは、それぞれ四十日乃至六十日の短期間に制限されているものが多く、別段の制限を設けない場合には、或は一定の日数の経過後は、日当手当の支給を停止することとして、会期の長さを間接的に制限している。それに加うるに、連邦議会の場合とは全く反対に、州の委員会が正しく運営されることは殆んど稀であつて、過剰な委員を擁した無用な数の委員会が設けられ、しかもその大部分は行政部門との間に何らの関係をもつこともなく、更に又連邦議会の委員会が、議院の会議において賛成的措置を採る必要のある諸法案のみを報告することを建前としているのに反し、州議会の委員会は、付託されたすべての法律案を報告すべきものと規定されているものが多いこと、及び、私的乃至特殊法律案（Private or special bills）に、対して特に公の法律案の審議に先位を与えるための考慮が何ら払われていないことの結果、議院の時間が、単に地方的な利益乃至重要性をもつに過ぎない些細な私的乃至局地的諸法律案に費され、一般的重要性をもつた諸法律案は、往々にして適当な注意を払われることなくして終ることになる。これ等のために、州議会は、会期の初めの方の幾日かは大体空費され、終りに近づいた幾日かは通過を争う諸提案の輻輳と、充分な審議を経ない幾多重要議案の通過とをその特色とすることになり、大体において政党ボスの支配が、知的な愛国的指導にとつて代わり、責任政党政治に伴われる諸長所は大部分失われていると見られているのであつて、かかる遺憾な事態の改善のために採られてきた改革が、州議会における立法考査局（legislative reference bureaus）の発達であり、立法分野における指導を州知事に求める運動の成長（the growing movement to look to the governor for leadership in the legislative fields）であり、而して又、この立法評議会（legislative councils）の新設となつて現れてきたものなのである（註四）。

かくて、常任委員会の制度が確立せられ、且つそれが最も巧妙にして創意に富んだ運用によつて、議院の中心となつている連邦議会に、このような制度が存在しないのは当然であつて、わが国の両院法規委員会が、アメリカの州議会における立法評議会にその例をとつたものであるかどうかは別としても、常任委員会中心主義が確立しつつあるわが国会において、この制度が、なおいかなる存在意義を有し、且つ又、将来いかなる役割を果し得るものであるかについては、アメリカ州議会において、立法評議会が設けられるに至つた特殊な理由にも鑑みて、制度論として充分検討すべき余地があるのではなかろうか。

（註一）　昭二一・一二・一九官報号外第九十一回帝国議会衆議院議事速記録第一二号一三六頁

（註二）昭二二・七・一三第一回国会衆議院会議録第一六号一七二頁、両院法規委員会規程案に関する報告書参照

（註三）両院法規委員会に類似の制度はウイリヤムス博士によれば、アメリカの連邦議会にはなく、州議会—カンサス、ミシガン、もう一つ外の州—のみが、これをもつているといつている（昭二四・四・一九第五回国会両院法規委員会議録第四号附録一頁）ので、おそらく立法評議会（Lagislative Council）を指すものと思われるが、立法評議会設置の理由とするところは、アメリカは立法の面においても大量生産の国であり、他の国では一つか二つの勅令（Orders in Council）や、行政命令で、間に合うようなところに、十余の法律を作つている。

例えば、インデイアナ州の如き、憲法で会期は六十日以上にわたることは禁ぜられているが、この比較的短い期間に三〇〇を超える—平均一日五つを超える—法律を通過させている状態であり、又各州の殆んど大部分は議会開会迄の準備は何もなく、結局知事の提案に頼ることになるが、これさえも部分的検討の余地を含むことが屢々なのである。このような立法計画の欠除から生ずる欠陥を救済するための試みであるとされ、そしてこのために、有能な調査機構の援助を得て、閉会中に次の議会の問題となりそうな案件について情報（information）を蒐集し、勧告案を準備し、時には議案を作成するのが立法評議会の役割なのである。（Munro, The government of the United states, 1946. p. 659）

（註四）Willoughby, op. cit., p. 599, p. 601, p. 612, pp. 623—4

第二節　両院法規委員会の構成

両院法規委員会は、衆議院から選挙された十人の委員及び参議院から選挙された八人の委員を以て構成される（国

一〇〇条一項)(註一)。

選挙の手続は、衆、参両院それぞれその方式を異にしている。即ち、両院の規則の定めるところによれば、衆議院においては、この選挙は、単記無名投票でこれを行い、投票の最多数を得た者について順次定数までを当選人とし、得票数が同じときは、くじで当選人を定める。当選人は、投票総数を定数で除して得た数の四分の一以上の得票のあることを必要とし、当選人が定数に達しないときは、更に選挙を行つて、これを補充しなければならないことになつている(衆規二三条一項乃至四項)。参議院にあつては、委員の選挙は、衆議院と異り、連記無名投票でこれを行い、得票の最多数を得たものを当選人とし、得票数の同じときは、くじで当選人を定めるものとされている(参規二四八条一項、二項)。しかし、両院ともに、この選挙の手続を省略して、その指名を議長に委任することができることになつており(衆規二三条五項、参規二四八条三項)、実際はこの方法によつて選任されるのが常である。参議院のように、連記投票によるものとするときは、委員が多数を擁する一党に独占される結果となるが、両院法規委員は、両院協議会の協議委員とは異り、多数派独占の必要性は全くなく、前述したようにこの委員会設置の目的が、公正な立場から批判的に国政や法律、政令等に関して勧告することにある点からいえば、各派から委員を選任する方が妥当と思われるが(註二)、実際においては、連記投票を行うことなく、議長にその選任を委任し、議長が各派の所属議員数の比率により委員を指名する方法を採つているから、実際は衆議院と異るところはない。

委員の任期は、議員としての任期による(国一〇〇条二項)。従つて、参議院から選任された委員の任期は六年である。

委員に選任された者は、正当の理由がなければ、その任を辞することができないものとされ、委員がその任を辞そうとするときは、理由を附しその属する議院の委員長を経由して、その議院の許可を得なければならないことになつており、閉会中は、その属する議院の議長において、これを許可することができる(両院法規委員会規程四条)。

委員が欠けたときは、その委員の属する議院はその補欠選挙を行わなければならないが、閉会中はその院の議長が補欠を指名することができる(同規程五条)。補欠選挙の場合も、議長に指名を委任する例である。

両院法規委員会の会長には、各議院の委員においてそれぞれ互選された委員長が、毎会更代してこれに当り、その初会の会長は、くじでこれを定めることになつている(国一〇〇条一項)。国会法制定当初においては、会長は、委員会においてこれを互選することになつていたが、第二回国会における国会法の改正によつて、このように改められたものである。各議院の委員長の互選は、無名投票でこれを行い、投票の最多数を得た者を当選人とするが、得票数が同じときは、くじで当選人を定める(同規程一条一項、二項)。但し、投票によらないで動議その他の方法で委員長を選任することができることになつているので(同規程一条二項但書)、実際は、投票によることなく推薦の動議によつて選任される例である。委員長が選任されるまでは、委員中の年長者がこれを管理する(同規程一条三項)。委員長の辞任は、その委員長が属する議院の委員においてこれを決する(同規程三条)。

各議院の両院法規委員は、それぞれ数人の理事を互選し、委員長に事故あるときは、その委員長が属する議院の理事が委員長の職務を行うことになつている(同規程六条)。理事の互選も、委員長の場合と同様、推薦の動議によるのが例である。その辞任については別段の定めがないが、委員長の場合に準じて取扱われている。

(註一)　アメリカの州議会における Legislative Council は、大抵の場合同数の上、下両院議員を以つて構成されるが、そうでないところもある。而して、両院の議長は職務上当然に構成員となるのが普通であり、又州によつては、多数党及び少数党の院内幹事並びに両院の法務委員長等が職務上当然構成員となる場合もある。アーカンサス州では知事も構成員であり、又メアリーランド州では、両院の議長、多数党及び少数党の院内幹事並びに両院の法務委員長が職務上当然その構成員となることになつている。アーカンサス州及びワシントン州では、知事によつて任命される議員以外の者をも構成員とし、ユタ州では知事及び両院の議長により任命される議員以外の者三人をもその構成員としている (Walker, The Legislative Process, 1948, p. 325)。

(註二) 寺光　忠・前　掲　二五一頁

第三節　両院法規委員会の権限

国会法が、両院法規委員会の権限として掲げているものは次の通りである(国九九条一項)。

一、国政に関し問題となるべき事案を指摘して、両議院に勧告すること

二、新立法の提案又は現行の法律及び政令に関して、両議院に勧告すること

三、国会関係法規を調査研究して、その改正につき勧告すること

この両院法規委員会の権限については、国会法制定当初は、その第九十九条において「両院法規委員会は、両議院及び内閣に対し、新立法の提案並びに現行の法律及び政令に関して勧告」することになつていたものであるが、内閣に対して両院法規委員会が勧告し得るという点については、両議院の機関である両院法規委員会の勧告が恰も国会の意思を示すかのごとき誤解を生ずるし、殊に両議院の意思が決定しない前において、内閣が勧告に基き具体的な措置

を講じた場合などにおける責任問題についても疑義があり（註一）、前記の国会法改正により、現行法のように改められて、単に両議院に対して勧告し得る権限だけが認められることになつたのである。

而して、両院法規委員会が、両議院に対して勧告しようとするときは、その決議を要し（同規程一七条）、国政に関し問題となるべき事案を指摘し又は新立法の提案若しくは現行の法律及び政令に関して両議院に勧告するときは、勧告の要旨及びその理由を文書で両議院の委員長から、各議院の議長に提出し、国会関係法規の改正について、両議院に勧告するときは、勧告の要旨及びその理由を附し、案を具えて、文書で両議院の委員長から、各議院の議長に提出しなければならないものとされている（同規程一八条、二〇条）。

しかし、両院法規委員会の権限は、以上のような特定の問題について、単に両議院に対して勧告するだけであり、両議院は、この両院法規委員会の勧告に何等拘束されることはなく、その勧告の処理についても別段規定するところはない、実際上の取扱いとして、勧告書が議長に提出された場合においては、議長から適当の委員会に単に参考までに送付されることに定められているに過ぎない（註二）（註三）。

アメリカの州議会における立法評議会の権限として掲げられているものは、わが国の両院法規委員会の権限に比して極めて広範であるが（註四）、これは、前に述べたように、わが国の両院法規委員会の場合と異り、次の会期に対する準備として、閉会中の活動が、この立法評議会に集中的に認められることによるものであろうと思われる。

（註一）　昭二三・三・二四第二回国会衆議院議院運営委員会議録第一九号四頁
（註二）　昭二四・四・一四第五回国会衆議院議院運営委員会議録第一九号一頁
（註三）　第一回国会以来両院法規委員会の為した勧告は次の通りである。

第二回国会

一、選挙法の改正等に関する勧告

二、予算の増額修正権に関する勧告

三、両院法規委員会に関する規定の改正に関する勧告

四、効力に期限の定めのある法律に関する勧告

五、内閣に送付した請願の取扱いに関する勧告

六、両議院における速記及び印刷の能力の充実に関する勧告

第四回国会

一、両院法規委員会専門員等設置に関する勧告

第五回国会

一、両院法規委員会専門員等設置に関する勧告

二、参議院議員選挙に全国区制を存置する勧告

三、参議院議員通常選挙の施行期日に関する勧告

四、財産権に関する法律案等改正のための特別委員会設置に関する勧告

第十三回国会

一、衆議院の解散制度に関する勧告

（註四）　各州の立法評議会の権限として掲げられているものには、州の政治機構の改革、立法提案の修正（revision of legislative Proposals）調査報告書の準備、立法の勧告、経済関係行政機関の調査、行政部との協力、特別委員会との協力、立法手続の研究、憲法、法律の条項の効果についての研究、州の政治に必要な財政上の経費及び人員の研究、州法

の改正、立法計画の準備、通常会開始に先立つて一般に公開される勧告についての報告書の作成等があげられている。

なお、アーカンサス州、ネバダ州及びウイスコンシン州の三州の場合には、立法評議会は法案を起草するようになつている。（Walker, op. cit., p. 324）

第四節　両院法規委員会の会議

両院法規委員会開会の日時は、両議院の委員長が協議して、これを定めるが、いずれかの議院から選挙された委員の半数以上が、連名で要求したときは、両議院の委員長は協議して委員会を開かなければならない（同規程七条）。両院法規委員会は、両議院に対して勧告する両院の機関たる委員会であり、又これを構成する委員も、衆議院からは十人、参議院から八人に過ぎないため、その開会によつて各議院の本会議の定足数に影響を及ぼす虞もないから、各院の委員会の場合とは反対に、各議院の会議中でもこれを開くことができるものとされている（同規程八条）。

両院法規委員会も、各院の委員会と同様、会期中に限り開会することを原則とし、両議院において特に議決のない限り、閉会中はこれを開くことができない（国一〇一条）。両院法規委員会が、閉会中に開会されたことは、今日まで一度もその例がないが、若し両議院の議決で、閉会中に開会した場合においても、各院の委員会の閉会中審査の場合のような、案件継続の問題は起り得ない。

両院法規委員会は、各議院から選挙された委員の各々半数以上の出席がなければ、議事を開き議決することができない（同規程九条）。

両院法規委員会の議決については、勧告案を議決するには特に、出席委員の三分の二以上の特定多数によることを要するものとされており、その他の議事については、出席委員の過半数でこれを決し、可否同数のときは、会長の決するところによることになつている（同規程一〇条）。

両院法規委員会は、各院の委員会と同様に、委員会に出席して意見を述べようとする議員があるときは、その意見を聴くこともでき、又国務大臣及び政府委員の出席を要求し、内閣、官公署その他に対し、必要な報告又は記録の提出を求めることもできる（同規程一四条乃至一六条）。しかも、国務大臣、政府委員の出席要求、及び報告又は記録の提出については、各院の委員会の場合のように議長を経由することなく、委員会が単独にこれを要求することができることになつている。しかし、両院法規委員会は、各院の委員会と異り、証人の喚問、委員の派遣及び公聴会開会の権限は認められるところでなく、必要ある場合には、慣例によつて参考人から意見を聞くことが許されるだけである（註一）。なお、各議院の両院法規委員の委員長又はその代理者は、いずれの議院の会議又は委員会においても、意見を述べることができるものとされ（同規程一二条）、又各議院の議長及び委員長も、両院法規委員会に出席して意見を述べることとなつている（同規程一三条）。

両院法規委員会の会長は、委員会の議事を整理し、秩序を保持する（同規程一一条）。委員会において懲罰事犯があるときは、会長は、これをその委員の属する議院の議長に報告して、処分を求めなければならない（同規程二六条）。委員会の傍聴は、各院の委員会と異り、両議院の議員の外は、一般には許されない（同規程二二条）。

両院法規委員会は、毎会期終了前に、その勧告事項についての報告書を両議院の議長に提出することを要するものとされているが（国九九条二項）、この報告書は、両議院の委員長から、各議院の議長に提出することになつている（同規程二一一条）。

両院法規委員会は、会議録二部を作り、出席者の氏名、表決の数その他重要な事項を記載しなければならない（同規程二一三条）。会議録には、両議院の委員長がこれに署名し、各議院にそれぞれ一部を保存する（同規程二一四条）。この会議録は、印刷して両議院の議員に配付するが、秘密会議の記録中特に秘密を要するものと委員会で決議した部分については、印刷配付はされない（同規程二一五条）。

なお、両院法規委員会の事務は、各議院の参事がこれを掌理するものとされているが（同規程二一七条）、各院の常任委員会のような専門員等は附置されていない（註二）。

（註一）　アメリカの州議会の立法評議会においては、公聴会の開会や、証人の喚問が認められているようである（Walker, op. cit., p. 326）

（註二）　アメリカの立法評議会においては、四つの州を除いて書記と調査スタッフを置いているが、この人々は大抵法制及び政治学に明るい人達がこれに当つている。会期中この調査スタッフは、調査事項に関連ある場合に助言をしたり、或いは簡単な法案や修正案の草案を作り、立法考査局（legislative reference bureau）として働くようである。（Walker, op. cit., p. 326）

(一) 法律案

(イ) 衆議院先議の場合

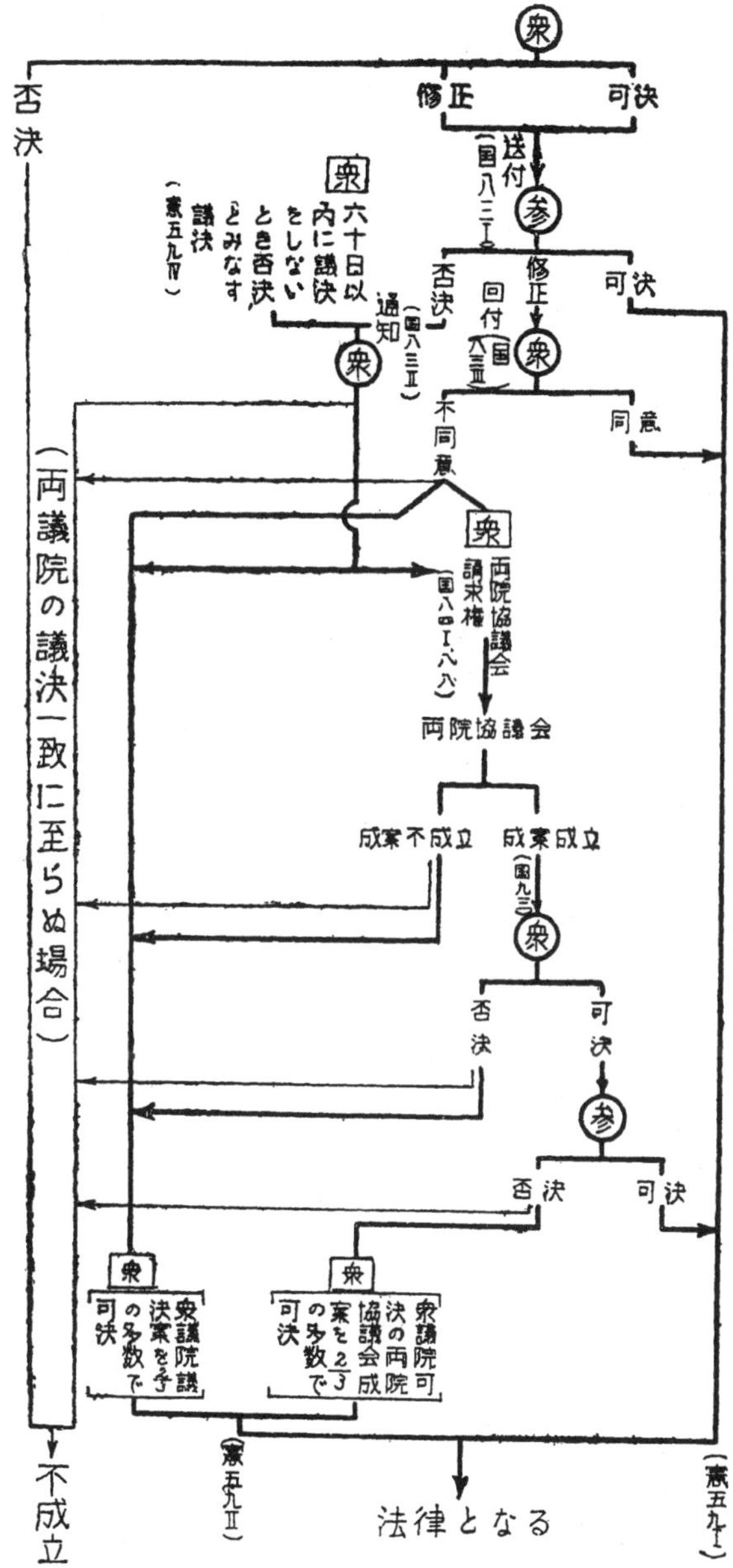

(ロ) 参議院先議の場合

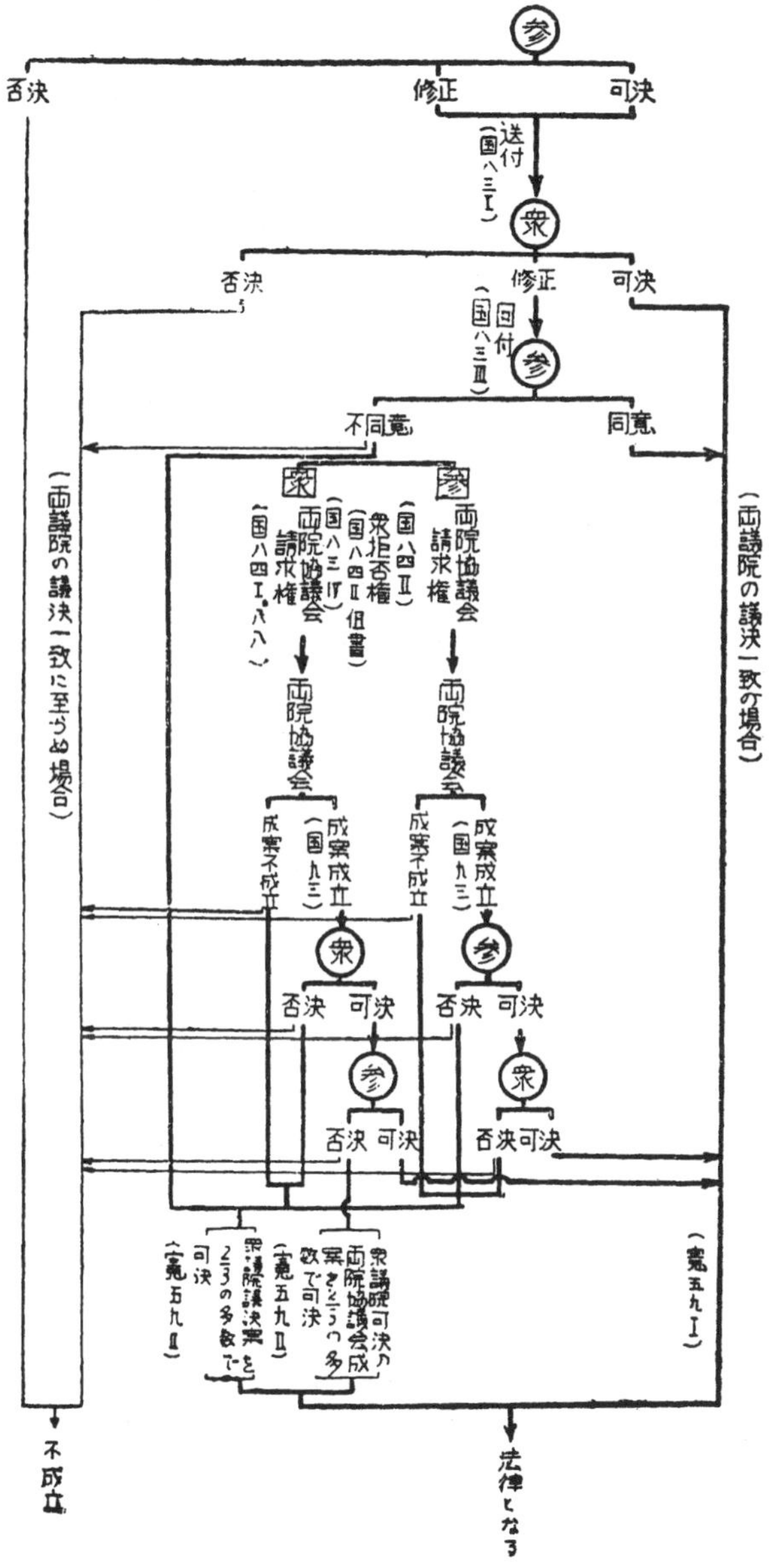
参
否決
修正
可決
送付（国八三Ⅰ）
衆
否決
修正
可決
回付（国八三Ⅲ）
参
不同意
同意
（両議院の議決一致に至らぬ場合）
（両議院の議決一致の場合）
衆
両院協議会請求権（国八四Ⅰ・八八）
（国八三Ⅳ）
衆拒否権（国八四Ⅱ但書）
（国八四Ⅱ）
参
両院協議会請求権
両院協議会
両院協議会
成案不成立
成案成立（国九三）
成案不成立
成案成立（国九三）
衆
否決
可決
参
否決
可決
参
否決
可決
衆
否決
可決
衆議院可決乃両院協議会成案を2/3の多数で可決（憲五九Ⅱ）
衆議院議決案を2/3の多数で可決（憲五九Ⅱ）
（憲五九Ⅰ）
不成立
法律となる

(二 予算

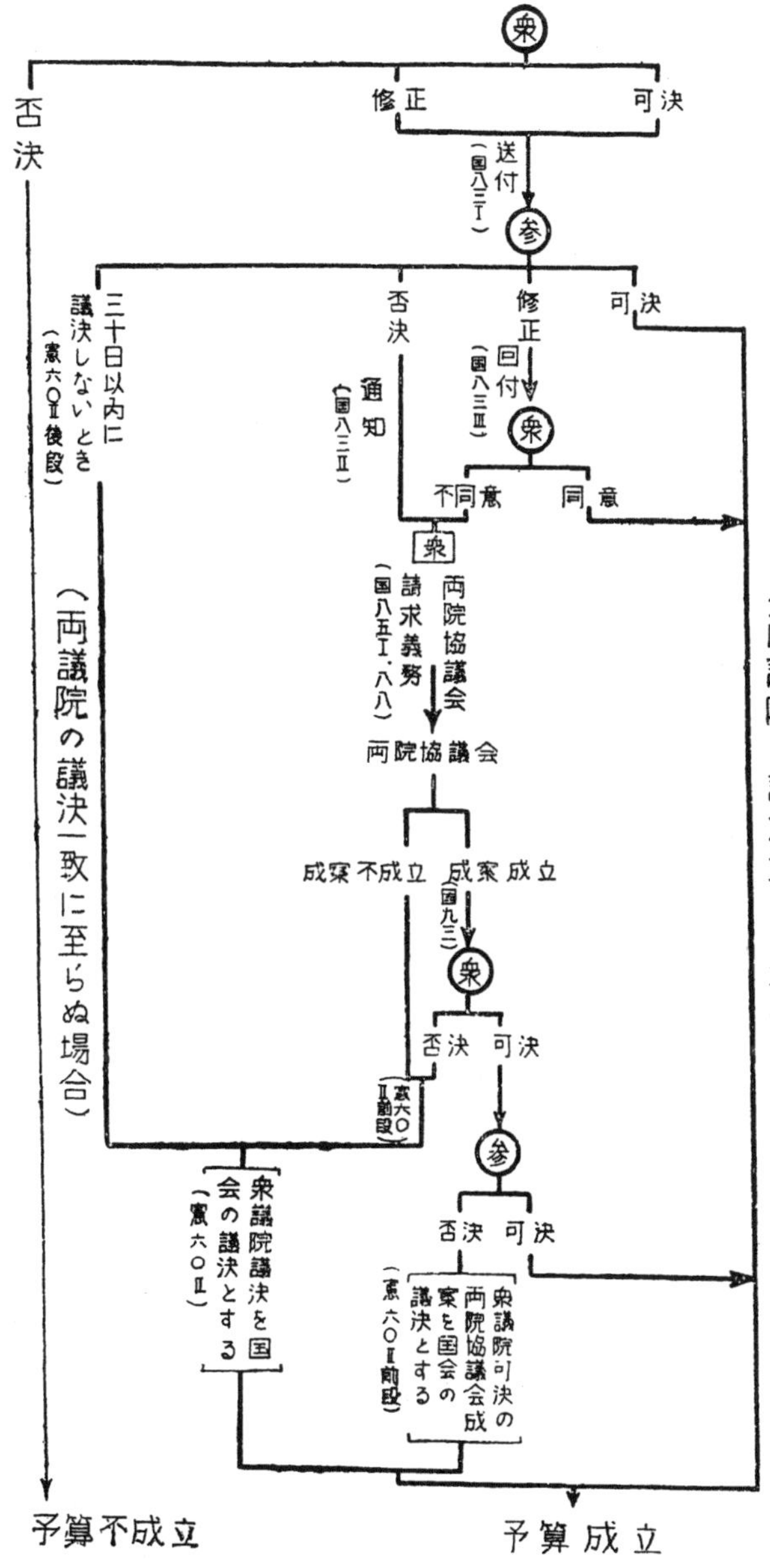

衆
否決
修正
可決
送付
(国八三I)
参
三十日以内に議決しないとき
(憲六〇II後段)
否決
修正
可決
通知
(国八三II)
回付
(国八三III)
衆
不同意
同意
衆
両院協議会
請求義務
(国八五I、八八)
両院協議会
成案不成立
成案成立
(国九三)
衆
否決
可決
(憲六〇II前段)
参
否決
可決
(両議院の議決一致に至らぬ場合)
(両議院の議決一致の場合)
衆議院議決を国会の議決とする
(憲六〇II)
衆議院可決の両院協議会成案を国会の議決とする
(憲六〇II前段)
予算不成立
予算成立

(三) 条約

(イ) 衆議院先議の場合

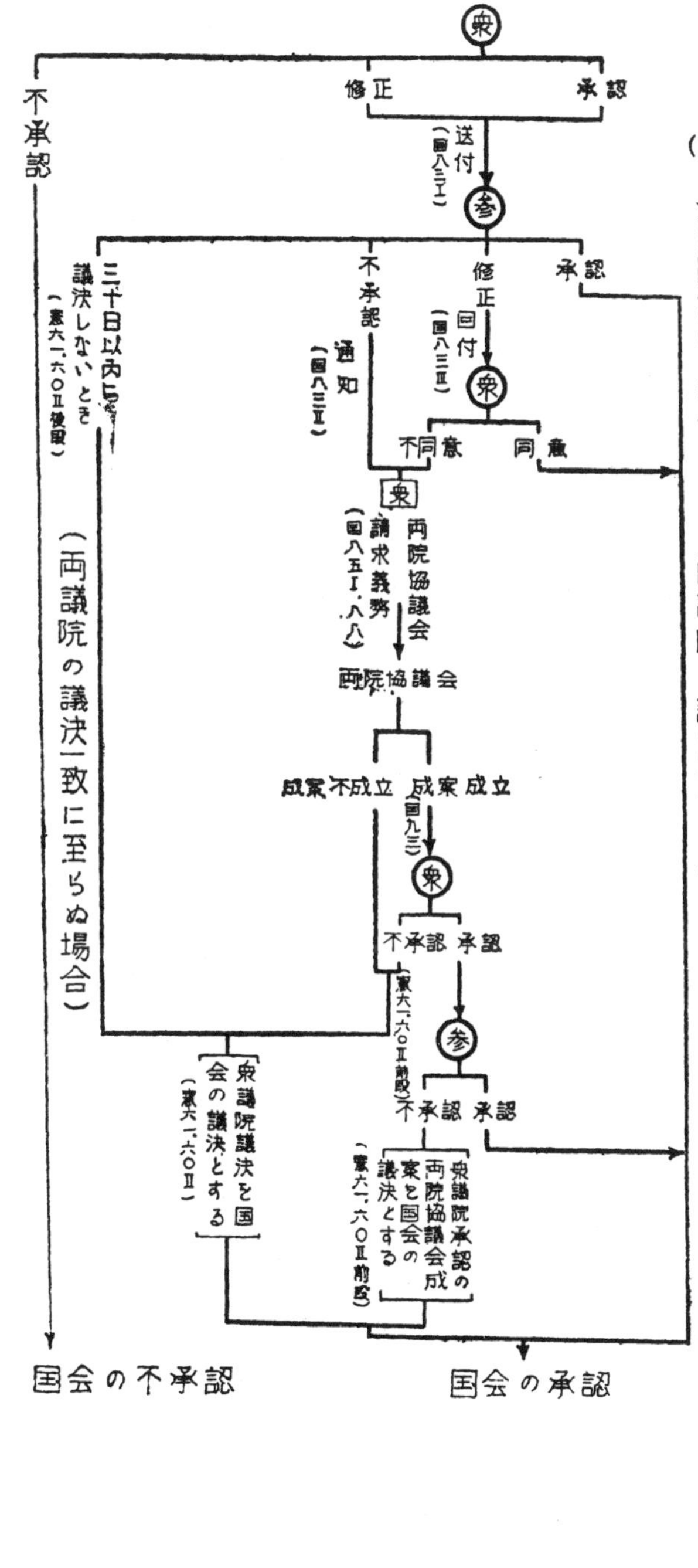

(ロ) 参議院先議の場合

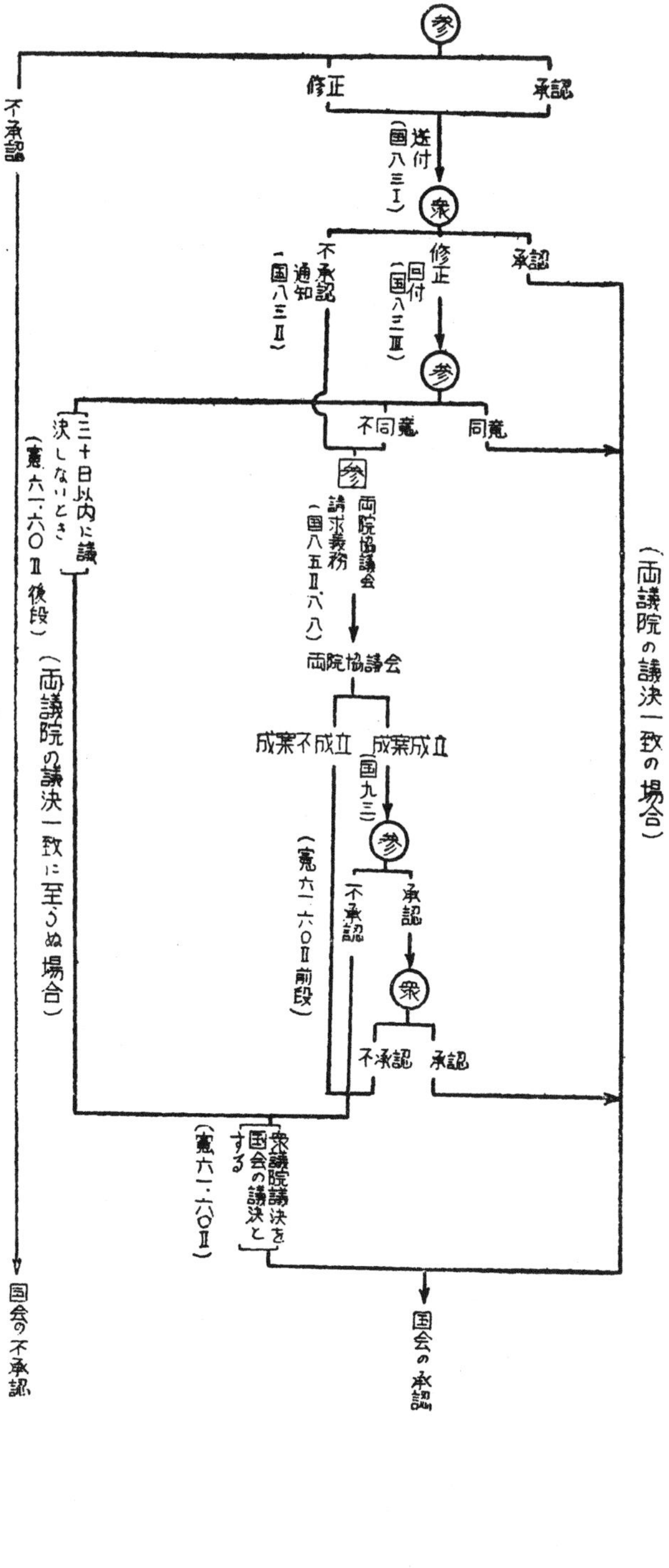
参
修正
承認
不承認
送付
(国八三Ⅰ)
衆
不承認
通知
(国八三Ⅱ)
修正
回付
(国八三Ⅲ)
承認
参
不同意
同意
三十日以内に議決しないとき
(憲六一・六〇Ⅱ後段)
参
両院協議会請求義務
(国八五Ⅱ・八八)
両院協議会
成案不成立
成案成立
(国九三)
(憲六一・六〇Ⅱ前段)
参
不承認
承認
衆
不承認
承認
(両議院の議決一致の場合)
(両議院の議決一致に至らぬ場合)
衆議院議決を国会の議決とする
(憲六一・六〇Ⅱ)
国会の不承認
国会の承認

(四)内閣総理大臣の指名

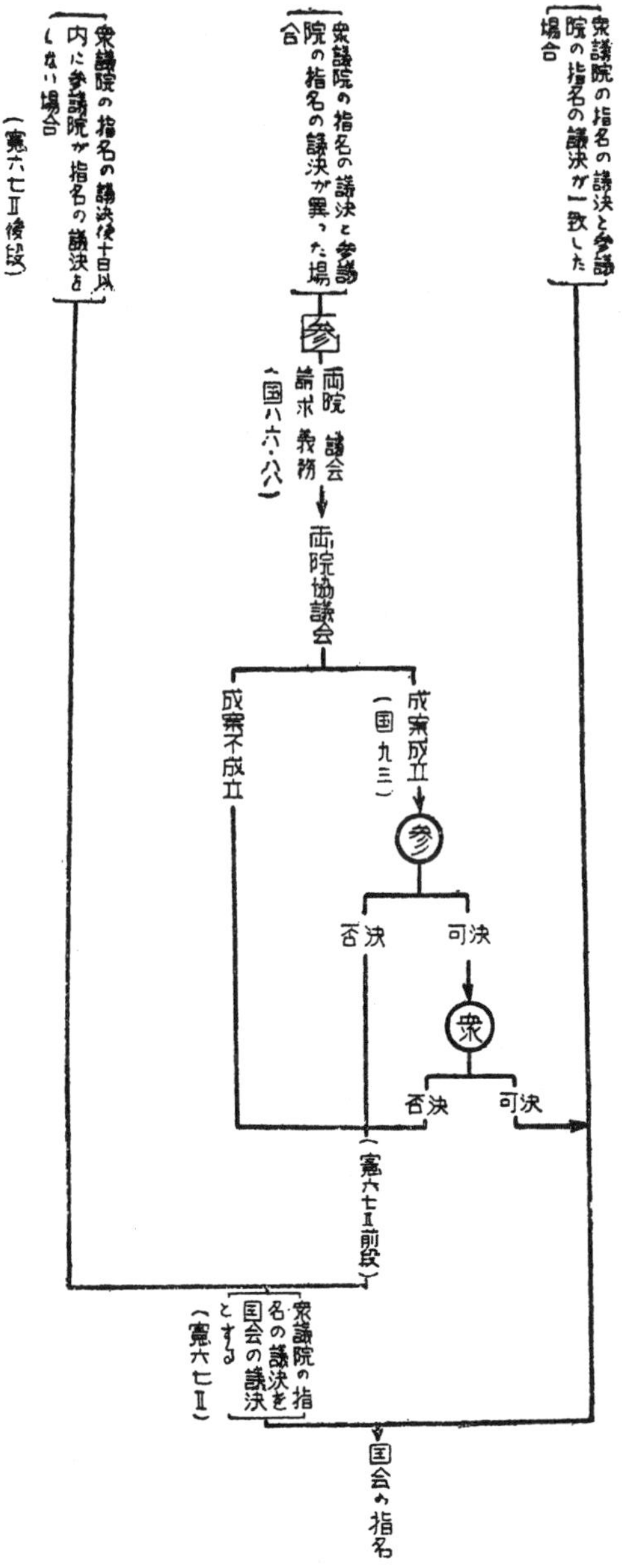
衆議院の指名の議決と参議院の指名の議決が一致した場合
衆議院の指名の議決と参議院の指名の議決が異った場合
衆議院の指名の議決後十日以内に参議院が指名の議決をしない場合
(憲六七Ⅱ後段)
参
両院 議会
請求 義務
(国八六・八八)
両院協議会
成案不成立
成案成立
(国九三)
参
否決
可決
衆
否決
可決
(憲六七Ⅱ前段)
衆議院の指名の議決を国会の議決とする
(憲六七Ⅱ)
国会の指名

や　行

ら　行

ま行

な　行

は　行

さ行

事　項　索　引

あ　行

両院協議会規程

両院法規委員会規程

旧貴族院規則

常任委員会合同審査会規程

旧衆議院規則

参議院規則

旧　議　院　法

旧　憲　法

国　会　法

条文索引

左方の数字は条数（I，IIは項）．右方の数字は本書の頁数（太字は重要個所を示す），

日本国憲法

昭和二十八年五月二十八日 印刷
昭和二十八年六月 一 日 発行

国会運営の理論

著者略歴

鈴《すず》木《き》隆《たか》夫《お》

衆議院委員部長を経て現在事務次長兼議事部長

主要論文

国会法解説 法律時報十九巻五号
内閣総理大臣の指名手続について 法律時報二十巻九号
わが国の委員会制度と特別委員会の性格 法律時報二十二巻九号

定価 ¥ 750,00
送料 ¥ 70,00

著者 鈴木隆夫
発行者 外川文平
印刷所 東京都新宿区新小川町二丁目六番地 和光印刷株式会社
発行所 株式会社 聯合出版社
東京都新宿区矢来町五一番地
電話九段(33)七三二八・七四四〇番
振替口座東京五二五〇番

〈解　　題〉

衆議院事務局の歩み
――鈴木以前・鈴木以後――

元衆議院議事部副部長　今野彧男

（一）

本書は、当時衆議院事務次長の職にあった鈴木隆夫が、昭和二十八年に刊行した『国会運営の理論』の完全復刻版である。

敗戦後、昭和二十一年の憲法改正によって、わが国の議会制度には大変革が加えられた。旧憲法の下では天皇の立法権の協賛機関に過ぎなかった帝国議会は、新たな民主憲法によって国会と改称され、国権の最高機関となり、国の唯一の立法機関と定められ、権限が飛躍的に拡大された。当然、議会法規にも様々な改定が施された。

新憲法に基づく国会法規の整備は、憲法改正案の審議に並行して内閣に設けられた臨時法制調査会と、それに続いて衆議院に設置された議院法規調査委員会での討議を経て、項目・内容の概略は決定されたが、具体的な案文作成は、すべて衆議院事務局が担当した。本書の著者の鈴木隆夫は、そこで他の書記官と共に主要な役割を果たしている。(1)

新憲法は、従来の政府優位の体制を改め、国政の中心に国会を置き、更に二院制度の下での衆参両院の関係では、衆議院優越主義を採用した。また国会法では、拡大された権限の下に多数の案件を審議・処理する必要から、従来の本会議中心の三読会制度を廃し、議院活動の中心を常任委員会に移して、各委員会が専門的に対応する委員会中心の体制を採った。これらのことから、国会運営の各般で新たな法理の形成が必要になった。

鈴木は、昭和二十二年五月の第一回国会の発足時には委員部長の職にあったが、当時既に衆議院事務局を代表する理論家として、新制度を紹介する論文を外部の雑誌に発表していた。その後、国会回次を重ね、新しい法規の下での新しい先例が蓄積されて行くにつれて、彼は民主国会の運営をより精密に、体系的に論述する著作の必要性を感じて来た。特に、憲法改正によって国会中心の政治体制が確立されたにもかかわらず、一般国民をはじめ政党や政治家たちの間でも、依然として「国会を内閣の協力機関の如く考え、内閣優位の官尊主義の論議が交わされている」（本書「まえがき」から）ことに、強い不満を抱いていた。それらの蒙を啓くと共に、国会についての正しい知識を広め、国会に対する国民の信頼をより確実なものにしたいとの思いがあり、同時に運営の実務に携る職員の執務上の参考に供すべく、本書を執筆したものである。

本書の刊行後、国会法と衆参両議院規則には、昭和三十年に大改正が加えられた。これは制定当初の国会法には、当時の占領軍の意向を反映した条文がいくつかあり、その中には必ずしもわが国の国情には適さないものもあったので、それらを整理し、併せて不備な点を補う改正であった。従って、本書の内容においても、例えば末尾の「第十六章　両院法規委員会」の部分などは、既に不用の記述である。他にもその後の法規の改正によって、訂正を要する個所が少なからずある。

しかし国会の組織と運営を、法律上の観点から微細にわたって論じた文献として、本書は他に比肩するものがなく、刊行後六十年を経た今日においても、衆参両院の実務者間では必携の書物となっている。今日、これが装いを新たにして再び世に出ることは、実務家をはじめ研究者にとっても、甚だ有益なことと思われる。

ただ前記のように、本書の刊行後、国会法規には数次の改正が加えられており、議事運営の各面で幾多の先例も生み出されている。それらを踏まえて、本書の衣鉢を継ぐような理論書が新たに書かれることを望む者は、少なくないと思う。しかし残念なことに、昨今の衆議院事務局では、現役の職員の間でそうした著述が試みられるような気運が、ほとんど認められない。

鈴木隆夫は際立った法理論家ではあったが、衆議院事務局の歴史の中で突然変異的に出現したわけではない。彼のような理論家が生まれた背景には、それを生み出す風土があった。その風土が、鈴木の退職後に次第に変化し、歳月と共に実務者の中から理論家を育成しようとする姿勢が稀薄化して、現在に到っている。なぜ、そのような変化が起きたのか。この半世紀ほどの間に、何があったのか。鈴木以前も鈴木以後も、議院事務局の仕事の性格はほとんど変っていないにもかかわらず、そこで働く者の意識が大きく変化して来たのは、なぜか。

本書の復刻を機に、そうした経緯をふり返ってみるのも意義あることと思えるので、筆者の経験と併せて、以下にそれらの点を述べてみたい。

（二）

衆議院事務局の歴史は、明治二十三年十一月の帝国議会開設と共に始まったが、その時点で事務局職員の職務は、どのようなものと考えられていたのか。前年の二月十一日に大日本帝国憲法と共に公布された議院法では、事務職員に関して次のように規定されていた。

第十六条　各議院ニ書記官長一人書記官数人ヲ置ク
　書記官長ハ勅任トシ書記官ハ奏任トス
第十七条　書記官長ハ議長ノ指揮ニ依リ書記官ノ事務ヲ提理シ公文ニ署名ス
　書記官ハ議事録及其ノ他ノ文書案ヲ作リ事務ヲ掌理ス

ここでは事務の代表的なものとして議事録の作成と一般的な文書の起草が挙げられているが、他に庶務・会計等の通常の事務も、当然ここに含まれるものと解されていた(2)。

次いで、議会発足直前の明治二十三年七月に、勅令を以て公布、施行された貴衆両議院の事務局官制では、

第二条　書記官長ハ議長ノ指揮ニ依リ局中一切ノ事務ヲ監督ス
　局中ノ分課及職員ノ配置ハ書記官長之ヲ定ム
第三条　書記官ハ書記官長ノ指揮監督ヲ承ケ議事記録筆記印刷庶務会計等ニ関スル事務ヲ分掌ス

と定められた。ここに規定された議事・記録・庶務・会計等のほかに、後年、警務・速記が追加され、これらが事務局職員の法規上の職務とされていたのである。

しかし、衆議院の初代書記官長の曾禰荒助や、発足時に書記官に任ぜられた中橋徳五郎、水野遵、斎藤浩躬、林田亀太郎といった人たちは、事務局の職務として右に規定された一般事務以外に、遙かに重要な業務のあることを認識していた。その業務とは、欧米の議会制度についての更なる調査研究と、議会関係法規の一層の整備である。

枢密院の審議を経て議院法が制定された後、帝国議会開設までの期間は僅か一年十ヵ月ほどしかなかった。この短時日の間に、東洋で初めての議会を順調に船出させるための諸制度を整備することは、至難の業であったと思う。まず、金子堅太郎を団長とする欧米議会制度調査団が派遣され、続いて内閣に臨時帝国議会事務局が設置された。

金子調査団は十一ヵ月に及ぶ調査の後、詳細な報告書を提出し、国内にあって臨時帝国議会事務局が進めて来た研究成果と併せて、明治二十三年八月に貴衆両議院の規則案が漸く作成された。そして、これらの作業に携って来た法制官僚たちは、帝国議会発足時に両議院の事務局に振り分けられ、それぞれ書記官長や書記官に任ぜられた。

だが、発足時の議院規則には当然のように不備があり、衆議院では第一回議会の冒頭から議事は大混乱が続き、運営は紛糾して、その都度書記官たちは翻弄された。後に林田亀太郎は当時をふり返って、「政府も事務局も議員も慣れないし、規則は不完全だし、慣例は一つもない時だから是非もなかった」と回顧している(3)。こうした経験か

ら、議会草創期の書記官たちは、制度を更に精密化し、定着させるために、非常な努力を重ねなければならなかった。(4)

明治二十三年十一月二十九日に始まった第一回議会は、翌二十四年三月八日に閉幕したが、それから僅か三ヵ月後の同年六月に、衆議院事務局では最初の先例彙纂を刊行している。冒頭に「例言」として、「本篇編成ノ主意ハ我衆議院ノ議事處務ニ関スル先例ヲ彙集シテ以テ事ヲ決スルノ参考ニ資シ併セテ事務ノ便ヲ謀ルニ在リ而シテ問々評論ヲ加フルカ如キハ憲法法律若クハ本院規則上ノ疑義ニ就キ覧者ノ注意ヲ求メント欲スルニ因ル」とある。議院の運営には規範とすべき先例の集積が必要であること、その先例の評価については、読者からの批判を得て正して行きたい、との意思表明である。

金子調査団は欧米での視察中に、フランスの『仏国議院典型』や、イギリスのアースキン・メイによる『議会先例』などについて、関係者から直接教示を受けていた。このため事務局では、第一回議会の始めから先例彙纂の刊行の準備を進めていたものと思われる。

しかし、この最初の先例彙纂に対しては、議院内外から激しい反撥と批判が起きた。特に毎日新聞はこれを「奇怪の出版物」と呼び、事務局が議事の内容や議員たちの行動について適否の判断を示しているのは、僭越の限りであるというような言い方で論難した。また議員の中からも、これを「衆議院事務局にあるまじき所為なり」とし、議長は何故にこの出版を制止しなかったのか、という質問書を議長に提出する者までいた。(5)

発足当初の衆議院では、藩閥政府に抵抗して自由民権運動を推進して来た、いわゆる民党系の議員が過半数を占めており、また当時の報道界でも反政府、反官僚の言論人が活躍していて、彼らは事務局の職務内容を前記の議院法や衆議院官制の規定の範囲に限定して見ていたであろうから、右のような反撥、批判は当然起こり得るものでもあった。

しかし、衆議院事務局では今後の議院運営に先例彙纂は必要不可欠であり、その整備なくして議会制度の発展はあり得ないと確信していたから、曾禰書記官長をはじめとする事務局幹部は、その後も逡巡することなく先例彙纂の追加刊行を続けた。その冊数は、明治期の二十二年間に十七冊を数えている（旧議会時代の最後の先例彙纂である昭和十七年十二月改訂版までの発行総数は、二十八冊である。五十六年間の帝国議会時代に、衆議院では平均して二年毎に先例彙纂を発行していたことになる）。

このような実績を通して、衆議院事務局は当初には非難攻撃された判定者としての権限——どの先例が適当で、どの先例が不適当かを判定する権限を、次第に確立して行った。

議会法規の解釈については、議院規則の立案者がほかならぬ書記官長や各書記官であったことから、事務局の見解が当初から尊重されていたものと思う。議会制度は、国民を国政に参加させる制度であり、従って、当然その内容を一般国民にも周知させる必要がある。そうした議会知識の普及も、制度の創設に参画して来た書記官たちが必然的に担うことになった。明治三十年に書記官長となった林田亀太郎が、就任直後に議院法の逐条解説書を刊行し、また明治三十六年に書記官に登用された工藤重義が、翌三十七年に『議院法提要』を上梓しているのも、そうした当時の書記官たちの職業意識の現れと見ることが出来る。

このように、衆議院事務局は開設当初から国民に対して開かれた組織であり、外部に向けて積極的に発信する集団であったと言えると思う。

（三）

明治二十三年七月一日に行われた第一回衆議院議員選挙では、選挙権に納税要件等が課されていたため、有権者数は全国で四十五万人余にとどまっていた。その後、要件は次第に緩和され、大正末期には有権者数が三百万人程度に増えた。それが大正十四年の普通選挙法制定により、満二十五才以上の成年男子すべてに選挙権が与えられた結果、有権者は一挙に千三百万人近くに急増した。このため、国民の間で議会についての関心が急速に高まり、普通選挙が実施された昭和三年以降、議事堂への参観者や、議会開会中の傍聴人の数が年毎に増大した。
衆議院事務局の幹部たちには、制度や運営についての講演依頼が度々舞い込むようになった。そうした一般国民からの要請に応えるために、昭和五年に書記官長に就任した田口弼一は、翌六年に『帝国議会の話』と題する議会紹介の解説書を刊行した。

この書物は、一般向けに「です、ます」調の親しみ易い表現を心がけてはいるが、内容は高度に専門的なもので、四百頁に及ぶ記述を通覧すれば、この時代の制度の概要と運用の実際が容易に理解出来る。特に印象的なのは、本文の冒頭に「第一　議事堂の話」として、当時の仮議事堂の建設経緯やその構造を二十五頁にわたって説明している点である。

およそ国家機関に働く者が、所属する組織の業務内容を外部に紹介する場合、冒頭から庁舎の建築の平面図を掲げてその説明から始めるというような例は、他にあるまいと思う。これは、議事堂への参観者の激増という情勢を反映したものでもあるであろうが、同時に、議会は国民のものであり、建物も制度も、そこで行われている審議内容も、すべて一般国民に対して開かれたものでなければならないという、著者の信念の現れであったと見ることが出来よう。記述は、「第二　議員の話」、「第三　政党の話」、「第四　召集の話」と続き、更に議会の職分、会期、議事日程、議案、会議原則、本会議、委員会等、実に十四項目にわたって、細大洩らさずという表現がふさわしいほど懇切に書かれている。この一冊で、議会知識を可能な限り広く国民の間に普及させたいという、著者の熱意が感じられる良書である。

鈴木隆夫が衆議院に職を得たのは、昭和六年十二月である。彼は、戦前の官僚機構の中核とも言える内務省に就職したが、半年後に衆議院への出向を命ぜられ、守衛副長として着任した。『帝国議会の話』は、その二ヵ月前に刊行されたばかりであった。従って、鈴木は入局早々にこの書記官長の著書を手にした筈である。彼はこれを一読して新鮮な読後感を抱き、強い感銘を受けたに違いないと思う。内務省時代は警視庁の巡査として国民を監視する立場に立たされていたが、衆議院では同じ警察職ながら、国民に対し開かれた組織の一員として職務に当るわけである。『帝国議会の話』には、機構や運営の概要ばかりでなく、開設以来四十年間に起きた主要な事例をはじめ、議事手続上の細かな法理、原則についても言及されている。もともと学究肌の鈴木は、組織のトップである書記官長が法理論家であり、その理論を著述を通して発信している姿を見て、大いに啓発されたものと思われる。

昭和七年に起きた五・一五事件により、それまで八年間続いて来た政党内閣の慣行が打ち切られた。これに衝撃を受けた衆議院では、議会の信頼回復を期して、議会振粛各派委員会を設置し、改革案を作成した。改革の主要な項目は、議長の権限の拡張、副議長二人制、閉会中の議案審査・行政監督権行使のための常置委員会の設置等三十二項目にわたっていたが、これらを実現するための議院法と衆議院規則の改正案が立案された。当然、衆議院事務局がこれに携っているが、議院法改正案は第六十四回議会（昭和八年）、第六十五回議会（昭和九年）、第六十七回議会（昭和十年）と、三年にわたって衆議院では全会一致で可決し貴族院に送付したものの、その都度貴族院によって握りつぶされ、不成立に終った。

この時期、鈴木隆夫はそのまま守衛副長の職にあったが、秘かに「議院警察論」「議会制度の改革について」等の論稿をまとめ、理論家としての基礎を固めていた。昭和十二年、鈴木は書記官に昇進し、速記課長、次いで秘書課長の職に就く。

書記官長の田口弼一は、書記官時代に「帝国議会の権限と議事手続」と題する論考を発表し、また「議院法上の委員会制度」と題する学位論文を書いて、博士号を取得していた。書記官長就任後、これらを更に拡充して議会における委員会運営の総合的な理論書ともいうべき『委員会制度の研究』の著述に取りかかる。これは、それまでの議事運営が専ら欧米の文献を頼りに行われて来たことに飽き足りない思いでいた田口が、既に四十年の歴史を持つ帝国議会の実績を踏まえて、わが国独自の議会理論をまとめ上げた労作である。その際、鈴木は協力者に選ばれ、下準備の段階から資料収集、草稿執筆等に携った。この時の経験は、後に鈴木が理論家として大成する上で、大きく寄与するものがあったと思う。

『委員会制度の研究』は、田口の退職後の昭和十四年に公刊されたが、当時の学界からも従来のわが国にはなかった重要な文献と高く評価されている(6)。この著作は、本書『国会運営の理論』の前駆をなすものと言うことができよう。両著作の間には、憲法改正による制度の大変革が行われているので、議会における委員会の権限、理念も変化しており、従って記述内容は大きく異っている。しかし、両著の目次を比較、対照すれば明らかなように、全体の構成は酷似しており、鈴木が田口の著書を念頭に置いて本書を記述したことは疑いない。

昭和初期の戦争前夜の時代に、田口弼一は『帝国議会の話』を書くことによって事務局の公開的姿勢を周囲に示し、『委員会制度の研究』を著わすことによって、法理論確立の必要性を部下に率先垂範して見せた。鈴木隆夫はそれに学び、その姿勢を継承したのである。

（四）

帝国議会時代の衆議院書記官たちが、法規に定められた事務内容以外に、議会制度の調査研究と議院法規の一層の整備に重大な関心を払い続けて来たのは、彼らが高等官として一般職員とは区別された存在であったこととも関連があるように思われる。旧憲法下の役人の世界は、厳格な身分社会であり、奏任官以上の高等官と、判任官以下の属官・雇員との間には、明らかな差別があった。

書記官たちは日常的に書記官室に集り、雑談をし、意見を交換していた。彼らには上位者としての自負と共に、会議運営についての責任意識と、制度の整備・探求に関する義務感が共有されていたと思う。そのことは、昭和五年から七年までの二年二ヵ月余り、衆議院書記官として速記課長を勤めた有松昇が、内務省に戻ったのち「警察研究」誌に「議院法逐条示解」を連載している事実からも窺うことができる。有松は短期間の在籍であったにもかかわらず、議院法についての論稿を発表するほどの知識を、書記官室での交流の中から得ていたのである。

衆議院事務局では、明治期以降も何度か書記官を欧米に派遣して、議会制度の調査に当らせていたと考えられるが、それらの記録は確認出来ない。ただ、昭和七年の議会振粛要綱に基づく議院法改正案の作成後も、事務局では首席書記官の大木操を英国に出張させ、調査に当らせていたことが、大木の回顧録の中に見られる(7)。

旧憲法下の衆議院で議会改革の一方策として特に重視されていたのが、常置委員会の設置であった。これは、ワイマール憲法下のドイツ議会に設けられていた制度で、議会閉会中にも議院独自の決定で議案の審査や行政監督のための調査活動を行うことが出来るとするものであったが、こうした制度も書記官たちの調査によってもたらされた知識であったと思う。

昭和十一年の二・二六事件、翌十二年の日中戦争勃発により、国政は軍の動向に引きずられ、議会は次第に存在感を弱めて行くことになる。その後、昭和十五年には近衛文麿による大政翼賛会の結成、全政党の解党という事態を迎えるが、そうした時代の奔流の中にあっても、鈴木隆夫は「新体制と議会制度」と題する論稿を執筆し、議会改革に意欲を燃やしていた。他の書記官たちも、それぞれに外国の議会文献に取り組むなどして、わが国にも先進国並みの議会制度が確立されるよう、他日を期していたものと推定される。

このような書記官たちの努力は、暗い戦争の時代に堪えて敗戦を迎えた後、憲法改正とそれに続く新たな国会制度の整備に際し、漸く実を結ぶことになる。

昭和二十二年五月三日、新たな日本国憲法が施行され、新制度の下で五月二十日に第一回国会が召集された。これに先立って事務局の体制も変革され、書記官長は「事務総長」に、書記官たちは「参事」となり、高等官の制度は廃止された。書記官室もなくなり、それぞれ部長職に配置された旧書記官たちは、個別の部長室で一日を過すようになった。しかし、彼らは本会議に出席して議事運営に携る一員としての自覚は失わず、理論への関心も持ち続けていたように思う。

新しい国会法規の作成に関与した旧書記官のうち、特に中心的に活動した大池眞、西澤哲四郎、鈴木隆夫の三人は、明治期の議会開設期の先人たちと同様に、新制度の普及のために文筆を執った。大池は『国会早わかり』（昭二二）、『新国会解説』（昭二二）を刊行し、西澤は地方議会からの要請に応えて各地で講演し、それらの記録を小冊子として残した。鈴木は法律雑誌に「国会法解説」「国会法の三大特色」等を寄稿し、その後、本書を刊行した。

一方、貴族院に代って誕生した参議院の事務局の幹部も、この時期に衆議院側に呼応するように著作活動を開始している。憲法改正によって貴族院は廃止されたが、同院の書記官たちは参議院開設準備委員会に参画して、再生される第二院の関係法規の作成に尽力した。新国会発足後は、新しい民選議院の性格・機能を広く国民に知らしめ、同時に制度・運営の変化を実務者にも理解させるため、初代の議事部長となった寺光忠が早々に著書を発行した。『国会の運営――逐条参議院規則釈義』（昭二二）がそれで、続いて『会議の原則と運営』（昭二三）を上梓している。また、事務次長の近藤英明も『市民と議会』（昭二五）、『国会のゆくえ』（昭三一）を著わし、旧書記官ではないが内務省を経て参議院に入った佐藤吉弘は、昭和三十年に委員部第一課長として『註解参議院規則』を執筆、刊行した。この書物は、平成六年にその後の改正と新たな先例を踏まえた改定が施されて、新版として再発行されているが、参議院関係者のみならず、衆議院の実務者にとっても、参考にすべき重要な文献である。新版の冒頭には、参議院の名事務総長と謳われた河野義克が序文を寄せているが、そこには発足当初の参議院は「異常な熱気に包まれて」おり、「議員も事務局職員も我々自身が参議院の先例を開いて行くのだという気概に燃えていた」と記されている。

当時の衆参両院事務局の幹部は、新憲法に基づく健全な国会制度の確立こそが、敗戦後の日本再建に最も大きく寄与するものと信じて、それぞれが強い発信力を発揮していたのである。

（五）

鈴木隆夫は戦時中の秘書課長時代に、事務連絡のため来庁する若手の行政官僚の中から、将来、書記官として採用したいような人物を、それとなく物色していた。その中で、昭和十七年に内務省に入り、その後、海軍の短期現役を志願し、主計士官として本省の軍務課に勤務していた知野虎雄に注目した。知野は海軍大臣に対する議員の質問内容の事前調査（いわゆる質問取り）のため議会に出入りし、鈴木を訪ねては何かと手ほどきを受けていた。鈴木は知野の俊敏さが気に入り、とりわけ性格の強さにも惹かれた。議会の幹部職員は、頭脳明晰であっても消極的な人物や優柔不断の者は、政党間の激しい対立抗争の中で、職責を充分に果せない。その点、知野には適性があった。また、東大閥全盛の官僚世界で、東北帝大出身のためしばしば孤立感を味わっていた鈴木は、知野が九州帝大出身であったことにも親近感を抱いた。

敗戦後、海軍省から内務省に復帰した知野は、熊本県庁に出向した。その彼を鈴木は説得して、昭和二十一年十一月に最後の書記官として衆議院に迎え入れた。国会法案の作成作業は同年十月に始まり、連日のように書記官会議が開かれて討議を重ねていた。しかし知野が着任した時点では、既に先任書記官たちによって役割が定まり、作業に一定の進行も見られていたことから、新任の知野にはそれに関与する余地がなく、国会法案が成立する頃まで彼は閑職に置かれていた。昭和二十二年五月の第一回国会の召集を前に、知野は委員部第一課長に就けられ、部長である鈴木の膝下に入り、その薫陶を受けることになる。

鈴木委員部長、知野第一課長という関係は、鈴木が事務次長に昇格するまで、五年十ヵ月余り続いた。鈴木は知野がいずれは事務局を統率することになる人材と見て、持てるすべてを伝えるべく教育し、知野も真摯にそれに応えた。この間に、鈴木は本書の執筆を進めたわけであるが、冒頭の「まえがき」に、「同僚の知野虎雄君は絶えず討論の相手方として、本書の完成に骨身を惜しまず協力されたので、むしろ二人の共同著述であるといった方が適切である」とある通り、議事運営の法理について、執務の傍ら二人は連日のように議論を交していた。本書の刊行後も、鈴木は国会運営上の問題が生ずる度に、法理に照らして適正に処理すべき方向を示す論稿を執筆した。

昭和三十年十一月、鈴木は衆議院事務総長に選出され、激動期の国会運営に力を尽し、昭和三十五年の日米安全保障条約の審議、いわゆる六十年安保騒動の終結を機に退職した。事務総長としての在籍期間は、四年八ヵ月であった。鈴木のあとを継いだ山崎事務総長の下で、知野は委員部長となったが、この時点から衆議院事務局の運営上の判断には、知野の意向が少なからず反映するようになった。特に議事に関しては、彼の意見が結論を大きく左右した。

鈴木隆夫の事実上の後継者と目されていた知野虎雄が、衆議院事務総長に選任されたのは、昭和四十二年七月であった。知野は有能かつ俊敏であり、鈴木のもとで法規・先例についての知識も幅広く修得していたので、与野党間の紛争に際しても常に動ずることなく対処し、議員たちからの信頼を集めた。しかし事務総長としての采配ぶりは、鈴木隆夫のそれとはかなり異ったものであった。

鈴木は、国会が国民に信頼され支持されるには、両議院の運営が法規・先例に基づいて適正に行われることが必要であり、従って事務局は常に法理を重視し、厳正な運営を心がけなければならない、と説いていた。事務局の中立公正さは、法規・先例の遵守によってのみ保たれるのであるから、安易に原理原則を緩めてはならない、というのが鈴木の信条であった。

知野虎雄はこうした鈴木の教示を耳にしながら実績を積んで来た筈であるが、彼は別の理念を抱いていた。それは、国会の会議は可能な限り円満、円滑に進行させるのが望ましいのであり、国会法や議院規則の条文も会議の能率的進行を意図して制定されているといってよいから、議事手続について予め各会派が合意している場合は、法規に照らして多少の難点があっても、会派間の合意を尊重して運営してもよい、というものであった。実際に知野時代の運営をふり返ると、そうした傾向を見ることが出来る(8)。

国会法そのものについても、知野の取り組み方は鈴木のそれとは異っていた。鈴木隆夫に限らず、国会法案の作成に携った旧書記官たちは、この法律が占領軍の圧力を受けながら短時日の間に大急ぎで成文化しなければならなかったものであり、従って未成熟の部分を残している法規だと認識していた。特に鈴木は、旧憲法時代以来、議会改革に情熱を燃やして来ていたので、国会の一層の権限拡大を含めて、国会法は更に改正を重ね、充実させるべきものと考えていた。それは、本書においても二八四頁以下の「決算の審査」の項などで縷々述べられているところである。鈴木は事務総長に就任するや否や、それまでは必要に応じて断続的に設置されていた議院運営委員会の国会法改正小委員会を、常設的に毎国会設けることに改めたが、これもそのような意図の現れである。しかし知野虎雄は、こうした鈴木の意志を継ぐ気は全く示さなかった。

知野は前記のように遅れて着任した書記官であり、国会法規の立案には関与しなかったので、先輩の書記官たちの思いを共有する気にはなれなかったのかも知れない。知野にとって国会法は最初から所与のものであり、国会の権限拡大を含めて、是非とも整備充実しなければならないものとは思っていなかった。彼は事務総長として六年二ヵ月間在任したが、その間に国会法は、検討を要する条項がないわけではなかったにもかかわらず(9)、一ヵ条も改正されていない。

筆者は先に、衆議院事務局では帝国議会の開設当初から幹部職員が法規先例の整備に努力し、その一方で、議会の制度・運営の実際を広く国民に周知させるため、公開的姿勢を貫いて来た事実を紹介した。それは田口弼一を経て鈴木隆夫にまで到る、衆議院事務局の伝統的な気風であった。しかし知野虎雄は、このような伝統に全く無関心であったと思う。彼は組織内において、部下が法規・先例について学習することを奨励はしたが、その成果を外部に提供することは認めなかった。それは、彼が委員部長時代に行った研修会の成果である「国会法逐条検討資料」を、厳重な部外秘扱いとしたことにも現れている(10)。こうした傾向は、彼が戦時中に既に行政官僚として活躍し、当時の役人の習性を深く身につけてしまっていたからではないかと、筆者は推測している。

行政官僚は、秘密主義である。特に敗戦間際の海軍省では、業務のすべてが機密に属し、議会における質問に対しても、可能な限り閉鎖的な態度を貫いていたと思う。役人は、みだりに職務内容を公表すべきではないという、海軍省時代に植えつけられた観念を、知野は衆議院に来てからも頑なに保持していた。彼は時々の運営の判断について、報道陣から求められれば必要な情報を提供することはしたが、鈴木のように、それを文章化して外部にも広く示すようなことは、組織にとってむしろ有害な行為と考えていた。

鈴木は、議院の会議に臨んで常に審議の充実性を重視し、法規に適合している限り小会派の発言にも機会を与え、議事の進行を急ぐ大会派を制して、法理を説く場面が何度かあった。しかし、会派間の協議による合意を優先させる知野の運営では、概ね大会派の主張が通り、民社・公明・共産等の小会派の意図は抑えられた。その際、知野が小会派擁護の態度を示したことは、恐らく一度もない。

知野の事務総長在職中は、自民・社会二大政党対立のいわゆる五十五年体制の時代であったが、両党間の協調に主眼を置いていた知野は、この二党から絶対の信頼を得ていた。昭和四十八年九月二十七日、彼は事務総長を辞任したが、辞職が許可された翌二十八日の朝日新聞は、社会面に写真付きでこれを報道した。そこには議場の事務総長席に立って黙礼する知野の姿と共に、「衆院の裏方二十六年、事務総長の知野さん去る、超党派の拍手やまず、辞任ハンターイのヤジ飛ぶ」との見出しの下、その経緯が記されている。知野が報道界からも高い評価を得ていたことの証しである。

しかし、衆議院事務局の歴史から見れば、法規軽視とまでは言わないが、知野の、会派間の合意を優先させた運営と外部に対する閉鎖的姿勢は、彼が強力なリーダーであっただけに、従来の伝統的気風を一変させる結果をもたらした。

それは、次に述べるような衆議院事務局幹部による重大な失態の遠因になった、と筆者は考える。

（六）

昭和四十九年に金脈問題で田中内閣が倒れ、続く三木内閣は与党内の対立から首相の解散権を行使出来ず、衆議院では昭和五十一年十二月五日に、戦後初めてとなる任期満了の総選挙が行われた。選挙の結果は、与党の自由民主党が半数に達せずに敗北したが、年末に召集された第七十九回臨時国会の召集日までに、同党では無所属議員を入党させて所属議員を二六〇名にまで増やし（当時の衆議院議員の定数は五一一名）、辛うじて過半数を確保した。しかしこの結果、衆議院では予算委員会をはじめ数個の委員会が、いわゆる逆転委員会となった。

逆転委員会とは、委員数が偶数の委員会で与野党の委員の数が半数ずつになった場合、委員長を占めた与党側が採決の際は少数になり、敗れてしまうことになる。委員会で政府案が否決されても、本会議では与党が多数なので、逆転可決することが可能である。こういう委員会を逆転委員会と呼ぶが、委員数五十名の予算委員会がその状態となった。

続く第八十回国会は通常国会であり、冒頭から総予算案の審議が始まる。予算案についても委員会で否決されたところで、本会議で逆転可決すれば問題はないのであるが、ここで、野党の提出する組替え動議（正式には、予算を撤回のうえ編成替えを求めるの動議）が予算委員会で可決された場合はどうなるのか、ということが問題になった。組替え動議は予算案そのものに対する可否の判断ではないので、委員会に付託されている予算案はそのままの状態にある。しかし、組替え要求を決定したのであるから、それ以上、審査を進めるわけには行かない。この状態を解いて予算案の審議を再び軌道に乗せるにはどうすればよいのか、という問いが、昭和五十二年一月の自然休会明けに衆議院事務局に突きつけられた。

この種の法律問題が起きた場合、鈴木事務総長の時代までは、旧議会時代の書記官会議のように、事務総長が全部長を集合させて部長会議を開き、各自の意見を徴するのが慣例であった。鈴木の場合は自身の判断で即決出来るような問題であっても、法解釈を周知させるために、部長たちを集めて説明するようなことまで、煩を厭わずに行っていた。当時は、部長たちのほぼ全員が旧書記官であったから、書記官会議の習性がそのまま残っていたとも言える。

しかし時代が変ると共に、こうした会議の習慣はなくなり、本会議や委員会の議事に関わる問題は、専ら事務総長、事務次長、議事部長、委員部長の四幹部の会議で協議するようになり（議院運営委員会が開かれる当日にその案件について打合せる場合が多いので、現在ではこの四者協議は「案件会議」と呼ばれている）[11]、この時期には既に他の部長たちは殆ど意見を述べる機会がないようになっていた。各部長はそれぞれの所掌事務に専念し、議事に関しては右の四幹部に一任する態勢であった。

第八十回国会当時の事務総長は大久保孟であり、彼のもとでの案件会議で、この組替え動議の問題が検討された。

実は、衆議院では予算に対する組替え動議が委員会で可決された例が、過去に二回あった。一回目は旧帝国議会の初期の例であり、明治三十年の第十回議会で、特別会計予算追加案に編成上の誤りが発見され、その訂正を求める組替え動議が予算委員会で可決された。このときは、当日の本会議で予算委員長がその経過を説明し、本会議では予算委員会で可決された組替動議と同趣旨の動議が改めて提出されたものと見なして採決を行い、これを可決した。この議決を受けて、内閣は必要な政府修正を行ったので、予算委員会は再開された。

二回目の事例は、戦後の第二回国会のもので、当時の片山内閣が官公吏に生活補給金を支給するための補正予算を組んで国会に提出した。その際、財源を鉄道運賃や通信料金の値上げによって賄うものとしていたため、これに反撥した与党（日本社会党）の左派グループが、反対する委員のみを集めて抜き打ち的に組替え動議を可決してしまった、というものである。片山内閣は、この時既に崩壊寸前の状態にあり、組替え動議が可決される前に、事実上、補正予算の撤回を決定していたが、手続上の前後関係で、組替え動議が可決された後に、その撤回承諾要求書が衆議院に提出された。そのため衆議院では、予算委員会で組替え動議が可決されたことにより、内閣が直ちにこれに応じた事例と受け止め、これを重視した。

右の一回目の帝国議会時代の事例は、明治三十年という古い時代のものであるが、旧議会における最後の委員会先例集である『昭和十七年十二月改訂・衆議院委員会先例彙纂』にも明記してある（一三四頁）。この事例に倣えば、現在の国会においても予算委員会で組替え動議が可決された場合、次の本会議で委員長がこれを報告し、改めてこの動議についての可否を決定すればよいわけである。本会議で組替え動議が可決されれば、政府は何らかの対応を迫られることになる。もし、動議が否決されれば、議院は組替えの必要なしと決定したことになるから、予算委員会ではそのまま審査を再開することが出来る。

前記の問いを投げかけられた衆議院事務局では、右の先例に従った議事を回答すればよかったのであるが、当時の事務局幹部は旧議会時代の先例の確認を怠り、二回目の第二回国会の事例に目を奪われた。

更に当時の幹部たちは、委員長報告についても偏った見方をしていた。国会法第五十三条には「委員長は、委員会の経過及び結果を議院に報告しなければならない」と規定されている。この報告について、幹部たちは、付託された議案に関して委員長が本会議に報告するのは可否の結論を出した場合に限られるのであって、結論が出ていない段階では委員長はいかなる報告をも行うことは出来ない、審査の中間段階で報告が出来るのは、国会法第五十六条の三により、本会議から中間報告を求められた場合に限られる、との狭い解釈を選んだ。つまり、第五十三条による委員長報告を、極端に制限された義務的行為と解したのである。

しかし、議案を付託された委員会が必要に応じて審査の状況を本会議に中間報告していたことは、これも旧議会時代には多数の例があり、それも先例彙纂に記録されている。(12) しかも鈴木隆夫は、それらの先例が現在の国会でも認められるということを、本書三九一(四三三)頁以下において詳細に説明している。本書のこの部分を読み返すだけで、案件会議は正当な処理の方法を見出すことが出来たのであるが、それも行われなかった。当時の幹部たちは、徒らに第二回国会の片山内閣時代の事例を重視して、手近なところに先例がある以上、それに倣うのが無難と判断したのである。

そこで議院運営委員会の理事会において、事務総長の大久保が示した事務局の見解は次のようなものであった。

一　予算委員会での組替え動議の可決は、議案の審査終了を意味せず、従って委員会は衆議院規則第八十六条による報告書が提出できない。このため審査は中断されたまま、予算案は宙に浮いた状態となる。
二　この状態を解くには、政府は予算の組替えに応ずる必要がある。
三　政府が組替えに応じない場合は、与党は国会法第五十六条の三に基づく中間報告によって、事態を打開するしか方法はない。

この事務局見解は、政府与党を大いに困惑させた。予算案を原案通りに成立させることは、与党にとっての至上命題である。それを、国会法第五十六条の三に基づく中間報告によらなければならないというのは、厄介な話である。法規に基づく中間報告は、従来の例では与野党の対立を一層激化させる危険があり、それは避けたい。与党が過半数を占めていながら、政府案をそのまま可決できないという話は納得し難いが、しかし、衆議院事務局の見解には従わざるを得ない。

そこで政府与党は、野党側に対し予算委員会では結束して組替え動議を可決しないように働きかけた。例年のように野党各派が個別に組替え動議を提出して、それぞれが否決されるという経過を辿るよう懇請した。その結果として、野党側が一致して要求していた所得税減税について、三千億円の減税措置を内閣修正の形で予算に織り込むこととし、その手続をとった。第八十回国会の昭和五十二年三月十五日に、福田内閣は昭和五十二年度一般会計予算、同特別会計予算についての修正承諾要求書を衆議院に提出し、衆議院がこれを承諾したことにより、予算案は委員会でも可決され、無事に本会議を通過し、参議院に送られた。

この時の事務局幹部の見解が全くの誤りであったことは、右に述べたように旧議会以来の先例に照らしても明らかであるが、それ以上に、内部組織である委員会の決定が議院の最終議決機関である本会議での意思を問う前に、そのまま外部に対して効力を及ぼすことを容認している点で、重大な失態であったと思う。この論理が認められるならば、予算委員会以外の他の逆転委員会でも、野党側が結束して政府案に対し撤回要求動議を可決したときは、政府は直ちにそれに応じなければならないことになる。「委員会の決定は、いかなるものであっても、全体会議の議決を経ないそのままでは、外部に対してなんらの効果をもたらすものではない」(13)のが、議院の組織上の大原則である。知野虎雄が衆議院を去って僅か三年半が過ぎたばかりであったが、彼の後継者たちは、この原則を見落すほどに弛緩していた(14)。

衆議院の予算委員会が逆転委員会である状態は、その後も昭和五十五年五月まで続いた。その間、通常国会で予算案が衆議院に提出される時期になると、新聞各紙は一様に組替え動議の問題を取り上げ、野党が結束して委員会で動議を可決した場合には、予算案は宙に浮き政府与党は苦境に立たされると報じ続けた(15)。このため政府は毎年のように事前に野党と交渉し、その要求の一部を織り込んだ案を作成して、野党側が結束して組替え要求をしないように配慮した。

衆議院事務局が誤った見解を示し、その後もこれを訂正しなかったために、野党側は本来持つ筈のない強力な抵抗手段を与えられ、対する政府与党側は四回にわたって譲る必要のない譲歩を強いられたわけである。昭和五十二年初頭において衆議院事務局幹部が犯したこの判断ミスは、中立公正であるべき事務局の存在意義を著しく損ねたものであった。筆者は、これを明治以来の衆議院事務局の歴史上、最大の汚点と考える。後進の職員はこの時の事例を改めて直視し、二度とその轍を踏むことのないように、日頃から法規先例についての学習に励むべきであろう。

ところでこの事実は、昭和五十五年六月の衆参同日選挙で自由民主党が大勝し、逆転委員会が解消されたため、それ以降は衆議院事務局内においても半ば忘れられたように、問題視されなくなっていた。しかし、実はこの重大な失態に気付いていた者がいた。参議院事務局である。

（七）

国会法第五十九条は「内閣が、各議院の会議又は委員会において議題となった議案を修正し、又は撤回するには、その院の承諾を要する。但し、一の議院で議決した後は、修正し、又は撤回することはできない」と定めている。この規定により、衆議院を通過して参議院に送付された予算案については、もはや内閣はそれを修正したり撤回したりすることは出来ない。憲法第六十条によって予算は必ず衆議院で先議されるから、参議院では予算に対する組替え動議が提出されたり、審議されたりすることはないわけである。従って、毎年衆議院の予算委員会で組替え動議が話題になっても、参議院事務局では無関係の問題として傍観していればよかった。しかし、昭和五十二年以降に衆議院事務局が示して来た見解――委員会で組替え動議が可決された際は、内閣は直ちにこれに応じなければならないという見解には、恐らく無関心ではいられなかったと思う。

前記のように、こうした見解を予算に限定せずに他の法律案等にも当てはめた場合は、委員会の決定だけで政府提出議案を撤回させ、門前払いにすることが出来ることになる。それは参議院先議の法案について、同院の委員会が撤回要求動議を可決した場合、どう対処すべきかということに関連して来る。参議院としても放置出来ない問題であったと思う。

この問題について、当時の参議院事務局内でどのような議論が交されたかは、衆議院の職員であった筆者には窺い知ることの出来ないものであった。従って以下の記述は、多分に筆者の推察に基づくものであるが、前後の事情から判断して、まず誤りはないものと考えている。

当時、参議院事務局には植木正張という人物がいた。この人は、昭和五十二年の初頭には事務次長であったが、同年八月に事務総長に選任され、昭和五十五年十二月まで在任した。彼は昭和二十二年五月の新国会発足と同時に参議院に入り、委員部に配属されて十八年間在籍したが、その間の仕事ぶりを見て、上司であった河野義克が、後年、「この人こそ将来参議院事務局の重責を担う大器であると確信した」(16)と評したほどの逸材であった。植木は参議院事務総長を辞職した翌年の昭和五十六年四月に国立国会図書館長に就任したが、不幸にして癌を患い、在任僅か一年四ヵ月で他界した。しかし、この短期間に植木が国会図書館に残した足跡は目覚ましいものがあり、彼を追慕する職員たちによって、『回想の第七代国立国会図書館長・植木正張　一年四か月の軌跡』[17]と題する文集が刊行されている。それを読むと、改めてこの人物の抜群の見識と手腕に感銘を受ける。

昭和五十四年七月、植木の事務総長在職中に、参議院はそれまで「参議院事務局分課規程」としていた内規を、「参議院事務局事務分掌規程」と名称を改めた。これは衆議院事務局の内規が、「衆議院事務局事務分掌規程」と定められていたのに合わせたものである。そして、その新規程において、参議院では新たに議事部の中に法規課を設け、その所掌事務を次のように定めた。[18]

一　国会法、議院規則等議院運営諸法規の制定、改廃及び解釈に関すること。
二　議院運営関係法規集の編集に関すること。
三　国会運営関係資料等の作成及び整理に関すること。
四　議会制度の調査に関すること。

右の第一項と第四項に、特に注目されたい。

本稿の冒頭に記したように、旧議院法や貴衆両院の事務官制に規定されていた事務とは、文書の作成や庶務・会計等に限られていた。では、新憲法下の国会ではそれがどう変ったのかというと、国会法や衆参両院の議院規則では、一般職員の事務内容については一切規定されず、事務局の体制に関しては国会発足時に新たに議院事務局法が制定された。しかしそこでも職員の種類や指揮監督の系統が定められただけで、具体的な事務の範囲については、同法第三条に「各事務局に、その事務を分掌するため、部及び課を置く。各部課の分掌事務及び各部の分課並びに職員の配置は、事務総長が、これを定める」と規定して、事務内容の一切は事務総長の権限において決定されることになった。

この第三条に基づいて、衆参両院はそれぞれ内規として事務分掌規程（参議院では昭和五十四年まで分課規程）を定めて発足しているが、各部課の職務の中に「国会関係法規の制定、改廃及び解釈」や「議会制度の調査研究」といった項目は書き込まれなかった。

敗戦直後、国会関係法規を立案、整備した当時の衆議院事務局の幹部たち、大池眞、西澤哲四郎、鈴木隆夫らにとって、法規の制定・改廃や議会制度に関する調査研究の仕事は、事務局における日常的な事務——議事録の作成や庶務・会計といった一般事務とは、次元を異にした業務であった。それは、議会開設当初から高等官であるエリートたちの使命感によって維持、継承されて来た仕事であり、彼らのみがなし得る極めて専門的な作業であった。彼らは、これこそが自分たち事務局幹部の存在意義を裏づける最も本源的な責務と考えて、意欲的に取り組んでいたのである。その仕事を、一般事務と同列に並べて規程に書き込む必要があるとは、彼らは全く考えなかった。それは、議院の運営の一翼を担うことになった者たちが、上位者としての誇りと共に先輩から後輩へと引き継いで行くものであり、こと改めて法規に定めなくとも、組織内に伝承されて行くに違いないと彼らは信じていたのである（この点では、参議院側で法規の整備に当っていた事務局幹部たちも、同様の認識であったと思う）。

しかし、時代は推移し、事務局の執務体制は、幹部たちの間でこの基本的な責務を失念させるほどに変化してしまった。組替え動議の問題は、そこに発生したものである。

参議院にあって植木正張はこの経緯に気づき、事務局における法意識の低下を両院に共通する事態と見て、危機感を抱いたものと思う。そこで、国会法規を専門に担当する部署を設け、知識を集積すると同時に、理論家を育成することを考え、事務分掌規程を改正して議事部に法規課を新設し、その所掌事務として特に右に掲げた項目を明記した。ここで両院を通して初めて、事務局の事務の対象に国会法規の整備と議会制度の研究が、成規の業務として規定されたわけである。これは、両院事務局の事務体制を考える上で、歴史的な判断であったと思う。

昭和五十四年当時、筆者は衆議院で憲政記念館に所属していたが、参議院に法規課が新設されたことを知り、秘かに羨望の念を抱いたことを記憶している。いま改めて、当時の植木事務総長の明察と英断に、敬意を表したい思いである。

だがしかし、甚だ残念なことに、参議院の法規課は新設されて十余年後の平成三年の規程改正において、廃止されてしまった。それは恐らく、設置された当初から人員の余裕がなかったため、課長はじめ課員のほとんどを他課との兼務の形で構成していたことに加え、その後、公務員の定数削減の時代を迎え、組織の整理統合が避けられなくなった結果であったと思う。

では、廃止された法規課の所掌事務はどうなったかというと、右に掲げた四項の中の第一項と第四項は、議事部議事課に移管された。今日、参議院事務局事務分掌規程を見ると、第五条に十項、十一項として右の二項が明記されている。[19] 植木事務総長の配慮による法知識の強化と法規専門職員育成の計画は、現在は議事課において実現される体制になっているわけである。

一方、こうした参議院側の事務体制に対して、衆議院側はどうなっているか。衆議院では法規課は設けなかったが、昭和六十年代に議事部に法規調査主幹を置くこととし、その所掌事務として、

一　国会関係法規の制定改廃及び先例についての調査研究に関する事項

二　国会関係に関する特定事項の調査に関する事項

を定めた。[20] しかし、これは一時的なもので、法規調査主幹は間もなく廃止され、右の所掌事項は議事課の事務として、現在は、

九　議院運営関係法規等についての調査研究に関する事項

という項目に残されるにとどまっている。[21]

いま改めて衆参両院の事務分掌規程を比較対照してみると、参議院では「国会法、議院規則その他の議院運営諸法規の制定、改廃及び解釈」と「議会制度の調査」を議事部議事課の所掌事務として明記しているのに対し、衆議院では同様の事務を関係法規等の調査研究にとどめている。

本来、両院の事務局において、国会法規の制定・改廃・解釈・運用と、諸外国を含む議会制度の調査研究は、基本中の基本の業務であり、一般的な事務とは区別して議院事務局法に事務局の設置目的の一つとして規定されてもよいほどのものであったと筆者は思う。せめて衆議院事務局においても、事務分掌規程に参議院同様の規定を掲げ、法規重視の体制を組織的に確立する必要があるのではなかろうか。

（八）

平成二十三年一月に召集された第一七七回国会において、衆議院は平成二十三年度総予算を三月一日に可決して参議院に送付した。この日の本会議は未明の午前二時二分に開会されており、散会は午前三時三十八分であった。従って、可決された予算は衆議院から参議院に遅くとも同日の午前十時前には送付された筈である。しかし、参議院ではこれを当日の受理とはせず、翌日の三月二日の午後一時半に正式に受理したことにした。

従来、衆参両院間の議案に関する送付、受理の手続は、送付日と受理日とを互いに一致させることを原則として来た。例えば、衆議院の本会議の審議が深夜の十二時間際までかかり、辛うじてその日のうちに議決された議案を参議院に送付する場合、実際の手続が翌日の午前零時以降になる例は珍しくない。しかしその場合でも、議決した日付と、送付した日付、それを受理した日付とは、一致させておくのが事務処理上の鉄則である。議決も送付も受理も、すべてが法規に基づく法律行為であり、不一致は法的な混乱を招くからである。

国会運営において、日付の問題は重要である。特に、予算、条約、内閣総理大臣の指名についての衆議院の議決は、憲法の規定に基づいて、一定期間の経過後は衆議院の議決が自動的に国会の議決となる衆議院優越の原則が作用するので、その期間計算の基礎となる日付の扱いは、疎略には出来ない。参議院が平成二十三年度予算案の受理を、実際の受理日の翌日にしたのは、当時の西岡武夫参議院議長の特別の指示に基づくものであった。

この時期、菅内閣の与党である民主党では党内対立が深刻化しており、離党者が続出していた。野党の自民党はこれを機に一段と攻勢を強め、予算案と予算関連法案の一括衆議院通過を主張した。だが与党側が予算案のみの先行を強行したため、衆参ねじれ現象の下で野党が多数を占めていた参議院の議長が、野党側の反撥を緩和させる目的で、予算案の受理を一日遅らせる措置を命じたわけである。西岡議長は、これを「すぐれて政治的決断だ」と説明した。(22)

しかし、本来、両議院の事務手続は法規先例に従って厳正に行われるべきものであって、そこに政治的判断が介在する余地はないものである。衆議院では、この参議院の措置を容認し難いものとし、三月三日に横路孝弘衆議院議長は「議案に関する両院間の事務手続は機械的に行われるべきもので、何らかの意思によって変動させることは法的安定性を害することになる」との談話を発表し、西岡議長の判断を厳しく批判した。(23) そして、衆議院としては飽くまでも三月一日に参議院が予算案を受理したものと解し、万一、参議院がこれを議決しないときは、当日から起算して三十日目の三月三十日の経過を以て予算は自然成立する、との解釈を示した。この横路談話に対して世論は概ね肯定的であったが、参議院側は西岡議長の指示を変更することはせず、予算案の受理は飽くまでも三月二日とし、参議院公報や議案審議表等においてその日付を記載している。以来この問題は、両院間の対立がそのまま継続して現在に到っている。

平成二十三年度総予算は、実際には三月二十九日に野党多数の参議院で否決され、両院協議会を開いたが協議が整わず、衆議院の議決が国会の議決となって、年度内に無事成立した。しかし、衆参両院間で議案の受理日の認識が相違したという事実は、極めて異常な事態であるにもかかわらず、その後、この対立の打開策が講じられたという話を聞かない。これは、一過性の出来事として忘れられてよいことではなく、将来、同様の事例が繰り返されることのないように、両院の事務局間で調整すべき問題であると筆者は考える。

西岡議長が予算案の受理日を政治的配慮から恣意的に変更しようとしたとき、当時の参議院事務局では当然それは不適当な判断であり、議長の中立性をも損うものとして、一旦は諫止を試みたものと推測する。しかし議長が強硬に指示を変えなかったので、やむなくそれに従わざるを得なかったというのが真相であろう。

新国会発足当初の参議院事務局の幹部たち、特に河野義克[24]、佐藤吉弘といった人たちの著述を読むと、事務局は常に中立公正、不偏不党の立場で、条理に従った運営を行うのを基本姿勢とすべきことが説かれている。その中には、政治的な意向に流されて法規先例に違反するのを容認するようなことは、「事務局の自殺行為であり、自らの存在意義さえ失わせることになる」と警告している部分もある。[25] 昭和五十年代の植木正張も、そうした理念を継承した事務総長であったと思う。これらの諸先輩が抱いていた理念に照らして見た場合、平成二十三年度予算に関する参議院の受理日をめぐる経緯は、それが議長の命令であったとはいえ、政治的圧力に押し切られた事例として、参議院事務局の歴史の上に一つの汚点を残したものと言えるのではなかろうか。

一方、衆議院事務局の方も、これを既に終った問題として、今後同様の事態が起きた時はその時はその時に対応すればよい、というような他人任せな姿勢で済ませてよいものではないと思う。これは、衆参両院の事務局が一体となって、将来にわたり円滑な国会運営が図られるよう措置すべきものである。

国会法は第八十三条以下において、両院間の議案等の送付、回付、返付及び通知については詳細な規定を設けているが、それらの文書の受理については一言も触れていない。また衆議院規則、参議院規則では、それぞれ第二四九条、第一七五条において、他院から「議案を受け取ったときは、議長は、これを議院に報告する」と定めているのみで、受理の時期については定めがない。従って、この問題は法規の不備に原因があるとも言える。衆参両院事務局は、この際共同して国会法に、「他院から提出、送付、回付又は返付された議案は、即日これを受理しなければならない」という趣旨の一ヵ条を追加することを検討すべきではないか。

近年、国会法や衆参両議院規則の改正は、ほとんどすべて政党会派からの発案、提議によって実施されているが、国会発足当初は両院の事務局が協議して法規の改正を提起することが珍しくなかった。一例を挙げると、国会法第五十六条の四の「各議院は、他の議院から送付又は提出された議案と同一の議案を審議することができない」との規定は、昭和二十九年の第十九回国会に起きた実例に鑑みて両院事務局幹部が協議、合意して実現した条文である。この第十九回国会は、保全経済会事件、陸運疑獄、海軍疑獄等の不祥事件が相継いで起き、会期中に内閣から国会議員の逮捕の許諾要求が、衆参併せて五件も提出されるという異常な国会であった。世論は経済界と政界との癒着に不信感を抱き、政治家は少くとも国務大臣や政務次官として政権に就いている間は、営利企業に関与すべきではない、との声が強まった。こうした世論に応えるように、衆参両院ではそれぞれ議員発議の形で閣僚等が私企業に関与するのを制限する法律案が提出され、審議された。衆参双方の法案はいずれも野党議員提出のものであったが、ほぼ同一の時期に両案とも修正議決されて他院に送られた。

しかし、国会には議事原則の一つに「一事不再議の原則」があり、一旦議決した議案と同一内容のものは重ねて審議出来ないことになっている。このため衆参両院ともに、先に議決した議員発議案と同趣旨の議案は審議不能として、他院からの提出案を審議せず、両案ともに審議未了、廃案となった。

このように、ほぼ同一内容の法案が、両院間で交差するような形で他院に送られ、双方ともに不成立となった事態を見て、衆参両院の事務局幹部は、両案の審議に費やされた時間と労力が全くの無駄に終ったことを憂慮し、こうした事例が再現されることのないようにすべきだと考え、右の第五十四条の六の規定の新設で合意したものである。そして、これは昭和三十年の国会法改正の際に改正案に書き加えられ、重要な一ヵ条となった。

こうした過去の実例に倣って、現在の衆参両院の事務局でも、議院運営上の法規に関わる問題点については、相互に連携して解釈を統一し、必要な改正に取り組むべきであろう。

右の受理日の問題は、直ちに法改正を行うことが困難であるならば、せめて両院の議長間の協定によるか、又は両院の議院運営委員会の合意により、他院から送付された議案の受理は両院ともに即日行うことを確認し合うことが必要である。これは、二院制度を円満に維持、運営して行く上での基本的な事務であり、両院の事務局こそがその徹底を図るべき責務を負っていると言えよう。

鈴木隆夫は衆議院事務総長を退職する際、「今後、自分は国会法規の研究をライフワークにして暮すつもりだ」と語っていた。彼は日本の国会が欧米の先進議会国の議会に比べて、制度上依然として未成熟の状態にあり、整備すべき面が多々あるものと認識していた。それらの、在職中には果たせなかった問題点への探求に、残りの人生の時間を充てたいと考えていたのである。しかし、鈴木は退職の翌年には国立国会図書館長を命ぜられ、その任期を果たした後は、大企業の経営陣に招請されて多忙な日々を送ることになり、議会制度研究者としての夢は実現せずに終った。

一方、鈴木が去ったあとの衆議院事務局では、国会法規の整備に対する情熱が組織的に急速に低下した。それは、筆者が本稿でこれまでに記述して来た通りである。その後の事務局幹部は、鈴木の事務総長時代に国会の議事手続は概ね完成されたものと見て、以後は会派間の協議を中心に、その都度、所与の法規を適誼に運用して行けば、運営に大過は生じないと考えて来たのである。

しかし、今回、図らずも予算案の受理をめぐって衆参両院間には対立が生じ、それは法規の不備にも一因があることが露呈された。国会法は、細部においてまだ整備すべき問題点を抱えているのである。これを機に衆参両院事務局は、国会法、議院規則の各条文について、全面的な見直し、再検討を試みる必要があるのではなかろうか。

そうした作業に際して、本書をはじめとする鈴木隆夫の遺稿[26]は、多くの示唆を与えるものと筆者は確信している。改めて本書を含む鈴木の旧稿が、国会関係者によって再読、三読されることを期待したい。

（1）赤坂幸一「占領下に於ける国会法立案過程――新史料・内藤文書による解明」議会政治研究七四号（平成一七年）一～一八頁。
（2）林田亀太郎『議院法』（明治三一年、東京専門学校）四〇頁。
（3）林田亀太郎『明治大正政界側面史・上巻』（昭和二年、大日本雄弁会）二四三頁。

（4）赤坂幸一「統治システムの運用の記憶――議会先例の形成」レヴァイアサン四七号（平成二三年）六五頁以下を参照。

（5）木村利雄「衆議院先例彙纂の誕生と議会先例の歴史」（『憲政記念館の二十年』（平成四年、衆議院憲政記念館）所収）六三～八四頁。

（6）柳瀬良幹「新刊紹介、田口弼一・委員会制度の研究」法学協会雑誌五七巻七号（昭和一四年）一三〇八～一四頁。

（7）大木操『激動の衆議院秘話』（昭和五五年、第一法規出版）三三六頁。

（8）『今野彧男オーラル・ヒストリー　国会運営の裏方たち』（平成二三年、信山社）一六六頁以下、二一一頁以下。

（9）拙稿「国会の法規・慣例において検討を要する問題点」（『国会運営の法理』（平成二二年、信山社）所収）二五一頁以下。

（10）「国会法逐条検討資料」は、昭和五四年に『逐条国会法』（全七冊）として印刷されたが、その後も内部資料のまま非公開の状態が続いていた。しかし平成二一年に衆議院事務局は、学界の研究グループの要請に応えて公開することにし、補巻（追録）一巻を加え全八巻として、信山社から刊行した。

（11）「案件会議」については、前掲『オーラル・ヒストリー』二一八頁以下を参照。

（12）『昭和十七年十二月改訂・衆議院先例彙纂・上巻』（衆議院事務局）三三一～四頁、『昭和十七年十二月改訂・衆議院委員会先例彙纂』（衆議院事務局）一八一～三頁。

（13）寺光忠『会議の原則と運営』（昭和二三年、毎日新聞社）四七頁。

（14）筆者は当時、議事部議案課に所属していたが、この時の事務局見解について上司に異論を具伸した。その際の経緯は、前掲『オーラル・ヒストリー』三四一頁を参照。なお予算組替え動議については、拙稿「衆議院における予算組替え動議の取扱いについて」（前掲『国会運営の法理』所収一七五頁以下）も参照されたい。

（15）各年度の新聞記事の例として次のようなものがある。
毎日新聞（昭和五二年二月四日）2面「一兆円減税与野党の攻防、予算修正の可能性は、考えられる三つのケース」
朝日新聞（昭和五三年二月一七日）2面「野党一致こわい自民、予算案修正今後の動き、ありうる動議可決」
日本経済新聞（昭和五四年三月三日）2面「31年ぶりの逆転可決へ」

朝日新聞（昭和五五年一月二一日）2面「参院選にらみ荒れ模様、再開国会、与野党とも対決色、物価・綱紀・防衛など焦点」

朝日新聞（昭和五五年二月二六日）2面「予算案修正、かなり応ずる、自民首脳動議回避に期待示唆」

(16)『回想の第七代国立国会図書館長──植木正張　一年四か月の軌跡』（国立国会図書館内、同書刊行会、昭和五八年）一四頁。

(17) 前注(16)に同じ。

(18) 昭和五十五年版『参議院要覧（Ⅱ）』（参議院事務局）九頁。

(19) 平成二十五年版『参議院要覧（Ⅱ）』（参議院事務局）一二頁。

(20) 昭和六十一年七月編『衆議院要覧（甲の二）』（衆議院事務局）一五四頁。

(21) 平成二十四年十二月編『衆議院要覧（甲の二）』（衆議院事務局）二一〇頁。

(22) 朝日新聞（平成二三年三月三日）4面「西岡参院議長、予算案二日に受領、期日の解釈で民主混乱」

(23) 朝日新聞（平成二三年三月四日）4面「衆院議長、西岡氏批判、予算案受領は機械的に」、同3面社説「参院議長発言、二院制をかき乱す浅慮だ」

(24) 河野義克遺稿集『国会とともに』（非売品、平成一七年）には、河野が参議院事務総長に就任した際、職員に対して行った挨拶が収録されている（同書二二九頁以下）。そこで彼は次のように述べている。

「事務局は中立公正でなければならないといわれております。……いやしくも一党一派に偏するが如きことは断じて戒めねばなりません。唯私は柔弱なる中立、弱い中立を排し、毅然たる中立、強い中立を旨とするものであります。何を以て弱い中立といい、何を以て強い中立というか、甲乙両党の鼻息をうかがい、各々主張するところをはかって、常にその中間を辿ろうとするのは弱い中立であります。こう云うことで行動しても一貫した筋が通らず、又同じ事柄に対する処置が時によって二、三になります。これは取るべき態度ではありません。常に憲法、国会法、規則等の規定する処に従い、その精神に則って行動するのが真の中立であり強い中立であると信じます。……願わくは皆さんの御賛同を得て事務局を挙げて真の中立公正を堅持したいと思います。」

(25) 佐藤吉弘『注解参議院規則（新版）』（平成六年、参友会）中、著者による「新版のまえがき」vii頁以下。

(26) 鈴木隆夫の遺稿のうち、本書以外の主要なものは『国会法の理念と運用――鈴木隆夫論文集』(平成二四年、信山社)に収録されている。

〈著者略歴〉

鈴木　隆夫（すずき・たかお）

明治37(1904) 2月27日　宮城県伊具郡角田町に生まれる
大正11(1922)年3月　宮城県立白石中学校卒業
大正15(1926)年3月　弘前高等学校文科甲類卒業
昭和2(1927)年4月　東北帝国大学法文学部入学
昭和4(1929)年　高等文官試験司法科合格
昭和5(1930)年　高等文官試験行政科合格
昭和6(1931)年3月　東北帝国大学法文学部卒業
同年7月　内務省採用、警視庁巡査拝命
同年12月　衆議院に出向、守衛副長拝命
昭和12(1937)年6月　衆議院書記官となる　速記課長拝命
昭和13(1938)年4月　秘書課長拝命
同年6月～10月　欧米各国に出張
昭和15(1940)年4月　中華民国及び満州国に出張
昭和20(1945)年10月　委員課長拝命、秘書課長兼務
昭和21(1946)年10月　議員法規調査委員会幹事となる
昭和22(1947)年5月　議員事務局法施行により参事となる・委員部長拝命
昭和28(1953)年3月　事務次長、議事部長事務取扱となる
昭和30(1955)年11月　衆議院事務総長に当選
昭和33(1958)年12月　議員制度七十年史編纂委員となる
昭和35(1960)年7月　衆議院事務総長を辞任
昭和36(1961)年4月　国立国会図書館長に就任
同年12月　法学博士の学位を受ける
昭和37(1962)年4月～6月　欧米各国に出張
昭和40(1965)年4月　国立国会図書館長を辞任
同年9月　衆議院の議員歳費等に関する調査会の委員を委嘱される
同年11月　味の素株式会社専務取締役となる
昭和48(1973)年12月　味の素株式会社専務取締役を辞任、同社常任顧問に就任
昭和49(1974)年4月　勲一等瑞宝章を授与される
昭和55(1980)年12月16日　死去（76歳）　正三位に叙せられる

〈主要著書〉

『国会運営の理論』（聯合出版社，1953年）
『国会法の理念と運用――鈴木隆夫論文集』（信山社，2012年）

〈「解題」執筆者紹介〉

今野彧男（こんの・しげお）

1928年　中国東北部(旧満州)公主嶺市に生まれる。
1945年　海軍兵学校１学年修業
1950年から衆議院事務局勤務。事務総長秘書、憲政記念館企画調査主幹、同資料管理課長、議事部副部長となり、1989年退職。
1997年から2003年まで、議会政治研究会理事を委嘱される。

〈主要著作〉

『国会運営の法理—— 衆議院事務局の視点から』（信山社、2010年）
『国会運営の裏方たち—— 衆議院事務局の戦後史（今野彧男オーラル・ヒストリー)』（信山社、2011年）

〈著者紹介〉
鈴木隆夫（すずき・たかお）
元衆議院事務総長
〔詳細は、巻末「著者略歴」参照〕

学術選書プラス
16
議事法

国会運営の理論

2014（平成26）年5月15日　第1版第1刷発行
1266-2:P664　¥16800E-012-035-015

著　者　鈴　木　隆　夫
解　題　今　野　彧　男
発行者　今井　貴　今井　守
発行所　株式会社　信山社
〒113-0033　東京都文京区本郷 6-2-9-102
Tel 03-3818-1019　Fax 03-3818-0344
henshu@shinzansha.co.jp
笠間才木支店　〒309-1611　茨城県笠間市笠間 515-3
Tel 0296-71-9081　Fax 0296-71-9082
笠間来栖支店　〒309-1625　茨城県笠間市来栖 2345-1
Tel 0296-71-0215　Fax 0296-72-5410
出版契約 2014-1266-01010　Printed in Japan

印刷・製本／亜細亜印刷・渋谷文泉閣
ISBN978-4-7972-1266-2 C3332　分類323.400-a101 憲法・統治構造
1266-0101:012-035-015

鈴木隆夫論文集
国会法の理念と運用

議事解説
〔翻刻版〕
昭和17年4月帝国議会衆議院事務局 編集
解題：原田一明

(衆議院ノ)議事解説
〔復刻版〕
昭和17年4月帝国議会衆議院事務局 編集

法律学講座
国会法 白井 誠 著

信山社